KB056410

1919년이라는 문턱과
파리장서운동

1919년이라는 문턱과
파리장서운동

초판 1쇄 발행   2021년 3월 31일
초판 2쇄 발행   2024년 2월 20일

저   자 ㅣ 서동일
발행인 ㅣ 윤관백
발행처 ㅣ 선인

등   록 ㅣ 제5-77호(1998.11.4)
주   소 ㅣ 서울시 양천구 남부순환로 48길 1(신월동 163-1) 1층
전   화 ㅣ 02)718-6252 / 6257   팩스 ㅣ 02)718-6253
E-mail ㅣ suninbook@naver.com

정가   28,000원

ISBN   979-11-6068-467-4   93900

1919년이라는 문턱과
파리장서운동

서 동 일 저

선인

책을 내면서

　파리장서운동은 일반인은 물론 한국사 연구자에게도 생소한 사건이다. 독립운동 관련 용어에 '파리'라는 유럽의 지명이 들어간 것도 생소하지만, 한때 구미인을 '짐승'으로 여긴 유교지식인이 운동의 주체라는 점도 놀랍다. 그런데 재작년에는 이런 생소한 용어를 들을 기회가 종종 있었다. 이것은 개인적으로는 놀라운 경험이었는데, 2019년이 3.1운동 100주년이 되는 해이자 파리장서운동 100주년이 되는 해였기 때문이다. 하지만 2년이 지난 지금, 상황은 예전과 크게 다르지 않다. 파리장서운동은 여전히 우리에게 낯선 무엇이다.

　필자가 파리장서운동을 주제로 박사학위논문을 제출한 지 12년이 되었다. 그리고 첫 번째 책을 출간한다. 다만 박사학위논문보다 이 책을 먼저 선을 보이게 되었는데, 여기에는 약간의 사정이 있었다. 원래는 박사학위논문을 먼저 단행본으로 간행하고, 이후에 발표한 논문들을 묶어 간행할 계획을 세웠다. 그런데 학위논문을 보완하는 일이 많이 지체되었다. 오류가 적지 않았고, 최신 연구 성과를 반영해야 했으며, 달라진 문제의식에 새로 써야 할 부분이 적지 않았다. 그런데 때마침 이동언 선생님께서 파리장서운동과 관련해서는 아직 단행본으로 출판된 것이 없으니 과거에 발표한 논문들을 묶어 간행하면 어떻겠느냐고 제안하셨다. 이번 기회를 놓치면 또 많은 시간이 흐를 것 같아 학위논문 보완작업을 잠시 미루고 이 작업을 먼저 끝내기로 결심했다.

이 책에 실린 글들은 학위논문을 준비하는 기간 미처 생각하지 못했거나, 생각은 했더라도 반영하는 것은 엄두도 내지 못한 문제들을 담았다. '나무를 보지 말고 숲을 보라'는 말이 있지만, 학위논문을 준비하는 기간에는 '나무'를 보는 일도 쉽지 않았고, 학위논문을 제출하고 나서야 '숲'을 보지 못했음을 깨달았다. 그래서 박사학위논문의 논지들을 보완하거나 확장하는 글을 써볼 욕심을 갖게 되었다.

다만 한 가지 고백하면, 파리장서운동에 대한 관심은 순수하게 유교 독립운동 자체에 대한 관심에서 비롯된 것은 아니었다. 필자는 근대 유교 비판론에 관심을 가지고 있다. 그것은 역사학이나 경험적 측면에서 수용하기 힘든 기존의 유교 비판론에 반론적 근거를 제시하고, 우리 스스로에게 유익한 유교 비판론을 도출해 보자는 의도에서 비롯되었다. 그런 측면에서 파리장서운동은 매력적인 주제였다. 파리장서운동은 외형상 불협화음 없이 순조롭고 신속하게 진행된 완성형의 독립운동처럼 보이지만, 자세히 살펴보면 무엇을 성취하겠다는 지향성보다 무엇을 하지 않을 수 없다는 불가피성이 지배한 반일운동이었기 때문이다. 1925~1926년 김창숙의 독립운동기지 건설운동 이후 나타난 유교 독립운동의 퇴조 현상은 1920년대 초 총독부 문화정치의 도래나 워싱턴회의 결과에 대한 실망은 물론이고 유림이 진행한 복벽주의적 독립운동의 한계를 보여준다. 그렇다면 파리장서운동은 유교 독립운동의 변곡점으로 볼 수 있지 있지 않을까? 1919년은 한국 사회 또는 한국 유교가 처한 '문턱'이었다고 볼 수 있지 않을까?

어떻게 하면 파리장서운동을 제대로 이해할 수 있을까? 필자는 이렇게 접근하였다. 백 년 전 유교지식인들의 언어와 사고는 오늘날의 시각으로 이해하기 어려운 부분이 많다. 1919년 전후 유교지식인들의 관심과 가치를 당대적 좌표에서 해독하는 것이 이 책의 첫걸음이다(제1장). 이어 정보 공유, 운동 주체, 지역 거점이라는 시각에서 파리장서운동의 역동적 전개과정을 살펴보도록 한다(제2장). 하지만 독립운동의 기념과 기억에 안주해서는 안 된다. 민족 독립과 인간 해방의 열망이 분출하고 교차하고 충돌하던 1919년의 문턱에서, 파리장서운동을 이끈 유교지식인들이 경험한 좌절과 한계를 살펴볼 필요가 있다(제3장).

한 가지 걱정되는 것은 여러 논문들을 하나로 묶다 보니 전반적으로 짜임새가 떨어지고 충실한 설명이 부족하다. 본문 내용이나 인용문이 중복되는 경우가 있다. 원고 수정 과정에서 상당 부분 덜어내고 축약했지만, 여전히 남아있는 것은 논지 전개상 꼭 필요하다고 생각했기 때문이다. 또한 이 책의 내용이 파리장서운동에 관한 모든 시간과 공간을 포괄하는 것이 아니어서 파리장서운동에 대해 하나하나, 차근차근 알고 싶은 분들께 다소 불친절하게 느껴질 수 있다.

파리장서운동 전반에 관한 차분한 설명은 박사학위논문을 보완한 단행본을 기약하기로 하고, 이 책에서는 후속 연구 성과의 강조점을 명확히 드러내는 데 치중했다는 점을 감안해 주셨으면 한다. 이 책의 출간을 계기로 다음 연구의 동력을 마련하고자 한다. 이제 독자 여러분의 질정을 기대한다.

목차

* 이 책에 실린 글들의 출처는 다음과 같다.

제1장 파리장서운동의 기원
「파리장서운동의 기원과 재경유림」, 『한국독립운동사연구』 30, 2008.
「한말 일제초 개신유림 윤충하의 계몽운동과 태극교운동」, 『한국민족운동사연구』 44, 2005.
「1919년 보수유림의 복제논쟁과 파리장서운동」, 『역사와 실학』 34, 2007.

제2장 파리장서운동의 발단과 확산
「김황의 일기에 나타난 유림의 3.1운동 경험과 독립운동 이해」, 『한국독립운동사연구』 64, 2018.
「파리장서운동의 전개와 영남지역의 숨은 협력자들」, 『대동문화연구』 89, 2015.
「성주, 파리장서운동의 탄생과 거점 형성」, 『한국근현대사연구』 89, 2019.

제3장 파리장서운동의 결과와 이면
「조선총독부의 파리장서운동 참가자에 대한 사법처리와 관련 수감자의 대응」, 『한국민족운동사연구』 68, 2011.
「전우의 독립청원운동 참여 논란과 유교계의 복벽주의」, 『사림』 72, 2020.
「식민지기 성주 야성송씨의 파리장서운동 참여와 원불교 입교」, 『원불교사상과 종교문화』 83, 2020.

제1장 파리장서운동의 기원

재경유림의 독립청원운동 기획

1. 머리말

1919년 1월 21일 고종황제(이하, '고종'으로 줄임)가 갑작스럽게 서거했다. 고종 인산 이틀 전인 3월 1일 경성 시내 한복판에서 '독립선언'이 이뤄지고 만세시위가 발생했다. 며칠 뒤 파리장서운동[1])으로 불리는 유림의 독립청원운동이 시작되었다.

파리장서운동은 우연히 발생한 사건일까, 아니면 계획된 시도의 결과일까? 만일 고종이 급서하지 않고 3.1운동이 발생하지 않았다면 파리장서운동은 일어나지 않았을까? 역사학에서 '만일'이라는 가정은 통용되지 않지만, 파리장서운동의 주도세력이 1919년 이전에 어떤 활동을 벌였는지 살펴본다면, 전후 사실의 인과관계를 확인해 볼 수 있을 것이다.

필자는 在京儒林[2])이라는 존재에 주목하였다. 재경유림은 1919년 3월

---

1) 이 책에서 필자는 1919년 곽종석이 주도한 유교계 독립청원운동을 상황에 따라 '파리장서운동' 또는 '독립청원운동'로 달리 표기했다. 1919년 2~3월 유교계 독립청원운동은 김창숙·곽종석 뿐만 아니라 윤충하, 김복한, 이수홍 등 다양한 인물에 의해 동시다발적으로 시도되었다. 이 중 윤충하, 이수홍 등의 시도는 좌절되고, 곽종석과 김복한의 시도는 개별적으로 진행되다 3월 말 통합되어 '파리장서운동'으로 불리게 되었다. 따라서 이 책에서는 활동 주체에 대한 혼선을 피하기 위해, 곽종석과 김복한의 활동을 언급할 경우에는 '파리장서운동'으로, 유교계의 독립청원운동을 폭넓게 언급할 경우에는 '독립청원운동'으로 표기했음을 밝혀둔다.

경성[3])에서 고종의 국장이 진행될 무렵 유교계의 독립청원운동(파리장
서운동)을 추진한 세력을 가리킨다. 여기에는 金昌淑, 金丁鎬, 李中業,
柳濬根, 成泰英, 林敬鎬, 尹忠夏 등이 포함된다. 재경유림은 파리장서
운동의 기획과 진행에 결정적인 영향을 끼쳤다. 파리장서운동의 발의,
독립청원서(파리장서) 서명자 및 서명자 대표 선정, 독립청원서 문안
확정 등이 모두 이들에 의해 주도되었다. 따라서 재경유림은 파리장서
운동의 배경과 성격을 이해하는데 중요한 단서를 제공한다.

　재경유림의 존재는 그동안 몇몇 연구자가 주목한 바 있다.[4]) 다만 이
제까지 파리장서운동에 관한 연구성과가 다수 축적된 점에 비해 이들
에 대한 독립적인 연구와 관심은 여전히 부족한 실정이다. 이들에 대
한 관심이 부족한 것은 기존 연구가 주로 파리장서 서명자에 집중되어
있고, 재경유림에 관한 1차 사료도 매우 제한적이기 때문이다. 예를 들
어 재경유림 가운데 문집을 남긴 인물은 김창숙과 이중업에 불과한데,

---

2) 許善道,「3.1運動과 儒教界」,『3.1運動50週年紀念論集』, 東亞日報社, 1978, 294쪽 ; 南
　　富熙,「儒教界의 巴里長書運動과 3.1運動」,『한국의 철학』 12, 1984, 115쪽 ; 趙東杰,
　　『韓國近現代史의 理解와 論理』, 지식산업사, 1998, 93쪽. 파리장서운동을 발의하고
　　표면화시킨 김창숙은 이들을 '在京同志'라고 불렀고[金昌淑,「己未儒林團 事件에 關
　　한 追憶의 感想」, 독립기념관 소장(사진)], 연락책인 金榥은 단지 '會中'이라고 불렀다
　　[金榥,『重齋先生文集(附錄)』 13(千字族譜社, 1998),「記巴里懇書事」, 87쪽]. 다만 곽종
　　석이 윤충하로부터 "京中의 儒林이 별도로 서한을 작성하고 프랑스 파리 국제평화회
　　의에 사람을 보내 호소할 계획"이라는 얘기를 들었다고 김황에게 전한 사실(「記巴里
　　懇書事」, 77쪽)이나 김창숙이 3월 4일 "在京儒林同志인 윤충하와 李憲教 등을 방문"
　　했다고 한 점[心山記念事業準備委員會,『(心山金昌淑先生鬪爭史) 躄翁一代記』, 太乙
　　出版社, 1965, 72쪽]으로 미루어 볼 때 김창숙과 뜻을 같이 한 인물들은 대개 유림이
　　었을 것이다. 따라서 이 글에서도 이들을 '재경유림'으로 부르고자 한다.
3) 필자는 오늘날 서울로 불리는 지역을 '경성'으로 부르고자 한다. '경성'을 '서울'로 기
　　재해도 무방하지만 굳이 '경성'이라는 호칭을 사용하려는 것은 식민지라는 환경적
　　특성을 고려한 것이다. '경성'을 단순히 지방과 대비되는 지역명이나 병합 이후 변경
　　된 행정구역명으로 사용하는 것을 넘어 전 시대와 완전히 달라진 식민지적 환경의
　　산물이라는 측면에서 사용한 용어라는 점을 밝혀둔다.
4) 許善道,「3.1運動과 儒教界」, 293쪽, 주47 ; 임경석,「유교지식인의 독립운동-1919년
　　파리장서의 작성 경위와 문안 변동-」,『大東文化研究』 37, 2000, 123~124쪽.

그나마 문집의 내용도 1919년 이전 행적이 매우 소략하고 파리장서운동 관련 내용도 거의 보이지 않는다. 기호 출신의 재경유림으로 주목되는 인물은 유준근, 임경호인데, 이들의 회고기가 현재까지 발견되지 않고 있다.

필자는 이런 점들을 감안하면서, 현재 접할 수 있는 자료들을 최대한 활용해 1919년 2~3월 재경유림의 형성과정과 반일운동 성향을 추적해 보고자 한다. 이는 파리장서운동의 기원을 찾는 과정이기도 하다. 이를 위해 본문을 다음과 같이 구성했다. 우선 1919년 2~3월 지방에서 상경한 유림의 동향을 확인한다. 이어 이들 중 일부가 성향을 달리하는 세력과 연대를 모색하다 사상적 이질감을 해소하지 못하고 점차 유교계의 독자적인 독립운동에 관심을 갖는 과정을 살펴본다. 마지막으로 재경유림의 1919년 이전 반일운동 사례를 통해 이들의 반일운동 성향과 파리장서운동의 관련성을 살펴보기로 한다. 자료는 김창숙과 김황의 회고기를 주로 활용했다.

2. 고종 국장과 유림의 반일운동

1) 유림의 상경과 반일운동

1919년 고종의 갑작스런 서거는 유림을 충격에 빠뜨렸다. 고종은 유교윤리의 정점에 위치한 존재일 뿐 아니라 500년간 지속된 유교국가의 마지막을 '장식한' 임금이었다. 따라서 유림은 고종 국장도 500년 왕조의 역사를 마무리하는 의미가 함축되어야 한다고 생각했고, 고종에 대한 평소의 우호/비우호적 감정이나 유교의례에 대한 세세한 異論 입장 차이를 떠나 임금의 충직한 신민으로서 고종을 예우해야 한다고 생각했다.

덕수궁 대한문 앞에서 광화문 방면으로 만세를 부르며 행진하는 군중.
고종의 상여가 지나갈 곳에 차양막이 설치되어 있다.
인산(3월 3일) 직전의 상황임을 보여준다.
미국 콜롬비아 대학 노서관 니시틸 컬렉션 (스쿄빌느 촬녕)

　이런 차원에서, 다수의 유림이 고종의 마지막 '행차'가 될 인산을 지켜보기 위해 대거 상경했다. 1919년 1~2월 유림을 포함해 수만 명의 인파가 경성에 운집했다.[5] 상경하는 사람들은 가장 빠르고 편리한 수단인 기차를 이용했고, 기차를 탈 수 없는 사람들은 밤길을 걸어 경성으로 향했는데, 교통이 불편한 지역에서는 오륙 명씩, 십여 명씩 짝을 지어 이동하였고, 배를 이용하는 사람도 있었다. 그 결과 국장을 눈앞에 둔 2월 27일에는 남대문정거장(현재의 서울역)에 도착한 인원이 평일의 네 배인 6,000여 명에 달했다.[6]

　국장을 이틀 앞둔 3월 1일[7] '민족대표'의 독립선언과 청년·학생의

　5)『(心山金昌淑先生鬪爭史) 躄翁一代記』, 66쪽.
　6) 이정은, 「3.1운동의 배경」, 국사편찬위원회 편,『한국사』47, 2001, 319쪽.

만세시위가 이어지며 성난 민심이 폭발했다. 3월 3일 인산이 진행되고 3월 5일 返虞祭가 끝나면서 만세시위의 열기는 주춤할 것 같았지만, 지방으로 돌아간 유림은 오히려 시위 열풍을 확산시키는 매개자가 되었다. 이들은 자신이 경성에서 보고 들은 것을 동료, 스승, 지인들에게 전하였고, 유림도 이런 대열에 동참해야 한다고 주장했다.

경성에서 돌아온 유림이 전한 소식은 충격적이었다. 일본이 파리 국제평화회의에 제출할 목적으로, 한국은 독립을 원하지 않는다는 문서(일명 '獨立不願書')를 꾸몄고, 친일파 이완용을 통해 고종에게 서명을 요구했다. 그런데 고종이 강하게 거부했고, 뒷탈을 염려한 이완용이 상궁을 시켜 고종이 평소 즐겨 마시는 식혜에 독을 타 독살했다는 것이었다. 이와 더불어 제1차 세계대전이 종전되어 프랑스 파리에서 국제평화회의가 개최될 예정이고, 각종 사회단체는 국제평화회의에 조선의 독립을 호소하는 청원서를 보내는 일에 몰두하고 있는데, 유독 유림만 독립운동에 소극적이어서 비난 여론이 높다고 하였다.

이 소식은 지방의 유교 지도자들에게 신속히 전달되었다. 예를 들어 郭奫과 金榥은 2월 말 상경했다가 3월 9일 경남 거창으로 돌아와 스승 곽종석에게 독립청원운동에 관한 제안을 받은 사실을 전했고,[8] 李達馝은 경북 성주의 宋浚弼을 찾아가 독립청원운동의 필요성을 역설했으며,[9] 李秀洪은 吳鎮泳을 찾아가 역시 이달필과 비슷한 내용을 역설하여 같은 내용이 기호유림의 대표인물로 오진영이 이런 내용을 스승인 田愚에게 전달했다.[10]

---

7) 이하 날짜는 양력을 기준으로 하며, 필요에 따라 괄호안에 음력을 부기하였다.

8) 『重齋先生文集(附錄)』 13, 「己未日記」, 37쪽.

9) 儒林團獨立運動實記編纂委員會 編, 『國譯 儒林團獨立運動實記(藩中日記)』(大譜社, 2001), 원문편, 24~25쪽.

10) 宋河璟, 「艮齋의 生涯와 思想」, 『艮齋思想研究論叢』 1, 1994, 16쪽 ; 『石農年譜』(1971)

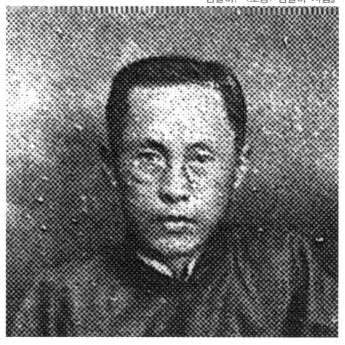

1920년대 중반의 김창숙 (중국 베이징).
국장 참관 차 상경한 김황 일행에게 독립청원운동을 제안했다.
김달하, 『(소봉) 김달하 시집』

　　그런데 몇몇 인물들은 고종의 장례 절차가 모두 끝났음에도 불구하
고 자신의 거주지로 돌아가지 않고 3월 초·중순까지 계속 경성에 남
아 반일운동을 시도했다. 반일운동의 유형은 다양했다. 순종에게 즉각
적인 황제 복위와 독립선언을 요구하는 상소를 제출하려는가 하면, 非
유교 세력과 연대해 제2의 독립선언을 추진하거나 임시정부 설치를 시
도하려고 했고, 일본 정부나 파리 국제평화회의에 독립청원서를 제출
하려는 움직임도 있었다. 이들의 활동을 요약하면 〈표 1〉과 같다.

권1, 1919년 1~2월, 41a~b쪽.

<표 1> 1919년 초 유림의 상경과 반일운동

| 문건 제목 | 발표시기 | 발송자 | | | 수신자 |
| | | 서명 | | 협력 | |
		명의	성명		
① (상소)	3. 5 (隆熙13年 2月日)	臣	高石鎭 高舜鎭 高禮鎭 高濟萬 金陽洙 金智貞 朴殷容 朴 玒 白觀亨 宋柱憲 柳濬根 李來修 李源七 鄭在鎬 曺在學11)	高學圭 宋亮燮 孟輔淳 柳淳龍 崔萬植 崔銓九 등	순종
② (연설문)	3. 5 (朝鮮開國425 2年3月5日)	儒林代表	魚大善 李 侙	-	일반 대중
③ 哀願書	3. 12 (朝鮮建國425 2年3月日)	朝鮮民國 代表	高禮鎭 文誠鎬 文一平 白觀亨 柳濬根 曺在學 (서명자 12명 중 유림만 기재)	-	조선 총독부
④ 呈巴黎平和會 (속칭 巴里長書)	3월말~4월초 (大韓民國元 年4月日)	韓國 儒林代表	郭鍾錫 金福漢 高石鎭 高舜鎭 高禮鎭 高濟萬 金陽洙 金智貞 朴殷容 朴 玒 白觀亨 宋柱憲 柳濬根 李來修 曺在學 등 137인	金昌淑 金丁鎬 李中業 林敬鎬 尹忠夏 李憲敎 등	파리 국제평화 회의
⑤ (장서)	3. 25 (3月25日)	-	金允植 李容稙	-	일본 내각총리 대신
⑥ 國民大會趣旨書	4. 23 (朝鮮建國425 2年4月)	13道 代表者	李來修 李容珪 崔銓九	金奎 尹龍周 李憲敎	일반 대중
⑦ 宣言書	11월12) (大韓民國元年 11月日)	大韓民族 代表	李來修 李直鉉 田相武 崔銓九 (서명자 33명 중 유림만 기재)	金鳳濟 金燦奎 尹龍周 林應喆	〃

11) 상소 원본에 기재된 서명자는 총 15명인데(國家報勳處 編, 『3.1運動 獨立宣言書와

위의 〈표 1〉에 정리한 활동의 개요는 다음과 같다. 우선 유준근 등 유림 15명은 3월 5일 청량리에서 순종의 복위를 요구하는 상소(문건①)

유준근 등 15인의 반일상소. 총독부 측이 원문을 옮겨 적은 것이다.
국사편찬위원회 3.1운동 데이터베이스 (일본 시가현립대학 도서정보센터)

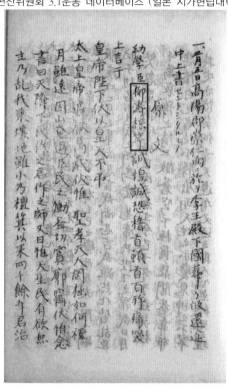

檄文』, 2002, 56~57쪽), 서명자의 한 명인 송주헌은 이 문건에 13명이 서명했다고 주장했다. [宋柱憲,『三乎齋集』上(鶴鳴齋, 1974), 권3,「朝鮮儒林獨立運動史略」, 10a~b쪽];「朝鮮儒林己未獨立運動史」(1947)]. 상소 원본과 비교하면 고순진, 김양수, 박은용이 없고 李春行이 추가되었다. 그런데 이 상소의 소수인 유준근이 서명자의 숫자를 "나이하 14인"이라고 한 것을 보면(國史編纂委員會 編,『韓民族獨立運動史資料集』14(1991),「柳濬根 신문조서」, 251쪽) 서명자 숫자는 15명이었던 것으로 보인다.
12) 이 문건은 1919년 11월에 발표되었지만 서명자 선정 작업은 이미 3월부터 시작되었다.

를 제출하려고 했다. 이 시도는 3월 1일부터 준비되었고, 고석진이 초 안을 작성했다. 상소 내용은 "을사년 보호조약과 경술년 한일합병 등의 사변은 모두 난신적자의 협박에서 비롯된 것이니 이런 일은 진실로 각 국이 함께 알아야 할 일"이며, 순종은 "뒷일을 염려하지 말고 자주독립" 을 선포해야 한다고 촉구했다.[13] 3월 5일 반우제를 마친 순종의 행차 가 청량리를 지날 무렵 서명자 중 한 명인 송주헌이 가슴 속에 품은 상소를 꺼내 순종에게 전달하려고 했고, 곧 주변에 있던 헌병에게 체포 되었다. 이후 疏首인 유준근을 비롯해 관련자들이 차례로 체포되어 서 대문감옥에 수감되었다.[14]

같은 날 어대선, 이칙 등은 반우 행차를 보기 위해 청량리에 운집한 군중 앞에서 연설문(문건②)을 낭독했다. 이들은 "민족자결주의의 좋 은 기회를 잡고 잃지 말아 4천 년 우리 조국 광영을 일신케 하기 바란" 다고 하였다.[15] 어대선은 곧 체포되어 서대문감옥에 수감되었다.[16]

3월 5일 상소 사건의 소수인 유준근 등 유림 6명은 3월 12일 경성 서 린동 중화요리점 영흥관에서 목사 金百源 등과 함께 哀願書(문건③)를 발표했다. 이 문건은 총독에게 발송되었고, 동시에 보신각 앞에서 군중 에게 낭독되었다.[17] 이 계획은 3월 5,6일경[18] 유준근과 문성호의 만남

---

13) 『3.1運動 獨立宣言書와 檄文』, 54~57쪽 ; 『韓民族獨立運動史資料集』 17(1994), 「柳濬 根 신문조서」, 257~258쪽 ; 『韓民族獨立運動史資料集』 14, 「白觀亨 신문조서」, 262쪽.

14) 『三乎齋集』 上, 권3, 「朝鮮儒林獨立運動史略」, 10a~b쪽.

15) 독립운동사편찬위원회, 『독립운동사』 4, 1972, 82쪽 ; 『3.1運動 獨立宣言書와 檄文』, 58~59쪽.

16) 『韓民族獨立運動史資料集』 14, 「魚大善 신문조서」, 167쪽.

17) 이정은, 「3.1운동기 12人等의 長書」, 『한국독립운동사연구』 13, 1999, 215~234쪽 ; 독 립운동사편찬위원회, 『독립운동사자료집』 13, 1972, 75쪽.

18) 이 책에서는 사건의 날짜를 정확히 밝힌 곳도 있지만, '3월 5일경'과 같은 방식으로 날짜를 추정해 적은 곳도 적지 않다. 이는 일기나 연대기의 작성자들이 자신들의 행적을 기재할 때 정확한 날짜를 기억하지 못해 '다음날', '이튿날' 등상대적인 날짜 개념을 사용한 경우가 많았기 때문이다. 따라서 해당 기록의 문맥과 다른 자료에

에서 시작되었고, 문일평이 문안을 작성했다. 한성정부 수립을 지원한 李奎甲이 관여한 것으로 보이며, 소강상태에 접어든 만세시위 열기를 진작시키려는 것이 주된 목적이었다.[19] 관련자 대부분은 체포되어 서대문감옥에 수감되었다.

한편 김창숙, 金丁鎬, 成泰英 등은 3월 하순 파리 국제평화회의에 독립청원서(문건④)를 제출하려고 했다. 이 계획은 3월 2일 김창숙이 제안했고, 김창숙의 요청에 따라 곽종석 등이 독립청원서를 작성했다. 이들은 조선이 4천 년 역사와 문화를 지닌 문명국임을 강조하며 구미열강에 도움을 호소했고, 만일 이번 기회에 독립을 쟁취하지 못한다면 "목을 늘여 죽을지언정 맹세코 일본의 노예가 되지 않겠"다고 강한 어조로 독립 의지를 나타냈다.[20] 관련자들은 4월 5일 최초의 검거자가 발생한 이후 6~7월에 집중 체포되었다.

이내수, 이용규, 최전구 등은 4월 23일 '13道 代表者' 명의로 國民大會趣旨書(문건⑥)를 발표했다. 이들은 임시정부의 조속한 설치와 일본 식민 세력의 신속한 철수를 촉구했다. 또한 일반 조선인에 대해서도 세금 납부와 청원·소송 제기를 중단하여 식민통치에 대한 협조와 의존을 일체 거부하자고 권유했다.[21] 그런데 이들 중 일부는 공화주의(공화국)를 추구하는 국민대회 측에 반발했다. 최전구 등은 국민대회 취지서에 공화주의를 지지하는 내용이 있음을 알고 서명자 명단에서 빼줄 것을 요구했지만 요구는 받아들여지지 않았다.[22]

기재된 내용을 참고해 최대한 근사치를 기재했다.

19) 『韓民族獨立運動史資料集』17, 「文成鎬 신문조서」, 241쪽.

20) 「呈巴黎平和會」, 1919.3, 독립기념관 소장(사진).

21) 「國民大會趣旨書」, 1919.4, 독립기념관 소장.

22) 이현주, 『한국 사회주의의 형성(1919~1923)』, 일조각, 2003, 101쪽 ; 『韓民族獨立運動史資料集』19(1994), 「공판시말서(5)」, 41쪽.

한편 이내수, 이직현, 최전구 등은 1919년 11월 '大韓民族代表' 명의로 朝鮮民族大同團의 宣言書(문건⑦)를 발표했다.[23] 이 문건은 3월 1일 독립선언서를 발표한 '민족대표'가 사실상 종교계 일부의 대표자인 점을 감안해 황실대표, 귀족대표, 유림대표, 상공업대표 등을 추가함으로써 명실상부한 민족대표를 구성하여 독립운동의 지도세력을 확대·강화하려고 하였다. 이 활동에 참여한 최전구, 윤용주, 김규 등은 임시정부 설치 시도에도 관여한 바 있어 양자가 상호 밀접한 관계를 짐작케 한다.[24]

대동단의 선언을 보도한 『독립신문』(1920.1.1)

23) 金正明 編, 『朝鮮獨立運動-民族主義運動篇-』 1分冊, 原書房, 1967, 201~202쪽.
24) 이현주, 『한국 사회주의의 형성(1919~1923)』, 45쪽.

2) 반일운동 주체의 성향

1919년 2월 이후 경성에서 반일운동에 참여한 유림에게는 몇 가지 특징이 확인된다. 우선 지역적으로 기호 출신이 많고, 위정척사론을 철저히 학습하고 의병운동에 참여한 이력을 지닌 경우가 많았다. 고석진, 고순진, 고예진, 고제만은 임진왜란 당시 의병장으로 활약한 高敬命(長興高氏)의 후손이었다. 이들은 조선 말기의 대표적인 위정척사론자인 최익현의 문인으로, 1906년 태인의병에 참여하고 1912년 의병운동 계열의 비밀결사인 독립의군부에 참여했다.

백관형과 김양수도 최익현 문인으로, 백관형은 1906년 제2차 홍주의병에 참여했고, 김양수는 1905년 최익현 의진의 결성에 협조했다. 유준근은 사촌형인 柳浩根 문하에서 수학했는데, 1906년 제2차 홍주의병 儒

대마도로 호송되는 최익현(1906). 유준근의 반일의식 형성에 큰 영향을 주었다.
국가보훈처 · 독립기념관,『인천 · 경기북부 독립운동사적지』

兵將으로 활동하다 체포되어 최익현과 함께 대마도에 유배되었고, 당시 최익현의 위정척사론에 감명을 받아 그의 문인이 되었다. 즉 이들은 화서학맥의 최익현과 남당학맥의 김복한의 문인으로 위정척사론에 대한 이해를 바탕으로 의병운동에 참여한 인물들이었다. 이런 학문 성향과 반일의식이 1919년의 반일운동 또는 독립운동 참여에 영향을 미친 것으로 보인다.

한편 이들 중 일부는 여전히 화이론과 大明義理를 중시하는 경향이 있었다. 이는 1910년대 후반 총독부의 만동묘 제사 금지 조치에 강하게 반발한 사실에서도 잘 나타난다. 주지하듯이 만동묘는 임진왜란 당시 조선에 지원군을 파견한 明의 神宗(萬曆帝)과 명의 마지막 황제인 毅宗(崇禎帝)을 기리는 사당이다. 유림에게 만동묘는 중화문명과 대명의리를 상징하는 공간이었다. 그런데 총독부는 몇몇 친일유림과 협작해 만동묘 제사를 금지하였고, 이직현과 송주헌 등이 강하게 반발하다 체포되어 경찰서에 연행된 것이다.[25]

그렇다면 이런 이력을 지닌 유림은 왜 독립청원운동에 관심을 갖게 되었을까? 우선 〈표 1〉을 보면, 반일상소, 독립선언서, 독립청원서, 취지서, 선언서에 서명했거나 지원한 인물은 29명이었다. 그런데 이들 중 3분의 2(19명)는 2개 이상의 문건에 동시 관여하였다. 다시 말해 1919년 경성에서 진행된 유림의 반일운동은 경성의 도심이라는 좁은 공간에서 상호 교분이 두터운 인물들을 중심으로 동시에 신속히 추진되었음을 보여준다.[26]

---

25) 李直鉉, 『是菴文集』 권10, 「華陽日記」, 24a~26b쪽 ; 『三乎齋集』 下, 권5, 附錄, 「行狀」, 4a~b쪽.

26) 특히 3월 5일 순종에게 복위를 요청하는 상소를 제출하려고 시도한 유림 15명 중 14명은 파리장서에도 서명했다.

특히 이들 중 구심적인 역할을 한 인물은 유준근이었다. 그는 3월 5일 순종에게 전달하려던 반일 상소(문건①)의 소수였고, 3월 12일 유교 및 기독교 인사 12명이 발표한 애원서(문건②)의 유교계 대표였으며, 3월 초 무렵 파리장서(문건④)에 서명했다.

이런 일련의 행적을 감안할 때 유준근이 파리장서운동 기간 기호유림의 원로인 전우를 찾아가 협조를 요구했다는 김창숙의 주장[27]은 전혀 개연성이 없는 이야기는 아니라고 하겠다. 그는 아마도 경성 체류 기간 일군의 유림을 대변하는 역할을 맡았을 것이다.[28]

한편 〈표 1〉에 등장하는 인물들은 대부분 파리장서에 서명했다. 이는 반일운동에 관심을 지닌 유림이 정치적, 사상적 성향을 달리하는 세력과의 연대에 한계를 느끼고 유교계의 독자적인 독립운동을 추진하는 데에 관심을 보였음을 의미한다. 파리장서에 서명한 유림이 모두 서로에게 호의적인 것은 아니었지만, 그들이 경성에서 만난 非유교 계열의 반일운동가들은 고종의 억울한 죽음을 호소하는 일보다 공화국을 건설하는 일에 몰두하는 것처럼 비쳐졌다. 이는 고종의 억울한 죽음을 널리 알리고 구체제를 복원하는 일에 관심을 보였던 유림의 생각과 거리가 먼 것이었다. 결국 이들은 점차 유교계가 독자적으로 추진하는 독립청원운동(파리장서운동)에 관심을 보이기 시작했다.

---

27) 『(心山金昌淑先生闘爭史) 躄翁一代記』, 72, 89~91쪽.
28) 이는 기호지역의 파리장서 서명자 수합이 두 계통에서 이루어졌음을 시사한다. 다시 말해 기호 출신 서명자들은 모두 김복한을 통해 독립청원운동에 참여한 것이 아니라, 지역과 학맥에 따라 김복한 또는 유준근을 통해 참여한 것으로 보인다.

3. 재경유림의 형성과 독립청원운동 기획

1) 재경유림의 형성

재경유림은 김창숙과 더불어 김정호, 이중업, 유준근, 성태영, 임경호, 윤충하 등 경성에서 독립청원운동을 기획하고 준비한 유림을 가리킨다. 이들은 훗날 파리장서운동으로 불린 독립청원운동의 기획과 진행에 크게 기여하였다. 독립청원운동의 최초 기획과 원로 영입, 파리 국제평화회의에 제출할 독립청원서 문안의 수정과 확정, 서명자 명단 확정, 해외대표 선임 및 파견 등 중요한 사안이 모두 이들에 의해 결정되고 진행되었다. 따라서 재경유림에 대한 이해는 파리장서운동 전체에 대한 이해로 직결된다. 그들은 어떤 인물이었을까?

우선 재경유림의 초기 모습을 살펴보자. 이에 관한 기록을 남긴 김황은 1919년 2월 말 곽종석을 대신해 곽종석의 조카 곽윤과 함께 상경해 국장을 참관했는데, '우연히' 族姪 김창숙을 만나 독립청원운동에 관한 이야기를 듣게 되었다. 이런 정황을 감안한다면 김황은 재경유림의 동정을 비교적 소상히 알고 있을 가능성이 높다. 그가 남긴 일기인 「記巴里愬書事」(1919)를 보면, 재경유림의 초기 모습이 다음과 같이 기술되어 있다.

> 선생(곽종석을 가리킴-이하 괄호안 인용자)은 "… 그(윤충하)가 말하기를 … 京中의 유림[京中儒林]이 별도로 문서를 작성하고 사람을 보내 (파리에서 열리는 국제평화회의에) **나아가 호소하게 할 계획인데 내**(곽종석)**가 대표로 합당하다고 여기는 까닭에 마침내 그 사실을 알리게 되었다고**(이하, 노란색 강조선은 굵은 글씨)한다. (이에 대해) 나는 먼 곳의 일을 앉아서 예측할 수 없고 인산이 눈앞에 있는데 내가 이미 갈 수 없으므로 장차 어린아이 한두 명을 시켜 가서 보고 그때 함께 상의하여 조처하게 할 것이라고 대답했다"라고 하셨다.[29] (굵은 글씨-인용자)

즉 1919년 2월 윤충하라는 인물이 경남 거창의 곽종석을 찾아와 독립청원운동을 권유했다는 내용이다. 이는 재경유림의 초기 움직임에 관한 최초의 기록이다. 김창숙의 회고기에는 마치 김창숙이 독립청원운동의 최초 제안자인 것처럼 기술되어 있지만, 위 인용문에 따르면 곽종석은 김창숙에 앞서 윤충하로부터 독립청원운동에 관한 제안을 받았음을 알 수 있다.

윤충하가 언급한 '경중의 유림[京中儒林]'이란 김창숙 등의 '재경유림[在京儒林]'과 어떤 관계가 있는 것일까? 양자의 한자 의미는 크게 다르지 않지만, 나중에 운동을 추진하는 과정에서 드러난 구성원을 살펴보면, 주도세력에 차이가 있었음을 짐작할 수 있다. 1919년 2~3월 고종인산을 참관하기 위해 경성에 머물던 유림 중 일부는 독립청원운동에 관심을 보이면서 상호 연대를 모색했다. 이것이 경중의 유림이나 재경유림의 초기 모습일 것이다. 여기에는 경성의 유림단체 태극교에서 활동하던 윤충하는 물론 임시정부 설립을 추진하던 이헌교, 경상도를 기반으로 활동하던 반일운동가 김창숙 등이 포함되었다.

그런데 이 대열에서 이탈하는 세력이 나타났다. 윤충하가 대표적인 사례였다. 김창숙의 「己未儒林團 事件에 關한 追憶의 感想」에 의하면 3월 3일 김창숙이 "윤충하, 이헌교씨를 방문하고 거사내용을 대략 알리니 윤충하 어른은 물러날 의사를 보임으로써 강권치 아니하였다"라고 했다. 2월 말 곽종석을 만나기 위해 경남 거창까지 내려갈 정도로 적극적이었던 윤충하가 어떤 이유에서인지 동문후배인 김창숙이 주도하는 독립청원운동과 거리를 두었다. 왜일까? 구체적인 내용은 확인되지 않

---

29) 「記巴里愬書事」, 77쪽. "先生曰 … 其言 … 自京中儒林, 別欲爲書, 送人赴愬計, 以爲我合爲代表故, 乃告其事云. 吾答以遠外事, 不可坐測, 因山在前, 吾旣不能作行, 則將使一二少輩往視, 而其時, 因與商量措處矣."

지만, 그것은 아마도 주도세력의 차이에서 기인한 의견의 차이 때문이었을 것이다.[30]

재경유림의 형성배경과 초기활동에 대해서는 김창숙의 「기미유림단 사건에 관한 추억의 감상」에 자세히 소개되어 있다. 내용이 조금 길지만, 그대로 소개하기로 한다.

> (1919년-이하 괄호안 인용자) 2월 중순경 마침 **在京同志 碧棲 成泰英 씨가 보내온 편지**를 접하였는데 "금번 (고종의) 國葬期를 계기로 하여 장차 대사건이 책동 중에 있으니 1일이라도 빨리 서울에 들어오라"고 하였다. … 25일에 서울에 들어가는 즉시 성태영씨를 방문하여 일전에 보낸 편지에서 말한 대사건 내용을 자세히 물어보니 "**3월 1일을 기하여 朝鮮 獨立宣言書를 발표할 만반의 계획**이 이미 완성되었는데 그 사이 君을 고대하였으나 지금에 이르러서는 그 선언서에 참가할 기회를 잃었다"하며 서로 아쉬움을 그치지 아니하였다. …
>
> (3월 1일) … 현장(탑골공원)에서 선언서 수 매를 얻어 … 서명한 33인의 성명을 살펴보니 천도교, 기독교, 불교 3개 교인으로 구성되어 있었다. 소위 조선 유사 이래 모든 문화를 창조한 주인인 **유림** … **이 선언서 중에는 1인도 참가하지 아니하였다.** …
>
> 海史 金丁鎬를 불러일으켜 놓고 … "우리가 쓸데없는 통곡만 할 것이 아니라 이제 민족대표 33인이 이미 독립을 선언하여 국내적 民氣를 크게 고취하였으니 **우리는 별개로 유림대표단을 조직하여 국제적 선전에 활동할 무대를 만드는 것**이 어떠한가"라고 하여 …
>
> 그날(3월 2일) 밤 **나와 벽서 성태영, 해사 김정호가 회합하고 同志 諸人이 그 지방구역을 분담 교제**하기로 결정하여 **柳濬根**씨는 田艮齋와 호남 방면[31]에, 起巖 **李中業** 어른은 충북과 강원 방면에, 벽서 성태영 어른은 경기 방면에, 해사 김정호는 경남 방면[32]에, 나는 경북 방면[33]으로 각

---

30) 이에 대해서는 다음장(윤충하의 독립청원운동 시도)을 참고.
31) 원문에는 없었지만 새롭게 추가되었다.
32) 원문에는 '전남북 방면'으로 수정되었다.
33) 원문에는 '경남북 방면'으로 수정되었다.

각 내려갔다가 3월 15일경[34] 다시 경성에 회합할 것을 약속하였다. …[35]
(굵은 글씨-인용자)

즉 김창숙과 김정호는 독립선언서의 민족대표 33인에 유림이 포함되지 않은 것을 분하게 여기고 조선인의 독립에 대한 열망을 국제적으로 널리 알리기 위해 독립청원운동을 추진하기로 결심했다. 위 인용문에서는 '在京同志'라는 표현이 등장한다. 같은 기록에서 재경동지로 거론된 인물들을 찾아보면 김창숙, 김정호, 성태영, 이중업, 유준근 등 모두 6명인데,[36] 이들은 모두 유림이었다. 따라서 이들을 재경유림으로 불러도 무방할 것이다.

김창숙의 「기미유림단 사건에 관한 추억의 감상」
독립기념관 소장

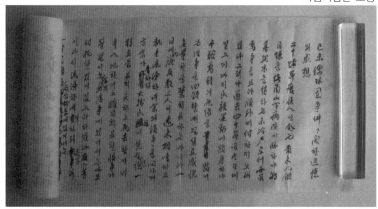

---

34) 원문에는 '3월 15일'로 수정되었다.
35) 金昌淑, 「己未儒林團 事件에 關한 追憶의 感想」.
36) 조동걸은 이들 외에도 곽종석에게 독립청원운동을 제안한 윤충하, 경성에서 김창숙과 임경호의 회합 장소를 제공한 趙重憲을 재경유림단(이 글에서는 '재경유림'으로 표현)에 포함시켰다(趙東杰, 『韓國近現代史의 理解와 論理』, 93쪽).

한편 3월 중하순경에 이르면, 재경유림이 추진하는 독립청원운동에 다소의 변화가 나타났다. 운동의 확장에 도움을 줄 조력자가 나타난 것이다. 당시 재경유림은 독립청원서 작성과 서명자 선정 등 대부분의 준비 작업을 마치고 독립청원서 제출의 절차만 남겨놓은 상태였다. 이에 김창숙은 경성에 머물며 출국을 준비하고 있었다.

재경유림에게 접근한 인물들은 재경유림과 성향이 전혀 다른 세력이었다. 하지만 이들은 경성에서 진행되는 유림의 반일운동을 통해 새로운 기회를 포착하였고, 곧 유림에게 접근하였다. 이들은 고종의 서거를 '기회'로 독립운동의 열기를 증폭시키려고 하였다. 이 부분에 대해 가장 상세한 내용은 김창숙의 『躄翁一代記』에 실려 있다.

> (3월 중하순경 지방에서 상경한 김창숙은-인용자) **尹中洙의 소개로 白隱 柳鎭泰를 회견**하게 되었다. 또 유진태의 소개로 **毅堂 李得李과 趙重憲을 알게 되어** 유진태와 李貞秀 양인이 십여 년 전부터 해외로 망명하여 독립투쟁에 헌신하고 있는 이상설, 이동녕, 이회영, 이시영, 조성환 등에게 서면을 통해 미리 선생을 소개해 줌과 동시에 해외여행에 있어 초행인 선생에게 물심 양면의 협조를 아끼지 않고 보살펴 주었다. …
> 선생은 **백은 유진태의 소개로 林敬鎬를 이득년의 집에서 만나게 되었다.** 임경호는 기호 유림의 영수인 金福漢의 문인이었다. … 백은 유진태는 … "같은 유림단으로서 더구나 동일한 목적 달성을 위하여 거사를 획책하는 우리들이 같은 사실에 대한 서한을 쌍방에서 제출할 수는 없는 일이니 양편 서한 중 좋은 것 한편을 택하고 연서한 명단도 모두 뭉쳤으면 하는데 의향이 어떻소?" 하기에 … 쌍방의 내용을 검토했는데 결국 면우 곽종석의 원고가 … 채택 결정되었으니, … 연서자 명단은 쌍방 명단을 합하여 면우 곽종석, 지산 김복한, 회당 張錫英 등 유림영수 이하 137명 … 최종적으로 선생과 **동행할 사람은 李鉉德, 朴敦緖로 결정**되었다. … 뒤에 남을 백은 유진태와 의당 이득년 등이 책임지고 파리에 제출할 서**한의 내용을 국내에 발표**키로 약속되었다. … 37) (굵은 글씨-인용자)

즉 김창숙의 활동을 지원하는 세력이 등장했다. 김창숙은 평소 알고 지내던 윤중수를 통해 국내의 대표적인 민족교육가인 유진태를 소개받았다. 유진태는 국외 독립운동가들과 친분이 두터운 이득년을 소개해 파리장서운동의 해외대표대표로 출국을 앞둔 김창숙을 도왔다. 무엇보다 유진태는 김창숙에게 임경호와의 만남을 주선했다. 임경호 역시 같은 목적으로 일단의 유림을 대표해 해외파견대표가 되어 경성에서 출국을 준비하던 상황이었다.

이상의 사실을 종합하면, 파리장서운동을 추진한 재경유림은 크게 3단계를 걸쳐 형성·확대되었다. 우선 2월 말 윤충하가 경남 거창의 곽종석을 찾아가 처음으로 독립청원운동에 관한 계획을 밝혔다. 3월 초 경성에서 윤충하, 이헌교 등과 함께 독립청원운동에 관한 의견을 나누던 김창숙이 별도로 독립청원운동을 기획했다. 김창숙은 유준근 등의 동조자를 규합했지만, 다른 한편으로는 윤충하 등이 연대에서 이탈했다. 마지막으로 3월 하순경 김창숙과 임경호가 각기 영남권과 충청권의 독립청원운동 해외파견대표로 경성에 머물다 유진태의 소개로 연대하였다.

2) 재경유림의 구성과 성향

재경유림은 어떤 성향의 인물들일까? 이들과 기타 관련자들에 대해 요약하면, 〈표 2〉와 같다.

먼저 재경유림으로 분류되는 인물들을 살펴보자. 김창숙은 파리장서운동을 기획하고 주도했으며 해외파견대표로 선정되어 중국으로 건너갔다. 경북 성주 출신으로, 조선 중기의 儒臣인 東岡 金宇顒의 14세

---

37) 『(心山金昌淑先生鬪爭史) 躄翁一代記』, 93~101쪽.

<표 2> 재경유림과 주변인물의 주요 이력

구분	성 명	생몰시기	종교	학력(학맥)	1919년 이전 이력
재경유림	金丁鎬	1882~1919	유교	이유선	1900년대 중반 이후 성태영 등과 국외 독립운동근거지 개척 시도
	金昌淑	1879~1962	〃	이승희 곽종석	전기의병 시도한 김호림의 아들. 1905년 제2차 한일협약 반대 상소-투옥, 1908년 대한협회 성주지회 설립(총무), 국채보상운동 참여, 1909년 중추원에 매국역적 처벌 요구-투옥
	成泰英	1867~1949	〃	-	富豪, 독립운동세력 후원. 1900년 전후 비밀결사 결성, 1900년대 중반 이후 김정호 등과 국외 독립운동근거지 개척 시도
	柳濬根	1860~1920	〃	유호근 최익현	1906년 제2차 홍주의병(민종식) 儒兵將-대마도 유폐, 1912년 독립의군부 충청도대표
	尹忠夏	1855~1925	〃	곽종석	1906년 을사오적 처단 시도-유배, 1909년 태극교 설립 주도
	李中業	1863~1921	〃	김흥락	1905년 단식 자결한 이만도의 아들/파리장서 서명자 이만규의 조카. 부친과 함께 선성의병 참가
	林敬鎬	1889~1944	〃	임한주	홍주의병 참가자 임승주의 아들/파리장서 서명자 임한주의 조카. 1915~1918년 중국 러시아에서 이상설·이회영의 연락책으로 활동
주변인물	俞鎭泰	1869~1942	기독교	무관학교	상동청년학원 운영, 1907년 대한자강회 발기인, 1908년 대한협회 회원, 1909년 기호흥학회 평의원, 1918년 이회영 등과 독립운동 모색
	尹中洙	1891~1931		보성전문 졸	
	李得秊	1883~1950 ?		와세다대 졸	1911년 보성전문 강사, 1913년 이후 이회영 등과 국외 독립운동근거지 개척, 1918년 이회영 등과 독립운동 모색

종손이며 寒洲학맥의 李承熙·곽종석 문하에서 수학했다. 성주에서 의병운동을 시도하다 실패한 부친 金䕫林의 유언에 따라 일찍부터 반일운동에 관심을 가졌다.[38] 1905년 이승희 등 영남유림과 함께 제2차 한일협약 철회 및 을사오적 참형을 요구하는 상소를 제출하고,[39] 1909년

金元熙 등과 함께 중추원에 매국역적 처벌을 요구하는 건의서를 신문지상에 게재한 일[40]로 두 차례 구금되었다. 1908년 대한협회 성주지회 총무로 활동하고, 청천서원의 일부를 신식학교(星明學校) 교사로 제공한 사실에서 보이듯 계몽주의를 수용한 개신유림이었다. 다만 1910년대의 행적은 불확실하다.

김정호는 김창숙이 독립청원운동에 관심을 보이자 가장 먼저 동조 의사를 표명한 인물이다. 김창숙과 같은 성주 출신으로, 徵士 金聃壽의 후손이며 修齋 李有善 문하에서 수학했다고 전해진다.[41] 비슷한 시기에 활동한 유림의 문집에 그의 글이 거의 보이지 않는 것으로 보아 형인 金文鎬(『春湖文集』)와 달리 학문적으로 두드러진 인물은 아니었다. 일찍이 성태영의 후원으로 金魯奎, 柳完茂 등과 함께 만주, 연해주 일대를 답사하며 독립운동근거지 개척에 힘썼다.[42] 하지만 1904년 김노규, 1909년 유완무의 죽음으로 계획이 중단되었다.[43]

이중업은 안동 유림의 중진으로, 김창숙의 협조 요청을 냉담하게 거절했던 柳萬植과 달리 김창숙이 기획한 독립청원운동을 적극적으로 지지한 인물이었다. 경북 예안 출신으로, 退溪 李滉의 12세손이었다. 1910년 병합에 반대해 단식 자결한 前 承旨 李晚燾의 아들이자 파리장

---

38) 『高等警察要史』, 175쪽.

39) 張錫英, 『先文別集』義, 「上疏錄」(1905), 4a쪽.

40) 金昌淑, 『心山遺稿』 권5(國史編纂委員會, 1973), 「躄翁73年回想記(上)」, 302쪽.

41) 金敦植, 「家狀」(1958), 2쪽. 이 문건은 시기상 김창숙이 작성한 김정호의 묘갈명(「海史金公墓碣銘」)의 참고자료가 되었을 것으로 보인다.

42) 김정호 후손에 따르면, 김정호는 경기 포천에서 일본군 탄약고를 습격한 일이 있다고 한다[金丁鎬 從孫 金俊植 구술(2005.1.21, 김준식 성남 자택)]. 이는 문헌을 통해 확인되지 않지만, "일찍이 무엇을 해보려는 뜻을 가져서 즐겨 호걸을 좇아 놀면서 천하의 일을 논하기를 좋아했다"거나(『心山遺稿』 권4, 「海史金公墓碣銘」, 277쪽), "燕・趙 지역의 義俠이 강한 사내와 같았다"는 평(金敦植, 「家狀」, 3쪽)을 감안하면, 그런 기질의 일단을 확인할 수 있다.

43) 「海史金公墓碣銘」, 277쪽.

서에 서명한 前 校理 李晩煃의 조카로 金興洛 문하에서 수학했다. 반일적 가풍과 학풍의 영향으로 1895년 부친을 따라 선성의병에 참여했다. 1907년 일본군이 土溪宗宅을 반일운동의 근거지로 지목해 방화하는 참상을 직접 목격했다. 병합 직후인 1912년 중국을 방문해 영남 출신 지사들을 만나기도 했다.[44]

유준근은 파리장서운동의 기호권 확산에 기여한 인물이다. 충남 보령 출신으로, 청백리 柳軒의 후손이며 학문적으로는 6촌 형인 柳浩根의 영향을 받았다.[45] 1906년 제2차 홍주의병에 유병장으로 참여했다가 체포되어 최익현 등과 함께 대마도에 유폐되었는데, 이때 최익현의 척사론에 깊은 감명을 받아 제자가 되었다.[46] 1912년 의병운동 계열 비밀결사인 독립의군부의 충청도 대표에 선임된 사실[47]이 주목된다.

성태영은 1919년 2월 경북 성주의 김창숙을 경성으로 긴급 호출한 인물이다. 경북 지례(현 김천) 출신으로, 조부가 원주목사를 역임했다고 하나 확실치 않다.[48] 만석 거부로 대한제국기부터 반일운동가들을 지원했고, 김정호도 그 중 한 명이었다. 『백범일지』에도 등장하는 인물로, 1900년 전후 유완무, 李時發, 李天敬, 金周卿 등과 함께 비밀결사를 조직해 내정 혁신을 시도하고, 1905년경 이후 김정호, 유완무 등과 함께 국외에 독립운동근거지를 개척하는 일에 몰두했다.[49]

---

44) 金大洛, 『西征錄』, 1912년 1월 7일.
45) 柳浩根, 『四可先生文集』 1(景仁文化社, 1993) 권5, 「再從弟濬根遺事」, 344~356쪽.
46) 宋相燾, 『騎驢隨筆』(國史編纂委員會, 1971), 「柳濬根(1), (附)友鹿柳公墓誌銘」(金志山), 92~94쪽.
47) 林炳瓚, 『遯軒遺稿』(景仁文化社, 1999) 권6, 「擧義日記」, 378쪽.
48) 성태영의 조부가 원주목사를 지냈는지는 확실치 않다. 역대 원주목사의 명단을 수록한 '先生案'을 보면, 19세기에 재임한 인물 중 成氏 姓을 가진 인물이 보이지 않기 때문이다. 한편, 후손에 따르면, 성태영은 고모가 궁녀였고 집안에 문제가 생겨 잠시 고령 덕곡면에 와있었다고 한다. 또한 동지인 김정호의 집안과는 사돈 관계로 해방 이후에도 집안 간 서신 교류가 있었다고 한다[金丁鎬 從孫 金俊植 구술(2005.1.21, 김준식 성남 자택)].

임경호는 김복한의 독립청원운동에 참여해 해외파견대표로 경성에 머물다 김창숙과 만난 인물이다. 충남 청양 출신으로, 1895년 제1차 홍주의병에 참여한 林承周의 아들이고 파리장서 서명자인 林翰周 조카이다. 임한주 문하에서 수학했고, 뜻한 바 있어 상경했다가 독립운동에 관심을 갖기 시작했다.[50] 특히 1910년대 초·중반 이회영, 이상설의 밀명을 받아 중국·러시아와 국내를 오간 사실이 주목된다. 1915년 이회영의 지시로 러시아에 머물던 이상설을 만났고, 국내에서 자금을 모집해 북경의 이회영에게 전달하기도 했다.[51]

다른 인물군도 있다. 바로 김창숙과 임경호가 각각 독립청원운동 해외파견대표가 되어 경성에 머물 당시 이들의 만남을 주선하고 도움을 제공한 인물들이다. 유진태는 충북 괴산 출신으로, 일찍부터 민족교육에 관심을 보여 대한제국기에 상동청년학원, 기호학교, 중앙학교 등을 경영했다.[52] 병합 이후 독립운동가들에게 은신처를 제공했고, 1918년 이회영, 이득년과 함께 고종 망명 계획에 관여했다.[53] "숨어서 남이 안하는 일이되 긴급한 일에 손을 대는 성격"의 소유자로, 표면적으로는 줄곧 합법적인 공간에서 활동했지만 신민회의 교육사업이나 이회영의 고종 망명 계획 등에 가담해 '음험하다'는 평가를 듣기도 했다.[54]

---

49) 「海史金公墓碣銘」, 277쪽. 성태영의 행적은 『백범일지』와 『심산유고』에 기술된 타인의 단편적인 언급이 전부인데, 최근 이두훈家에 소장된 문서에 성태영이 이두훈에게 보낸 편지들이 발견되어 주목된다.

50) 일설에는, 임경호가 1892년 이시영의 부름으로 상경했다가 양자가 되었고, 이후 줄곧 이시영을 보좌했다고 한다.

51) 李恩淑, 『民族運動家 아내의 手記』, 正音社, 1975, 41·42·96쪽 ; 李觀稙·李丁奎, 『友堂 李會榮略傳』(乙酉文化社, 1985), 「友堂 李會榮 略傳」(李丁奎), 75쪽 ; 李觀稙·李丁奎, 「友堂 李會榮 實記」(李觀稙), 166쪽.

52) 柳光烈, 「朝鮮日報社長 俞鎭泰論」, 『東光』 4-6, 1932, 21쪽 ; 「友堂 李會榮 略傳」(李丁奎), 38~39쪽.

53) 「友堂 李會榮 實記」(李觀稙), 190쪽.

54) 「朝鮮日報社長 俞鎭泰論」, 21·23쪽.

이득년은 파리장서운동의 해외파견대표인 김창숙을 위해 소개장을 써주고, 김창숙의 출국 이후 파리장서에 대한 국내 선전을 맡은 인물이다. 경기 고양 출신으로, 일본 와세다 대학에서 수학했다. 1908년『동경유학생회월보』주간 겸 편집, 1909년 대한홍학회 평의원 겸『대한홍학보』편집인을 맡는 등 동경 한인 유학생 사회의 지도급 인물로, 특히 "自國思想을 발휘"하고 "頑固暗弱한 사상을 혁신"할 것을 강조했다.[55] 귀국 후 1911~1918년 보성전문 강사로 정치학, 경제학을 강의하고,[56] 1918년 이회영, 유진태 등과 함께 고종 망명 계획에 가담했다. 이회영이 "과거나 현재의 여러 일들은 오직 이득년만이 다 알고 있다"고 할 정도로 서로 흉금을 터놓는 사이였다.[57]

윤중수는 해외파견대표로 출국을 앞둔 김창숙에게 유진태를 소개한 인물이다. 경남 합천 출신으로, 한학을 수학했지만 상경해 신식학교인 협성학교, 보성전문을 졸업했다.[58] 족숙 윤충하에 의하면 "사방을 경영하려는 의지[四方之志]"가 있었다고 한 것으로 보아 일찍부터 민족운동에 관심을 가진 것으로 보인다.[59] 파리장서운동 당시 역할은 분명치 않으나,[60] 1921년 태평양회의에 제출할 목적으로 작성한 독립청원서에

---

55) 李得秊, 「我韓社會觀」, 『大韓興學報』 6, 1909, 12~13쪽.
56) 宋基澈, 「韓國의 經營(商)學敎育과 高麗大學校-韓末과 日帝前半期의 普成專門學校를 中心으로-」, 『經營論叢』 29, 1986, 26쪽.
57) 「友堂 李會榮 實記」(李觀植), 171~172쪽.
58) 윤보현, 『대한독립운동약사』, 1980, 289~290쪽.
59) 尹忠夏, 『韋觀集』 권1, 族姪中洙大人華山壽屛歌 並引, 22b쪽.
60) 김창숙의 『심산유고』와 김황의 「기파리소서사」에 의하면, 윤중수는 함경도 지역의 서명자를 수합하는 임무를 맡았다고 하였는데, 파리장서운동에 대해 「벽옹칠십삼년회상기」(『심산유고』)보다 원형적인 내용을 수록한 것으로 보이는 「기미유림단 사건에 관한 추억의 감상」과 『(벽옹 김창숙 선생 투쟁사) 벽옹일대기』에는 이런 내용이 전혀 보이지 않는다. 「기미유림단 사건에 관한 추억의 감상」에서 김창숙이 '이북지역을 담당한 인물이 없었다'고 언급한 것으로 미루어, 윤중수가 함경도의 서명자를 수합했다는 기록은 사실과 거리가 먼 것으로 보인다.

합천군 대표로 등장한 점이 주목된다. 그의 족숙인 윤충하에 대해서는 다음 제2절에서 자세히 살펴보기로 한다.

이상에서 살펴본 재경유림(김창숙·김정호·이중업·성태영·유준근·임경호)과 주변인물(유진태·이득년·윤중수)에게는 몇 가지 특징이 발견된다. 우선 재경유림은 대부분 영남·기호지역의 명문 사족가문에서 태어나 재야유림의 종장으로부터 성리학과 위정척사론을 전수받은 중장년층이었다. 예를 들어 김창숙은 東岡 金宇顒(의성김씨)의 13대 종손으로 이승희·곽종석의 문인이고, 이중업은 퇴계 이황(진성이씨)의 12대손으로 김흥락의 문인이었다. 김정호는 徵士 金聃壽의 후손이고, 유준근은 집안은 한미했지만 유호근·최익현이라는 걸출한 인물에게 배웠다. 이런 혈연적, 학문적 기반은 파리장서운동을 추진하는 과정에서 접촉대상에게 신뢰를 주는 요인이었을 것이다.

또한 이들은 1900년대 중반 이후 반일운동에 적극 참여한 이력이 있었다. 김창숙, 이중업은 부친의 영향을 강하게 받은 사례였다. 앞서 언급했듯이 김창숙은 부친의 유언에 따라 반일운동에 나섰고, 이중업은 부친을 따라 선성의병에 참여했다. 유준근은 제2차 홍주의병 유병장이었고 대마도 유폐 시 최익현과의 만남을 통해 반일의식이 심화되었다. 성태영, 김정호는 1900년대 중반 이후 중국 만주와 러시아 연해주 일대를 답사하며 독립운동근거지를 개척하려고 시도했다.

재경유림과 달리 김창숙의 주변인물들은 신식교육을 받았고 국제정세에 대한 이해가 높았다. 이는 독립청원서를 제출하기 위해 국외로 출국해야 하지만 국외 사정에 어두운 유림의 단점을 보완하는 데 중요한 역할을 하였다. 이득년은 일본 와세다 대학에서 수학한 뒤 귀국해 보성전문 강사로 활동했고, 윤중수는 보성전문에서 수학했다. 유진태는 無學에 가까웠지만 상동청년학원, 중앙학교 등 신신학교를 경영한 경험이 있었다.

한편 성태영, 김정호는 1900년 전후 내정 혁신과 반일활동을 목적으로 비밀결사를 결성하고, 1900년대 중반 이후 중국 만주와 러시아 연해주에 독립운동근거지를 개척하려고 시도했다. 이득년, 유진태, 임경호는 1918년 고종 망명 계획에 참여했는데, 특히 유진태는 병합 이후 줄곧 독립운동가들을 지원해 '근왕적 민족주의자'로 분류할 만한 인물이었다.[61] 이처럼 재경유림 및 주변인물의 반일운동 성향과 인적 연결망은 1918년 말~1919년 초 국내외 정세가 급변하는 상황에서 상호 보완·상승작용을 일으키면서 유교계의 독립청원운동의 중요한 토대가 되었다.

4. 재경유림의 반일운동 행적

1) 비밀결사 결성과 독립운동근거지 개척

1919년 이른바 재경유림의 반일운동(파리장서운동)이 일시적인 행동이 아니었다는 점은 이들의 1890~1910년대 행적에서 잘 나타난다. 이들 중 일부는 1890년대 말 비밀결사를 결성해 내정 혁신을 꾀했다. 여기에서는 성태영의 역할이 주목된다. 성태영은 1900년 전후 유완무, 이시발, 이천경, 김주경 등과 함께 대한제국의 정치 혁신을 목적으로 하는 비밀결사를 결성했다. 성태영의 동지 중 주목되는 인물은 유완무(1861~1909, 호 白焦·白山樵夫)이다. 그는 재경유림의 1900년대 운동 성향을 잘 보여준다.

---

61) 오영섭, 『고종황제와 한말의병』, 경인문화사, 2007, 209쪽.

유완무는 전북 무주 출신으로, 일찍이 성태영 등의 비밀결사에 참여했다. 북방영토와 韓淸 국경문제에 관심을 보여 1902년 중국 遼西 일대를 답사하고 관련 역사서를 채집하며 간도도 우리나라 영토임을 확신했다. 간도시찰원 李範允으로부터 金魯奎의 『北輿要選』(1904)을 전해받고 내용에 크게 감동하여 한성에서 간행되도록 주선했다.[62]

최근 발굴된 성태영의 편지 중 일부.
그의 행적은 대부분 베일에 가려져 있었는데,
이들 편지에 대한 분석을 통해 일부 파악할 수 있을 것으로 기대된다.
한국국학진흥원 소장

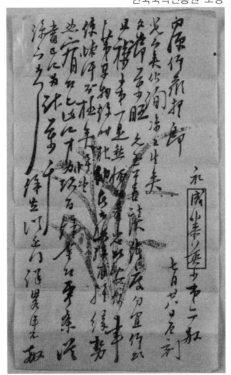

62) 金魯奎, 『北輿要選』, 「序文」(柳完茂, 1904), 4a쪽.

다만 1905년 제2차 한일협약 체결 이후 내정혁신과 반일운동의 기세가 크게 꺾이자 중국 만주와 러시아 연해주로 관심을 돌렸다. 1906년 이회영, 이동녕, 呂準, 張裕淳 등과 함께 만주에 독립군 훈련 기지를 건설하는 문제를 논의했고,[63] 지사들의 국외 망명 안내도 도맡아 1908년 이승희가 러시아 연해주로 망명할 때 블라디보스토크까지 동행하며 안내했던 인물도 바로 유완무였다.[64] 또한 1908년 공립협회 상항지방회 특별회원(블라디보스토크), 1909년 국민회 해삼위지방회 회원이 되었다.[65] 하지만 그는 연해주 한인 독립운동 세력의 알력 다툼에 희생되고 말았다. 북간도와 블라디보스토크에서 계몽운동에 몰두했던 그가 무장운동가인 이범윤 일파에 피살된 것이다.[66]

성태영과 유완무의 1900년 전후 행적은 『백범일지』에 자세히 기술되어 있다. 김구는 명성황후 시해사건 후 '國母復讐'를 내세워 황해도 안악군 치하포에서 일본인을 살해했고, 이로 인해 인천감옥에 수감되어 있다가 극적으로 탈출에 성공하여 강화에 체류했다. 당시 성태영과 유완무는 이런 김구의 반일운동 행적에 주목했다.

성태영과 유완무가 속한 비밀결사는 김구를 조직원으로 포섭하기로 했다. 이들은 김구가 탈옥하기 전부터 반일운동 이력을 면밀히 조사하고 탈출 계획도 세웠다. 이들은 김구의 탈출 소식을 접하자 김구를 만나 포섭하고 충남 연산의 이천경과 전북 무주의 이시발을 찾아가게 했다.

김구에 대한 사상검증 과정이 끝나자 유완무는 자신들이 속한 조직의 실체에 대해 솔직히 설명하였다. 김구를 조직원으로 받아들이기로

63) 「友堂 李會榮 略傳」(李丁奎), 30~31쪽.
64) 李承熙, 『韓溪遺稿』 7(國史編纂委員會, 1980), 「26. 年譜」, 549쪽.
65) 『공립신보』 1908년 12월 2일, 「會報」 2면 ; 『新韓民報』 1909년 2월 17일 「國民會報」, 7면.
66) 『勸業新聞』 1912년 11월 17일, 「류백쵸 피살 스건 됴사안」, 2면.

결정한 것이다. 다음은 『백범일지』에 기술된 내용이다.

　　連山의 李天敬이나 知禮의 성태영이 다 내 동지인데, 우리는 새로 동지가 생겼을 적에 반드시 몇 군데를 돌아다니며 1개월씩 함께 지낸다오. 그리하여 각자 관찰한 바와 시험한 것을 모두 모아서 어떤 사업에 **적당한 자질이 있는지를 판정**하여, **벼슬살이에 적당한 자는 자리를 주선하고 상업이나 농사에 적당한 인재는 상·농으로 인도하여 종사케 하는 것이 우리 동지들의 규정**이오. 連下(김구-인용자)는 동지들이 시험한 결과, 아직 학식이 얕고 부족하니 공부를 더 하되, 경성 방면의 동지들이 전적으로 맡아 어느 정도 수준을 이루도록 할 것이오.[67] (굵은 글씨-인용자)

　　조직의 명칭은 드러나지 않지만, 성태영과 유완무가 속한 비밀결사는 전국 각지의 뛰어난 젊은 인재를 발굴해 일정 기간 검증기간을 거친 뒤 자질에 따라 관직에 추천하거나 상공업 분야의 전문가로 양성하고 있었다. 김구가 탈옥한 시기가 1899년이고, 위 인용문 내용이 대한제국 정부의 내정 혁신과 관련되었을 것으로 추정된다는 점을 감안하면, 이 비밀결사는 대한제국 출범 이후 제국의 안정과 성장을 도모한다는 목적으로 집권층의 지원 속에 결성된 조직이 아닌가 추정된다. 그것은 독립협회와 改革黨의 중간단계에 있는 조직이었을 것이다.[68]

---

67) 김구 저, 도진순 주해, 『(백범 김구 자서전) 백범일지』, 돌베개, 2002, 174~175쪽.
68) 개혁당은 1902년경 이준, 이상설, 이동휘, 이상재, 박은식, 양기탁, 남궁억 등이 조직한 결사이다. 조직체의 발전단계상 독립협회와 신민회의 중간단계로 평가된다(李炫熙, 『桂園 盧伯麟將軍 硏究』, 신지서원, 2000, 40~41쪽). 박은식에 의하면, "소위 重臣大官이니 喬木世臣이니 兩班淸宦이니 하는 類輩의 가운데에서는 改革光復이라든가 回泰中興할 만한 善良有爲의 傑人達士를 발견하기 어려웠다. 그리하여 英賢을 野下에 구하며 俊傑을 草舍에 採하기로 하였었다. 여기에 이준 선생을 비롯하여 純誠俊逸한 인물을 文武並選에 노력하여 극비리에 국정개혁을 적당한 시기가 도래하면 倒閣운동에 착수하여 개혁내각을 수립코자 하였다"고 한다(朴殷植, 『白巖朴殷植全集』Ⅵ(白巖朴殷植全集 編纂委員會, 2002), 「改革黨의 秘密結社」, 750쪽).

위 인용문에 따르면, 이 비밀결사는 매우 조직적이고 분업화되었으며, 광범위한 지역에 동조세력을 보유하고 있었다. 유완무는 전국 각지에 있는 지사들의 소재를 파악하는 역할을 맡고, 이천경과 이시발 등은 추천된 인물이 자신들이 추구하는 목표에 적합한 인물인지 검증하는 역할을 맡았으며, 성태영은 만석의 재산으로 조직을 후원했다.

성태영과 유인무가 속한 비밀결사가 대한제국 집권층과 교감이 있었을 것이라는 추측에는 몇 가지 근거가 있다. 이 결사의 조직원인 이시발은 병합 이후 대한제국 황실을 추모하는 사당을 세우려고 시도한 사실이 확인된다. 1920년 음력 9월 이시발이 '茂州儒林' 명의로 도산서원에 보낸 통문을 보면, "茂豊은 본래 고종이 가까운 신하를 보내 지형을 살피고 꿩을 날려 궁궐로 적합한지 시험했던 곳"이라고 하면서 사당 설립 배경을 설명하였다.[69] 즉 그는 고종과 대한제국 정부를 지지하는 근왕주의자였다.

이시발이 한때 환구단 참봉에 임명된 적 있는 이승희의 죽음을 애도하며 지은 제문도 확인된다. 이에 따르면, 이시발은 1913년경 이승희, 곽종석과 중국 만주 이주 문제를 논의한 적이 있다.[70] 환구단 참봉이 비록 말단 관리에 불과하나 환구단이 대한제국의 대표적인 황실의례 시설이었다는 점이 주목된다. 이시발이 근왕세력의 일부인 영남유림의 지도자들과 연결되어 있다는 점도 눈여겨 볼 부분이다.

이밖에 다른 조직원 김주경도 고종이 신임하는 전직 고위 관리인 한

---

69) 『陶山書院古文書』I(檀國大 附設 退溪學研究所, 1994), 「94.通文」(全羅道 茂朱鄕校 會中→陶山書院, 1920.9.15), 372~373쪽. "伏以幣邑茂豊地, 重門百堵之作, 則我高宗太皇帝, 蓋嘗令近臣者, 相宅而授雉焉. … 今日, 生等之義 … 用其情於先皇帝沒世之餘澤也, 不避僭妄之誅, 式遵詔藝之故, 丕擬廟享我先皇帝陟降之靈於先皇帝所營度之新宮 … 第念生等雖窮陬寒畯, 俱是先皇帝五十年化育中物也" 이시발은 통문 후미의 발기인 명단에서 가장 먼저 기재된 것으로 보아 발기인 대표로 추정된다.

70) 『韓溪遺稿』8(國史編纂委員會, 1981), 29.祭文3, 「262.祭文」(李時發), 267쪽.

규설에게 김구의 석방을 건의한 사실이 있다.[71] 이런 점들을 감안하면, 성태영과 유완무가 속한 비밀결사는 고종 등 대한제국 집권층과 일정한 교감이 있었을 것으로 보인다.

다만 성태영과 유완무가 속한 비밀결사의 내정혁신과 반일운동은 러일전쟁과 제2차 한일협약 체결을 계기로 좌절된 것으로 보인다. 이후 이들은 국외로 눈을 돌렸다. 비밀결사의 후원자인 성태영은 국외에 독립운동근거지를 세우는 일에 관심을 보였는데, 여기에는 재경유림 중 김정호도 가담했다.

김정호는 제2차 한일협약 체결 소식을 듣고 "선비(儒)란 사람(人)을 필요(需)로 한다는 뜻이다. 어찌 墓穴 속의 썩은 선비의 하는 짓을 본받는단 말인가?"라고 자책하면서 반일운동을 결심했다.[72] 그는 유완무 및 간도 일대의 지리에 밝은 김노규(1846~1904, 호 鶴陰) 등과 함께 중국 만주의 遼陽·審陽·북간도, 러시아의 시베리아·블라디보스토크 일대를 답사하며 국권회복운동에 적합한 후보지를 물색했다.

함북 종성 출신인 김노규는 부친 金利秉이『北闕誌』를 지었고, 자신도 간도 국경 문제를 다룬『北輿要選』을 집필할 정도로 북방영토에 대한 지리지식이 해박한 인물이었다.[73] 만주에 독립운동근거지를 설치

---

71)『백범일지』, 117쪽.
72)「海史金公墓碣銘」, 622~623쪽.
73) 김노규의 12대조 金祉는 원래 南陽의 士族이었는데 16세기 후반에 함북 慶源으로 이주했고, 5대조 김대성은 송시열 계열의 학문을 전수받았고, 김노규도 南大任을 尤菴學의 正脈으로 보아 사숙했다고 한다. 김노규는 일찍이 과거시험에 미련을 버리는 대신 서실 이름을 중화문명의 보존을 바란다는 의미에서 '望華'라고 짓고 明나라 유민을 자처하며 성리학 공부에 몰두했다. 한편 관북지방의 史蹟이 우리나라 역사서에서 누락된 것을 분하게 여겨『龍堂誌』,『북여요선』등을 집필하고, 특히 간도 관리사 이범윤이 간도 관리에 정성을 쏟는 것을 보고 감동을 받아『북여요선』을 지었다고 한다(金魯奎,『鶴陰集』권21, 附錄,「墓碣銘」(崔永祚), 1a~3b쪽]. 북로군정서 총재 서일이 김노규의 제자로 알려져 있다(『獨立新聞』1921년 12월 6일,「獨立軍 總裁 徐一氏 自戕」, 3면).

하려는 김정호와 성태영으로서는 김노규의 해박한 지리지식이 더욱 필요했을 것이다.

김노규가 지은 『북여요선』의 목차 부분
e뮤지엄 (국립중앙박물관 소장)

하지만 성태영과 김정호 등의 이런 노력은 유완무와 김노규의 갑작스런 사망으로 중단되었다. 김노규는 1904년 사망했는데 정부는 그의 죽음을 제대로 파악하지 못한 채 함북관찰사로 임명했다.[74] 유완무는

---

74) 黃玄, 『梅泉野錄』(國史編纂委員會, 1971) 권4, 1904년, 319쪽.

1909년 연해주에서 한인 반일운동세력 간 갈등으로 이범윤 일파에 살해되었다.[75] 이로써 중요한 동지를 잃은 김정호는 남북만주 일대를 전전하다가 귀국했다고 한다.[76]

2) 고종 망명 계획

재경유림의 또 다른 한축은 이회영과 밀접한 관계가 있다. 이회영은 '三韓甲族'으로 불리는 명문가의 후손으로, 부친 李裕承이 이조판서, 의정부 참찬을 지냈고 모친이 이조판서를 지낸 정순조의 딸이었다. 후일 며느리로 받아들인 인물(장남 李圭鶴의 부인)도 고종의 조카딸이었다.[77] 이회영은 고종과 사돈 관계일 뿐만 아니라 고종에게 늘 두터운 존경심을 가졌다고 한다.[78]

1910년 국권이 상실되자 이회영 등 6형제는 1910년 중국 서간도로 집단 이주했다. 이때 이회영은 평소 막역한 사이인 이상설과 함께 만주·연해주 일대의 한인 독립운동을 진작시키는 일에 몰두했는데,[79] 임경호는 이회영의 지시에 따라 두 지역을 오가며 밀명을 전달하는 임무를 맡았다. 유진태는 1913년 이회영이 자금 모집 차 비밀리에 귀국하자 그

75) 『勸業新聞』 1912년 11월 17일, 「류백쵸 피살 스건 됴사안」, 2면.
76) 『心山遺稿』 권4, 「海史金公墓碣銘」, 277쪽.
77) 김명섭, 『이회영』, 역사공간, 2008, 12·96쪽.
78) 서중석, 『신흥무관학교와 망명자들』, 역사비평사, 2001, 328쪽 재인용 ; 이규창, 『運命의 餘燼』, 寶蓮閣, 1992, 25쪽.
79) 이회영과 이상설은 경주이씨로 죽마고우였고, 1898년부터 이상설의 서재에서 국권회복에 대해 숙의했다. 1905년 일본이 제2차 한일협약을 강요하자 의정부 참찬으로 재직 중이던 이상설은 참정대신 한규설에게 목숨을 걸고 조약을 반대할 것과 민영환에게 고종이 국새를 허락하지 못하게 할 것을 요구했고, 이회영은 당시 외부 교섭국장으로 재직하던 동생 이시영에게 외부대신 박제순과 한규설에게 끝까지 협약 체결에 반대하게 하도록 요구했다. 이런 노력이 수포로 돌아가자 두 인물은 국외로 망명하여 1906년 중국 간도의 용정촌에 서전서숙을 세우고 헤이그특사 파견을 주도했다(서중석, 『신흥무관학교와 망명자들』, 26~32쪽).

를 만난 사실이 있고,[80] 고종이 신뢰하는 한규설과도 가까워 한규설 사후 그의 유언에 따라 막대한 유산을 관리하기도 했다.[81] 이득년이 이회영과 흉금을 터놓는 관계였음은 앞서도 언급한 바가 있다.

1910년대 말 제1차 세계대전의 종전이 임박한 상황에서 이회영 등은 고종의 망명을 추진했다. 고종을 독립운동의 구심점으로 내세우면 독립운동을 보다 효율적으로 수행할 수 있을 것이라는 기대감 때문이었다. 1918년 11월 제1차 세계대전이 종전되고 미국의 윌슨 대통령이 민족자결의 원칙을 제창하자 국내에 잠입해 활동하던 이회영은 천도교의 오세창, 불교의 한용운, 기독교의 이승훈 및 이상재, 안확, 유진태, 이득년 등을 만나 독립운동 방안을 숙의하는 한편 고종의 측근을 만나 고종 망명을 건의했다.

신뢰할 만한 世臣 이회영이 독립운동 계획을 밝히자 고종은 의외로 수락 의사를 밝혔다. 이런 사정은 이회영의 측근 李丁奎가 집필한 「友堂 李會榮 略傳」에 자세히 기술되어 있다.

> (1918년 국제정세가 변동하자 이회영은 국내 지도자들과 밀의를 거듭했고-인용자) 또 한편으로는 **궁중에 연락을 취하여 시종 李喬永에게 선생이 지닌 생각을 설명하고 고종황제께 아뢰도록 하였는데,** 선생의 생각은 당시의 **세계적 변동기를 이용하여 황제께서 국외로 망명**하시고 한일합방이 왜적의 강도적인 폭력에 의해 조작된 것이라는 사실을 황제 자신이 직접 전 세계에 폭로하시면 큰 효과가 있으리라는 것이었다. 이때는 마침 영친왕 李垠과 왜 황실의 芳子 여사와의 혼담 결정으로 황제의 고민이 지극하였던 시기였다. 그러므로 **李 시종이 선생의 생각을 상주하자 뜻밖에 쾌히 승낙**하셨다.

---

80) 「友堂 李會榮 略傳」(李丁奎), 51쪽.
81) 『東亞日報』 1930년 11월 10일, 「未冷屍로 自處, 乙巳後 隱遁, 만년의 고절을 지키었다, 親知 俞鎭泰氏 談」, 2면.

승낙하셨다는 소식을 듣자 선생은 洪增植을 데리고 **閔泳達**을 찾아가 고종황제의 뜻을 전하며 그의 의사를 타진하였다. 그러자 민영달은 "황제의 뜻이 그러히 시다면 신하된 나에게 무슨 이의가 있겠는가? 나는 분골쇄신하더라도 **황제의 뒤를 따르겠다**"고 하며 **쾌히 승낙**하였다. 이리하여 선생은 민영달과 비밀히 만나 구체적인 방법을 강구하였다.[82] (굵은 글씨-인용자)

즉 고종은 제1차 세계대전의 종전과 미국 윌슨 대통령의 민족자결 원칙 천명 그리고 아들 영친왕의 일본 여인과의 결혼 임박에 압박을 받은 듯 빠른 결단을 내렸다. 이제 이회영은 중국에 있는 고종 측근의 도움이 필요했다. 고종이 거주하고 업무를 볼 공간을 마련하는 데 많은 자금이 필요했기 때문이다. 이회영은 홍증식과 함께 민영달을 찾아가 고종의 의중을 전하며 도움을 요청했다.

고종 망명 준비는 일사천리로 진행되었다. 최대 난제인 자금 조달 문제가 해결되었다. 민영달이 5만 원의 거금을 내놓았다.[83] 한편 고종의 중국 이동은 배편을 이용하고, 행궁은 중국 베이징에 설치하기로 했다. 행궁을 베이징에 둔 것은 이 일대에 거점을 둔 독립운동세력이나 중국 베이징정부와의 협력을 고려한 것으로 보인다. 이회영은 이득년과 홍증식에게 자금을 주어 북경에 있는 동생 이시영에게 전달하고, 행궁을 임차해 수리하고 단장하도록 했다.

그런데 고종 망명 계획은 1919년 1월 갑작스럽게 중단되었다. 주인공인 고종이 1월 21일 예기치 않게 서거했기 때문이다. 이회영은 다시 중국 관내로 돌아가 독립운동가들과 대책을 논의했다. 고종의 서거로 인해 망명 계획은 중단되었지만, 계획을 준비한 조직은 여전히 남아 있

---

82) 「友堂 李會榮 略傳」(李丁奎), 54~55쪽.
83) 「友堂 李會榮 略傳」(李丁奎), 55~56쪽.

었고 고종의 서거는 독립운동의 또 다른 기회로 간주되었다.

이상과 같이 재경유림과 주변인물들의 1919년 이전 반일운동 행적은 파리장서운동의 신속한 진행과 확장(연대) 과정을 이해하는데 도움을 준다. 예를 들어 1919년 2월 성태영이 김창숙을 경성으로 긴급 호출하고, 3월 이회영의 측근 임경호가 충청권의 독립청원운동 해외파견대표로 선정되었으며, 유진태가 영남·충청권의 독립청원운동 해외파견대표인 김창숙과 임경호의 만남을 주선하는 한편 김창숙에게 이회영의 복심인 이득년을 소개하고, 이득년이 김창숙의 출국 이후 국내 연락을 맡은 점은 파리장서운동의 발단과 확산에 성태영과 이회영을 구심점으로 한 인적 연결망이 개입되어 있음을 보여준다.

5. 맺음말

이 글은 1919년 2~3월 파리장서운동을 추진한 세력인 재경유림의 형성과정과 반일운동 이력을 확인하였다. 파리장서운동의 기원을 추적하려는 것이다. 이 작업은 파리장서운동의 발단과 확산에 기여한 세력을 좀 더 확장된 시각으로 살펴보는데 도움을 준다.

재경유림은 대개 사족가문에서 태어나 재야유림의 종장으로부터 성리학과 위정척사론을 전수받은 인물들이었다. 그 대표적 사례가 김창숙과 이중업이었다. 재경유림의 구심점인 김창숙은 동강 김우옹(의성김씨)의 14세 종손으로 이승희·곽종석의 제자였고, 이중업은 이황(진성이씨)의 후손이자 일본의 강제병합에 자결로 저항한 이만도의 장남으로 김흥락의 제자였다. 유준근은 최익현의 제자였다. 이런 가계 및 학문적 기반은 재경유림이 일찍부터 반일운동에 참여한 중요한 계기였다.

재경유림의 1919년 이전 행적에서 주목되는 점은 독립운동근거지 개척과 고종 망명을 시도한 사실이다. 이들의 조직적인 움직임은 1900년경부터 포착된다. 성태영은 1900년 전후 유완무·김노규 등과 함께 대한제국의 내정 혁신과 반일 활동을 추구하는 비밀결사를 결성해 활동했다. 이어 1905년경 이후 김정호 등을 재정적으로 후원해 중국 만주와 러시아 연해주 일대에 독립운동근거지를 개척하는 일에 몰두했다. 한편 재경유림의 주변인물이라고 불릴만한 유진태와 이득년은 1918년경 이회영의 고종 망명 계획에 참여했다.

　다시 말해 재경유림은 대한제국 집권층과의 교감 속에 내정 혁신과 반일활동을 진행했고, 1905년 제2차 한일협약 이후 국외로 시선을 돌려 독립운동근거지 개척에 몰두했고, 그 주변인물들은 고종을 독립운동의 구심점으로 삼는 고종 망명 계획을 세운 세력이었다. 이런 시도는 주요 동지의 사망과 고종의 서거라는 예기치 않은 사건으로 중단되었지만, 1918년 말 제1차 세계대전의 종전과 3.1운동의 발생이라는 돌발적인 상황 속에서 고종의 억울한 죽음을 널리 알리고 구미열강에 조선의 독립을 호소하자는 움직임은 즉 파리장서운동으로 결실을 맺게 되었다.

제2절
윤충하의 독립청원운동 제안과 철회

1. 머리말

太極敎[1]는 역사학계에서도 매우 생소한 유림단체이다. 이 단체는 1909년 한성에 설립되어 1930년대까지 존속했는데, 특히 1919년 및 1920년대 유교계의 주요 이슈, 예를 들어 1919년 및 1921년 독립청원운동, 1920년 고종의 位號를 둘러싼 논란, 1922년 조선유림연합대회 개최, 1923년 김택영이 저술한『한사경』에 대한 비판 등 국내 유교운동을 이끈 세력 중 하나였다.

더욱이 태극교에 대한 이해는 1918~1923년 유교계의 독립운동이 갑자기 고조되었다가 쇠퇴한 배경을 이해하는데 중요한 시사점을 제공한다. 이 기간 유교계의 독립운동은 고종 또는 대한제국 황실을 반일운동의 구심점으로 삼았거나, 고종의 사후 장례기간을 활용한 것이 특징이었다. 또한 1920년대 초 신지식인층이 언론을 통해 유교를 신랄히 비판하자 유교계의 대오를 정비하려는 움직임이 나타났다. 그런데 이 모든 과정에 태극교가 깊이 관여했고, 윤충하(1855~1925, 호 韋觀)는 당

---

1) 태극교의 전신은 開東敎인데, 1909년 초 윤충하, 呂永祚 등의 주도로 太極敎로 명칭을 변경하며 조직을 일신하였다[『統監府文書』6(國史編纂委員會, 1999),「開東宗敎敎務員太極敎會名稱變更件」(1909.1.21)].

시 태극교 교단의 핵심인물이었다.

다만 태극교나 윤충하에 대한 학계의 관심은 부족한 편이다. 비슷한 시기(1907~1910)에 설립된 대동교, 대동학회(공자교) 등과 비교해도 관련 연구가 매우 적음을 확인할 수 있다.[2] 태극교에 대해서는 식민지기에 일본인 학자 무라야마 지준[村山智順]이 사전적으로 짧게 정리한 바 있고,[3] 최근에 대한제국기 태극교의 설립배경과 성격에 대한 시론적인 연구가 있었다.[4] 이를 제외하면 근대유교사 관련 논저에서 친일유림 단체인 대동학회에 대항한 조직으로 언급되는 것이 전부였다.[5] 한편 윤충하에 대해서는 『거창군지』에 반일 행적이 소개되었고,[6] 1922년 윤충하가 공동 참여한 조선유림연합대회(전조선유림대회)를 식민통치에 협력한 유림의 움직임으로 분석한 연구가 있었다.[7]

이처럼 윤충하에 대한 학계의 관심이 부족한 데에는 그의 가계나 학문, 정치활동을 감안할 때 대한제국기와 식민지기 유교계를 대표하는 인물로 보기 어렵다는 인식이 영향을 미친 것으로 보인다. 또한 같은

2) 대한제국기 유교 계열 신흥종교(대동교·공자교·태극교 등)에 대해서는 다음 연구가 참고된다. 愼鏞廈, 「朴殷植의 儒敎求新論·陽明學論·大同思想」, 『歷史學報』 73, 1977 ; 琴章泰, 「韓國 近代 儒學의 孔子敎運動」, 『崇山朴吉眞博士古稀紀念 韓國近代宗敎 思想史』, 1984 ; 劉準基, 「1910年代 日帝의 儒林親日化政策-孔子敎와 大同敎를 中心으로-」, 『建大史學』 8, 1993 ; 박명수, 「한말 민족주의자들의 종교 이해-'대한매일신보'(1904~1910)의 논설을 중심으로-」, 『한국기독교와 역사』 5, 1996 ; 홍원식, 「寒洲學派의 공자교 운동」, 『韓國學論集』 26, 1999 ; 金度亨, 「張志淵의 變法論과 그 변화」, 『韓國史研究』 109, 2000 ; 崔惠景, 「愛國啓蒙運動期 藕泉 趙琬九와 大同敎運動」, 『慶州史學』 19, 2000 ; 김순석, 「박은식의 대동교 설립운동」, 『국학연구』 4, 2004 ; 조광, 「개항 이후 유학계의 변화와 근대적응 노력 -전통 유학의 근대종교화 운동을 중심으로-」, 『국학연구』 5, 2004.
3) 村山智順, 『朝鮮の類似宗敎』, 朝鮮總督府, 1935, 463~465쪽.
4) 서동일, 「한말 太極敎의 조직과 활동」, 『淸溪史學』 19, 2004.
5) 유준기, 『한국근대유교 개혁운동사』, 도서출판 삼문, 1994, 154쪽.
6) 居昌郡誌 編纂委員會, 『居昌郡誌』, 1979, 641~642쪽.
7) 이명화, 「朝鮮總督府의 儒敎政策(1910~1920年代)」, 『한국독립운동사연구』 7, 1993, 118쪽.

시기의 주요 사료에 윤충하의 행적이 제대로 파악되지 않는 점도 취약점으로 지적된다.

필자는 이런 점들을 충분히 고려하면서, 파리장서운동의 발단에 영향을 미친 윤충하가 어떤 사상 편력과 반일운동 행적을 거쳐 1919년 독립청원운동을 시도하게 되었는지 살펴보고자 한다. 우선 그의 가계와 학문 성향을 살펴보고, 1890년 중반 무렵 상경하여 개혁적이고 반일적인 성향의 지식인들과 교류하는 과정을 확인한다. 이어 1905년 제2차 한일협약 이후 한편으로는 반일 상소를 제출하고 을사오적 처단계획에 참여하며, 다른 한편으로는 1906년 이후 계몽사상을 주체적으로 수용한 과정을 살펴본다. 마지막으로 1909년 유교계의 신흥종교단체인 태극교를 설립하고 1920년대 초까지 교단의 지도자로 반일운동과 대한제국 황실 추숭사업 그리고 유교문화사업을 주도한 사실을 살펴본다. 자료는 윤충하의 문집인『韋觀集』을 주로 활용하고 신문, 잡지, 근대문서를 참고하였다.

2. 성장 과정과 상경 이후 인적 기반

1) 가계와 수학과정

윤충하는 1855년 경남 기창의 箭村(현 경남 거창군 남하면 梁項里)에서 坡平尹氏 尹守道와 東萊鄭氏의 5남 2녀 중 장남으로 태어났다.[8] 윤충하의 선조는 원래 한양에 거주했으나 세조 대에 掌令 尹將이 계유정난의 화를 입고, 그 후손들이 경남 합천의 華洞으로 이주했으며, 尹孜

---

8) 윤충하의 가계와 성장과정에 대해서는, 尹忠夏,『韋觀集』권4,「家狀」(尹鍾洙), 16b~17a쪽과『坡平尹氏代言公波譜』(1993) 권上, 528쪽 참조.

善 대에 거창의 灃湖에 정착하게 되었다. 이후 윤충하의 9대조 尹景南이 遺逸로 翊贊에 오르고 임진왜란 당시 공을 세워 좨주에 추증되었는데, 아마도 이를 계기로 가세를 회복한 것으로 보인다.

족보에 따르면, 윤충하의 직계 4대조 중에는 관직에 진출한 인물이 없고 유학 연마에 치중하는 경향을 보였다. 그만큼 과거 합격과 거리가 멀었음을 알 수 있다. 다만 고조부를 제외한 3대가 모두 遺稿를 보유했는데,[9] 적어도 지역의 유교지식인으로서 일정한 학문적 수준에 도달했음을 보여준다.

파평윤씨가 세거하던 거창은 퇴계학파, 율곡학파, 남명학파가 골고루 영향을 미친 지역이었는데,[10] 1890년대 이후에는 특히 퇴계학파의 한주학맥(이진상)이 두각을 나타냈다. 이진상 문하의 뛰어난 여덟 제자[洲門八賢] 중 한 명이자 윤충하의 三從兄인 윤주하가 바로 거창 출신이었고, 전우와 더불어 조선 말기~식민지 초기 조선 유교계를 대표하는 양대 인물로 손꼽히는 곽종석이 1896년 10월 거창 茶田에 정착해 후학을 양성하다 생을 마감했다.[11] 윤충하는 9년 연상의 族兄 윤주하를 통해 유학에 입문했고,[12] 족형 윤주하는 윤충하를 '먼 미래에 그릇이 될 재목'으로 높이 평가했다. 이후 윤충하는 의심나는 것이 있을 때마다 윤주하를 찾아갔고, 이진상의 '主理의 學'을 전수받았다.[13] 무엇보다 윤충하는 이진상의 고제인 곽종석의 초기 제자였다.[14]

---

9) 『파평윤씨대언공파보』, 권上, 528~529쪽.

10) 居昌郡誌 編纂委員會, 『居昌郡誌』, 765쪽.

11) 『韋觀集』 권3, 「與李啓道承熙」(1915), 4a쪽. 윤충하는 곽종석의 문인록인 「俛門承敎錄」에 "字 尙華. 坡平人. 주소 居昌 篛村. 철종 乙卯生"으로 소개되어 있다[郭鍾錫, 『俛宇集』 4(亞細亞文化社, 1984), 「俛門承敎錄」, 804쪽].

12) 『韋觀集』 권4, 「家狀」(尹鍾洙), 16b쪽.

13) 『韋觀集』 권4, 「跋」(尹哲洙), 1a쪽.

14) 『韋觀集』 권3, 「與李啓道承熙」(1915), 4a쪽.

그러나 윤충하가 처음부터 학문에 뜻을 둔 것은 아니었다. 그도 다른 인물들처럼 십여 년간 과거 준비에 몰두했다. 하지만 고종 집권 초 영남 남인의 관직 등용이 증가했음에도 불구하고,[15] 노론의 전횡이 여전하여 영남의 뛰어난 신진들이 향시에 합격하고도 회시에서 탈락하는 일이 빈번했다. 윤충하는 과거에 잇따라 낙방하자 천명을 얻는데 실패했다고 여기고 과거 준비를 멀리했고 양친이 사망하자 완전히 단념하기에 이르렀다.[16]

이후 윤충하는 유학에 심취하는 경향을 보였다. 그는 오직 本原 공부에 몰두했고, 의문점이 있으면 퇴계학파의 석학들을 찾아갔다.[17] 이 과정에서 한성의 許傳, 성주의 이진상, 칠곡의 張福樞을 찾아갔고,[18] 李鍾杞 · 許愈 · 곽종석 · 이승희 등을 따라 배웠다. 이들 중 윤충하에게 학문적으로 가장 큰 영향을 준 인물은 곽종석 · 윤주하 · 이승희였다.[19] 특히 곽종석과의 사제관계는 1919년 윤충하가 곽종석을 찾아가 독립청원운동을 제안하는 계기가 된다.

2) 상경과 인적 기반

윤충하는 1890년대 중반 시국이 급변하자 상경을 결심했다. 그의 결심에는 어떤 요인들이 영향을 미쳤을까? 앞서 언급했듯이 그가 20-30대에 한성과 영남 일대의 퇴계학파 석학들을 찾아간 점이 주목된다. 여

---

15) 徐鍾泰,「興宣大院君과 南人-'南村解嫌日記'의 분석을 중심으로-」,『한국근현대사연구』16, 2001, 7쪽.
16) 『韋觀集』권4,「家狀」, 16b쪽 ;「墓碣銘」(崔薰敎), 18b쪽.
17) 『韋觀集』권4,「墓碣銘」, 18b쪽 ;「家狀」, 16b쪽.
18) 윤충하가 이익 문집의 간행을 알리는 통문을 代作한 것(『韋觀集』권4,「通星湖李先生文集刊所文(代作)」, 14a~b쪽)도 이런 학통이나 학문적 탐색과정과 관계가 있을 것이다.
19) 『韋觀集』권3,「與李啓道承熙」(1915), 4a쪽.

기에는 순수한 학문적 동기도 있었겠지만, 현실문제에 대한 고민도 영향을 미쳤을 것으로 보인다. 경남 거창에 거주하던 윤충하가 정치적, 사회적 격변의 중심지인 한성을 방문한 것이나, 그의 스승인 곽종석 · 이승희 등이 반일의식이 투철했다는 점은 이런 개연성을 보여준다.[20]

특히 한성 방문은 윤충하에게 인생의 큰 전환점이 되었을 것이다. 1900년 전후 박은식 · 장지연 등이 상경을 통해 한성의 급격한 변화를 목격하고 사상적으로 획기적인 전환점을 맞이했듯이 현실문제에 고민이 많던 윤충하도 유사한 경험을 하였을 것으로 보이기 때문이다. 이는 윤충하가 상경 이후 유림과의 교류에 그치지 않고 연이어 계몽운동 단체에 관여한 점에서도 잘 확인된다. 결국 윤충하는 "천하가 이 남아에게 內事를 분장시켰는데 어찌 스스로 재야의 한미한 부류라 하여 문을 잠그고 손을 소매에 숨기고 있겠는가"라 하며[21] 상경을 결행했다.

상경 이후 윤충하는 한성에서 다양한 인물들을 만났다. 그들은 독특한 성향을 지닌 지식인들로, 윤충하의 상경 이후 달라진 사상 성향을 보여준다. 윤충하의 문집에서 확인되는 인물은 羅寅永(羅喆) · 尹柱瓚 · 李沂 · 洪弼周 · 吳基鎬 · 呂永祚 · 李容珪 · 元泳義 · 李載亮 등이다.[22] 이들은 대개 호남 출신의 전 · 현직 하급관리들로, 1890년대 후반 이후 각종 정치단체 및 학회를 통한 계몽운동에 깊이 관여한 것이 특징이었다.

---

20) 곽종석은 申箕善의 추천으로 1895년 지방관(비안현감)에 발탁된 이래 1903년 野服入對하여 의정부 참찬에 임명되는 등 고종으로부터 극진한 예우를 받아 주목을 받았다. 이로 인해 최익현 등으로부터 의병운동의 제안을 받았다. 한편 이승희는 일찍이 환구단 참봉에 임명되었고, 제2차 한일협약 체결 직후 영남유림을 규합해 상소를 제출했다가 대구감옥에 수감되었으며, 1908년 러시아 블라디보스토크로 건너가 이상설과 함께 한흥동 한인사회를 지도했다.

21) 『韋觀集』 권4, 「墓碣銘」, 18b쪽. "於是, 見解日進, 於古人之邪正眞僞, 故事之橫竪是非, 若燭照而分桐焉已, 而見時事, 日非慨然歎曰, 天下自是男兒分內事, 詎自委草茅寒品, 而閉戶袖手耶? 遂挺身上洛."

22) 『韋觀集』 권4, 「家狀」, 16b쪽.

윤충하의 지인이자 을사오적 처단계획을 주도한 나철
국가보훈처

이들의 주요 이력을 짧게 정리하면 〈표 1〉과 같다.

〈표 1〉을 보면 몇 가지 공통점이 발견된다. 지역적으로 호남 출신이 많고, 중앙의 하급관리, 지방 군수, 교직에 종사한 인물이 대다수였다. 즉 이들은 지방의 실정을 잘 알고 실무에 능하며 인민 계몽에 오랫동안 관심을 가져온 인물들이었다.

또한 이들은 지방 각지에서 자행되고 있던 일본(인)의 침탈과 조선인의 피해를 소상히 파악하고 있었기 때문에 일찍부터 반일의식이 투철하였다. 나인영 · 이기 · 홍필주는 渡韓이민법에 반대하는 서한을 정부에 제출했고,[23] 홍필주 · 이기는 1904년 한일의정서가 체결되자 이상설

---

23) 오영섭,「대종교 창시 이전 나인영의 민족운동」,『한국민족운동사연구』39, 2004, 204쪽.

〈표 1〉 상경 이후 윤충하가 교류한 인물들

이름	출생	관력	주요 활동(시기순)						
			정치1	의병	의열	학회	정치2	종교	기타
尹忠夏 (1855~1925)	경남 거창			(민종식)	오적 처단	교남 학회	대한 자강회	태극교	
羅寅永 (1863~1916)	전남 낙안	승정원 가주서	독립 협회		〃	호남 학회		단군교, 대종교	도일 민간 외교
徐彰輔 (1862~?)	한성		〃		〃			단군교	
呂永祚 (1862~?)	경북 김천	혜민원 주사, 중추원 의관	〃	김산 의병 (1896)		교남 학회	대한 자강회	개동교, 태극교	國是 建約所, 輔仁社, 독립 의군부
吳基鎬 (1865~1916)	전남 강진				오적 처단			개동교, 단군교	도일 민간 외교
元泳義 (?~?)	한성	한성사범학교 교원				기호 흥학회	대한 자강회	대동교, 태극교	
尹柱瓚 (1856~1909)	전남 무안	농상공부 주사, 중추원 의관			오적 처단	호남 학회	대한 협회		
李沂 (1848~1909)	전북 김제	사범학교 교관, 헌정 연구회 주사	보안회 헌정 연구회		〃	호남 학회, 기호 흥학회	대한 자강회, 대한 협회	개동교, 태극교	도일 민간 외교
李容珪 (1857~?)	전북 옥구		독립 협회	홍주 의병 (1906)			대한 협회	태극교	한성 정부
李載亮 (?~?)	전북 태인	해남군수, 비서승, 종정원경				호남 학회	대한 자강회		
洪弼周 (1857~1917)	충남 천안	안동·대구군수, 중추원 의관	보안회 헌정 연구회		오적 처단	기호 흥학회	대한 자강회, 대한 협회		도일 민간 외교

* 전거 : 오영섭, 「대종교 창시 이전 나인영의 민족운동」, 『한국민족운동사연구』 39, 2004 ; 李沂, 『海鶴遺書』(國史編纂委員會, 1984) ; 洪弼周, 『紫隱先生遺事』(探求堂, 1985) ; 독립운동사편찬위원회, 『독립운동사자료집』 2, 1972 ; 金陵誌編纂會, 『金陵誌』, 1963 ; 『大韓帝國官員履歷書』(韓國史料叢書 17, 國史編纂委員會, 1972) ; 尹忠夏, 『韋觀集』(국립중앙도서관 소장본) ; 愼鏞廈, 『獨立協會研究』, 一潮閣, 1976 ; 고정휴, 『이승만과 한국독립운동』, 연세대학교출판부, 2004.

등과 함께 紳士疏廳을 설치해 상소를 제출하는 한편 시중에 糾彈宣言書를 배포했다.[24]

이들은 민간 외교나 정부 청원을 통해 국권을 회복하는 것이 어렵다고 판단되자 무력 수단을 활용할 계획을 세웠다. 민종식의 처남이자 이남규의 족형인 이용규가 홍주의병에,[25] 여영조가 허위 등과 김산의병에 참여한 것도 이런 이유에서였다.[26] 윤충하도 한때 민종식에 포섭되어 최익현 의진에 참여하려고 시도했다. 이기·홍필주는 의병운동에 참여하지는 않았지만 안동의병 진압과 曉諭의 임무를 부여받고 안동에 출동했다가 정부의 부패와 지방 민심의 이반 상황을 목격한 사례였다.[27]

이들은 단순히 의병운동이나 의열투쟁을 준비하는데 그치지 않고 1906년 이후 정치운동단체나 학회 등 합법적인 영역에서 국권회복운동을 주도적으로 진행했다. 이기는 헌정연구회 평의원, 대한자강회 총무, 호남학회 교육부장을 지냈고, 홍필주는 대한자강회 총무, 대한협회 평의원, 기호흥학회 학무부장을 지냈으며,[28] 윤충하도 대한자강회와 교남학회를 기반으로 활동했다. 다만 1905년 제2차 한일협약 이후 정치운동단체나 학회의 활동이 실효를 거두지 못하자 윤충하를 비롯해 나인영·오기호·홍필주·이기 등은 친일내각의 전복 및 친일파 제거를 목적으로 을사오적 처단계획을 수립하고 실행했다.

이처럼 윤충하가 상경 이후 교류한 인물들은 대부분 기호 출신으로 유교적 소양을 갖춘 개혁적인 하급관리였다. 이들은 한때 의병운동과

24) 洪弼周, 『紫隱先生遺事』(探求堂, 1985) 「紫隱年譜」, 120쪽.
25) 『독립운동사자료집』 2(독립운동사편찬위원회, 1972), 「義士 李容珪傳」, 316~322쪽.
26) 金陵誌 編纂會, 『金陵誌』, 1963, 320쪽.
27) 오영섭, 「대종교 창시 이전 나인영의 민족운동」, 204쪽.
28) 오영섭, 「대종교 창시 이전 나인영의 민족운동」, 204쪽.

의열투쟁을 통해 격렬한 반일운동을 벌였지만, 개인적인 역량과 운동 노선의 한계 그리고 지지기반의 취약성을 인식하고 정치운동단체와 학회 등을 통한 인민 계몽과 조직화에 심혈을 기울였다. 출신배경이 한미한 윤충하는 이들과의 교류를 통해 정치 기반을 확보하고 내정 개혁과 반일 활동에 대한 관심을 현실 영역에서 실천했던 것으로 보인다.

그렇다면 활동기반이 취약한 윤충하가 장기간 한성에서 활동할 수 있었던 배경은 무엇이었을까? 두 가지 사실이 주목된다. 우선 朴齊純과의 관계이다. 윤충하의 문집인『위관집』에는 1906년경 윤충하가 박제순에게 보낸 편지가 수록되어 있는데, 편지에 따르면 "문하에 들어선 지 무려 수십 星霜"을 겪었다고 서술하고 있다.[29] 이는 윤충하가 적어도 1890년대 중반 경 상경하여 박제순의 보호를 받았음을 의미한다.[30]

다만 본인도 술회하듯 박제순과 흉금을 터놓고 이야기할 정도로 친밀한 사이는 아니었다. 이에 대해 윤충하는 자신의 거처가 박제순의 집과 거리가 멀고 생활이 빈궁하였으며, 자주 찾아가 자신의 생각을 밝힌 적도 없어 아마도 자신의 속마음을 제대로 알지 못했을 것이라고 밝혔다.

다른 하나는 1905년 이후 격렬한 반일운동의 이력이었다. 제2차 한일협약 체결 소식에 협약 무효와 친일내각 처벌을 요구하는 상소가 빗발쳤다. 윤충하 역시 문중의 우려에도 불구하고 "매국역적과는 의리상

---

29)『韋觀集』권3,「與朴參政齊純」, 11b쪽. "忠夏厠跡於門下, 無慮數十星霜, 而但所居僻遠, 且坐在窮約, 旣不能頻候, 又未能伸情, 顏未得厚矣, 情未得深矣, 閤下何從而知忠夏之方寸哉?"

30) 오영섭은 한국민족운동사학회 월례발표회(2005.5.31)의 약정토론에서, 지방 유림의 의병운동이나 의열투쟁 배후에는 서울 근왕 세력의 재정 지원이 있었음을 주목해야 한다고 지적했다. 지방에서 상경한 재야 유림은 서울에 머무는 동안 명망가의 문객으로 있는 경우가 일반적이었고, 윤충하도 일정 기간 박제순의 문객으로 지낸 것으로 보인다는 지적이다. 의미 있는 의견을 제시해주신 오영섭 교수께 감사드린다.

하늘을 함께 할 수 없다"며 太學生 등 만여 명의 유림을 모아 소위 '萬人疏'를 제출하려고 했다.[31] 상소는 봉납 자체가 거부되었지만, 이로 인해 윤충하는 반일운동가로서 자신의 존재를 대외에 알리게 되었다.

3. 을사오적 처단계획과 계몽사상 수용

1) 을사오적 처단계획 참여

윤충하는 대규모 상소운동을 기획한 이력 때문인지 제2차 홍주의병을 이끈 민종식에게 포섭되었다. 윤충하는 상소 봉납이 좌절되자 "을사오적을 죽임으로써 나라의 원수를 갚겠다"고 맹세했고, 일본의 극심한 탄압에도 "죽으면 그만이다[死而後已]"라고 결연한 모습을 보였다. 이후 민종식과 함께 최익현을 찾아가 의진에 합류할 의사를 밝히니, 최익현은 "진정한 영남의 義士"라고 높이 평가했다는 것이다.[32]

결과적으로 윤충하의 최익현 의진 합류 계획은 실현되지 못했다. 민종식은 1906년 3월 安炳瓚과 연합한 뒤 5월 19일 홍주성을 점령하였으나 일본군의 대규모 '토벌'로 5월 31일 홍주성을 일본군에 빼앗겼다.[33] 이때 민종식은 일부 인원과 함께 홍주성을 빠져 나왔는데, 아마도 이때 윤충하와 민종식이 최익현을 찾아간 것으로 보인다. 하지만 최익현의 태인의병 역시 얼마 뒤인 6월 11일 진위대와의 전투에서 와해되었고

---

31) 『韋觀集』 권4, 「家狀」, 17a쪽. "乙巳而脅約成, 府君痛哭曰, 賣國之賊, 義不共戴天, 與太學生, 上萬人疏, 疏不得入 ...."

32) 『韋觀集』 권4, 「家狀」, 17a쪽. "疏不得入, 府君尤懷慎痛, 誓殺五賊以報國讐. ... 府君雖在匪所, 敎授英髦, 締結豪俊, 其所自勵, 惟死而後已四字符也. 又與閔宗植, 赴洪州崔勉菴益鉉義陣, 措劃方略, 願與同仇, 勉曰, 眞嶺中義士也."

33) 박민영, 「을사의병」, 국사편찬위원회 편, 『한국사』 43, 1999, 392~402쪽.

최익현은 체포되어 대마도에 유폐되었다. 이로 인해 윤충하는 최익현 의진 합류를 포기하고 한성으로 돌아갔다.[34]

의병운동이 무산된 윤충하는 의열투쟁으로 노선을 전환했다. 이번 에는 을사오적을 기습적으로 공격해 제거한다는 계획을 세웠다.[35] 비슷한 시기에 나인영과 오기호는 민간 차원에서 제2차 한일협약 철회를 요구하기 위해 일본으로 건너가 주요 정치인들에게 도움을 요청했지만 별 소득 없이 귀국했고,[36] 계획을 수정해 을사오적을 처단함으로써 친일내각을 전복하려고 했다. 이런 목적에서 비밀결사 自新會를 결성 했다.[37] 윤충하도 이 조직에 가담했을 것으로 보인다.[38] 재정 지원은 윤충하와 함께 최익현을 찾아갔던 전 홍주의병장 민종식과 전 궁내부 대신서리 李容泰가 맡았다.[39]

---

34) 『韋觀集』권4,「墓碣銘」, 19a쪽. 윤충하가 최익현을 접촉하려고 했다는 내용은 다른 사료를 통해 확인되지 않으나 양자의 관계를 유추할 만한 흔적이 있다. 윤충하의 문집을 보면, 윤충하가 최익현의 제자 고순진의 정자에 머물며 지은 시(『韋觀集』권2, 「次晩翠亭原韻」, 3b쪽)와 역시 최익현의 高弟인 임현주의 五鳳精舍의 설립을 축하 하며 지은 시(『韋觀集』권2,「次林警堂顯周五鳳精舍原韻(幷引)」, 4b쪽), 동문인 李根 元의 죽음을 애도하며 지은 만사(『韋觀集』권1,「挽李金溪根元」, 19a쪽) 등이 발견 되는데, 두 인물이 우호적 관계를 짐작케 한다.

35) 『韋觀集』권4,「墓碣銘」, 19a쪽.

36) 나인영과 오기호는 제2차 한일협약 체결 후 일본으로 건너가 '동양의 평화를 위해 韓·淸·日 3국 동맹을 추진하고 대한제국에 선린의 우의로 독립을 지원하라'는 내 용의 의견서를 제출했다(國史編纂委員會 編, 『統監府文書』9(國史編纂委員會, 1999), 「政府顚覆卜大臣暗殺ニ關スル件」, 431쪽). 이 과정에서 나인영은 일본 정계의 주요 인사들을 만나 도움을 요청했지만 별다른 성과를 거두지 못했다.

37) 유영렬,「애국계몽운동의 전개」, 국사편찬위원회 편, 『한국사』43, 1999, 309~310쪽 ; 盧鎬弼,「대한제국기 自新會 관련 고문서」, 『한국근현대사연구』5, 1996, 69쪽.

38) 나인영은 스승 김윤식이 명성황후 시해사건에 대한 부적절한 외교사무 처리로 1901년 12월 초까지 유배에 처하자 그를 따라 제주도와 전라도 智島에서 생활하였고, 1902년 상경하여 한성의 북촌에 거주하면서 호남 및 한성 출신의 동도서기론을 수용한 중·하급 개화 관리들과 교류했다(오영섭,「대종교 창시 이전 나인영의 민족운동」, 196쪽). 윤충하와 나인영의 만남은 아마도 이 시점에 이루어진 것으로 보인다.

39) 『統監府文書』9,「政府顚覆卜大臣暗殺ニ關スル件」, 432쪽.

윤충하는 어떤 계기로 을사오적 처단계획에 참여하였을까? 주변인
물의 평에서 그 단서를 찾을 수 있다. 『대한계년사』의 저자인 鄭喬는
윤충하에 대해 "문장과 經術이 있고 말이 매우 簡重하며 행동이 옛날
위인의 기품을 지녀, 곤궁하고 배고픈 처지에 있더라도 발걸음을 公卿
의 문 안에 한 번도 들인 적이 없"다고 평가했다.[40] 이런 평가는 비밀
유지와 과감함 그리고 신속함을 요하는 을사오적 처단계획에 윤충하
를 동참시키는 계기가 되었을 것이다.

그런데 윤충하에게는 한 가지 난제가 있었다. 바로 박제순이라는 존
재였다. 그와는 흉금을 터놓는 사이는 아니더라도 낯선 한성에서 그의
보호를 받은 것이 무려 10년 이상이었다. 따라서 윤충하가 박제순을 처
단하는 일에 참여한다는 것은 쉬운 일이 아니었다. 일부이기는 하지만
당시 세간에는 박제순에 대한 동정적인 여론도 있었다. 주무대신(외부
대신)인 그도 원래는 조약 체결을 강력히 반대하는 입장이었지만,[41]
伊藤博文의 위협에 불가항력적으로 찬성을 택했다는 것이다.

이런 배경에서 윤충하는 박제순을 직접 만나 당시 사정을 들어 보려
고 하였다. 1906년경 윤충하가 박제순에게 보낸 편지에는 이 같은 사정
이 솔직하게 기술되어 있다.

몇 달을 걸쳐 생각하다 **閣下께 이런 일이 있다면 반드시 그동안 무슨
단서가 있었을 것입니다.** 달려가 직접 뵙고 궁금한 점을 한 번 여쭙고자
했습니다만, 가난과 병에 몸이 묶여 **빠져나오지 못해** 일찍이 계획을 실

---

40) 鄭喬, 『大韓季年史』下(國史編纂委員會, 1971), 권8, 「高宗皇帝」(光武11年, 至8月),
   247쪽. "忠夏有文章經術, 言語甚簡重, 儀特古偉, 雖窮餓潦到, 足跡一不入於公卿之
   門. 與柱瓚寅永基鎬, 爲死生交, 昕夕追隨, 縱論天下古今治亂得失, 亹亹不已, 至於君
   子小人凶逆之分及英雄之論, 或拍案擊節. 及見日本人之跳踉, 相對下淚, 寅永等之謀
   誅五賊也, 日, 余財紬力綿, 無他可補, 惟事成之日, 參於自現, 以一死報國矣."
41) 『梅泉野錄』(國史編纂委員會, 1955) 권4, 光武9年, 347쪽.

행하지 못했고, 이제야 비로소 궁궐에 들어가 먼저 雲局의 문을 두드렸으나 경비의 제지가 매우 엄하여 명함을 넣을 도리가 없었습니다. 여관에 머문며 머기른 이미 수일이 지나 이제 돌아가고자 하나, 이미 오로지 해결코자 올라왔는데 **속마음을 한 번 말씀드리지 못하고 돌아간다면 의심스러운 일을 풀기 어렵고 情事를 심하게 잃을 것이니, 이에 감히 편지를 드려** 말씀을 올립니다. 합하께서 (제가) 나아갈지 물러날지 답해주시기를 기원합니다.[42] (굵은 글씨-인용자)

즉 윤충하는 일찍부터 박제순을 만나려고 했으나 가난과 병에 묶여가지 못했고, 큰 마음을 먹고 궁궐에 문을 두드렸으나 경비가 삼엄해 명함도 건네지 못했다고 토로했다. 결국 여관에서 수일을 보내다가 귀가를 결심하고, 마지막으로 박제순에게 편지를 보내 직접 만나서 해명을 들을 수 있는 기회를 달라고 간청했다. 이에 대한 박제순의 답장은 발견되지 않는데, 아마도 그의 처지상 회신이나 면담은 불가능했을 것이다.

1907년 3월의 을사오적 처단계획은 나인영과 오기호의 주도로 진행되었다. 1907년 2월 13일(음 1.1) 을사오적이 進賀 행사 참석차 입궐하는 것을 계기로 한 번에 처단한다는 계획이었다.[43] 하지만 일본군의 경계 강화로 삼남지방에서 모은 결사대원이 기일 내 상경하지 못하자 날짜는 2월 27일로, 3월 21일로, 3월 25일로 계속 연기되었다. 거사 당일인 3월 25일 6개 조로 나뉜 대원들이 지정된 장소에서 을사오적을 기다렸다. 그러나 계획은 결사대장의 지휘 미숙, 결사대원의 과감성 부족, 순검의 경비 강화, 처단대상의 사진 피신 등으로 성공하지 못했다.[44]

---

42)『韋觀集』권3,「與朴參政齊純」, 11b쪽. "閱月思想, 以閣下而有此, 則必有端於其間矣. 趁欲致身門下一質其疑, 而貧病絆身, 拔出不得, 曾未遂計. 今始入闉, 先叩雲局, 闉阻至嚴, 無由納刺. 留食旅館, 已爲數日, 卽欲旋歸, 而旣是專爲上來, 不得一佈心悃而歸, 則疑事難釋, 情事深缺, 玆敢替書仰白, 伏望閣下賜答進退之."
43)『大韓季年史』下, 권8,「高宗皇帝」(光武11年, 至8月), 227~228쪽.
44) 오영섭,「대종교 창시 이전 나인영의 민족운동」, 224쪽.

윤충하는 암살을 실행할 6개 조에 포함되지는 않았고, 배후에서 지원하는 역할을 맡았던 것으로 보인다. 『공립신보』 1907년 5월 31일자에 따르면, 그는 자금 100원을 제공한 것으로 기재되어 있다.[45] 하지만 그는 체포 이후 사건의 주모자로 지목되었고 "氣가 끊어지고 정신을 잃을" 정도로 혹독한 고문을 받았으나 끝까지 뜻을 굽히지 않아 일본 경찰로부터 "謝疊山[46]을 오늘날에 다시 본다"는 평을 받았다.[47] 윤충하는 3개월간 한성에 수감되었고, 1907년 7월 평리원 재판 결과 비교적 중형인 10년을 받고 珍島에 유배되었다.[48]

윤충하가 을사오적 암살계획에 100원을 제공했다고 보도한 『대한매일신보』 기사

---

45) 『大韓每日申報』 1907년 4월 27일, 「犯人素志」, 3면.
46) 謝疊山은 南宋 말기의 충신인 謝枋得(1226~1289)을 가리킨다. 疊山은 그의 호이다. 宋代에 벼슬이 江東 提刑에 이르렀지만, 송이 망하자 은거했고 元의 조정에서 여러 차례 불렀지만 응하지 않았다. 원의 조정에서 강제로 불러 大都까지 왔지만 끝내 굴복하지 않고 단식하다 사망했다(한국고전종합DB).
47) 『大韓季年史』 下, 권8, 「高宗皇帝」(光武11年, 至8月), 238쪽.
48) 『大韓季年史』 下, 권8, 「高宗皇帝」(光武11年, 至8月), 245쪽.

한편 제2차 한일협약에 대한 반대의 여론은 1907년 7월 고종이 강제 퇴위되자 고종 양위 반대 운동으로 전환되었다. 윤충하도 여기에 참여했다. 그는 동지 수천 명과 함께 태황제와 순종황제에게 소를 올려 양위 철회를 요청했다. 이 일로 윤충하는 다시 경찰에 체포되었다. 당시 상황에 대해 아들 윤종수는 「家狀」에 다음과 같이 기술했다.

> 1907년에 이르러 **주상(고종-이하 괄호안 인용자)으로부터 禪位의 명**이 있자 이에 **동지 수천 명과 약속하고 上皇 및 隆熙皇帝께 소를 올려 大倫을 진술하고 선위 철회를 요청**했는데, 이로 인해 **경찰서에 체포**되었다, 저들이 대체로 형을 주고 곤장을 치고 가두고 죄수로 삼아도 그 뜻을 빼앗기 부족하다는 것을 알고, 또 忠賢을 죽였다는 명예도 듣기 싫어 감히 사형을 시행하지 못하고, **國中의 여관에 그에게 침식을 제공하지 말라고 명령**하여, 府君은 마침내 동쪽에 머물고 북쪽에 머물며 돌아가 묵을 곳이 없어 아침에 三淸의 泉石을 읊조리고 漢江의 風月을 노래함으로써 그 비분강개한 마음을 서술했다. 비록 **시장의 하인배나 상점의 상인도 오히려 고매함을 알고 흠모**하여 때로는 여관을 치워 은밀히 맞이하고 때로는 노자를 주거나 은밀히 배불리 먹였고, 왕왕 (죄인을) 엄호하는 자에 관한 법률을 만나더라도 오히려 그치지 않았다.[49] (굵은 글씨-인용자)

즉 통감부는 상소 제출을 기도한 혐의로 윤충하를 체포했다가 석방한 후 사실상 한성 체류를 불허했다. 통감부는 수감이나 형벌로는 윤충하의 행동을 막을 수 없다고 여기고, 사형에 처하는 것도 자칫 忠義之士를 죽였다는 반발을 초래할까 우려하여 기피했다. 결국 윤충하를 요시찰 인물로 지목해 한성 내 여관 투숙을 금지하는 처분을 내렸다.

---

49) 『韋觀集』 권4, 「家狀」, 17a. "逮丁未, 而自上有傳禪之敎, 酒約同志數千人, 上疏于上皇及隆熙兩殿, 陳大倫, 請還位. 以是, 被逮于警署, 彼蓋知刑之杖之囚之繫之, 不足以奪其志, 又惡被殺忠賢之名, 不敢施死刑, 令國中館店, 不受其寢食, 府君乃東棲北屑, 無所歸宿. 朝吟三淸泉石, 暮詠漢江風月, 以敍其悲憤慷慨之懷. 雖市隷店賈, 猶知戀慕高景, 或掃館隱邀, 或持贐密饋, 往往遭掩護之律, 而猶不已也."

이후 윤충하는 비합법적 활동에 한계를 느끼고 새로운 활동을 준비했다. 한편으로 대한자강회와 교남교육회를 기반으로 계몽운동에 참여하고, 다른 한편으로 유교종교화운동을 표방하여 유교 계열의 사회적 종교단체인 開東敎(1909년 태극교로 명칭 변경)를 설립하였다. 이는 그의 동지인 나인영이 을사오적 처단계획 실패 이후 대종교를 설립한 과정과도 유사하다.

2) 대한자강회와 교남교육회 활동

윤충하는 을사오적 처단계획에 참여하기 전부터 이미 유교적 기반 위에서 계몽사상을 주체적, 선별적으로 수용했다. 고종의 강제 퇴위와 일본의 한국통감부 설치로 정치 탄압이 가중되는 현실에서 반일운동가들은 합법적인 영역에서 제한적인 활동을 벌이거나 비밀결사를 결성해 활동공간을 확보했다. 윤충하는 주로 전자의 방식을 택했다.

우선 윤충하는 大韓自强會의 활동에 관심을 보였다. 그는 1906년 12월경 대한자강회에 편지를 보내, 대한제국으로 건너온 일본인 니시자카 유타카[西坂豊]가 동양 평화를 방해하는 일본 정부를 맹렬히 비난하며 자살했다는 소식에 대해 "동양을 화합하고 황인종을 부식하려는 뜻"이었다면서 대한자강회 차원에서 조문할 필요가 있다고 건의했다.[50]

한편 대한제국기의 대표적인 자강론자인 장지연에 대해서는 그가 주장하는 자강주의에 일면 수긍하면서도 自强의 구호와 실질이 불일치하는 것이 아닌지 우려를 표명했다. 예를 들어 장지연이 단발을 하고 양복을 입은 것에 대해 "自强의 道는 自守보다 더 귀한 것이 없으니 지금 이것과 저것을 바꾼 것이 과연 깊은 의리가 있는 것인가?"라고 지

---

50) 『大韓每日申報』 1906년 12월 21일, 「志士自裁」, 2면 ; 『韋觀集』 권3, 「抵自强會」, 12a쪽.

적하며 이런 태도는 "입으로만 외치는 강함[口强]이지 마음속으로 굳게 추구하는 강함[心强]은 아니"라며 비판했다.[51]

윤충하의 본격적인 계몽운동은 교남교육회(교남학회)를 통해 이루어졌다. 그는 교남교육회의 기관지에 두 편의 글을 기고했는데, 고향이 경남 거창이고 퇴계학파의 영향 속에서 성장했기 때문에 교남교육회에 관심을 보인 것 같다. 윤충하가 기고한 글들[52]은 그가 보수유림에서 개신유림으로 전환한 흔적을 보여주는 것이어서 좀 더 주목할 필요가 있다.

유교적 가풍과 학풍에서 성장한 윤충하는 계몽사상을 어떤 방식으로 수용했고, 다른 유림과 어떤 차이가 있었을까? 우선 「文明說」(1909.5)이라는 글에서는 구미 문명을 예로 들어 '文明'의 개념을 설명했는데, 그의 구미사상에 대한 인식의 폭을 잘 보여준다.

> 대체로 國의 文明에 質素가 있고 機關이 있고 精神이 있다. 서기 17세기 이래 교육을 함양하여 그 품행을 도야하며, 사물의 진상을 드러내 천하의 일을 성취하여[開物成務] 그 생애를 준비하되, 衣食을 도덕에 기초하고 사회를 도덕에 기초하고 경제를 도덕에 기초함으로써 그 몸을 기르며 그 힘을 채우나니, 이것을 文明의 質素라고 한다.
> 도덕이 이미 수립되면 理學으로 단련하여 蒙的斯鳩의 萬法精理와 盧騷의 民約論과 墨魯培의 學孤說이 모두 利用의 正鵠이니 이것을 文明의 機關이라고 한다.
> 100년도 안 되는 사이에 풍조이 추세를 끼고 진하의 단계를 밟아 파리 민주정의 風氣를 인도하고 독일 연방의 鐵血정치를 신장하고 북미 30州 獨立의 義을 세우고 일본 武士道의 불사의 혼을 견고하게 하였다. 이것이 모두 이글이글하여 증기의 결로나 황산의 결정과 같아서 천지에 걸쳐

---

51) 『韋觀集』 권3, 「與張主事志淵」, 12a쪽.
52) 『교남교육회잡지』에 실린 「文明說」과 「學界의 最貴者 知時宜」는 모두 윤충하의 문집에 실려 있지 않다.

하늘의 造化를 뺏어도 막을 수 없는 것이 곧 **문명의 精神**이다.

精神은 즉 **動物** 속 공기이다. 이것이 있으면 살고 이것이 없으면 죽나니, 우리 **嶠南 全道**의 사람이 이런 氣를 가진 자가 과연 **몇이겠는가.** …

그렇다면, **國家**의 **文明**을 장차 누구에게 요구하겠는가? 오직 **앞길에 발돋움할 만한 자가 半半茸茸한 靑年 諸子일 뿐**이라. 어서 마땅히 부지런히 힘쓰고 각고의 노력을 하여, **實地·實學을 하여** 꾸미는 것을 기뻐하지 말며 **自活·自動을 하여** (문명국에 대한-인용자) **同化**를 좇지 말지어다.[53] (굵은 글씨-인용자)

즉 윤충하는 구미문명의 성장과정을 質素, 機關, 精神 등 3단계로 요약했다. 다시 말해 구미문명은 도덕이 衣食·사회·경제의 토대(질소)가 되고, 몽테스키외·루소와 같은 사회과학의 거장이 나타나 사회를 조직화(기관)하였으며, 이런 노력이 프랑스의 민주정, 독일 연방의 철혈정치, 미국의 독립 등을 이끈 혁명의식(정신)으로 분출되었다고 하였다.

유교지식인답게 문명의 핵심을 물질이 아닌 정신에서 찾은 것이 특징이다. 다만 구미사회의 도덕에 주목하되 도덕의 근원을 기독교로 연결짓지 않았다. 또한 유교의 도덕이 구미의 도덕보다 우월하다는 주장도 하지 않았다. 유림으로서 관심의 대상을 구미철학이나 사상에 국한

---

53) 尹忠夏, 「文明說」, 『嶠南敎育會雜誌』 2(亞細亞文化社, 1989), 88~89쪽. "盖國之文明이 有質素焉ᄒ며 有機關言ᄒ며 有精神焉ᄒ니, 西曆十七世紀以來로 涵養敎育ᄒ야 陶冶其品行ᄒ며 開物成務ᄒ야 準備其生涯而使之衣食焉道德ᄒ며 社會焉道德ᄒ며 經濟焉道德ᄒ야 以養其體ᄒ며 以實其力ᄒᄂ니 此謂文明之質素也오, 道德이 旣立에 理學以煉之ᄒ야 如蒙의 斯鳩之萬法精理와 盧騷之民約論과 墨魯培之學孤說이 皆利用之正鵠ᄒ니 此謂文明之機關이오, 以至不百年之間에 挾風潮之勢ᄒ고 踐進化之階ᄒ야 啓巴里民政之風氣ᄒ고 伸伯林聯邦之鐵血ᄒ고 建北美三十州獨立義ᄒ고 竪日本武士道祈死之魂ᄒ니 此皆焰焰然如蒸汽之結露ᄒ며 硫酸之結晶ᄒ야 亘天地奪造化而不可遏者 是乃文明之精神也니, 精神은 卽動物中空氣也라. 有是則生ᄒ고 無是則死ᄒᄂ니 我嶠南全省之人이 有是氣者 果幾何오 … 然則國家之文明을 將責之於誰也오 惟前途之可跂者ㅣ 半半茸茸ᄒᆫ 靑年諸子已耳라. 亟宜勉礪攻苦ᄒ야 實地實學而勿喜粉飾ᄒ며 自活自動而勿趨同化어다."

하지 않고, 18세기 이후 프랑스의 민주정, 독일의 철혈정치, 미국의 독립을 낳은 혁명정신에 둔 점도 독특하다.[54)]

　인용문의 마지막 부분은 시사하는 바가 적지 않다. 문명의 달성 여부는 오직 청년에게 달려 있다고 말하면서, 문명을 배우되 실질에 힘써 문명의 호화로움과 불필요한 장식을 경계하고, 자립에 힘써 문명(국)에 쉽게 동화되는 것을 경계하라고 주문했다. 문명 학습의 절실함과 시급함을 강조하면서 '문명 이식'의 이면에 감춰진 제국주의의 침략성을 경계시킨 것은 그가 제국주의에 경도되지 않은 계몽주의적 반일운동가임을 보여준다.

　통감부도 윤충하의 기고문에 관심을 보였다. 통감부는 주요 신문·잡지에 실린 '국권회복'에 관한 글들을 발췌하면서 윤충하의 「문명설」도 소개했다.[55)] 이 문건에서 통감부는 윤충하가 문명의 실체가 물질이 아닌 정신에 있다고 보고, 정신적 문명의 대표적인 사례로 프랑스의 민주정 등을 낳은 혁명정신에 주목했으며, 문명의 외양(물질)에 치중할 경우 인도와 같이 스스로 노예가 되어버리는 우를 범한다는 점을 경고했다고 요약했다.

　그렇다면 윤충하는 구미문명을 학습해야 할 대한제국 사회의 현실을 어떻게 진단했을까? 이에 대해 그는 「學界의 最貴者 知時宜」(1909.7)라는 글을 통해 시대변화를 거부하고 신식교육을 가로막는 유림의 행태를 고발하고 신랄히 비판했다.

---

54) 다만 윤충하의 「문명설」은 『大韓自强會月報』 1906년 12월호에 실린 金成喜의 「文明論」이라는 글을 차용한 것으로 보인다. 제목과 내용이 거의 같기 때문이다(金成喜, 「文明論」, 『大韓自强會月報』 6, 1906.12.25, 9~10쪽).

55) 『統監府文書』 10(國史編纂委員會, 2000), 21.新聞雜誌記事摘要, 「(3) 國權回復ニ關スル記事」, 원문편, 507쪽.

윤충하의 「문명설」을 발췌·분석한 통감부 측 문서(활자본)

국사편찬위원회, 『통감부문서』 10

三. 嶠南敎育會雜誌

第一卷第一號 (四月二十五日發行) 論旨摘要;

「新民ヲ論スルハ今日中國ノ爲メ第一ノ急務」ト題シ淸國人梁啓超ノ新民說ヲ換骨脫體
シタルモノニシテ卽チ國家ノ革新ハ民ヲ新ニスルヲ急務トス起シ曠世ノ英傑「ナポ
レオン」モ情兵ヲ以テハ黑蠻ニモ敵スル能ハス「コロンブス」ノ航海術モ朽木膠船ヲ
以テハ溪水ヲモ渡ル能ハサルト同シク君主獨リ賢ナルモ民衆曚昧ナレハ國權伸長スル
ニ由ナシ昔時ハ主宰者一人ノ賢ニヨリ國威ヲ宣揚シタル例アルモ弱肉强食ノ現時ノ社
會ハ上下ヲ通シタル文明ノ發達ヲ要ス十九紀末ヨリ民族主義ト民族帝國主義ト化シ
國民ノ實力內ニ充レハ外ニ溢レ兵商工宗敎ノ政策ヲ用ヒテ權力ヲ他境ニ擴張セントス
ルニアリ此主義ノ防禦ハ亦民族帝國主義ニ依ル外策ナシ而シテ此主義ノ實行ハ民ヲ
新ニスルヲ要スト之趣旨ノ末完ノ論ヲ揭ケ韓國ノ現狀ヲ喚セントセシカ敎育雜誌ニ揭
ケタルハ不穩當トシ中止セリ

第一卷第二號 (五月二十五日發行) 論旨摘要;

「文明說」ト題シ物質的文明ヲ避ケ精神的文明ヲ學フヘキコトヲ論シテ巴里民政渙發ノ
氣伊林聯邦ノ結合ノ鐵血北米三十洲獨立ノ義日本式土道死ヲ祈ルノ魂是卽チ精神的文
明ナリト柄揭シ一轉シテ粉飾ヲ喜ヘハ卽チ南亞ノ奴隸トナル身二合物ヲ掛ケ以テ壯觀
ヲ肉フモノ是ナリ同化ニサセハ卽チ印度ノ奴隸トナル兵權ヲ人ニ授ケテ其ノ卒伍ニ歸
スル卽チ是ナリ反之達窩拉ハ僅ニ六十ノ民兵ト十二ノ老農官トヲ以テ歐洲列强ノ間ニ
能ク其獨立ヲ維持ス蓋シ其國文明盛ナレハナリ「此二者ハ今日韓人タル吾儕ノ最モ鑑
戒トナスヘキモノナリ」ト結ヒ警告セリ

사람이 배우지 않으면 사람이 (제대로 된-인용자) 사람이 아니고, **배우
되 시의를 알지 못하면 배워도 배운 것이 아니다.** 그러므로 上世의 사람
은 상세에 적합한 것을 배우고 中世의 사람은 중세에 적합한 것을 배운
다. 그렇다면 今世의 사람은 금세에 적합한 것을 배우는 것이 또한 옳지
않겠는가? …

우리가 **이런 시대에 태어나 옛날의 학문과 지식만 묵수하고 현세의 학
문과 지식에 완전히 어둡다면,** 이는 내 한 몸만 구제하지 못할 뿐 아니라
내 자손도 야매한 인민으로 만들어 천하가 버리는 사물이 될 것이고, 내
가족을 보호할 수 없어 얼어 죽고 굶어 죽는 근심이 눈앞에 있을 것이다.

멸망의 화가 정수리 위에 가까운데, 궁벽한 골목을 桃源으로 알고 좋은
밭을 樂國으로 보아 **책상 위에 詩書를 쌓아놓고 입속에 義理만 이야기**하
면, 개중에 죽지 않을 單方과 나라를 부지할 능력과 인민을 구제할 계책
과 가정을 온전히 하고 처자를 보호할 계략이 있는 듯이 高談峻論하고,
**신학문을 배우는 자와 사회상에 출입하는 사람을 배척하여 '사악한 학문'
이라고 지목하고 '미친놈'이라고 지목**하니, 이 시대에 이런 君子와 이런
高人은 자기 한 몸을 그르칠 뿐 아니라 **천하의 창생을 그르치리라.** …

학교에 보내기를 권하여 지식을 발달하고 기예를 정통하게 하여 시무를 인식하는 위인을 만든다면, 한 가정의 경사스러운 행복일 뿐 아니라 전국의 행복이라고 할 수 있으니, 시의를 아는 것이 어찌 학계의 가장 귀한 것이 아니겠는가?56) (현대어역 및 굵은 글씨-인용자)

즉 윤충하는 구학문을 배운 유림의 낡은 사고를 비판하고 신학문 교육의 필요성을 주장했다. 배운다는 것은 시의적절한 것을 배운다는 것인데, 시대전환기에 옛 학문(유학)에 함몰되어 현대의 학문을 배우지 않는다면 내 한 몸을 살리지 못할 뿐 아니라 자손들을 세상에서 쓸모없는 인간으로 만들어 버린다고 지적했다.

윤충하의 이런 입장은 지방에서 신식학교의 설립을 방해하고 청년층에 대한 신식교육을 물리적으로 저지하려고 했던 보수유림의 태도와 크게 대비된다. 그가 나중에 참여하는 태극교의 지방 지회가 사족과 유림의 사교집단으로 전락하고 신식교육의 확산을 반대했던 점57)과도 대비된다. 이런 점은 그가 보수유림이 아닌 개신유림으로 전환한 사실을 보여준다.

---

56) 尹忠夏,「學界의 最貴者知時宜」,『嶠南教育會雜誌』2(亞細亞文化社, 1989), 1909.7.25, 247~248쪽. "人而不學 則人而非人也오, 學而不知時宜 則學而非學也라. 故로 上世에 人은 上世의 宜로 學ᄒ고 中世에 人은 中世의 宜로 學ᄒ지라. 然則 今世에 人은 今世의 宜로 學홈이 不亦可乎아. … 吾人이 如此ᄒ 時代에 生ᄒ야 舊日學問과 知識만 泥守ᄒ고 現世에 學問과 知識에 全然히 暗昧ᄒ면 是는 我의 一身만 不濟홀 뿐 不啻라 我의 子孫도 野昧흔 民을 作ᄒ야 天下에 棄흔 物이 될 것이오, 我의 家族을 保護 不得ᄒ야 凍餒의 患이 目下에 在ᄒ고 殄滅의 禍가 頂上에 迫ᄒ야거늘 深巷을 桃源으로 知ᄒ고 良田을 樂國으로 視ᄒ야 丌上에 詩書를 積ᄒ고 口中에 義理만 譚ᄒ면 個中에 不死홀 單方과 扶國홀 能力과 濟民홀 計策과 全家保妻子홀 經略이 有흔다시 高談峻論ᄒ고 新學問을 學ᄒ난 者와 社會上에 出入ᄒᄂ 人은 排之擯之日 邪學이라 指ᄒ고 狂漢이라 目ᄒ니 此時代에 如此ᄒ 君子와 如此ᄒ 高人은非但誤謬自己一身이라 天下蒼生를 誤ᄒ리라. … 學校에 勸送ᄒ야 知識을 發達ᄒ고 技藝를 精通ᄒ야 識時務偉人을 作ᄒ면 不徒一家의 慶幸이라 全國에 幸福이라 홀지니, 時宜를 知ᄒ난 거시 엇지 學界에 最貴홀 바 안이리오."

57) 태극교가 설립되자 일각에서는 태극교에 입교하는 것을 양반 유생의 대열에 참여하는 것과 같이 여겨 사회적 상류층 지위를 얻기 위해 입교하려는 자도 자가 많았다고 한다(村山智順,『朝鮮의 類似宗教』, 464쪽).

4. 태극교 활동과 독립청원운동 제안

1) 태극교 설립과 운영

윤충하는 1909년 태극교[58] 설립을 주도한 인물 중 한 명이었다. 그는 1909년 5월경 '吾道를 밝히고 邪說을 배척한다'는 목적으로 나인영·여영조·윤주찬·이기 등 십여 명과 함께 유교 계열의 신흥종교단체인 태극교를 설립했다.[59] 2년 전 설립한 개동교를 확대 개편한 것이었다.[60] 다만 여기서 주목되는 것은 개동교의 임원 중 다수가 1905년 제2차 한일협약 이후 의병운동(홍주의병·김산의병 등)이나 의열투쟁(을사오적 처단계획 등)에 참여한 이력이 보인다는 점이다. 이로 미루어 본다면, 개동교와 태극교는 제2차 한일협약 이후 무력 수단을 통한 반일운동에 참여했다가 역량의 미비와 일본의 탄압으로 좌절을 경험한 인사들이 합법적인 활동 공간을 확보하기 위해 만든 단체로 보인다.

이런 사정을 감안할 때 태극교의 활동 방향은 두 가지로 예상되었다. 하나는 정교분리의 원칙을 천명하며 합법적인 공간에서 소극적인 유교운동을 진행하는 것이고, 다른 하나는 표면적으로는 합법 단체를 표방하면서도 유교를 기반으로 한 대중적 반일운동을 시도하는 것이었다. 태극교가 비록 지방 支部에서는 점차 양반과 유림의 사교조직으로 전락하는 경향을 보였지만, 본부의 경우 1919년 및 1921년 유교계 독립청원운동에 관여한 점을 고려한다면, 전자뿐만 아니라 후자의 개

---

58) 태극교의 정식명칭은 太極敎宗敎會 또는 太極敎宗이다. 1909년 창립되어 1930년대까지 존속했다. 1940년대에 太極敎가 시국사건에 관련되어 일경에 체포된 사례가 보이지만, 이는 정감록을 신봉한 단체로 유교 계열의 신흥종교단체인 태극교와 무관하다.

59) 『韋觀集』 권4, 「家狀」, 18b쪽.

60) 통감부 측 문서에 의하면, 1909년 5월경 개동교를 태극교로 개편하는 작업을 주도한 인물은 여영조, 權相益, 金會圭, 千應聖, 윤충하, 韓鎭忠, 金一濟, 金澤老 등이었다 [『統監府文書』 10, 憲機 제914호(1909.5.3), 310쪽].

연성도 배제할 수 없다.

윤충하는 태극교(본부)의 초대 지도부에서 經義部長을 맡았다. 태극교 조직 규정에 해당하는 「太極敎宗敎憲」에 의하면, 경의부장은 '道를 강의하고 경전의 뜻을 풀이하는 것을 주관하고, 풍속 교화의 방법을 연구'하는 역할을 맡았는데, 산하의 5개 課(勸業·敎育·編輯·禮式·文書課)를 총괄하는 자리였다.[61]

태극교의 규정집인 『태극교종교헌』 표지
국립중앙도서관 소장

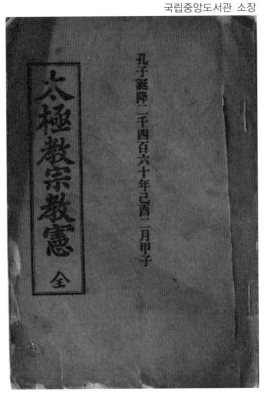

---

61) 太極敎宗, 『太極敎宗敎憲』, 1909, 13~19쪽.

그런데 경의부장은 태극교의 요직에 해당하였다. 태극교 본부의 임원은 敎長·贊敎長·都訓長·訓長·講師·講長·聽講·參講員과 敎正·都有司 그리고 經義部·治事部로 구성되었다.[62] 교장은 최고위직이지만 유교계의 원로를 내세워 명예직에 가까웠고, 강장~청강은 강의나 강연 등 한시적인 임무를 맡는 직책이어서 조직 운영에 관여하는 직책으로 보기 어렵다. 따라서 창립 초기의 태극교는 사실상 교정 여영조와 경의부장 윤충하에 의해 운영된 것으로 보인다.

태극교는 창립 이후 대외적으로 유교의 본의를 널리 알리고 정부에 귀속된 지방 향교의 재산을 외부세력으로부터 보호하는 임무를 자처했다. 1909년 음력 4월 태극교 본부가 지방 향교에 발송한「권고문」과 1910년 3월 학부에 제출한 청원서에 의하면, 태극교는 유교의 본의를 소개한 뒤 忠·孝·烈의 실천을 권장하고 통감부로부터 향교재산을 수호하겠다는 의지를 천명하였다.[63]

윤충하의 문집에도 이와 관련된 글들이 일부 발견된다. 그는 일찍이 아들에게 "사람의 본령은 오직 忠·孝 두 가지 일이니, 여기에 경주하지 않으면 곧 인간의 옷을 입은 짐승으로 돌아가게 된다"고 하였다.[64] 이는 그가 평소 충·효와 같은 유교윤리의 실천을 중시했음을 알 수 있다. 마찬가지로 태극교 교단도 같은 입장이었다. 태극교가 "宗敎는 본체이고 敎育은 응용"이라고 선언했을 때[65] 교육의 목표는 다름 아닌 효였고, 실제로 태극교는 효행 선양 사업에 꾸준한 관심을 보였다.

나아가 윤충하는 각종 유교사업에 몰두하는 모습을 보였다. 고향인

---

62) 太極敎宗,『太極敎宗敎憲』, 14쪽.
63) 太極敎宗,「勸告文」, 1909년 음력 4월 일, 국사편찬위원회 소장 ;『大韓每日申報』1910년 3월 24일,「태극교의 청원」, 1면.
64)『韋觀集』권4,「家狀」, 17b~18a쪽.
65)『韋觀集』권3,「答古阜郡鄕校」, 7b쪽.

거창의 灆湖에 서원을 복구하는 사업을 추진했고,[66] 임진왜란 당시 공을 세우고도 추증의 은전을 받지 못한 9대조 윤경남과 관련하여 정부에 여러 차례 청원을 넣어 요청을 관철시켰다.[67] 효자 崔某와 申錫奎, 열부 羅州丁氏 등의 行錄을 짓고,[68] 同福吳氏 三忠四孝에 대한 선양의 필요성을 역설한 통문을 지은 것도 같은 시각에서 이해할 수 있다.[69]

한편 1910~1918년 사이 윤충하의 행적은 제대로 파악되지 않는다. 이는 두 가지의 요인에서 비롯된 것으로 보인다. 우선 윤충하의 반일 활동은 일본 세력의 탄압이 본격화된 병합 이후 자연스럽게 위축되었을 것이다. 또한 그가 속한 태극교가 '포교규칙'에서 '종교'로 인정되지 못함에 따라 태극교를 기반으로 한 대외 활동도 수월하지 않았을 것이다.

그럼에도 불구하고 1910년대 초 그의 반일의식은 이전과 비교해 큰 차이가 없었을 것이라고 추측된다. 예를 들어 1912년 12월에 지은 시를 보면, "내게 丹心 있어 부질없이 괴로워도, 세상에 맑은 눈 없어 대강 서로를 쳐다볼 뿐이지만, 매화는 엄동설한을 참고 오히려 꽃을 드러내니 도리어 매화를 대하니 내 뜻이 다시 너그러워지는구나"라고 하였는데,[70] 이로 미루어 그의 반일의식이 변치 않았음을 알 수 있다. 병합 직후 일본천황의 은사금을 거절하고 순절한 朴魯述을 칭송해 지은 시[71]도 같은 맥락에서 이해된다.

---

66) 『韋觀集』 권4, 「通列邑文(居昌灆湖書院復設時)」, 14b~15a쪽.

67) 『韋觀集』 권4, 「家狀」, 18a쪽.

68) 『韋觀集』 권3, 「慕楊齋崔公行錄」, 30b~31a쪽 ; 권3, 「申孝子行錄」, 31b~32a쪽 ; 권3, 「烈婦羅州丁氏行錄」, 32a~b쪽.

69) 『韋觀集』 권4, 「同福吳氏三忠四孝褒揚通文」, 13a~b쪽.

70) 『韋觀集』 권2, 「壬子臘月二十五日夜有懷不眠拈寒字」, 15a쪽.

71) 『韋觀集』 권2, 「鳳泉臺」, 7b쪽.

2) 독립청원운동 시도와 복벽주의

병합 이후 윤충하의 가장 두드러진 활동은 독립청원운동이었다. 1919년 2월 19일 윤충하는 경남 거창의 곽종석을 찾아갔다.[72) 윤충하는 곽종석의 집에 도착하자 곽종석을 보필하던 제자에게 옛 스승을 뵙기를 청했다. 하지만 제자는 평소처럼 스승이 현재 병중에 있어 손님

거창 다전의 곽종석 집터.
현재 100년 전의 건물들(인재, 여재 등)을 복원하는 공사가 진행되고 있다.
국가보훈처·독립기념관, 『부산·울산·경남 독립운동사적지Ⅱ』

---

72) 윤충하의 아들 윤종수는 곽종석을 찾아간 인물이 윤충하가 아니라 윤충하의 대리인 이었다고 주장한다. 윤종수가 지은 「가장」을 보면, 윤충하가 "은밀히 郭翁께 사람을 급히 보내" 독립청원운동을 제안했다고 하였다(『韋觀集』 권4, 「家狀」, 17b쪽). 하지만 1919년 2월 거창 茶田의 곽종석을 찾아온 인물이 "나도 선생 문인이오. 성은 尹이고 이름은 忠夏입니다. 거처가 본래 본향 箭村이나 서울에 노닌지 시일이 오래되었소"라고 한 것[金榥, 『重齋先生文集(附錄)』 13(千字族譜社, 1998), 「記巴里愬書事」, 1919월 음력 1월, 76쪽]을 보면, 곽종석을 찾아온 인물은 윤충하의 대리인이 아니라 윤충하 본인이었음을 알 수 있다.

을 만나기 어렵다고 불가의 뜻을 전했다. 윤충하는 자신도 곽종석의 제자라며, 성명은 윤충하인데 고향 거창 箭村을 떠나 서울에서 생활한 지 오래되었으나 스승에게 전할 말이 있어 왔으니 말을 꼭 전해달라고 하였다. 윤충하와 김황이 옥신각신하는 소리를 들은 곽종석은 윤충하를 들어오게 하였다. 적어도 윤충하와 곽종석의 관계가 소원하지는 않았음을 보여준다.[73]

윤충하는 곽종석에게 경성의 동향을 상세히 전했다. 우선 궁중의 소식과 국장의 절차를 알렸다. 이어 프랑스 파리에서 국제평화회의가 진행되고 있음을 알렸다. 이런 상황은 김황의 「기파리소서사」에 자세히 기술되어 있다.

> 이 날은 즉 1월 19일[양력 2월 19일-原註]였다. 그 다음날 손님(윤충하-이하 괄호안 인용자)이 떠났다. 나(김황)는 들어가서 모시고 앉아서 **尹어른**이 어떻게 말하였는지 여쭈었는데, 선생(곽종석)은 "역시 껍질과 같은 사람[皮殼之人]이다. 어찌 세세히 알 수 있겠는가? 다만 그가 말하기를 '**파리에서 막 평화회의를 설치**하는데, 무릇 전날 병탄된 여러 국가가 장차 독립하여 **우리 나라[我國]도 편승할 만한 기회**가 있을 것인데, 저 일본 오랑캐[日虜]인 자가 일이 생기기 전에 미리 막기 위해 문서 1건을 작성해 자세히 진술하되, 우리나라 인민은 원래 자주의 능력이 없으므로 일본에 부속되기를 진정 원하며 이탈하기를 원치 않는다고 하였고, 문서 말미에 우리나라 각 단체 대표가 서명하였는데, 모두 옛날의 훈귀대신으로, 정당대표 이완용, 귀족대표 이재곤, 종척대표 윤덕영, 사회대표 송병준, 유림대표 김윤식, 노동대표 조중응이 차례로 도장을 찍고, 그 첫 번째 자리를 비우고 태황제에게 마땅히 총대표가 되어야 한다고 강하게 서명을 요청했지만, **태황제**께서 노하여 꾸짖으며 불허하니, **여러 賊臣이** 얻을 수 없음을 알고 드디어 **흉측한 일**을 비밀리에 모의하고 뇌일혈으로 진단되었다고 돌리고 발표 후 信寶를 찾아내어 찍었다고 한다. 이런 소리가

---

73) 「記巴里愬書事」, 1919년 1월, 76쪽.

1919년 초 파리 국제평화회의 진행 모습

전해 들리자 國人들은 서럽게 한탄하지 않는 이가 없어 그 고기를 씹어 먹고자 하였다. **다른 것은 우선 논할 것이 없고, 우리 유림인 자가 김윤식을 대표로 맡겨 나라를 팔았다는 이름을 달게 받아서는 안 된다.…'고 하였다.…"고 하셨다.[74] (굵은 글씨-인용자)

즉 운충하는 국제평화회의의 개막 소식과 함께 고종이 친일파에 독살되었다는 소문을 전했다. 제1차 세계대전이 종전되고 파리 국제평화회의가 개막되자 일본과 친일파 거두들이 조선은 독립을 원하지 않고

---

74) 「記巴里愬書事」, 1919년 1월, 76~77쪽. "是日, 卽正月十九日[陽二月十九日]也. 其翌客去. 余入侍坐, 問尹丈所言裏許如何, 先生曰, 也亦只是皮殼之人, 何能細知? 但其言, 以爲巴里方設平和會, 凡前日所被呑諸國, 將次復立, 我國, 亦有可乘之機, 彼日虜者, 先事爲防預, 作一文書, 具陳我國人民元無自主能力, 故情願附屬日本, 不欲離脫, 紙末署本國各代表, 皆舊日動貴大官也. 政黨代表李完用, 貴族代表李載崑, 宗戚代表尹惠榮, 社會代表宋秉畯, 儒林代表金允植, 勞動代表趙重應, 以次捺印, 虛其第一位, 謂大皇當爲總代表, 固請署押, 大皇怒罵不許, 諸賊臣知不可得, 則遂密謀行兇, 而誘以腦溢血診斷, 發布後, 乃搜出信實押之云. 此聲流聞, 國人莫不慟惋, 欲食其肉. 他姑毋論, 爲我儒林者, 不可任允植爲代表, 而甘受賣國之名."

일본에 계속 부속되기를 원한다는 내용의 허위 문서를 만들어 고종에게 서명을 받으려고 했는데, 고종이 강하게 반발하였고 친일파는 뒷탈을 염려해 고종을 독살하고 사망원인을 뇌일혈로 조작했다는 것이다.

고종독살설은 사실 여부가 확인되지 않았지만, 매우 충격적이어서 유림을 자극하기에 충분했다. 유교지도자들은 병합 이후 한동안 외부 세력과의 접촉을 꺼려왔지만, 고종독살설은 그 자체로 놀라운 소식이어서 어떤 방식이로든 입장 표명이 필요했다. 더욱이 곽종석은 1903년 의정부 참찬에 임명된 적이 있어 고종과의 관계를 고려하지 않을 수 없었다.

이어 윤충하는 본론을 꺼냈다. 경성에서 일부 유림이 독립운동을 준비하고 있다는 것이었다. 다음은 「기파리소서사」의 일부이다.

'… 다른 것은 논할 것이 없고, 우리 유림이 김윤식을 대표로 맡겨 나라를 팔았다는 이름을 달게 받아서는 안 된다. 그러므로 京中의 유림이 별도로 문서를 작성해서 사람을 보내 (파리 국제평화회의에-이하 괄호안 인용자) 나아가 호소하는 것을 계획하고자 하였고, 내(곽종석)가 대표가 되는 것이 적합하다고 여기므로, 이곳에 와서 그 사실을 알린다'고 하기에 나는 '멀리 바깥의 일을 앉아서 예측할 수 없고, 인산이 목전에 있는데 내가 이미 걸음할 수 없어서 장차 어린 아이 한두 명을 보내 가서 보게 할 것이니, 그 때 함께 상의하여 조처하게 할 것이다'라고 하셨다는 것이었다.[75] (굵은 글씨-인용자)

즉 경성에 머물던 일부 유림이 독립청원운동을 준비하고 있는데, 곽종석을 대표로 추대했다는 내용이었다. 그런데 이런 갑작스런 제안에

---

75) 「記巴里愬書事」, 1919년 1월, 76~77쪽. "先生曰 … 他姑毋論, 爲我儒林者, 不可任允植爲代表, 而甘受賣國之名, 故自京中儒林, 別欲爲書, 送人赴愬計, 以爲我合爲代表故, 乃告其事云. 吾答以遠外事, 不可坐測, 因山在前, 吾旣不能作行, 則將使一二少輩往視, 而其時因與商量措處矣."

곽종석은 의외로 긍정적인 답변을 내놓았다. 곽종석이 1911년 경학원의 강사 임명을 거부하고, 1910년대 내내 외부 문제에 관여하지 않은 점을 감안하면 큰 변화였다. 다만 경성의 상황을 자세히 모르니 제자들을 경성에 보내 사정을 파악한 후 결정하겠다고 대답했다.

위 인용문에 의하면, 곽종석에 대한 윤충하의 독립청원운동 제안은 김창숙의 제안보다 최소 보름 가량 빨랐다. 윤충하가 곽종석을 찾아가 독립청원운동을 제안한 것이 2월 19일이고, 곽종석의 지시로 상경한 곽윤이 경성에서 김창숙을 만나 독립청원운동에 관한 이야기를 들은 것이 3월 5일이었기 때문이다.[76]

곽종석 등 지방의 유교지도자들은 왜 스스로 독립청원운동을 추진하려는 생각은 하지 않았을까? 우선 파리 국제평화회의나 독립청원운동에 관한 정보가 부족했다. 지방에서 수집되는 정보들은 출처가 불분명했고 신뢰하기 어려웠다. 이런 상황에서 자칫 경솔한 행동을 할 경우 자신이 속한 문중과 학통 전체를 위험에 빠뜨릴 수 있었다. 또한 유교계를 대표하는 인물이 오랑캐에 독립을 구걸하는 것은 부적절하다는 시각이 있었다.[77] 곽종석의 경우 그 특유의 조심스러운 성격도 과감한 행동을 어렵게 만들었다.

반면 윤충하가 속한 태극교는 지방의 유림에 비해 유리한 조건을 갖추고 있었다. 이들은 유교운동을 지속적으로 진행하고 있었기 때문에 경성의 사정을 정확히 파악하고 있었다. 조직은 다르지만 뜻을 같이하는 유림 동지를 규합하는 일도 상대적으로 수월했다. 하지만 조직 내에서 대내외적으로 유교계를 대표할 만한 인물을 찾기 어려웠다. 결국 윤충하 등은 자신의 학통을 최대한 활용했다. 윤충하가 옛 스승인

---

76) 「己未日記」, 1919년 2월 3일, 36쪽.
77) 金祥起, 「金福漢의 洪州義兵과 파리長書運動」, 『大東文化研究』 39, 2001, 357쪽.

곽종석을 찾아가고, 맹보순이 오진영을 통해 전우에게 접근한 것은 바로 그런 사례를 보여준다.

3월 초 계획대로 곽종석의 대리인인 곽윤과 윤충하의 만남이 성사되었다. 곽윤·김황 일행이 2월 27일 경성에 도착했고, 3월 4일[78] 윤충하가 곽윤의 숙소로 찾아왔다. 그런데 양측의 대화는 큰 진전이 없었던 것으로 보인다. 이에 대해 「기미일기」에는 다음과 같이 기술되어 있다.

> 우리(김황-이하 괄호안 인용자) 형제가 大淵(郭奫의 字)과 함께 서울 걸음을 출발했다. 중간은 걷고 김천에서 기차를 탔다. (음력 1월) 27일 저녁 서울에 도착해 北米倉町에서 묵었다. 28일 여관을 花洞으로 옮겼다. 대연이 발병이 나서 나가지 못했고, 나는 그때 밖으로 나가 소식을 탐문했다. **尹忠夏 어른이 와서 여관에서 만났다. (윤충하 어른을) 따라 온 여러 명은 대체로 거칠고 사납고 격분하여[麤厲憤激] 유림의 사업을 말할 수 없었다. 대연이 윤 어른께 "저는 감히 이들에게 우리 부친[吾父]의 이름을 투여해 일을 함께 하지 못하겠습니다"라고 하니, 윤 어른도 그렇게 여기셨다.**[79] (굵은 글씨-인용자)

즉 곽윤은 윤충하 일행과 대화를 나눈 뒤 일을 함께 하기 어렵다는 결론에 도달했다. 위의 인용문에는 곽윤이 어떤 이유로 윤충하 일행을 불신하게 되었는지 기술되어 있지 않다. 다만 눈에 띄는 것은 윤충하가 동반한 일행을 '거칠고 사납고 격분한[麤厲憤激]' 상태로 보았다는

---

78) 「己未日記」, 1919년 2월 3일, 35~36쪽. 아래 「기파리소서사」 인용문을 보면 곽윤과 윤충하가 음력 1월 28일(양력 2월 28일) 만났던 것처럼 기술되어 있지만, 「기파리소서사」보다 일자별 활동내용을 자세히 기록한 「기미일기」에는 음력 1월 28일 부분에 윤충하에 관한 기술내용이 없고 음력 2월 3일 부분에서만 양측 만남에 관한 내용이 기술되어 있어 이들의 만남이 음력 2월 3일에 이루어졌음을 보여준다.

79) 「記巴里愬書事」, 1919년 1월 26일. "二十六日. 余兄弟, 與大淵, 發京行. 中路徒步, 上金泉車. 二十七日. 夕, 至京宿北米倉町. 二十八日. 移館于花洞. 大淵足病不能出, 余時出外, 探問消息. 尹忠夏丈, 來見于館. 諸人隨以來往者, 大抵麤厲憤激, 不可言儒林事. 大淵謂尹丈曰, 吾不敢以五父名, 投與此輩而同事, 尹丈, 亦然之."

점이다. 그들은 누구였고, 왜 그렇게 흥분해 있었을까?

그들은 아마도 윤충하와 같은 태극교도였거나, 경성에서 독립운동을 시도하기 위해 분주히 움직이던 사람들이었을 것이다. 당시 윤충하가 태극교 교단 내에서 지닌 지위나 1919~1921년 태극교의 반일적인 활동이 지속되었던 점을 감안하면 그런 추측이 가능하다.

태극교는 고종의 서거에 눈에 띄는 반응을 보인 단체였다. 이 단체는 고종의 서거를 매우 중대한 사태로 인식하여 애도와 추모의 분위기를 확산시키고 고종의 생애를 비판하려는 움직임에 조직적으로 반격하려고 했다. 고종의 서거 이후 '정치적' 발언이나 행동이 자제되는 상황에서 그들의 행동은 도드라진 것이어서 신문지상에 종종 소개되기도 하였다.

그 결과 태극교는 1919년 및 1921년 독립청원운동에 관여하고, 1920년 초 신지식인층의 유교 비판이 가중되자 유림의 공론을 수렴하고 대응하는 창구로써 기능했으며, 1920~1921년 고종의 위호와 병합 이전 국호에 관한 논란이 발생하자 유림의 입장을 공표하고, 고종을 비난하는 내용이 삽입된 김택영의 『韓史綮』이 유포되자 이를 비판하는 활동을 주도했다. 1919~1921년 태극교의 이런 움직임을 감안한다면, 곽윤 일행은 고종의 급서로 인해 급격히 동요하던 윤충하 일행을 만났을 가능성이 높다.

곽윤의 윤충하 일행에 대한 부정적인 입장은 곽종석의 생각과도 일치했다. 1919년 2월 19일 윤충하가 거창의 곽종석을 만난 뒤 돌아가자 김황도 곽종석에게 윤충하의 정체에 대해 물었는데, 곽종석은 '껍질과 같은 사람[皮殼底人]'이라고 대답했다.[80] 다소 박한 평가였다. 이는 윤충하가 자신의 제자이기는 하지만, 성격 미상의 유림단체에 관여하고 있으며, 현재 어떤 목적으로 독립청원운동을 진행하려는 것인지도 알

---

80) 「記巴里愬書事」, 1919년 1월, 76쪽.

수 없어 그를 전폭적으로 신뢰하기 어렵다고 본 것이다.

윤충하 일행과 곽종석 측의 협상은 결렬되었지만 양측의 관계가 완전히 단절된 것은 아니었다. 왜냐하면 김창숙이 3월 6일경 "재경유림 동지인 윤충하, 이헌교 등을 방문하여 거사에 대한 계획과 고충을 이야기 했"다[81]고 했기 때문이다. 이는 윤충하가 김창숙의 독립청원운동에 동조하는 입장은 아니었어도 김창숙과 수시로 의견을 교환했음을 보여준다.

이후 윤충하가 김창숙의 독립청원운동(파리장서운동)에 관여했다는 기록은 보이지 않는다. 후일 총독부의 대대적인 검거령에도 그는 체포되지 않은 것으로 보인다. 현존하는 파리장서운동 관련 수형기록(판결문·형사사건부·수형인명부·재소자신분카드 등)이나 신문기록에 그의 이름이 발견되지 않기 때문이다. 이로 미루어 윤충하가 곽종석에게 독립청원운동을 제안하고 경성에서 곽윤, 김창숙 등과 접촉한 사실은 총독부에 전혀 노출되지 않은 것으로 보인다.

파리장서운동 이후 윤충하는 어떤 행적을 보였을까? 문집에 실린 내용은 매우 소략하다. 아들 윤종수에 따르면, 윤충하는 파리장서운동 참가자에 대한 검거령[縲絏之禍]이 내려지자 전국 8도로 도피하며 3년을 신음하다 병을 얻어 귀가했고, 빈궁하게 살면서도 나라 없음을 걱정하다 사망했다고 짧게 정리하였다.[82] '3년을 신음했다'는 것이 구체적으로 무엇을 의미하는 것인지 알 수 없으나, 그 앞 문장에 곽종석에게 독립청원운동을 제안했다는 내용이 있는 것으로 보아, 파리장서운동으로 인해 고통을 겪었다는 의미로 해석된다.

81) 心山記念事業準備委員會,『(心山金昌淑先生鬪爭史) 躄翁一代記』, 太乙出版社, 1965, 72쪽.
82)『韋觀集』권4,「家狀」, 17b쪽.

윤종수가 지은 「가장」. 부친 윤충하의 생애를 정리했다.
윤충하, 『위관집』

  하지만 실상은 조금 다르다. 윤충하는 태극교를 대표하는 인물로 사망 직전까지 경성을 오가며 활발히 활동했다. 1920년경 다시 태극교 간부가 된 것으로 보이며, 1921년 워싱턴회의에 보내는 독립청원서(「韓國人民致太平洋會議書」)에 成耆德과 함께 태극교 대표로 이름을 올린 점[83]이 주목된다.

  윤충하가 독립청원서에 서명했다는 것은 사실일까? 독립청원서 서명자 명단의 진위에 대해서는 일찍부터 사실이라는 주장(워싱턴회의 한국대표단)과 서명자 명단이 본인 의지와 관계없이 도용되었다는 주장(총독부)이 동시에 제기되었다. 하지만 윤충하의 서명을 완전히 부

---

83) 『韓國獨立運動史資料』 2(國史編纂委員會, 1983), 「11.太平洋會議件」, 303쪽.

정하기는 어려울 것 같다. 우선 윤충하는 앞서 살펴본 것처럼 2년 전인 1919년 곽종석에게 독립청원운동을 제안한 사실이 있다. 운동 노선의 연속성이 확인된다. 또한 상하이의 임시정부는 1919년 파리 국제평화회의 결과에 크게 실망하여 워싱턴회의를 구미열강의 지원을 통한 독립의 마지막 기회로 보고 조직의 사활을 걸었다. 당시 국내의 조선인 유력자들이 '조선인 본위' 사회를 희구하였고, 이상재, 박영효 등의 조직 활동과 인적 동원력을 감안할 때 서명자 명단은 신빙성이 없다고 보기 힘들다.[84]

「한국인민치태평양회의서」의 서명자 명단에 윤충하가 보인다.
국사편찬위원회, 『대한민국임시정부자료집』 18 (고려대 중앙도서관 소장)

84) 高珽休, 「'한국인민치태평양회의서'(1921)의 진위 논란과 서명인 분석」, 『한국근현대사연구』 58, 2011, 66쪽.

이후 윤충하는 고종의 位號와 고종릉의 비문, 영친왕 혼인 문제 등에 대해 태극교의 입장을 대변하는 역할을 맡았다. 우선 그는 1920년 고종의 위호를 '高宗太皇帝'로 확정해야 한다고 주장했다. 고종 서거 1주기가 되는 1920년 초 총독부와 이왕직은 일방적으로 고종의 위호를 '李太王殿下'로 정할 방침이라고 밝혔다. 병합 이후 강등 적용된 일본식 호칭을 그대로 쓰겠다는 것이었다. 태극교는 정식 호칭은 '太皇帝陛下'라며 총독부에 청원서를 제출했다.[85]

태극교의 주장이 수용되지 않자 윤충하 등은 강하게 반발했다. 1920년 4월 9일 윤충하 등 태극교도 40여 명이 순종의 거처인 창덕궁 금화문 앞에서 상소를 제출하려고 시도했다. 이왕직 서무과장과 창덕궁경찰서장이 강압적으로 해산명령을 내리고 경찰이 시위 참가자들을 구타했지만, 윤충하 등은 누차 얻어맞으면서도 물러나지 않았다.[86] 오히려 중국의 역사에도 멸망한 군주에게 '陛下'의 위호를 주었다며, 자신들은 갈 곳이 없는 사람이니 진정 가라고 하면 경찰서로 가겠다고 격렬히 저항하다 종로경찰서로 연행되었다.

저간의 사정은 알 수 없으나, 이후 총독부와 일본 궁내성의 입장은 급변했다. 태극교의 청원은 줄곧 총독부에 의해 무시되었지만, 7월 초가 되자 사이토 총독과 일본 궁내성은 반대 여론에 부담을 느낀 듯 '고종태황제'안을 수용했다.[87] 결과적으로 태극교의 청원은 관철된 셈이었다.

고종 서거 1주기가 끝날 무렵 영친왕이 곧 일본인 여성인 나시모토 노미야 마사코(李房子)와 결혼한다는 소문이 파다하였다. 고종독살설

---

85) 『東亞日報』 1920년 4월 10일, 「德壽宮 位號 까닭에」, 3면 ; 『東亞日報』 1920년 4월 13일, 「太極教 上書 事件」, 3면.
86) 『韋觀集』, 「序」(鄭載星), 1a쪽.
87) 『東亞日報』 1920년 8월 14일, 「太極教徒 又復長書提出」, 3면.

의 의혹과 충격이 가시지 않은 시점에 삼년상을 마치지 않은 아들(영친왕)이 원수의 나라의 여성과 결혼한다는 소식은 여론을 들끓게 하였다. 윤충하도 유림을 대신해 순종에게 제출할 상소를 작성했다.

> 어찌하여 이런 **夷狄의 부류가 꿈틀하며 자행하는 무례한 일**을 행하십니까? 무릇 혼인이란 인륜의 시작이고 만복의 근원이며, 禮란 天理의 절차와 양식이고 인간사의 의례준칙입니다. … 아, 효자가 상을 잘 치르면 3년 이내에 오히려 부인의 얼굴을 보지 않는 법입니다. … 聖明께서 비록 이적의 언어[侏儷]와 다른 풍속[殊俗]이 자리잡은 곳에 처하신다 하나, 그 자리가 천하 만국이 우러러보는 지위입니다. 우리 **大韓[韓]이 천하에 칭송을 받는 것은 禮義의 文明을 지녔기 때문**인데, 聖明께서 이것을 모두 없앤다면, 도리어 **천하 열강의 질책**을 받고, 역시 **훗날 禮學者[禮家]의 비난을 면치 못할 것**입니다.[88] (굵은 글씨-인용자)

즉 윤충하는 영친왕의 혼인을 반드시 막아야 한다고 주장했다. 부모의 상 중에 자식이 결혼하는 것은 일반인도 하지 않는 일이고, 국제사회가 그나마 대한제국을 존중한 것은 예의를 중시하기 때문인데, 만일 이를 어기면 국제사회의 조롱을 받는 것은 물론이고 후대 예학자의 비판도 면키 어려울 것이라고 경고했다.

고종의 삼년상이 끝나는 시점까지 황실의례를 둘러싼 논란과 윤충하의 반발은 계속 되었다. 1921년 1월(양력)은 고종의 서거에 대한 삼년상이 끝나는 시점이었는데, 고종릉(일명 '金谷陵')의 비석에 들어갈 국호에 대해 추측이 무성했다. 삼년상이 끝났음에도 고종릉에 비석이

---

88) 『韋觀集』 권3, 「上昌德宮疏(代士林作)」, 2b~3a쪽. "柰之何, 行此夷狄類蠢蠢無禮之事乎? 夫婚者, 人倫之始, 萬福之源. 禮者, 天理之節文, 人事之儀則也. … 噫! 孝子之善居喪者, 三年之內, 猶不見婦人之免也. … 嗚呼! 聖明雖處於侏儷殊俗之方, 其位, 則天下萬國具瞻之地也. 我韓之見稱於天下者, 以禮義文明也. 至於聖明之身, 並此而掃去, 則反爲天下列强之所罵, 而亦不免後日禮家之所譏矣."

세워지지 않고 비문에 들어갈 국호가 '前韓國'으로 정해졌다는 소문이
들리자 1921년 4월경 태극교도 李東乘 등은 묘비를 빨리 세워야 하며
국호는 정상적으로 '大韓'으로 정해야 한다는 내용의 청원서를 총독부
에 제출했다.[89] 이때 윤충하는 태극교가 순종에게 제출하려던 상소를
작성했다.

윤충하는 과격한 용어로 자신과 태극교의 입장을 강하게 밝혔다. 그
는 "국호란 천년, 만년이 지난 뒤 그 세대를 증명하는 것"으로, 중국과
한국의 역사에서 국호 앞에 '前' 혹은 '後'라는 글자를 쓴 예는 없다고
지적하였다.[90] 또한 만일 자신들의 요구가 수용되지 않으면 '피의 투
쟁'을 하여 차라리 의리 아래에서 죽겠다고 압박하였다.[91]

그런데 이와 대비되는 모습이 1922년의 한 사건에서 확인된다. 1922년
11월 '儒道와 동양문명의 진흥'을 취지로 조선유림연합대회가 열리자 윤
충하는 발기인 24명 중 한 명으로 참여했다.[92] 이어 같은 해 12월 조선유
림연합 대회 참석자들이 유교계 지도기관을 의식하며 유림총부를 결성
했는데, 윤충하는 이사[93]에 선임되고 강사로도 활동했다.[94] 문제는 조
선유림연합대회가 '國憲 尊重'과 '國法 恪遵'을 선언하여[95] 사실상 반일
주의를 포기하고 유교 진흥에만 몰두하겠다는 입장을 밝혔다는 점이다.

89) 『朝鮮日報』 1921년 4월 18일, 「金谷御陵에 建碑協議 愼重」, 3면.
90) 『韋觀集』 권3, 「太上皇帝復位號後再疏(代士林作)」, 1a쪽.
91) 『韋觀集』 권3, 「太上皇帝復位號後再疏(代士林作)」, 1a쪽.
92) 『每日申報』 1922년 11월 15일, 「儒林團 新設計劃-各道에서 七百餘名 來京하야 十四
    日 宣言書 發表」, 2면.
93) 유림총부에서 이사는 都憲 및 副都憲에 이어 세 번째 직책으로, 趙重觀, 金鏞應, 윤
    충하, 李鍾文, 申肯善, 李正世 등 13인이 이사에 선임되었다(『每日申報』 1921년 12월
    27일, 「儒林總部 遂成立-지난 이십오일 대회에서 성립, 전됴션 유림을 망라한 이 총
    부」, 3면).
94) 『東亞日報』 1923년 3월 7일, 「儒林總會經義試講」, 4면.
95) 『每日申報』 1922년 11월 15일, 「儒林團 新設計劃-各道에서 七百餘名 來京하야 十四日
    宣言書 發表」, 2면.

1922년 11월 경성에서 각도 유림의 '영수' 24명이 유교계 지도기관 설치를
촉구했다고 보도한 매일신보(1922.11.15). 24명 중 맹보순이 보인다.

그렇다고 해서 윤충하와 태극교가 친일주의로 노선을 완전히 전환
한 것은 아니었다. 윤충하의 대외활동은 1923년 유림의 『한사경』 비판
운동에 동참한 일에서 끝난다. 또한 조선연합대회에 金英洙·徐相春
등과 같이 친일유림과 더불어 맹보순처럼 만주에서 반일운동에 전념
하다 총독부의 회유로 귀국한 인물들이 보이지만, 절대독립론자인 慶
賢秀도 포함되어 있기 때문이다. 따라서 이들은 노골적인 친일주의를
천명한 것이 아니라 합법적 공간에서 유교진흥에 몰두하겠다는 의사
를 밝힌 것으로 해석된다. 실제로 유림총부의 활동은 미미했을 뿐만
아니라 노골적으로 친일주의를 표방한 사례를 확인할 수 없다.

3) 사상적 지향

이상과 같이 윤충하의 생애를 살펴보면 쉽게 이해되지 않는 점이 있

다. 사상 편력과 대외 활동을 하나의 일관된 논리로 설명하기 어렵기 때문이다. 그는 반일과 협력, 개혁과 반동의 경계를 수시로 오갔다. 예를 들어 을사오적 처단계획에 참여하고 독립청원운동을 제안한 사실은 격렬한 반일주의자의 면모를 보여주지만, 식민지 체제와 법령을 용인하는 유림의 집회에 참여하고 태극교 교단의 운영에 몰두한 사실은 유교 진흥을 위해 반일주의 노선을 포기하는 듯한 면모를 보여준다.

그렇다면 윤충하의 사상 구조를 어떻게 규정해야 할까? 이에 관한 단서를 제공하는 시가 있다. 「시대에 상심하여[傷時]」(七絕)라는 시기 미상의 시이다. 그는 성리학을 학습하고 계몽사상을 수용한 유림으로서 당시 조선의 사회적 혼란과 도덕적 타락을 다음과 같이 진단했다.

> 매와 수달은 오히려 그 근본에 보답할 줄 알고, 길짐승과 물고기는 해마다 춘추로 제사를 지내는데, 가련하다 서양종교 교인들의 조상이여, 한식 푸른 산에 주린 귀신 소리 가득하구나[서양종교 교인들이 제사를 폐지한 것을 가리켜]
>
> 개 짖고 닭 울어도 각기 맡은 일 있고, 새벽을 알리고 적으로부터 지킴은 타고난 良知라, 앞을 다투는 이네 사람들은 어찌 자포자기하여, 그 주인을 모르고 때를 모르는가[祖國思想 없는 것을 가리켜]
>
> 호랑이와 이리는 부자의 친함을 잘 알고, 天常(五常-이하 괄호안 인용자)의 仁이라는 한 단서 잃지 않는데, 어찌 너희 머리 둥글고 발 네모난 자(인간)들은, 하늘이 고르게 부여한 성정을 완전히 잃어 인륜을 모르는가[부자가 서로 포악한 것을 가리켜]
>
> 개미의 君臣은 역시 彝倫을 잡은 것이고, 그들이 지각을 일으켜 한 것이 아니건만, 이 사물로부터 보면 天理를 알텐데, 제군은 어찌 또한 돌이켜 생각하지 않는가[無君論者들을 가리켜]
>
> 혼인이란 인간 만복의 근원이건만, 무엇이 좋다고 黃昏과 바꾸기를 기약하겠는가? 정원의 나무를 한 번 보면 오히려 근본은 이어져 있으니, 봄바람 가을비가 한기와 온기를 함께 가지고 있지 않은가[이혼하는 남녀를 가리켜]

본래 같은 뿌리 한 꽃받침에서 열려, 콩을 태워 슬픔을 감당하니, 아낄 만 하여라 봄바람에 걸린 앵두나무여, 이어진 가지 같은 꽃받침이라 서로 시기하지 않네[형제가 시고 미워는 꼿을 가리켜]

서로 밑천이 되고 서로 이익이 됨이 벗인데, 이 도리 지금은 모두 사라지고 없다네, 도리어 넓은 빈산에 사슴들이 있어, 무리를 지어 머리를 모으고 함께 풀을 나눠 먹는구나[붕우의 도가 없는 것을 가리켜][96] (굵은 글씨-인용자)

즉 윤충하는 당시 조선사회가 도덕과 윤리의 타락으로 인해 공동체 분열의 조짐을 보인다고 진단했다. 공동체의 분열의 징조는 祭事 경시, 祖國思想 결핍, 임금을 부정하는 주장, 부자·남녀·형제·친구간 불화 등에서 발견되었다. 다시 식민지 조선사회는 애국심의 결핍과 사회 윤리의 해체라는 총체적 위기에 직면해 있다고 보았다. 이는 그가 추구하는 문명의 발전에 역행하는 징조였다.

이 시는 정확히 언제 작성되었는지 확인되지 않는다. 다만 그가 일생을 통해 중시한 가치가 무엇인지 진솔하게 보여준다. 위에 인용한 시의 제1·3·5·6·7절은 서양종교에 의한 전통윤리의 쇠퇴를, 제2절은 사회진화론과 제국주의에 의한 애국주의의 망각을, 제4절은 자국의 군주에 대한 무분별한 비판의 위험성을 지적한 것이다. 이는 윤충하가 왜 말년까지 태극교 운영에 몰두했는지 잘 보여준다.

다만 조선사회의 사상적 구심점을 태극교에서 찾으려는 윤충하의

---

96) 『韋觀集』권2,「傷時七絶」, 5a~b쪽. "鷹獺猶知報厥本, 禽魚歲歲祭春秋, 可憐西敎人家祖, 寒食靑山餒鬼啾[指西敎人廢祭]. 犬吠鷄鳴各有司, 報晨守賊是良知, 爭奈斯人安自暴, 不知其主不知時[指無祖國思想]. 虎狼能知父子親, 天常不失一端仁, 奈爾圓顱方趾者, 全喪彛賦不知倫[指父子相殘]. 蜂蟻君臣亦秉彛, 非渠容智作而爲, 觀於此物知天理, 諸君盍亦反思之[指無君論者]. 婚嫁於人萬福源, 佳期何事改黃昏, 請看庭樹猶連理, 春風秋雨共寒溫[指離婚男女]. 本是同根一蔕開, 豆萁相煮政堪哀, 可愛春風原上棣, 連枝并蔕不相猜[指兄弟相爭]. 相資相益友朋須, 此道伊今掃地無, 却羨空山麋鹿類, 羣羣聚首共分芻[指無朋友道]."

노력은 큰 성공을 거두지 못했다. 1921년 윤충하가 삼남지방 포교를 위해 南鵬에게 도움을 요청했을 때 남붕이 "지금 만일 손을 모으고 편안히 앉아 한낱 '태극교'라는 이름만 잡고 실행하지 않는다면 '나무아미타불'만 외치고 편안히 그 자리에서 성불하기를 바라는 것과 같습니다"라고 지적한 것[97]은 태극교의 현실적인 역량이 윤충하가 추구하는 가치를 실현하기에 미흡했음을 보여준다.

5. 맺음말

이 글은 1919년 곽종석에게 독립청원운동을 제안한 윤충하가 어떤 배경에서 독립청원운동을 계획하였고, 이후 어떤 행적을 보였는지 살펴보았다. 이는 윤충하와 파리장서운동 그리고 태극교의 문제를 넘어 1910년대 말~1920년대 초 유교계 독립운동의 성격을 이해하는데 도움을 준다.

1855년 경남 거창에서 태어난 윤충하는 평범한 사족 가문에서 태어났지만 삼종형 윤주하와 스승 곽종석의 가르침을 받아 유교지식인으로 성장했다. 그는 1890년대 중반 무렵 뜻한 바를 이루기 위해 상경했는데, 미약한 활동기반에도 불구하고 몇 가지 만남과 사건을 계기로 취약점을 보완했다. 하나는 나인영·오기호·이기 등 호남 출신 개혁적 하급 관리들과의 지속적인 교류로 정치개혁과 반일운동의 개인적 과제를 실천할 기반을 마련하고, 현직 외부대신인 박제순의 문객으로 중앙에서의 정치활동에 필요할 후원자를 확보한 것이었고, 다른 하나는

---

97) 南鵬, 『海州素言』(규장각한국학연구원 소장) 권4, 「答太極敎會長尹韋觀忠夏」(1921.1), 13b쪽.

태학생들을 이끌고 반일상소의 제출을 시도하여 친일파 내각 전복을 시도하려는 반일세력에게 깊은 인상을 주었다는 점이었다.

윤충하의 반일활동은 1905년 제2차 한일협약 체결 이후 두드러졌다. 우선 1906년 홍주의병 지도자인 민종식에게 포섭되어 최익현 의진 합류를 시도했다. 이는 최익현과도 일정한 교감을 이룬 것으로 보이지만, 합류 직전 최익현의 태인의병이 와해되면서 합류 계획은 무산되었다. 한편 그는 1907년 을사오적 처단계획에 참여했다. 이 계획은 홍주의병장이었던 민종식과 전 궁내부대신서리 이용태가 후원하였다. 윤충하는 당시 을사오적을 처단할 실행조에는 포함되지 않았지만 재정적인 지원을 맡았다. 그는 체포 후 주모자로 간주되어 조사 과정에서 수차례 혼절할 정도로 심한 고문을 받았으며 유배 10년의 중형에 처해졌다.

그렇다고 해서 그의 사상적 성향을 보수적인 유교(주자성리학)와 반일주의(위정척사론)로 요약하는 것은 지나친 해석이다. 문집에 실리지 않은 글들은, 그가 상경 이후 계몽사상을 수용해 사상적으로 변모했음을 보여준다. 윤충하는 대한제국의 대표적인 자강론자인 장지연에게 편지를 보내 그의 자강주의가 입으로만 외치는 자강주의가 아닌지 의구심을 표명했고, 1909년 『교남교육회잡지』에 게재한 기고문에서 구미사회가 계몽사상과 사회과학 발전의 토대 위에서 혁명을 성공시킨 사실을 주목했다. 또한 조선 유림이 청년에 대한 신식교육 방해를 하고 있는 현실을 비판했다. 이는 그가 한성에서 활동하는 기간 계몽사상을 수용해 보수유림에서 벗어나 개신유림의 단계에 도달했음을 보여준다.

윤충하의 대외활동 중 가장 잘 알려진 것은 1919년의 독립청원운동에 관한 것이다. 그는 2월 19일 고향 거창의 옛 스승 곽종석을 찾아가 독립청원운동을 제안했다. 결과적으로 이 제안은 수용되지 않았지만, 1921년 워싱턴회의에 보낼 독립청원서에 태극교 대표로 다시 이름을 올린 사실을 감안하면, 그는 1919~1921년 구미열강에 대한 독립청원을 가장 효과적인 독립운동으로 인식했음을 알 수 있다.

한편 윤충하는 1920년대에도 꾸준히 활동을 이어갔는데, 대체로 독립운동에서 벗어나 합법적인 영역에서 유교를 진흥시키는 문제에 몰두한 것이 특징이었다. 그가 세인과 언론을 관심을 받은 것은 오히려 이 때였다. 1920~1921년 그는 고종의 位號와 고종릉 비석에 새겨질 國號를 둘러싼 논란이 발생하자 원칙대로 결정할 것을 주장했다. 이는 총독부나 일본 궁내성의 입장과 상충되어 갈등을 빚었지만, 윤충하와 태극교의 요구는 결국 수용되었다. 한편 윤충하가 1922년 11월 '국헌 존중'과 '국법 준수'를 내세운 조선유림연합대회의 선언서 발표주체로 참여하고 같은해 12월 유림총부 이사에 선임된 것은 말년에 그가 독립운동의 포기를 선언하고 유교진흥에 몰두했음을 보여준다. 이는 1922년 초 한인 독립운동세력의 워싱턴회의에 대한 기대의 좌절과도 관계가 있을 것이다.

고종의 서거를 둘러싼 유교계의 복제논쟁과 독립운동

1. 머리말

1919년 유림이 진행한 독립청원운동인 파리장서운동은 구미 열강을 배척의 대상[夷狄]이 아니라 공존의 대상으로 인정했다는 점에서 유교 운동사에서 높이 평가된다. 연구자들은 유림의 華夷觀이 해체된 상징적 사건으로 이해하기도 한다.[1] 그렇다면 유림은 왜 '오랑캐가 되어간다'는 비난을 감수하면서까지 구미열강에 독립을 호소하게 되었을까? 여기에는 고종의 서거라는 돌발변수가 작용한 것으로 보인다.

1919년 복제논쟁이란 曺兢燮·김택영과 전우·오진영 등 보수적인 유림이 고종을 위해 상복을 입을 것인가 말 것인가, 만일 상복을 입는다면 어떤 종류의 상복을 입을 것인가를 두고 3년 동안 벌인 공방이었다. 이 논쟁은 '망국의 임금인 고종을 어떻게 평가할 것인가?'라는 문제와도 연관된 것이었다.

분석의 대상을 문집으로 제한한다면, 1918~1921년 유림이 가장 큰 관심을 보인 사안은 언제 성취될지 모르는 독립보다 고종을 위해 상복을 입을 것인가 말 것인가 하는 문제였다. 파리장서운동 참여자나 그들의

---

1) 임경석, 「유교지식인의 독립운동-1919년 파리장서의 작성 경위와 문안 변동-」, 『大東文化硏究』 37, 2000, 134쪽.

제자들도 파리장서운동보다 고종을 위한 상복에 더 주목하는 경향이 있었다.[2]

당시 유림이 복제에 깊은 관심을 보인 것은 유교의례 전문가를 자처해온 유림의 타성이기도 했지만, 유교국가에서 복제는 사망한 임금을 평가하는 보편적인 방식이었기 때문이다.[3] 1919년의 복제논쟁도 마찬가지였다. 다만 1919년 이전의 복제논쟁과 다른 점이 있다면, 복상의 대상인 고종이 이 500년간 지속된 유교시대의 마지막 임금이었고, 대한제국 멸망에 책임이 있다는 점이었다. 만일 예외적인 사정을 인정하지 않는다면, 전·현직 관리는 고종을 위해 임금을 위한 상복(君服)을 입을 수 있었다(三年服). 하지만 대한제국 멸망의 책임을 추궁한다면 상복을 입지 않는 것도 가능했다(無服). 즉 복제의 선택에 따라 고종에 대한 평가가 극단적으로 달라질 수 있었다.

이처럼 1919년 복제논쟁이 지닌 함의는 적지 않지만 학계의 관심은 부족하다.[4] 조선시대가 아닌 식민지기의 복제논쟁을 다루는 것이 기본적으로 무의미하다고 보는 시각이 존재할 뿐만 아니라 연구대상으로서 禮訟 자체를 부정적으로 바라보는 시각도 연구를 가로막는다.[5] 그럼에도 불구하고 1919~1921년 유림의 '낡은' 논쟁에 주목하는 이유는,

---

2) 예를 들어, 파리장서 서명자 유호근은 再從弟인 유준근의 연대기를 집필했는데, 유준근이 1919년 경성에서 순종에게 상소를 제출하려다 체포, 수감된 사실은 언급했지만 파리장서운동에 참여한 사실에 대해서는 전혀 언급하지 않았다(柳浩根, 『四可集』(景仁文化社, 1993) 권5,「再從弟濬根遺事」(1920), 354쪽]. 이런 경향은 기호 출신 파리장서 서명자의 연대기에서 자주 발견되는데, 아마도 파리장서운동 참가 사실을 떳떳하게 여기지 않았던 상황과 관계가 있을 것이다.

3) 李範稷, 『朝鮮時代 禮學研究』, 國學資料院, 2004, 424쪽.

4) 강동욱은 복제논쟁 당시 줄곧 고종을 위한 상복을 반대했던 조긍섭의 행적을 자세히 정리했다(姜東郁,「深齋 曹兢燮의 學問性向과 文論」, 경상대 국어국문학과 박사학위논문, 2002, 30쪽).

5) 李迎春,「17世紀 禮訟研究의 現況과 反省」,『한국의 철학』22, 1994, 12쪽 ; 김문준,「禮訟研究의 현황과 向後 研究의 방향」,『儒敎思想研究』19, 2003, 51쪽.

이 논쟁이 독립운동의 분위기가 고조되던 시기에 유림의 최대 관심사로 떠올랐고, '고종독살설'과 더불어 유림을 감정적으로 동요시킨 주된 요인으로 보이기 때문이다.

이 글은 1919년의 복제논쟁이 어떤 배경에서 발생했고, 어떤 쟁점이 있었으며, 논쟁과정에서 유림 간 어떤 공감대가 형성되었고, 결과적으로 유림의 집단행동에 어떤 영향을 끼쳤는지 살펴보고자 한다. 특히 파리장서운동 참가자들이 복제논쟁에 대해 어떤 입장을 피력했는지 살펴봄으로써 파리장서운동과 복제운동의 상관성을 추론할 것이다. 자료는 논쟁 당사자들의 문집과 더불어 복제논쟁의 전말을 기록한 기록인 申龍鎭의 「國服譚論」[6]과 오진영의 「服辨辨」[7]을 주로 활용했다.

2. 복제논쟁의 근거와 쟁점

1) 유교사회의 國喪과 服制

1919년 유림의 복제논쟁은 古禮(禮記 · 儀禮), 國制(經國大典 · 國朝五禮儀) 등 유교경전과 국가제도에 규정된 대로 따를 것인가 말 것인가의 문제로 귀결되었다. 따라서 당시 논쟁에서 자주 언급된 '三年喪', '舊君' 등의 용어가 어떤 역사적 환경 속에서 탄생되었고 무엇을 근거로 하였는지 살펴볼 필요가 있다.

---

6) 「國服譚論」은 申龍鎭의 『韓末忠義錄』(간행연대 미상, 한국학중앙연구원 장서각 소장)에 수록된 글인데, 1919년 유림의 복제논쟁을 김택영, 조긍섭 및 전우의 입장을 중심으로 간략하게 정리했다.
7) 「服辨辨」은 오진영의 문집인 『石農集』에 수록된 글이다. 1919년 복제논쟁의 전말을 상세히 기록했는데, 김택영 · 조긍섭의 주장, 전우의 반론, 조긍섭의 반박, 오진영의 재반론 순으로 기술되어 있다.

삼년상의 전통은 중국의 경우 전국시대에 처음 확인된다. 공자는 수차례 걸쳐 제자들에게 삼년상을 이상시하는 듯한 발언을 하였다. 맹자와 순자도 사람의 자식이라면 누구나 삼년상을 치러야 한다고 보았다.8) 『논어』와 『예기』의 삼년상 관련 내용은 다음과 같다.

> ① 자식은 태어난 지 삼년 후에야 부모의 품을 면하니 무릇 삼년상은
>   천하의 공통된 상이다.9)(『論語』)
> ② **삼년상은 천자에까지 이르는 것이니 부모의 상은 귀한 사람과 천한**
>   **사람 구별 없이 한 가지이다.**10)(『中庸』)
> ③ 子張이 "書經에 이르기를 '殷의 高宗이 諒陰(천자가 상을 치르는 곳
>   -인용자)에서 삼년간 말을 하지 않았다'고 했는데 무슨 뜻입니까?'
>   라고 하니, 선생은 "하필 고종뿐이겠는가. 옛 사람이 다 그러하였으
>   니, 군주가 죽으면 모든 관리들이 직무를 총괄하여 3년 동안 冢宰
>   의 말을 경청했다"고 하셨다.11)(『論語』)
> ④ 옛날에 天子가 붕어하면 王世子는 총재에게 3년간 정치에 관해 경
>   청했다.12)(『禮記』) (굵은 글씨-인용자)

즉 공자는 아들이 아버지를 위해, 세자가 父王을 위해 삼년상을 치르는 것을 당연하고도 이상적인 服喪이라고 생각했다. 물론 이미 당대부터 현실적인 이유를 들어 공자의 견해에 반대하는 학자도 있었다. 공자의 제자 宰子는 喪期短縮論을 주장했다. 개인의 도덕을 이유로 공무를 소홀히 해서는 안 되며, 3년이라는 복상기간은 1년 단위의 자연법칙

---

8) 洪承賢,「後漢末 '舊君'개념의 재등장과 魏晉時期 喪服禮-禮學의 효용성을 중심으로-」,
   『東洋史學研究』94, 2006, 61쪽.
9) 『論語』, 陽貨 21. "子曰, 子生三年然後, 免於父母之懷, 夫三年之喪, 天下之通喪也"
10) 『中庸』. "三年之喪, 達乎天子, 父母之喪, 無貴賤一也."
11) 『論語』, 憲問 43. "子長曰, 書云, 高宗諒陰三年不言, 何謂也? 子曰, 何必高宗, 古之人,
    皆然, 君薨, 百官總己以聽於冢宰三年."
12) 『禮記』, 檀弓 下. "古者, 天子崩, 王世子聽政於冢宰三年."

과도 맞지 않는다고 하였다.[13] 그러나 삼년상은 공자 생존 당시에 일반적이지 않았고, 漢 건국 이전까지는 사회문제로 대두되지도 않았다.[14]

그런데 後漢代에 들어 삼년상이 점차 사회적 논란을 야기시켰다. 삼년상을 치르기 위해 관직을 버리는 관리가 속출했기 때문이다. 『후한서』에는 관직을 버린[去官] 사례가 50회나 확인되는데, 이 가운데 18회가 喪事와 관련된 것이었다. 晉代가 되면 삼년상이 임금과 신하가 모두 실천해야 하는 보편적인 의례로 자리잡았다. 服喪의 대상도 부모뿐만 아니라 형제자매, 從부모, 조카, 스승, 관직추천자 등으로 확대되었다.[15] 하지만 황제 입장에서는 삼년상을 무조건 용인할 수 없었다. 삼년상을 그대로 용인한다면, 사대부 중심의 사회 질서를 인정하는 셈이 되기 때문이다.[16]

삼년상은 현실적인 이유로 인해 점차 완화되었다. 임금이나 신하나 자리를 오래 비워서는 안 된다는 점에 있어서는 공감대가 형성되어 있었기 때문이다. 대신 다양한 대안이 제시되었다. '以日易月制'는 그 중 하나였다. 漢 文帝는 조칙을 내려 역대 임금의 상에 하루를 한 달로 계산하여 13일째에 小祥, 25일째에 大祥, 27일째에 禪祀을 치러 삼년상을 마치게 했다. 이 제도는 중국에서는 宋代에 정착되었고, 우리나라에서는 조선 초기부터 활용되었다.[17]

우리나라의 경우 삼년상보다 백일상의 전통이 먼저 수립되었다. 고

---

13) 배병삼, 「공자 대 재아-인간의 길과 통치자의 길-」, 『韓國政治學會報』 33-2, 1999, 59~60쪽.

14) 洪承賢, 「後漢末 '舊君'개념의 재등장과 魏晉時期 喪服禮-禮學의 효용성을 중심으로-」, 61~62쪽.

15) 洪承賢, 「後漢末 '舊君'개념의 재등장과 魏晉時期 喪服禮-禮學의 효용성을 중심으로-」, 76쪽.

16) 洪承賢, 「後漢末 '舊君'개념의 재등장과 魏晉時期 喪服禮-禮學의 효용성을 중심으로-」, 75쪽.

17) 李範稷, 『韓國中世禮思想研究-五禮를 中心으로-』, 一潮閣, 1991, 266 · 364쪽.

려시대만 하더라도 부모상과 국휼에는 백일상이 일반적이었다. 하지만 조선 중기 이후 儒臣과 유림이 주자성리학 이념을 사회 전반에 정착시키는 과정에서 삼년상을 중요한 실천과제로 권장했다.[18) 國制도 점차 삼년상을 중시하는 방향으로 고정되었다.

한편 國喪에 대한 복제에서는 '옛 임금[舊君]'이라는 개념이 중요한 변수로 떠올랐다. 이 개념은 後漢代 喪服의 가장 큰 특징이었다.[19) 『의례』에서는 '옛 임금'의 의미와 복제를 다음과 같이 규정했다.

① 齊衰 三月服은 舊君, 임금의 어머니, 처를 위한 것이다. 傳에서는 "舊君을 위하는 자란 누구를 가리키는가? 出仕했던 자이다. 왜 齊縗 三月을 입는가? 인민과 함께 한다는 말이다"라고 하였다.(『儀禮』)[20)
② '齊衰三月'章에서 大夫가 舊君을 위해 입는 것이라고 했는데, 傳에서는 "대부는 누구를 가리키는 말인가? 道로써(도가 행해지지 않아 -이하 괄호안 인용자) 임금으로부터 떠났으나 [以道去君] 아직 (임금과 신하의 관계를 완전히) 끊지 않은 자를 말한다."고 했다.(『儀禮』)[21) (굵은 글씨-인용자)

즉 옛 임금을 위해서는 齊衰 三月服을 입는다고 규정했다. 한편으로는 복상기간이 3년에서 3개월로 대폭 줄어들었다고 할 수 있겠지만, 다른 한편으로는 현재 모시는 임금이 아님에도 불구하고 상복을 입기 때문에 오히려 존중의 의미가 함축되어 있었다. 위 인용문에 의하면, 한

---

18) 池斗煥, 「朝鮮前期 黑笠 · 白笠 論議-國喪의 3년상제 확립과정을 중심으로-」, 『釜山史學』 16, 1989, 43 · 57쪽.
19) 洪承賢, 「後漢末 '舊君'개념의 재등장과 魏晉時期 喪服禮-禮學의 효용성을 중심으로-」, 67 · 79 · 88쪽.
20) 『儀禮』 권31, 喪服11. "爲舊君君之母妻, 傳曰, 爲舊君者, 孰謂也? 仕焉而已者也, 何以服齊縗三月者也? 言與民同也."
21) 『儀禮』 권28, 喪服11. "齊衰三月章云, 大夫爲舊君, 傳曰, 何大夫之謂乎? 言其以道去君而猶未絕也."

때 임금으로 모셨는데 그 임금이 無道하고 신하의 諫言을 듣지 않으므로 다른 나라로 떠났지만 아직 임금과 신하의 관계를 완전히 청산하지 않은 大夫의 상복이라고 규정했다. 道를 매개로 한 임금과 신하의 관계는 종료되었으나 차마 임금과 백성의 관계마저 끊지 못하여 자최 삼월복을 입는다는 것이다.

대부가 옛 임금을 위해 상복을 입는 전통은 역사적으로 중국 전국시대에 한 관리가 다수의 임금을 모시는 상황이 빈번하게 발생하여 만들어진 것이었다.[22] 그런데 이런 유형의 상복은 때때로 새로운 임금 혹은 옛 신하가 본인이 처한 상황에 따라 복수의 권력을 인정하는 셈이었다.[23] 특히 옛 신하는 옛 임금과의 관계 정도에 따라 삼월복이 아닌 삼년복을 입기도 했다. 예를 들어 後漢의 王允은 자신 때문에 옛 임금이 극형을 받고 사망하자 관례를 깨고 참최 삼년복을 입었다.[24] 그러나 '옛 임금'이라는 제도와 관행도 독점적이고 배타적인 황제체제가 출현하는 宋代 이후에는 역사에서 자취를 감추게 된다.[25]

다시 말해 삼년복과 삼월복은 복상의 주체와 문헌 근거가 古禮와 國制에 명시되어 있었다. 하지만 역사적 상황에 따라 변칙적으로 운용되었다. 어떤 시기에는 정상적인 의례(常禮)가 중시되었지만, 또 어떤 시기에는 예외(變禮)가 인정되었다. 따라서 유림은 늘 상례와 변례 중 하나를 선택했고, 이를 통해 당대의 정치권력을 평가했다. 이런 선택의

---

22) 洪承賢, 「後漢末 '舊君'개념의 재등장과 魏晉時期 喪服禮-禮學의 효용성을 중심으로-」, 80~81쪽.
23) 洪承賢, 「後漢末 '舊君'개념의 재등장과 魏晉時期 喪服禮-禮學의 효용성을 중심으로-」, 82쪽.
24) 洪承賢, 「後漢末 '舊君'개념의 재등장과 魏晉時期 喪服禮-禮學의 효용성을 중심으로-」, 80쪽 ; 『後漢書』 권66, 「王允傳」.
25) 洪承賢, 「後漢末 '舊君'개념의 재등장과 魏晉時期 喪服禮-禮學의 효용성을 중심으로-」, 82쪽.

정치학은 조선시대와 대한제국기는 물론 식민지기에도 동일하게 적용되었다.

2) 金澤榮 · 曺兢燮의 無服論과 유림의 반발

1919년 1월 고종의 서거 소식이 지방으로 전파되자 유림은 고례에 따라 임금이 있는 북쪽을 향해 곡을 하였다. 이를 望哭禮라고 한다. 경남 거창의 곽종석은 병중에 있었는데 제자의 부축을 받고 밖으로 나가 망곡례를 했다.[26] 전북 부안의 전우는 매월 초하루와 보름에 망곡례를

국내에서 고종의 서거를 최초로 보도한 『매일신보』(1919.1.22) 호외
서울역사아카이브 (경성일보사, 『덕수궁국장화첩』)

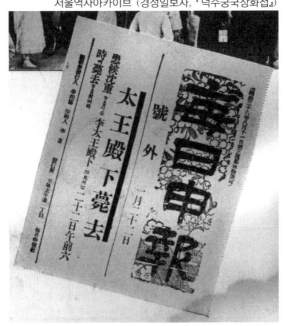

---

26) 郭鍾錫, 『俛宇集』 4(亞細亞文化社, 1984), 「俛宇先生年譜」 권3, 757쪽.

올렸다.[27] 경북 성주의 송준필은 상중에 있었는데 문중청년들과 함께 뜰 앞에서 북쪽을 향해 망곡례를 하였다. 망곡례는 유림에게만 나타난 현상은 아니었다. 비록 주체와 방식은 달라도 고종의 서거를 애도하는 의식이 전국 각지에서 거행되었다.[28]

망곡례가 끝난 유림은 상복을 입을 시간이 되었다. 문제는 어떤 종류의 상복을 입을 것인가 하는 점이었다. 유교 의례에서는 서거한 임금을 어떻게 평가하느냐에 따라 다른 종류의 상복을 요구하기 때문이다. 반대로 상복은 서거한 임금을 평가하는 수단이었다.

일각에서는 고종이 망국의 임금[亡國之君]이므로 상복을 입어서는 안 된다고 주장했다. 다른 한편에서는 상복을 입더라도 '옛 임금'의 예에 따라 자최 삼월복을 입으면 된다고 주장했다.[29] 하지만 이런 견해를 비판하는 사람들이 있었다. 이들은 망국의 책임이 고종에게 있는 것이 아니라 침략세력인 일본 및 매국 역적에 있으므로 고례에 따라 정상적인 상복인 삼년복을 입어야 한다고 주장했다.

중국으로 망명한 개성 출신의 前 史官 김택영(1850~1927, 호 滄江)과 대구의 유림 조긍섭(1873~1933, 호 深齋)이 '고종을 위한 상복은 없다'는 무복론을 이끌었다. 이미 1918년『한사경』[30]이라는 조선시대사 저술을 간

---

27) 田愚,『艮齋先生全集』下(保景文化社, 1984),「年譜」권4, 738쪽.

28) 한 연구에 의하면, 경북에서만 230개소에서 망곡례가 진행되었다(이정은,「3.1운동의 전개」, 국사편찬위원회 편,『한국사』47, 319쪽).

29)『俛宇集』4,「俛宇先生年譜」권3, 755쪽. "一時士類, 或以太皇爲亡國之君而不當服, 或以當爲舊君三月, 論議紛紛."

30)『한사경』은 1918년 김택영이 중국 翰墨林書局에서 간행한 역사서이다. 1392년 조선 건국부터 1910년 대한제국 멸망까지 다루었고, 순한문체이며, 전 6권으로 구성되어 있다. 김택영은 이 책에서 '論'의 형식을 빌어 임금의 잘못을 신랄히 비난하였다. 이런 소식이 알려지자 유림은 성토문 발송, 언론 기고, 책 간행을 통해 김택영의 견해를 조목조목 반박했다. 이런 유림의 격앙된 여론에 따라 1923년 태극교와 유림총부는『韓史繁辭』이라는 같은 제목의 비판서를 각각 간행했다(崔惠珠,「滄江 金澤榮 研究」,『韓國史研究』35, 1981, 115 · 120쪽 ; 서동일,「한말~일제하 改新儒林 尹忠夏

행하여 고종을 신랄히 비판한 바 있는 김택영은, 신하의 간언을 외면하고
제대로 예우하지 않은 "원수(寇讐)에게 무슨 상복이 있겠느냐?"고 했던 맹
자의 말[寇讐, 何服之有?(『孟子』離婁 下)]을 인용하며, 망국의 임금으로
종묘사직의 죄인인 고종에 대해 상복을 입을 필요가 없다고 단정했다.[31]
맹자의 권위를 빌어 고종을 망국의 원인 제공자로 지목한 것이다.

1919년 복제 논쟁을 정리한 「국복담론」
한국학중앙연구원 한국학디지털아카이브 (신용진, 『한말충의록』)

의 계몽운동과 太極敎運動」,『한국민족운동사연구』44, 2005, 154쪽, 주96).

31) 申龍鎭,『韓末忠義錄』2(한국학중앙연구원 장서각 소장),「國服譚論」, 61a쪽. "太上
皇昇遐時, 有洪永敎者, 貽書金澤榮, 問亡國之君服與不服, 答曰, 觀孟子仇讐何服之
說, 於舊君之服, 尙無定禮, 況於亡國之君爲宗廟社稷之罪人者乎?"

다만 김택영은 망국의 임금이라도 두 가지 예외 상황이 있을 수 있다고 했다. 즉 周의 世宗, 明의 毅宗처럼 나라를 지키기 위해 필사적으로 저항한 경우 만일 상복을 입을 사람이 새로운 왕조의 신하가 되지 옛 임금을 위해 상복을 입을 수 있다고 하였다. 또한 두 임금을 섬긴 신하라도 蔡邕이 董卓에게 곡을 한 사례처럼 옛 임금으로부터 받은 은혜가 지대할 경우에는 정리상 상복을 입을 수 있다고 하였다. 그러나 이 두 경우에도 삼년상은 불가하며 하루를 한 달로 계산하여 상복을 입고[以日爲月] 한 달 안에 상을 마쳐야 한다고 주장했다.[32]

김택영이 망명지인 중국에서 무복론을 이끌었다면, 국내에서 무복론을 이끈 인물은 조긍섭이었다.[33] 그는 김택영의 寇讐何服論에 동조하면서 외적에게 항복하여 나라를 잃은 임금에게 상복이 있다[降君服之]는 말은 들어보지 못했다고 지적했다.[34] 조긍섭은 고종을 위한 輓狀에서도 "(맹자의) 사직이 중요하고 임금은 가볍다 함은 그 논의는 바꿀 수 없다" "(고종을 위해) 곡하고자 하나 눈물을 흘릴 이유가 없다"는 등 고종을 비방하는 문구를 삽입하였다. 또한 전우·곽종석 등 기호와 영남을 대표하는 유림이 상복을 입기로 결정해도 자신은 결코 따르지 않겠다고 선언하였다.[35]

조긍섭은 자신을 향한 유림의 비난이 거세지자 자신의 입장을 7개 조목으로 정리하여 공표했다. 그 내용을 요약하면 다음과 같다.

---

32) 「國服譚論」, 61a쪽.
33) 「國服譚論」, 61b쪽. "大邱有曺兢燮者, 以文華名, 作太上皇宮輓, 有曰, 昭烈祠前, 草已荒 晉禪存沒, 蜀何傷, 一民寸土, 非吾有, 未信單身 可是王."
34) 姜東郁, 「深齋 曺兢燮의 學問性向과 文論」, 30쪽, 주67 ; 曺兢燮, 『深齋先生續集』 권1, 「家狀」, 52b쪽. "冬, 韓高宗昇遐, 先生食素去冠三日, 服議起, 先生斷以大義曰, 自古無有降君服之之文, 吾何據以服之?"
35) 「國服譚論」, 61b쪽.

① 고종황제에 대한 복제는 **예로부터 근거가 없다.**

② 옛 임금[舊君]이 이미 새 왕조의 봉작(이태왕·이하 괄호안 인용자)을 받았는데 내가 그런 옛 임금을 위해 임금을 위한 상복[君服]을 입는 다면 이는 (나 또한) 새로운 왕조를 따르는 신하가 되는 것이다.

③ 北地王 劉諶[36]이 조부 劉備의 사당에서 곡하고 자살하였는데 스스로 유비의 손자임을 밝힘과 동시에 항복한 왕[降王]을 아버지로 여기지 않았기 때문이다.

④ **내가 40년간 고종황제의 遺民이었지 어찌 일본 李太王의 유민이었 겠는가.**[37] (굵은 글씨-인용자)

즉 北地王 劉諶이 아버지 劉禪에게 망국의 책임이 있다고 하여 아버지로 인정하지 않았던 것처럼, 고종 역시 일본으로부터 '이태왕'이라는 봉작을 받았기 때문에 임금은 물론 옛 임금으로도 예우할 수 없다고 했다.

조긍섭의 정리된 입장이 공개되자 지방 유림의 비난은 더욱 거세졌다. 심지어 제자들 가운데 사제관계를 끊는 사람도 나타났다.[38] 그것은 고종을 마치 대한제국을 멸망시킨 일본이나 매국 역적과 같은 존재로 비하하는 것과 차이가 없다고 여겼기 때문이다. 다른 한편에서는 김택영과 조긍섭의 주장에 동조하는 세력이 있었다.[39] 일각에서는 기호산림 전우가 상복을 입지 않기로 결정했다는 소문이 나돌았다.[40] 소

---

36) 劉諶(?~263)은 蜀의 2대 황제인 劉禪의 다섯째 아들로, 259년 北地王에 봉해졌다. 263년 東吳에 사신으로 갔으나 이 사이 魏의 공세에 부왕인 劉禪이 魏에 투항했다는 소식을 듣자 곧바로 귀국하여 처자식을 죽이고 할아버지 劉備의 산소(惠陵) 앞에서 자살했다(『三國志』 권33, 蜀書3, 後主禪).

37) 「國服譚論」, 61b~62b쪽. "曹曰, 德壽宮服制, 古無所據, 鄙人以不服爲斷. … 曹曰, 舊君旣受新朝之封爵, 我又爲舊君服君服, 是爲新朝之陪臣. … 曹曰, 北地王, 哭於昭烈廟, 而自殺, 所以自明其爲昭烈之孫而不以降王爲父也. … 曹曰, 我自是四十年, 光武皇帝之遺民 豈日本李太王之遺民乎?"

38) 曹兢燮, 『深齋先生續集』 권1, 「家狀」, 52b쪽.

39) 張錫英, 『晦堂先生文集』 2(景仁文化社, 1994), 권8, 「答權贊贊粹相翊」(1925), 243쪽.

문을 접한 전우는 이런 소문에 놀라 조긍섭의 주장을 성토하는 글을 연이어 발표했다. 여기에 조긍섭과 전우의 제자 및 다수 유림이 가세하여 복제논쟁은 점차 가열되었다.

조긍섭과 전우 측의 복제논쟁은 3년이라는 긴 시간 동안 계속됐다. 1919년 조긍섭이 무복론을 제기하고 이 사실이 제자들을 통해 외부에 알려지자[41] 전우의 제자 오진영이 1920년 4월「討社文」, 5월「告世文」을 지어 외부에 알렸고, 전우가「泣示諸生文」을 지어 조긍섭을 강력히 성토했다.[42] 전우 측은 이 내용을 간추려「服辨」을 간행했다.

이에 줄곧 침묵을 지키던 조긍섭이 1920년 11월「服辨辨」을 간행하며 자신의 입장을 정확히 밝혔다.[43] 그러나 여기서 변화가 생겼다. 조긍섭이 종래의 주장에서 한 걸음 물러나 상복을 입기로 결심한 것이다.[44] 그럼에도 불구하고 전우 측의 공박은 계속 이어졌다. 1921년 7월 오진영은 논쟁의 전말을 정리해 또 다른「服辨辨」을 간행했다.[45]

보수유림의 김택영·조긍섭의 주장에 대한 비판논리는 무엇이었을까? 전우의 주장은 다음과 같았다.

① 宋의 徽宗, 欽宗, 高宗 세 황제의 喪에 胡致堂, 黃端明, 朱子 모두 천자의 예로 예우하여 삼년의 제도를 썼다. **어찌 예로부터 근거가 없어 결코 상복을 입지 않는다고 하는가?**

---

40) 金榥,『重齋先生文集(附錄)』13(千字族譜社, 1998),「己未日記」, 1919년 1월 13일, 6쪽.
41) 河性在,『臨堂集』,「行狀」, 130b쪽.
42) 吳震泳,『石農集』(驪江出版社, 1988) 권17,「服辨辨」, 34b쪽.
43)『臨堂集』,「行狀」, 130b쪽.
44) 조긍섭은 고종이 친일파의 손에 시해되었고 銘旌에 '육군대장 이태왕'이라고 적힐 예정이라는 소문이 들리자 종래의 주장을 굽혀 상복을 입었다.(姜東郁,「深齋 曺兢燮의 學問性向과 文論」, 30쪽 주69 재인용 ; 河性在,『臨堂集』,「行狀」, 130a쪽).
45)「服辨辨」, 24~38쪽.

김택영·조긍섭의 무복론을 비판한 논문인 「복변변」
오진영, 『석농집』 하

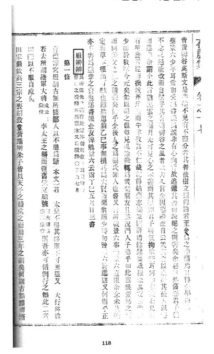

② 주자는 고종대에 과거에 합격했지만 그(고종-이하 괄호안 인용자)
의 喪에 역시 삼년복을 자기의 견해로 삼았는데, 그 자(조긍섭)가
감히 주자가 金 오랑캐를 따르는 신하가 되었다고 손가락질하며
배척하겠는가? (그렇다면) 우리 왕조에서 1637년 淸에 의해 남한산
성이 함락된 이후 列聖朝에 출사한 여러 선생도 모두 淸 오랑캐를
따르는 신하라고 비방하겠는가?

③ 이(북지왕 유심이 항복한 임금을 아버지로 여기지 않았다는 조긍섭의
견해)는 그(조긍섭)가 亂賊으로서 스스로 공술한 말이다. … 그(조
긍섭)의 마음에 어찌 임금이 있고 아버지가 있었던 적이 있겠는가?
그 죄가 어찌 不忠, 不孝에서 그치겠는가?

④ 나는 宋朝의 여러 현인들이 모두 흠종을 임금으로 여겨 유민으로
　 자처하며 임금을 위한 상복[君服]을 입었다는 말은 들었어도 '내가
　 靖康帝의 유민일지언정 金朝 趙 庶人의 유민은 아니다'라고 하면
　 서[46] 상복을 입지 않았다는 말은 들어본 적이 없다.[47] (굵은 글씨-
　 인용자)

　즉 전우는 북송 말기의 사례와 주희의 권위를 빌어 조긍섭의 논리를
비판했다. 전우는 조선의 유림이 떠받드는 존재인 주희가 북송 말기의
황제들을 위해 삼년복을 입었다는 점을 지적했다. 고종의 경우 金에
의해 庶人으로 강등되었지만, 주희는 과거에 자신이 섬긴 임금이라 하
여 기꺼이 상복을 입었다는 것이다. 또 조긍섭의 논리대로라면 병자호
란 이후 관직에 오른 사람들도 모두 오랑캐를 따른 신하라고 평가해야
하느냐고 반문했다. 조긍섭이 북지왕의 古事를 든 점에 대해서는 조긍
섭을 충과 효를 모르는 유교적 패륜아로 몰고 갔다.
　다만 이런 전우의 지적에는 논리적인 결함이 적지 않았다. 전우는
조긍섭의 주장을 반박하기 위해 주희가 북송-남송 교체기의 황제(휘
종·흠종·고종)을 위해 삼년상을 치른 점을 거론하였지만, 1910년 병
합 상황과 비교하려면 송원 교체기의 端宗·衛王 등을 거론했어야 했

---

46) 靖康은 흠종(재위기간 1126~1127)의 연호이고 성명은 趙桓이다. 즉 '내가 송의 황제인
　 흠종의 유민이지 오랑캐 金에게 크게 패해 황제의 자리에서 쫓겨난 趙氏의 유민이
　 겠느냐?'는 의미이다.

47) 「國服譚論」, 61b~62b쪽. "辨曰, 宋徽·欽·高三宗之喪, 胡致堂·黃端明·朱子, 皆以
　 天子之禮處之, 而用三年之制矣. 何謂古無所據, 而斷以不服也. … 辨曰, 朱子, 出身
　 於高宗朝, 而於其喪, 又爲三年服議, 渠敢指斥朱子爲金虜之陪臣乎? 我朝丁丑下城以
　 後, 列聖朝 出仕諸先生, 亦皆認爲淸虜之陪臣而詬罵之乎? … 辨曰, 是渠以亂賊自供
　 之辭也. 假使此地奉使東吳未及復命而後至降, 旣而後主卽病殂, 使就變而處此地, 則
　 其不曰, 是爲降王非我父也, 吾何爲制服也. 其心何嘗有君有父矣乎? 其罪奚止爲不忠
　 不孝而已哉? … 辨曰, 我聞宋朝諸賢皆以欽宗爲君以遺民自處而服君之服者矣. 未聞
　 有言我是靖康帝之遺民而非金朝趙庶人之遺民而不服者也."

다. 마찬가지로 조선의 주권이 유지된 병자호란 이후 시기와 국권이 완전히 상실된 식민지기를 비교한 것도 비슷한 오류로 볼 수 있다.

한편 오진영은 스승 전우의 입장을 구체화하였다. 첫째 고종이 일본에 의해 이태왕으로 강등되었다는 지적에 대해서는, 일본이 일방적으로 고종을 이태왕으로 강등시켰지만 신민이 따르지 않고[48] 그대로 황제로 예우했다고 하였다.[49] 둘째 외적에 투항한 아버지를 부정하여 자살한 북지왕을 거론한 점에 대해서는, 조긍섭이 不忠과 不孝의 죄를 저질렀을 뿐만 아니라 세상 사람들에게도 이를 권장하려 한다고 비판했다.[50] 셋째 고종이 나라를 지키기 위해 목숨을 바치지 않았다는 지적에 대해서는, 송의 휘종과 흠종은 나라를 지키기 위해 목숨을 바친 일이 없었어도 당시 백성들이 임금을 위한 상복으로 입었는데, 暴崩한 고종에게 왜 목숨을 바치지 않았느냐고 비판하는 것은 과도한 비판이 아니냐고 지적했다.[51] 넷째 고종에게 망국의 책임이 있다는 지적에 대해서는, 병합이 매국 역적과 침략세력 일본의 소행이지 고종이 자초한 것이 아니므로 고종이 비판을 받아야 할 이유가 없다고 변호했다.[52]

조긍섭이 복제 논쟁에서 점차 수세에 몰리자 그의 제자들이 나서서 스승을 적극 변론하였다. 成純永이 대표적이었다. 그는 고종을 위해 상복을 입어야 한다고 주장한 사람들이 고종의 순국 여부나 이태왕이라는 호칭은 받은 사실에 대해서는 깊이 생각하지 않고 무조건 상복을 입어야 한다는 논리에 함몰되었다고 지적했다. 성순영은 사람들이 고종의 순국 여부를 확인하고 황제 위호를 복구하는 일이 얼마나 중대한

---

48) 「服辨辨」, 25a쪽.
49) 「服辨辨」, 26b쪽.
50) 「服辨辨」, 27b쪽.
51) 「服辨辨」, 30b쪽.
52) 「服辨辨」, 33a쪽.

일인지 모르고, 단순히 '태황제에게 어찌 순국을 바랄 수 있었겠는가?', '李太王이라는 호칭이 어찌 모욕이라고 할 수 있겠는가?'라고 하는 것은 도리어 고종을 폄하하는 행위라고 지적했다.

조긍섭의 제자들은 자신들의 스승이야말로 고종이 마지막까지 의리를 저버리지 않았음을 밝히고자 노력했고, 종국적으로는 황제 위호를 복원하여 고종의 위상을 높이고자 했다고 주장했다.[53] 그러나 이런 주장은 조긍섭의 초기 입장과 다른 것이었다.

3. 파리장서운동 참가자의 복제 인식

1) 곽종석 · 김복한의 사례

1919년의 복제논쟁은 파리장서운동 참가자들에게도 매우 중요한 문제로 인식되었다. 무엇보다 파리장서운동을 이끈 곽종석과 김복한은 고종시대에 각각 승정원 승지, 의정부 참찬을 지낸 적이 있어 남다른 입장에 있었다.

곽종석은 고종을 위해 상복을 입는 것이 당연하다는 입장이었다. 그러나 처음부터 이런 입장을 취한 것은 아니었다. 곽종석은 고종에게 망국의 책임을 물을 것인가, 말 것인가를 두고 인산 직전까지 명확한 입장을 정리하지 못했다. 제자들도 상복을 입어야 한다는 주장에 선뜻 동조하지 못했다.[54] 그러나 곧 삼년복을 입어야 한다는 입장을 내놓았다.

---

53)「服辨辨」, 36b~37a쪽.
54)「己未日記」, 1919년 1월 13일, 7쪽.

곽종석의 초상화
유림독립기념관 소장

곽종석은 두 가지 입장, 즉 일반 백성이 고종을 위해 삼년복을 입을 수 있다는 입장과 고종을 '옛 임금'으로 보아서는 안 된다는 입장을 피력했다. 다음은 1919년 초 곽종석이 장석영에게 보낸 편지이다.

> 제 견해로는, 자최 삼월복은 본래 聖人의 경전에 정해진 제도인데, 이 의례가 행해지지 않은 지 벌써 수천 년입니다. **士庶人의 縞素 三年은 中古 이후 國制에 이르기까지 통용**되는 것입니다. 만일 오늘날 구애 되지 않는다면 역시 이와 같을 뿐입니다. … 대체로 **새로 섬기는 임금이 있은 뒤에야 바로 옛 임금에게 出仕한 신하가 있는 것**입니다. 또한 새로운 임금을 섬긴 일이 없는데 어디에서 옛 임금이 있겠습니까? 出仕하지 않은 庶民의 경우 '임금은 임금이다(임금에게 임금의 예우를 한다-인용자)'라는 것과 같은 말일 뿐입니다. 애초에 새 임금과 옛 임금의 구별이 없었는

데 仕籍에 이름을 둔 자가 어찌 출사했다는 이유만으로 그가 섬긴 임금
을 옛 임금이라고 지목하는 것이 합당하겠습니까?[55] (굵은 글씨-인용자)

즉 일반 백성은 당연히 삼년복을 입을 수 있고, 전직 관리도 고종 이
외에 다른 임금을 섬긴 적이 없다면 『의례』의 '옛 임금[舊君]' 조항에 해
당하지 않으므로 삼년복을 입을 수 있다고 했다. 편지에서 곽종석은
전현직 관리와 일반 백성 모두 삼년복을 입을 수 있다는 뉘앙스를 풍
겼으나 입장을 완전히 정리한 것은 아니었다. 그는 제자 李泰植에게
보낸 편지에서 식민지 民籍簿에 성명을 올리지 않은 백성만이 상복을
입을 자격이 있다고 하여 服喪의 범위를 좁혔다.[56]

그런데 곽종석에게 한 가지 과제가 있었다. 고종에게서 망국의 임금
이라는 혐의를 벗기는 일이었다. 이 혐의를 벗기지 못한다면 상복을
입지 말아야 한다는 주장이나, 상복을 입더라도 『의례』의 '옛 임금' 조
항에 따라 자최 삼월복을 입어야 한다는 주장에 적극 반박하기 어려웠
다. 그런데 과거에 곽종석은 이와 반대되는 주장을 한 적이 있었다.

1899년 남명집을 重刊할 당시 조식의 저작인 「神明舍圖」에 원래대로
'임금은 죽음을 무릅쓰고 사직을 지켜야 한다[國君死社稷]'이란 문구를
넣어야 하는지 말아야 하는지를 두고 심한 논쟁이 벌어진 적이 있었다.
당시 곽종석은 許愈·鄭載圭 등과 함께 이 문구를 넣어야 한다고 주장

---

55)『俛宇集』1, 권35, 「答張舜華」(1919), 596상a~하a쪽. "鄙意, 則齊衰三月, 固是聖經定
制, 而此禮之不行, 已數千年矣. 士庶之縞素三年, 自是中古以及國制之所通共也. 使
今日而無所拘, 則其亦如斯而已. … 夫有新事之君然後, 方有舊君致仕之臣, 亦無所事
於新君, 則何從而有舊君? 不仕之庶民, 猶謂君爲君而已. 初無新舊之別 而係名仕籍者
豈合以致仕之故 而便目其所事之君爲舊君耶?"

56)『俛宇集』3, 권92, 「答李子剛」(1919), 8하a쪽. "臣民之在他邦者, 若已入籍編, 必於所
居之邦, 則便是其邦之民, 何得爲舊君服耶? 惟大夫士之以道去君者, 雖仕他邦, 自當
爲舊君三月, 庶民則恐不在此例也. 若其不編於所居之籍者, 則其爲吾邦之民, 固自若
也, 安得不爲吾君服也?"

했고, 이런 주장이 결국 관철되었다.[57] 이 문구는 원래 도학자의 학문 자세를 강조하기 위해 임금과 사직의 비유를 들어 설명한 것인데, 만일 정치적으로 해석한다면 임금은 국가 멸망의 위기에 직면할 경우 죽음 을 무릅쓰고 막아야 한다는 의미로 해석될 수 있었다. 1905년 제2차 한 일협약이 임박하자 실제로 곽종석은 고종에게 목숨을 바칠 자세로 위 기에 대처하라는 내용의 상소를 제출했다.[58]

하지만 1919년 곽종석은 앞서와 같은 방식으로 고종을 비난하지 않 았다. 고종은 엄연히 500년 유교국가를 정상적으로 운영하다 일본의 무력 침탈과 강압에 국권을 잃고 희생되었으며, 자신도 대한제국의 전 직 고위 관리[59]로 대한제국 멸망에 일말의 책임이 있다고 생각했다. 결국 곽종석은 고종에게 망국의 책임이 있다는 혐의에 대해 다른 논리 를 개발했다.

> 제가 생각하건대 **우리 大行皇帝께서는** 임금으로 백성에 임하신 지 40여 **년입니다.** 대체로(백성이-이하 괄호안 인용자) 먹는 땅과 입는 옷이 그 覆育을 받지 않은 것이 없습니다. 비록 時運이 屯蹇을 만나 보필하는 사람 이 없어 능히 內修外攘의 실질을 다하지는 못하였으나 그 **인자한 마음[仁 心]과 인자하다는 소문[仁聞]이 진정 이미 輿誦에까지 적시었습니다.** …
> (고종이) 하루아침에 물러나서 짊어진 것을 풀은 것은 대체로 역시 능

---

57) 당시 이 문구의 삽입을 반대했던 조긍섭에 따르면, 삭제하는 것이 부당하다고 강력 하게 주장했던 사람들은 "國君이 국난에 대처해 사직에서 죽을 각오로 나라를 지키지 않는다면 나라를 다스리지 못할 것이고 학자가 도를 위해 죽을 마음이 없다면 학문 을 할 수 없을 것"이라고 하면서 뜻을 굽히지 않았다고 한다(강동욱, 「韓末 嶺南學 脈과 深齋의 役割」, 『嶺南學』 11, 2007, 38~39쪽 재인용 ; 曺兢燮, 『深齋先生文集』 권 15, 「神明舍圖五字辨」).

58) 『高宗實錄』 1905년 12월 5일.

59) 곽종석은 1895년 비안현감을 시작으로, 1899년 중추원 의관, 1903년 비서원승, 의정 부참찬, 홍문관 경연관 및 시강원 서연관에 잇따라 임명되었으나 모두 고사하였다 (徐東一, 「俛宇 郭鍾錫의 현실인식과 대응책」, 건국대 사학과 석사학위논문, 2000, 69쪽).

히 자유롭지 못한 점이 있었던 것이고, 필경 **家國이 허무하게 된 원인은
자신(고종)에게 있는 것이 아니니, '망국의 임금'[亡國之君]이라는 네 글자
로 평가해서는 안 됩니다.** 단연코 결론을 내린다면 **우리 신민의 임금임
은 본디 자약**한 것입니다. …

　신민의 아픔이 평일의 배가 되니 무릇 彛性이 있다면 어찌 감히 편안
히 있고 말겠습니까? 결코 周의 柀이나 漢의 禪과 비교하여 거기에 함께
해서는 안 될 것입니다. 하물며 일찍이 임금으로부터 은전을 받고 이름
이 侍從의 籍에 있는 자의 경우에는 어떻겠습니까? 진실로 나라를 팔아
먹고 배은망덕한 자가 아니라면 임금을 위한 상복[君服]을 입지 않을 수
있겠습니까? 이미 입는다면 임금을 위해 참최 삼년을 입은 것은 성인이
정한 제도이니 올리고 내리고를 용납할 것이 없습니다. …

　(신민이) 道로써 나라를 떠나 다른 나라에 入仕하여 새로운 임금을 섬
긴 후에야 그때 '옛 임금'이라는 호칭이 있는 것입니다. **오늘날의 신민에
게 새로운 임금이 있습니까?**[60] (굵은 글씨-인용자)

즉 곽종석은 맹자의 구절[61]을 인용해 고종이 40여 년간 인자한 마음
과 인자하다는 소문으로 나라를 다스렸지만,[62] 때를 제대로 만나지 못

---

60) 『俛宇集』 3, 권117, 「答鄭致賢」, 397상a~b쪽 ; 河謙鎭, 『晦峯集』 下(亞細亞文化社,
　　1985) 권47, 「俛宇郭先生行狀」, 405상b쪽. "竊惟我大行皇帝, 君臨民庶四十餘年, 凡食
　　土衣毛者, 莫不被其覆育, 雖運値屯蹇, 輔相無人, 不能盡內修外攘之實, 其仁心仁聞,
　　固已洽于輿誦, 且其隨機密運, 誓不作槻璧之慘狀, 苦衷耿耿, 可質諸神天矣. 一朝退
　　處而釋負, 蓋亦有不克自由者, 而畢竟家國之化爲烏有者, 非在自己, 則是不可以亡國
　　之君四字, 斷作定案, 其爲吾臣民之君者, 固自若也. 到今不吊于天, 罹此大變, 臣民痛
　　寃, 尤倍他日, 凡有彛性, 曷敢晏然而已乎? 決不可以周柀漢禪比而同之, 況於曾被恩
　　數, 名在侍從之籍者, 苟非賣國背德者, 寧不以君服服之乎? 旣服矣, 則爲君斬三年, 聖
　　人定制也. 無容升降 … 以道去國, 而仕於他國, 奉事新君, 然後, 方有舊君之稱, 今日之
　　臣民, 寧有新君乎? 此近則民情大同, 披縞赴哭, 如恐不及, 兹可見秉彛之尙不泯也."
61) 『맹자』의 「離婁上」에는 "지금 임금이 어진 마음과 어질다는 소문이 있으면서도 백
　　성들이 그 혜택을 입지 못하여 후세의 본보기가 되지 못하는 것은, 先王의 道를 행
　　하지 않기 때문이다[今有仁心仁聞, 而民不被其澤, 不可法於後世者, 不行先王之道
　　也]"라는 구절이 있다. 이 구절과 곽종석의 주장을 종합하면, 고종은 선왕의 도를 다
　　하려고 노력했지만, 외부적인 요인으로 인해 국망을 막지 못했다는 의미가 된다.
62) 1919년의 복제논쟁은 평생 갈등관계에 있던 곽종석과 전우를 우호적인 관계로 만들
　　기도 했다. 전우는 "태황제가 40년간 임어하셨고 나라를 잃은 것이 또한 그 몸에 있

하고 제대로 보필하는 신하를 두지 못해 대한제국의 멸망을 막지 못한 것이라고 변호했다. 또한 조선의 백성들이 도가 행해지지 않는다고 하여 다른 나라로 망명한 후 새로운 임금을 섬긴 것도 아니므로 옛 임금이란 호칭은 성립하지 않는다고 하였다. 다시 말해 삼년복이 적합하다는 결론이었다.

곽종석은 고종의 통치 업적을 강조하는 것과 더불어 "우리 임금을 우리 임금이라고 여기는 것이니, 어찌 상복을 입지 않겠는가?"라고 한다든가, "흥성한 聖朝(고려)도 온 나라가 신하가 되는 마당에, 정몽주가 홀로 신하가 되지 않을 수 있었겠는가?"라고 한다든가, "만약 (상복을 입지) 못하도록 금지하여 실행하지 않는다면 하늘과 땅 사이에서 죄를 면할 곳이 없을 것"이라고 하여 무복론의 부당함을 지적했다.[63] 이런 주장은 망국의 책임 소재를 흐리면서 감정적으로 호소하려는 태도이다.

한편 김복한도 곽종석이나 전우와 비슷한 견해를 나타냈다. 김복한은 전우에게 편지를 보내, 만일 조긍섭의 주장대로라면 유비를 위해 신하의 상복을 입고 山陽公에 대해 東晉·南宋이 상복을 입는 것은 불쌍한 것이 되며, 휘종과 흠종의 신하인 曹조·劉聰이 오랑캐 金을 따르는 신하가 되는 것을 막지 못한다고 지적했다.[64] 이어 고려 말기에 吉再가 공양왕을 위해 상복을 입고, 조선 초기에 사육신이 단종의 位號가 복구되기 전에 상복을 입은 점을 거론하며, 그들을 우리 동방의 伯夷라고 하기에 부족한 것이냐고 반문하고, 조긍섭 등의 무복론을 '아동의 견해'에 불과하다고 폄하했다. 조긍섭 등을 주자성리학이 중시하는 절개를 부정한 사문난적으로 간주한 것이다.

지 않으니 어찌 상복을 입지 않겠는가'라는 곽종석의 발언에 대해 '忠厚하다'고 높이 평가했다(「服辨辨」, 31b쪽).

63) 「己未日記」, 1919년 1월 13일, 7~8쪽.

64) 金魯東, 『志山先生年譜』(1952) 권2, 1920년, 13a~14a쪽.

백립을 착용한 김복한과 제자들(1919~1921년 사이 추정).
가운데 앉아있는 노인이 김복한이다.
국가보훈처 · 독립기념관, 『대전 · 충남 독립운동사적지』

2) 기타 사례

이밖에도 대부분의 파리장서운동 참가자들은 상복을 입어야 한다는
입장을 취했다.[65] 특히 곽종석, 김복한, 전우 등 유교계를 대표하는 원
로들이 삼년복을 지지하는 입장을 밝히자 이에 동조했다. 곽종석의 제
자 河龍濟는 곽종석과 가장 유사한 입장을 나타냈다. 그는 아버지가
없고 임금이 없다면 어떻게 자신이 태어날 수 있었겠느냐고 반문했
다.[66] 그는 오랜 옛날부터 임금 없는 인민은 있었어도 자신이 섬긴 임

---

65) 宋相燾, 『騎驢隨筆』(國史編纂委員會, 1971), 231쪽. "戊午十二月, 太皇遽忽賓天, 訃
聞, 公失聲大哭, 或疑所服, 公曰, 吾君之服, 吾何疑焉?"
66) 姜東郁, 「深齋 曺兢燮의 學問性向과 文論」, 30쪽, 주68 재인용 ; 河龍濟, 『約軒集』
권8, 「折衝將軍行格浦鎭僉節制使晉山河公行狀」.

금을 내 임금이 아니라고 하는 자는 없었다며 상복을 입지 않는다면 그 사람은 반드시 다른 임금이 있어서 그럴 것이니, 이런 자를 유림으로 볼 수 없다고 지적했다.

장석영도 삼년복을 지지하는 입장이었다. 50년간 고종의 은혜를 받았고, 조선왕조 500년간 인민이 敵國과 손을 잡고 군신의 의리를 저버린 적이 없었으므로 경국대전의 규정대로 삼년복을 입어야 한다고 주장했다.[67] 鄭宗鎬도 고례에 따라 삼년복을 입기로 결정했다.[68]

곽종석의 제자인 김황은 평소 스승에게 복제에 관해 자주 질문을 던졌다. 김황의 입장은 대체로 스승의 입장을 풀이하고 변호하는 것이었다. 그런 만큼 곽종석의 입장을 좀 더 구체적으로 확인할 수 있다.

> 金永龜가 "**상복**은 반드시 **삼년**일 따름입니까? 장차 (이를-이하 괄호안 인용자) 수용하지 않는다면 참작할 것이 없겠습니까. 또 古禮(儀禮)로 말하자면 士庶人이 임금을 위해 삼년 상복을 입는 조항이 없는데 하물며 오늘날은 어떻겠습니까?"라고 했다. 나는 "**고례는 고례이고 국가제도[國制]는 국가제도**입니다. 우리들이 우리나라의 인민이 되어 **우리나라의 제도로 우리 임금을 위해 상복을 입는 것은 지당**한 일입니다. 비록 오늘날 우리가 우리 임금을 보는 것이 실로 태연하다 하더라도 어찌 사적인 의사로 진퇴를 결정하겠습니까?"라고 했다.
> 김영구가 "어머니가 나를 낳고 시집을 가면 상복을 입는 기간을 단축하는 것[服剃]입니다. 우리 임금이 종묘사직을 버리고 달게 오랑캐의 신하가 되었다면 어찌 상복을 입는 기간을 단축하지 않을 수 있겠습니까?"라고 했다. 나는 "어머니에게는 복상 기간을 단축할 수 있겠지만, 아버지에게도 기간을 단축할 수 있겠습니까?"라고 하니, 김영구는 "그대의 말은 너무 가혹하여 믿고 따를 수 없습니다. 나는 곧 중용으로 나아가고자 합니다. 朞年服을 입을 생각입니다"라고 하였다.…

---

67) 張錫英, 『晦堂先生文集』 2, 권8, 「答權贊贊梓相翊」(1925), 243쪽.
68) 鄭宗鎬, 『磊軒先生文集』 下, 권1, 「祭文」(李鳳熙), 712쪽.

종중의 어른인 啓雷氏도 옛 임금을 위해 상복을 입는 의리가 있다고 말씀하였다. 나는 "이것도 대체로 불가합니다. 옛것이 있으면 반드시 새로운 것이 있어야 하는데, 우리들에게 소위 새로운 것이 있습니까? 소위 옛 임금이란 대체로 道로서 자기 나라를 떠나 새로운 조정에서 관리가 된 자에게 가능합니다."라고 하였다.[69] (굵은 글씨-인용자)

김황 역시 고종이 일본으로부터 봉작(李太王)을 받은 것은 아니라고 판단했다. 또한 과거에 고종의 신하였던 사람이 일본의 신하가 되지 않는 한 고종을 '옛 임금'이라고 부를 수 없다고 하였다. 다시 말해 '옛 임금'이란 자신이 살던 나라에 도가 행해지지 않아 새로운 나라로 떠나 새로운 임금을 섬겼다는 의미인데, 대한제국이 도가 행해지지 않는 나라도 아니었고 일본이 도가 행해지는 나라도 아니었으므로, 애초에 옛 임금이라는 용어는 성립하지 않는다고 하였다.

4. 복제논쟁의 성격과 유교계의 독립운동

파리장서운동의 종국적인 목표는 무엇이었을까? 어떤 유형의 독립을 추구하였을까? 이에 대한 명확한 해답을 찾기는 어렵지만, 이 활동을 주도한 인물들의 발언을 통해 한 가지 단서를 발견할 수 있다. 그들은 대체로 국가와 임금을 동일시하였고, 국가란 구체적으로 유교적 군

---

[69] 「己未日記」, 1919년 1월 13일, 6~7쪽. "龜曰, 服必三年已乎? 將不容斟酌乎? 且以古禮言之, 士庶無爲國三年者, 況今日乎? 榥曰, 古禮自古禮, 國制自國制. 吾輩爲吾國之民, 只當以吾國之制, 服吾君而已. 雖在今日, 吾之視吾君, 固自若也, 豈可以私意爲之進退乎? 龜曰, 母生兒而嫁出, 則服降. 雖曰吾君, 棄宗社而甘臣於虜, 豈不可降? 榥曰, 母固可降, 父亦可降乎? 龜曰, 君言太酷, 不可信從. 吾則欲就中, 服朞年爲計. 榥曰, 爲朞年之喪, 猶愈於己乎? 宗丈啓雷氏, 又言爲舊君有服之義. 榥曰, 此亦大不可. 舊必有新, 吾輩而有所謂新者乎? 所謂舊君者, 謂夫以道去國而仕於新朝者也."

신관계로 유지되는 국가를 의미했다. 따라서 단순히 독립을 쟁취하는 것은 의미가 없고, 임금의 권위를 회복하고 유교이념에 기초한 군주 정체를 복구해야 정상적인 독립이라고 생각했다. 이는 복벽주의적 독립 운동을 의미했다.

이런 입장은 1919년 3월 파리장서운동이 한창 진행되고 있던 시기에 있었던 곽종석과 그의 제자 尹秉洙[70]의 대화에서 잘 나타난다.

> (1919년 음력 2월-이하 괄호안 인용자) 尹秉洙가 서울로부터 와서 函席(곽종석)을 배알했다. 일찍이 서울의 여관에서 만난 적이 있었는데, 長書의 義擧를 들어 알고는 이로 인해 영감(곽종석)께서 "오늘날 일본정부에 투서하여 국가를 돌려주도록 촉구해야지, 언사를 낮추어 파리에 애처롭게 호소하는 것은 적합하지 않을 듯합니다."고 하니, 俛宇翁(곽종석)은 "나도 그것을 생각해 보았는데, 내가 만일 일본정부에 투서한다면 먼저 **태황제의 시해된 이유**를 거론해야 할텐데, 이 일은 이미 애매한 영역에 있어 하지 않을 것이다."고 하셨다.
>
> 윤병수가 "그렇다면 우선 이 일(고종의 서거 원인을 밝히는 것)은 제쳐두고 다만 나라를 돌려주도록 촉구하는 것이 좋겠습니다."라고 하니, **면우옹**은 "이 일이 만일 사실이라면 **復讐의 의리가 중요**한 것인데 어떻게 제쳐둘 수 있겠는가?"라고 하셨다.
>
> **윤병수**가 "선생은 임금이 국가보다 중요하다고 여기십니까? **우리들은 疆土를 중요하게 여겨야 하는데,** 선생처럼 말씀하신다면 어찌 현실과 동떨어진 생각이 아니라고 할 수 있겠습니까?"라고 하니, 면우옹께서 "이 무슨 말인가? 국가가 국가인 것은 君臣의 큰 의리가 있기 때문이다. 네가 마침내 강토가 군신의 대의보다 중요하다고 하니 이 무슨 말인가?"라고 하셨다.

---

70) 김황은 윤병수를 곽종석의 제자라고 했으나 곽종석의 문인록안 「俛門承敎錄」에는 윤병수가 보이지 않는다. 총독부 직원록에는 1933~1940년 거창군 南下面長을 지낸 尹秉洙가 확인되는데 동일인 여부는 불분명하다.

윤병수는 "맹자는 인민이 귀하고 사직은 다음이며 임금은 가볍다고 했습니다. 맹자는 말하기에 부족한 것입니까?"라고 하니, **면우옹**은 엄한 목소리로 "누가 너에게 (인민이) 임금보다 중요하다고 가르쳤느냐? 맹자의 **말은 대세와 公共의 입장에서 말했을 뿐이다.** … 근래 사람들은 군신의 **대의가 있음은 알지 못하고 다만 인민과 국가의 중요함만 아니 그런 추세라면 반드시 장차 인륜을 없애고 짐승에게 동화될 것이다.** 너희들은 (평소) 그런 말을 자주 들어 말하는 것이 이와 같은 것이냐?"라고 하셨다. 윤병수는 종종 걸음으로 나와 불평을 하고 떠났다.[71] (굵은 글씨-인용자)

위의 대화에서 곽종석과 윤병수는 독립청원서의 제출대상(일본정부/파리 국제평화회의)을 두고 언쟁을 벌였다. 그런데 대화 내용을 자세히 살펴보면, 국가의 독립과 임금에 대한 의리라는 양대 가치 속에서 견해 차이가 컸음을 알 수 있다.

윤병수와 곽종석이 독립운동에 접근하는 방식은 상이했다. 윤병수는 침략의 당사자인 일본정부에 독립을 요구하자는 입장이었고, 곽종석은 국제사회의 새로운 중심축인 구미열강(파리 국제평화회의)에 기대를 걸어보자는 입장이었다.

윤병수는 『맹자』의 권위를 빌어 자신의 주장을 강화했다. "인민이 귀하고 사직은 다음이며 임금은 가볍다"는 문장[72]에서 '인민이 귀하다[民爲貴]'는 구절을 인용한 것인데, 이 구절은 오랫동안 君權에 대해 民

---

71) 「己未日記」, 1919년 2월 12일, 39쪽. "尹秉洙自京來, 謁函席. 曾與相見於京館, 聞知長書之擧也. 因言, 令監今日, 似當投書日政府, 責其還國, 不宜卑辭哀愬於巴里也. 俛翁曰, 吾亦惟之. 吾若投書於日政府, 則當先擧大皇被弑之故, 而此事已屬曖昧, 故不爲也. 秉洙曰, 然則, 姑實此事, 而但責還國可也. 俛翁曰, 此事若果有之, 復讎之義爲重, 何可姑實也? 尹曰, 先生以爲君重於國乎? 爲吾人者, 當以疆土爲重, 若先生之言, 其不近於迂乎. 俛翁曰, 惡是何言? 國之爲國, 以其有君臣大義也. … 尹氏曰, 孟子言, 民爲貴, 社稷次之, 君爲輕 … 俛翁厲聲曰, 誰敎偁重於君乎? 孟子之言, 爲大勢公共言之爾. … 近日之人, 不知有君臣大義, 只知民國之爲重, 其勢必將去人倫, 而同之夷獸. 偁輩習聞其說, 而其言如是耶? 秉洙趨出, 不平而去."
72) 『孟子』 盡心 下. "民爲貴, 社稷次之, 君爲輕."

동대문 밖에서 인산 행렬을 지켜보는 군중.
주변에 백립을 쓴 사람들이 많다.
서울역사아카이브 (경성일보사, 『덕수궁국장화첩』)

權과 爲民을 중시하는 논거로 자주 언급되었다. 윤병수는 일본이 침략의 당사자이기는 하나 국가=인민의 독립이 더 중요한 문제이니 명분과 옛 원한에 얽매이지 말고 일본에 떳떳하게 독립을 요구해 신속히 독립을 성취해야 한다고 생각하였다. 반면 곽종석은 국가는 군신의 의리를 기반으로 하는데 고종의 서거 원인이 규명되지 않은 상태에서 '시해'의 주체일 가능성이 높은 일본에 독립을 요구한다는 것은 부적절하다고 생각하였다.

만일 윤병수가 이런 주장을 더욱 심화시킨다면 고종에게 국망의 책임을 묻는 단계로 넘어갈 수 있었다. 하지만 윤병수는 자신의 입장을 더 이상 진전시키지 않았고, 곽종석도 논의를 확대하지 않았다.

다만 곽종석의 발언 역시 고종의 권위를 적극적으로 인정하는 태도로 보이지 않는다. 그보다는 임금과 국가의 경계가 모호한 유림의 전근대적 국가관을 보여준다고 하겠다.[73] 이런 측면에서 파리장서운동의 발생에는 '국민의 의무'보다 '신민의 임금에 대한 의리'가 더욱 중요한 요인으로 작용하였고, 이런 요인이 유림을 반일운동 내지 독립운동의 장으로 이끌었다고 할 수 있다.

임금과 국가와 동일시하는 태도는 파리장서운동에 참여한 인물들에게 공통적으로 확인되는 현상이다. 김복한이 검사 신문에서 "太皇帝에게 특별한 은혜를 입었으니 나라를 위해 한번 죽는 것은 본래 마음에 두었던 것이다"라고 한 것[74]이나, 林翰周가 출옥 후 "나의 이번 걸음은 君臣大義를 밝히려고 한 것"이라고 술회한 것[75]이나, 朴純鎬가 "의리로 보면 임금의 은혜보다 귀중한 것은 없다"고 한 것[76]은 이런 관념을 여실히 보여준다.

5. 맺음말

1919년 복제논쟁은 조긍섭·김택영과 전우·오진영 등이 고종을 위해 상복을 입을 것인가 말 것인가를 놓고 3년간 진행한 공방이었다. 조

---

73) 이와 관련해 신채호는 유림이 "국가적 관념이 매우 미약하여 혹자는 황실을 국가라 믿으며 혹자는 정부를 국가라 믿는다"고 하여[申采浩, 『丹齋申采浩全集』別集(螢雪出版社, 1977), 「國家는 卽 一家族」, 148쪽] 유림의 미약한 국가관념을 신랄히 비판했다.
74) 金祥起, 「金福漢의 洪州義兵과 파리長書運動」, 355쪽 재인용 ; 金福漢, 『志山先生文集』 坤, 권6, 「倭人古澤慧誠問答」(1919), 358쪽.
75) 林翰周, 『惺軒先生文集』 I(景仁文化社, 1993), 권2, 「被拘顚末記」, 1919년 7월 13일, 17b쪽.
76) 朴純鎬, 『德巖文集』 권2, 雜著, 「日錄」, 25a쪽.

긍섭은 고종이 망국을 초래한 임금일 뿐 아니라 일본으로부터 '이태왕'
이라는 봉작을 받았으므로 상복을 입어서는 안 된다고 주장하였다. 반
면 전우는 망국의 책임을 고종에게 묻지 않으면서 이태왕이라는 호칭
이 일본이 강제로 부여한 것이고 조선인에게 임금은 고종뿐이므로 임
금을 위한 상복인 참최 삼년복을 입어야 한다고 주장하였다.

조긍섭이 상복을 입어서는 안 된다는 무복론을 제기한 것은 복제에
내재된 정치성을 이용하여 고종에게 대한제국 멸망의 책임을 묻겠다
는 것이었다. 이는 개성 출신으로 조선의 개국과 멸망에 대한 비판적
인 시각을 지닌 김택영이 고종을 비판하는 내용이 담긴 『한사경』을 간
행하고, 『맹자』의 '寇讐에게 무슨 상복이 있겠는가?(寇讐何服)'라는 구
절을 들어 무복론을 제기한 것과 맥락을 같이 한다. 결과적으로 조긍
섭은 고종이 목숨을 바칠 각오로 나라를 지키지 않았다고 보아 짧은
기간의 상복도 인정하지 않았다.

그런데 김택영과 조긍섭의 문제제기에서 비롯된 1919년의 복제논쟁
은 같은 시기 유림의 독립운동을 이해하는데 중요한 시사점을 제공한
다. 이 논쟁에는 파리장서운동에 참여하지 않은 인물들뿐만 아니라 파
리장서운동을 이끈 곽종석·김복한·장석영 등 유교계의 대표적인 인
물들이 대부분 참여했다. 그들은 대개 전우와 견해를 같이 했고, 시종
일관 임금을 위한 정상적인 상복인 삼년복을 입어야 한다고 주장했다.

특히 곽종석은 고종이 병합 이전까지 인자한 마음과 인자하다는 소문
으로 40여 년간 인민에게 은택을 베푼 사실을 잊어서는 안 된다고 강조
했다. 따라서 五服 가운데 가장 친밀한 사람을 위해 입는 상복인 참최
삼년복을 입어 군신의 의리를 다해야 한다고 주장했다. 이들은 고종에
게 국망의 책임이 전혀 없는 것은 아니지만, 고종의 실정보다 40여 년
통치의 은혜와 500년 왕조의 마지막 임금이라는 특수성을 잊어서는 안

된다고 생각했다. 이는 고종독살설과 함께 유림에게 독립운동 참여의 명분을 제공하였다.

하지만 1919~1921년 고조되었던 유림의 독립운동과 사회운동의 열기는 1921년 이후 급격히 쇠퇴하였다. 여기에는 1920년대 초 조선총독부의 문화정치 개시와 유림친일화정책, 1921년 워싱턴회의 결과에 대한 실망, 신지식인층의 유교 비판과 더불어 유림이 추구한 복벽주의적 독립운동의 한계를 보여준다. 복벽주의적 독립운동 노선은 1920년대 중반 복벽의 주체가 될 고종과 순종이 사망하고 이 노선을 이끌던 지도자들이 사망하거나 이탈하면서 자연스럽게 독립운동 대오에서 이탈하였다.

1919년 파리장서운동이 진행되던 당시 곽종석과 그의 제자 윤병수 사이에 벌어진 언쟁은 복벽주의를 극복하려는 유림과 이를 부정하지 못하는 유림의 사상적 간극을 보여준다. 두 인물은 '인민과 사직(국가)과 임금 가운데' 인민이 가장 귀하고 사직은 다음이며 임금은 『맹자』의 구절에 대한 해석을 놓고 극한 대립을 보였다. 윤병수는 인민과 국가(사직)가 가장 중요하다고 여긴 반면 곽종석은 맹자의 발언이 대세와 公共을 강조한 데 불과하며 임금보다 중요한 존재는 없다는 기존의 입장을 고수했다. 이런 군권우위론적 인식은 유림으로 하여금 억울한 죽음을 맞이한 고종의 명예를 회복시키기 위해 독립운동을 모색해야 한다는 논리로 이동하게 하였다.

제2장　파리장서운동의 발단과 확산

청년 김황의 3.1운동 목격과 독립운동 이해

1. 머리말

최근 학계의 3.1운동에 관한 연구경향 중 하나는 서울 중심에서 벗어나 개별 현장(지역) 중심의 연구가 증가하고, 3.1운동의 '세계사적 의의'를 찾아야 한다는 중압감에서 벗어나 거대한 역사흐름과 마주한 인간 개인의 미묘한 흔들림을 주시하려는 연구가 늘어나고 있다. 이는 3.1운동에 관한 허상에서 벗어나 실재를 포착하려는 노력이라고 할 수 있다.[1] 그런 측면에서 우리는 지방유림의 일기에 좀 더 많은 관심을 기울일 필요가 있다.

유림은 그동안 3.1운동에 관한 주요 담론에서 배제되어 왔다. 그들의 동선은 3.1운동의 '혁명성'과 '근대성'에 초점을 맞춘 연구자들에게 주목 받지 못했다. 그러나 유림은 3.1운동을 매우 가까이에서 목격했고 지방의 만세시위에 지도력을 발휘한 토착세력이었다. 그들은 고종의 급서 소식으로 인해 깊은 충격에 빠졌고, 인산을 지켜보기 위해 무리를 지어 상경했으며, 1919년 2월 말과 3월 초 경성에 형성된 대규모 인파[2]

---

1) 서동일, 「중앙사와 국가주의를 넘어-2010년대 3.1운동 연구경향-」, 『韓國史學史學報』 38, 2018, 32쪽.
2) 고베신문은 3월 2일까지 경성에 운집한 군중의 수를 10만 명으로 추정했다(『神戸新

를 구성한 주인공이었다.

이 글에서는 경남 산청의 청년 김황이 1919년 3~5월 스승 곽종석의 지시에 따라 경남 거창과 경성을 오가면서 남긴 「기미일기」(1919.2.13~5.29)의 내용을 살펴보려고 한다. 「기미일기」를 통해 지방인의 눈에 비친 3.1운동의 형상을 확인하고 지방유림이 독립운동에 접근하는 과정을 추적할 것이다. 지금까지 「기미일기」는 주로 유교계의 독립청원운동인 파리장서운동을 분석하는데 활용되었다.[3] 하지만 이 일기에는 파리장서운동뿐 아니라 3.1운동 전후 경성과 지방의 동정이 상세히 기술되어 있다. 이는 아마도 스승으로부터 독립운동에 관한 중요한 임무를 부여받은 김황이, 보고 듣고 실행한 것들을 자세히 기록해야 할 필요성을 느꼈기 때문일 것이다.

또한 「기미일기」에는 김황이 경성에서 만난 사람들과 나눈 대화가 다수 실려 있다. 그중에는 김황이 수세적 위치에 있었던 대화도 보인다. 그만큼 여타 유림의 일기에 비해 각색이 덜 이루어졌음을 보여준다. 따라서 3.1운동을 바라보는 지방인과 청년유림의 관점이 솔직하게 드러나 있다.

다만 일기에 대한 분석은 3.1운동에 관한 부분으로 한정했다. 파리장서운동에 관한 부분은 이미 선행연구에서 충분히 다뤄졌기 때문이다. 따라서 김황이 귀향(1919.3.9)한 이후 진행한 파리장서운동 관련 부분에 대해서는 약술하기로 한다. 이 글에서는 유교계 독립청원운동에 관한 논의가 본격적으로 제기되기 전 유림 사이에 어떤 논의가 오갔는지 중점적으로 살펴볼 것이다.

聞』, 1919년 3월 2일, 「京城に集る者十萬」).
3) 대표적인 연구는 許善道, 「三一運動과 儒敎界」, 『三一運動 50周年 紀念論集』, 東亞日報社, 1969이다.

2. 고종의 급서와 유림의 반응

1) 일기의 사료적 가치

「기미일기」의 사료적 가치는 어느 정도일까? 우선 일기의 작성자와
기록물의 특징을 살펴볼 필요가 있다. 일기의 작성자인 김황은 경남
산청에 거주하는 촉망받는 유교청년이었다. 아버지 金克永은 조선 말기
3대 理學者 중 한 명인 이진상[4]에게 배웠고, 스승 곽종석은 이진상의
수제자였다. 다시 말해 김황은 이황-이상정-이진상-곽종석으로 이
어지는 영남 퇴계학파의 영향 속에서 성장한 인물이다. 이와 더불어
스승 곽종석이 1903년 고종의 부름으로 임금을 독대[野服入對]한 뒤 經

말년의 김황(1960,70년대 추정)
김황, 『중재선생문집(부록)』13

---

4) 玄相允, 『朝鮮儒學史』, 玄音社, 1986(재판), 368쪽.

筵官・書筵官에 임명되는 등 고종으로부터 극진한 예우를 받았다는 점이 주목된다.

김황은 소년시절부터 경남 거창의 다전(현 경남 거창군 伽北面 中村里)에 있는 곽종석 집을 왕래하며 가르침을 받았다. 김황의 수학과정은「茶上所聞」에 자세히 기술되어 있는데, 김황은 1912년 곽종석의 문하에 입문한 뒤[5] 매년 한 차례 이상 곽종석을 찾아가 가르침을 받았음을 알 수 있다.[6] 특히 3.1운동이 일어난 1919년에는 2월 15일(음 1.15)부터 곽종석 집에 기거하며 곽종석의 조카 곽윤[7]과 함께 병약한 스승을 대신해 각종 사무를 처리하고, 2월 26일 스승 지시에 따라 곽윤과 함께 상경하기도 했다.

필자가 3.1운동에 관한 여러 유림의 기록 중 김황의 일기에 주목한 것은 그가 1919년 2~4월 독립운동에 깊이 관여하였기 때문에 일기에 실린 내용이 매우 구체적이고 사실적이라는 데에 있다. 그는 파리장서운동의 주요 연락책으로 활동하면서 경성과 경남 일대를 왕래했고, 보고들은 내용을 꼼꼼히 기록했다. 무엇보다 그는 바깥세상에 호기심이 많은 청년이었다.

「기미일기」는 독립운동에 관한 내용을 해방 이후에 짧게 정리한 것이 아니라 당대에 일기의 형태로 자세히 남겼다는 점에서 사료적 가치

---

5) 郭鍾錫,『俛宇集』4(亞細亞文化社, 1984),「俛門承敎錄」, 838쪽.

6) 金榥,『重齋先生文集』5(保景文化社, 1988), 권39,「茶上所聞」, 59~60쪽

7) 곽윤(1881~1927, 호 大淵)은 곽종석의 형인 郭珽錫의 외아들이다. 1919년 2월 26일 김황과 함께 숙부 곽종석의 대리인으로 상경했다가 파리장서운동의 기획 단계에 깊이 관여했다. 곽종석의 조카라는 특수성으로 인해 1919년 2월 말 김황과 함께 경성에 도착하자 독립운동에 관심을 보인 인사들이 그에게 다수 접근했다. 곽윤은 1925년 김창숙이 독립운동기지 건설 계획을 세우고 자금을 모집하기 위해 비밀리에 입국했을 때 그를 적극 도왔다가 경찰의 수사망이 좁혀오자 피신한 일도 있다. 문집으로『謙窩遺稿』(1933)가 있지만 내용이 매우 소략하다. 최근 현손 곽상윤을 통해 후손가에 소장된 전적・문서를 조사했으나, 독립운동에 관한 문건이나 연대기는 발견되지 않았다.

가 높다. 그 기록이 식민지기와 6·25전쟁을 거치면서 소실되지 않고
남아 있다는 점도 놀랍다. 비슷한 시기에 작성된 일기들과 비교해 보
아도 그 내용의 풍부함을 실감할 수 있다.

김황의 「기미일기」(복사본)

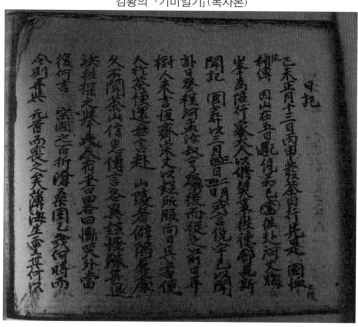

「기미일기」는 김황이 2월 13일(음 1.13)부터 5월 29일(음 5.1)까지
3개월 17일간 상경했다가 돌아오는 동안 보고 듣고 경험한 것을 순한
문으로 기록한 것이다. 분량은 문집 활자본을 기준으로 39쪽이고, 글자
수는 17,000여 자에 달한다. 일기의 제목은 원래 '日記'인데, 문집에 실
린 다른 일기들과 구분하기 위해 '己未'라는 간지를 붙였다.[8] 4월 25일

---

8) 김황의 문집에는 「기미일기」(1919) 외에도 「侍病日記」(1939~1941), 「乾乾錄(乾)」(1967~
1973), 「乾乾錄(坤)」(1974~1977), 「乾惕錄」(1978) 등의 일기가 수록되어 있다.

(음 3.25) 이후의 기록은 매우 소략하고 압축적인데, 남에게 전해들은 얘기가 대부분이다. 김황이 파리장서운동의 주요 연락책으로 여러 곳을 왕래하느라 직접 기록을 남길 만한 여유가 없기 때문일 것이다.

「기미일기」에 기록된 내용은 대부분 3.1운동이나 파리장서운동에 관한 것이다. 분량만으로도 이 일기는 3.1운동 연구자들의 관심을 불러일으킬만하다. 특히 이 일기에는 지방 유림의 고종 서거에 대한 인식과 상복 착용에 관한 깊은 관심, 인산 직전 지방에 떠돌던 각종 소문, 인산 참관에 대한 지방인의 높은 관심, 국장예행연습 광경, 上京 유학생들의 근황, 독립선언의 상황과 선언서의 내용, 만세시위 및 일본 군경의 탄압 광경, 고종독살설, 返虞祭 진행과정 등 고종 서거 직후 지방인의 동정에 관한 정보가 자세히 실려 있다.

다만 세부적으로는 이 일기가 포괄하지 못하는 부분도 있다. 김황과 곽윤은 곽종석의 지시를 받아 동반 상경했지만, 곽종석으로부터 대리인의 권한을 위임받은 인물은 곽윤이었다. 하지만 김황이 관여하지 못한 부분이 있다고 해서 일기의 가치가 떨어지는 것은 아니다. 김황은 경성에 체류하면서 보고 들은 것을 매우 상세히 기록했고, 동행했던 곽윤의 기록은 아직 발견되지 않고 있기 때문이다.

2) 고종의 급서와 지방 유림의 반응

1919년 1월 21일 고종이 갑자기 서거했다.[9] 예상치 못한 일이었다. 더욱이 이 소식은 이틀 뒤인 1월 23일자 신문에 1월 22일 서거한 것으로 발표되어[10] 후일 여러 논란을 낳았다. 평소 고종이 건강에 뚜렷한

---

9) 李王職 編, 『日誌』, 1919, 한국학중앙연구원 장서각 MF16-111.
10) 『朝鮮總督府官報』, 1919년 1월 23일 號外, 「彙報」 ; 『每日申報』, 1919년 1월 23일, 「李太王殿下 薨去」.

이상 징후가 없었던 까닭에 세간에는 자결설, 독살설 등이 난무했다.[11]

유림은 충격에 빠졌다. 병합 이후 10년간 망국의 감정은 유예되어 있었다. 그런데 '왕조시대'의 실질적 '마지막 임금'인 고종이 사망함으로써 망국은 비로소 현실로 체감되었다. 이 소식을 접한 지방의 유림은 長考에 들어갔다. 그들은 망국을 막지 못한 신하로서 책임을 통감하고 반성하였으며, 전통사회의 지도자로서 고종의 통치에 대한 평가, 상복의 착용 여부와 착용 기간, 인산 준비, 독립운동 참여 여부 지역사회에 전달할 권고사항 등의 범위와 수준을 놓고 고민을 거듭했다.

고종의 서거 소식을 접한 유림은 우선 유교경전과 國制에 규정된 예법에 따라 행동하려고 했다. 유림뿐만 아니라 마을 주민 또는 官의 주도로 고종의 유해가 있는 경성을 향해 곡을 하는 망곡례 또는 추도식이 널리 행해졌다.[12] 인산이 임박하자 임금의 마지막 '행차'를 지켜보려는 인파가 4대문 안을 채웠다. 이들은 국상에 대한 애도의 의미를 담아 흰색 갯[白笠]을 착용하였고, 이로 인해 백립이 품귀현상을 빚었다. 백립을 구하지 못한 사람들은 임시방편으로 검은 갓에 흰색 종이를 붙인 紙塗笠을 만들었다.[13]

유교지도자들은 인산이 임박한 2월 하순까지 고종의 서거에 대한 평가와 인산 참관 여부 그리고 상복 착용 여부에 대한 입장을 유보하고 있었다. 이로 인해 각지에서는 유교지도자들에게 이를 묻는 편지가 쇄도했다. 상복 문제만 하더라도 고종이 억울한 죽음을 당하였다는 의견, 고종은 조선인 모두의 임금이므로 정상적인 상복을 입어야 한다는 의

11) 金龍基,「三一獨立運動과 巴里長書事件에 對하여」,『文理大學報』, 釜山大 文理大學, 1959, 63쪽 ; 李昇燁,「李太王(高宗)毒殺說의 檢討」,『二十世紀研究』10, 2009, 6~11쪽.
12) 李廷銀,「3.1운동의 배경」, 국사편찬위원회 편,『한국사』47, 2001, 319쪽.
13) 金榥,『重齋先生文集(附錄)』13(千字族譜社, 1998),「己未日記」, 1919년 1월 15일, 9쪽 ;『每日申報』, 1919년 2월 14일,「水原 : 市場에 白笠 絶種」4면.

견, 상복을 입는다면 3년 또는 1년을 입어야 한다는 의견, 고종은 대한제국을 멸망시킨 만고의 죄인이므로 상복을 입을 필요가 없다는 의견(무복론) 등 여러 가지 주장이 난무했다.

경남 산청의 김극영은 2월 13일 아들 김황을 통해 곽종석에게 편지를 보냈다. 편지의 내용은, 5백년 종묘사직이 영원히 끊길 위기에 처해 있는데 곽종석이 덕수궁 앞에 가서 한 번 울부짖고 와야 하지 않겠느냐는 것이었다.[14] 2월 15일 김황이 부친의 편지를 전하기 위해 곽종석 거처에 도착했는데, 이 날을 전후해 宋鎬坤(합천), 朴應煥(산청), 鄭載星(거창), 趙貞奎(함안), 沈鶴煥(합천), 장석영(성주), 이태식(의령), 金炳一(함양) 등으로부터 상복의 착용 여부 등을 묻는 편지가 도착했다.[15] 곽종석은 고심 끝에 직접 상경하지는 않되 대신 조카 곽윤을 보내 경성의 사정을 살펴보기로 했다.[16]

그런데 2월 19일 곽종석의 옛 제자인 윤충하가 곽종석을 찾아와 자신들과 함께 독립청원운동을 추진할 것을 제안했다. 그는 궁중의 사정, 고종의 '시해' 소식, 경성의 국장 준비 상황을 간략히 설명한 뒤 프랑스 파리에서 열리고 있는 국제평화회의의 소식을 전했다.[17] 이 회의가 세계 약소민족의 독립을 지지하고 있으며, 조선의 여러 단체가 조선의 독립을 호소할 계획을 세우고 있는데, 유독 유림은 반응이 없다며 불만을 표시했다. 그러면서 현재 경성에 있는 일군의 유림이 국제평화회의에 독립청원서를 제출할 계획을 세웠으며, 곽종석을 대표로 추대하기로

---

14)「己未日記」, 1919년 1월 13일, 5~6쪽. 김황도 곽종석에게 경성에 가서 총독과 담판을 벌이거나 덕수궁 앞에 가서 한 번 울부짖고 오라고 권유했다(「己未日記」, 1월 15일, 11쪽).

15)「己未日記」, 1919년 1월 13일, 7~8쪽 ; 1월 15일, 10쪽, 1월 17일, 15쪽 ; 1월 18일, 16쪽 ; 1월 24일 22~23쪽.

16)「己未日記」, 1919년 1월 15일, 11쪽.

17)『重齋先生文集(附錄)』13, 「記巴里愬書事」, 1919년 1월, 76쪽.

했다는 사실을 알렸다.[18] 곽종석은 반신반의했지만, 인산일에 맞춰 젊은 아이들을 보내 상의케 하겠다고 답했다.[19]

윤충하의 거창 방문은 고종 서거 이후 경성 내 종교·사회단체의 활발한 독립청원운동 움직임에 자극을 받은 유림이 별도의 계획을 세웠음을 의미한다. 이 날 윤충하는 홀로 거창을 방문했지만, 자신이 일군의 유림과 연결되어 있음을 알렸다. 이는 그가 3월 4일 경성에서 곽종석의 대리인들을 만날 때 몇 사람을 대동한 사실에서도 확인된다. 윤충하가 대동한 사람들은 아마도 태극교도였을 것이다.

한편 인산이 임박하자 곽종석은 고심 끝에 고종을 위해 삼년복을 입기로 결심했다. 이는 고종을 망국을 초래한 군주로 간주하지 않는다는 의미였다. 또한 고종의 '억울한' 죽음에 항의하기 위해 집단행동에 나설 수 있음을 은연중 암시하는 결론이었다. 곽종석의 입장은 鄭升謨에게 보낸 편지에 자세히 담겨 있다.

> 제가 생각하건대 우리 **大行皇帝(고종-인용자)는** 임금으로 백성에 임하**신 지 40여 년으로**, 무릇 먹는 땅과 입는 옷이 그 覆育을 받지 않은 것이 없습니다. 비록 時運이 불운하고 제대로 보필하는 신하가 없어 內修外攘의 실질을 다하지 못했으나, 그 **인자한 마음과 인자하다는** 소문이 진정 이미 輿誦에까지 적시었습니다. … 필경 **家國이 이처럼 된 원인은 그 자신에게 있는 것이 아니니, '망국의 임금亡國之君'이라는 네 글자로 단정지어 결정된 안을 만들어서는 안 됩니다.** … 신민의 애통함이 다른 날보다 더욱 배가 되는 때에 무릇 彛性이 있는 자라면 어찌 감히 편안히 있을 뿐이겠습니까? … 진실로 나라를 팔고 배은망덕한 자가 아니라면 정녕 **임금을 위한 상복君服을 입어야 하지 않겠습니까?** 이미 (상복을) 입는다면 임금을 위해 斬衰 3년을 입는 것은 성인이 정한 제도이니 올리고 내리고를 용납할 것이 없습니다.[20] (굵은 글씨-인용자)

---

18) 「己未日記」, 1919년 1월 19~20일, 18~19쪽.
19) 「記巴里愬書事」, 1919년 1월, 77쪽.

고종 집권 40년간 모든 백성들이 따뜻한 보살핌을 받았고, 대한제국 멸망의 책임이 고종에게 있지 않으니 고종을 망국의 임금으로 대해서는 안 되며, 상복을 입는다면 임금을 위한 상복인 삼년복을 정상적으로 입어야 한다는 주장이었다.

곽종석의 입장은 삼년복의 당위성을 강화하는 근거가 되었다. 이는 평생 대립관계에 있던 전우와 곽종석의 관계를 일시적이나마 우호적으로 만들었다. 전우는 "太皇帝가 40년간 臨御하셨고 나라를 잃은 것이 또한 그 자신에게 있지 않으니 어찌 상복을 입지 않겠는가?"라는 곽종석의 의견에 '忠厚하다'고 평가했던 것이다.[21]

3. 김황의 상경과 3.1운동 목격

1) 인산 이전 3.1운동 경험과 고종독살설

김황은 2월 26일 경남 거창을 떠나 경성으로 향했다. 김황의 상경 및 복명과정을 정리하면 〈표 1〉과 같다. 당시 인산을 구경하기 위해 상경했던 사람들이 대부분 그러했듯이 김황도 지인들과 무리를 지어 상경했다. 일행은 총 6명이었다.[22] 곽종석의 대리인인 곽윤과 김황, 김황의 형 金楗, 동문 金亨來와 金誠來 그리고 신원미상의 金某(字 禧吾)였다. 이들은 상경 도중 많은 사람들을 만났다. 경북 知禮의 한 주막에서는

---

20) 『俛宇集』 3, 俛宇先生文集 권117, 「答鄭致賢」, 397상a~b쪽. "竊惟我大行皇帝, 君臨民庶, 四十餘年, 凡食土衣毛者, 莫不被其覆育. 雖運値屯蹇, 輔相無人, 不能盡內修外攘之實, 其仁心仁聞, 固已洽于輿誦. … 畢竟家國之化爲烏有者, 非在自己, 則是不可以亡國之君四字, 斷作定案. … 臣民痛賈, 尤倍他日, 凡有彝性, 曷敢晏然而已乎? … 苟非賣國背德者, 寧不以君服服之乎? 旣服矣, 則爲君斬三年, 聖人定制也, 無容升降."

21) 吳震泳, 『石農集』 권17, 「服辨辨」, 31b쪽.

22) 「己未日記」, 1919년 1월 26일, 23쪽.

\

김황이 도착한 남대문정거장.
1925년 경성역사(지금의 서울역 구역사)가 신축되기 이전의 모습이다.
e뮤지엄 (수원광교박물관 소장)

같은 목적으로 거창, 안의, 삼가에서 올라온 수십 명의 지인들과 반갑
게 해후하기도 했다. 이어 김황 일행은 김천역까지 도보로 이동한 뒤
기차를 타고 경성에 도착했다.

〈표 1〉 김황 일행의 상경과 복명과정(2.26~3.9)

일자(양력)	이동상황
2.26	거창 → 知禮 → 院基店
2.27	김천역 → (기차) → 경성 남대문정거장
…	…
3.07	경성 남대문정거장 → (기차) → 김천역 → 光川店
3.08	長橋
3.09	거창

김황 일행은 2월 27일 밤 경성 남대문정거장(지금의 서울역)에 도착
해 주변 여관에 투숙했다. 본격적인 일정은 다음날부터 시작되었다.
2월 28일 일행 중 곽윤이 濟院(廣濟院?)으로 갔고,[23] 김황 능은 諫洞의

林有棟과 三淸洞의 田壄을 찾아갔다. 하지만 두 사람 모두 자리에 없어 김황은 여관으로 돌아왔다. 얼마 후 再從姪壻 趙萬濟가 여관으로 찾아왔다. 김황은 조만제의 손에 이끌려 종로로 나가 국장예행연습[習儀]을 구경했다.

밤이 되자 여관으로 임유동과 조만제가 찾아왔다. 이들은 간단한 인사를 나눈 뒤 몇 가지 문제로 논쟁을 벌였다.[24] 이후 김황 일행은 경성에서 많은 사람들을 만났다. 김황이 2월 28일부터 인산 전날인 3월 2일까지 만난 인물은 〈표 2〉와 같았다. 이를 통해 김황 일행이 경성에서 얻은 정보의 출처를 대략 가늠할 수 있다.

〈표 2〉 김황이 고종 인산 직전 경성에서 만난 사람들(2.28~3.2)

일자	성명	출생(거주)	김황과의 관계	직업, 종교	행동	비고
2.28	趙萬濟	경남 함안	再從姪壻	(학생)	習儀 구경 권유, 김황 일행과 논쟁	
	林有棟	경남 거창	동문 후배	유교, 중동학교 학생	김황 일행과 논쟁	
3.01	李俊錫				곽윤의 상경목적 문의, 독립선언 임박 예고	
	韓昶東 韓大愚	경남 삼가	(동향인)	유교		3.2에도 만남
	李殷赫	경남 진주	친구			3.2에도 만남
	鄭祥煥				인산일 거사 예고	
	韓景允		(동향인)			
	申用九	경남 단성	여관 투숙객	천도교	독립선언서 전달	
	宋在根	경남 산청	〃	학생	경성 시위 소식 전달	

23) 곽윤이 왜 단독으로 濟院에 갔는지에 대해서는 사료를 통해 확인되지 않는다.
24) 이에 대해서는 제4절에서 자세히 다룬다.

	불명				조선독립신문 전달	
	郭鍾烈		(동향인)	유교		
	田壎	경성	김황에게 책 판매	유교, 서점주인	'민족대표 측과 접촉, 김황에게 처신 조언	
3.02	金昌鐸	경남 마산	再從姪	상인		
	金兢林		再從兄	유교		
	金昌淑	경북 성주	族姪, 동문 선배	〃	우연히 상봉	3.4~3.6에도 만남
	閔鏞鎬		전 승지, 여흥부대 부인의 從弟		고종독살설 전달	

　인산을 2~3일 앞두고 경성 도처에서는 심상치 않은 분위기가 감돌았다. 3월 1일 김황이 鄭祥煥을 만났다. 정상환은 주변사람들을 물리친 뒤 김황에게 인산일에 무슨 사건이 발생할 수 있으니 바깥출입을 삼가라고 조언했다.[25] 거사의 주체는 알 수 없으나 사건이 발생하면 피해자가 속출할 것이라고 우려했다. 김황이 천도교의 계획인지 묻자 정상환은 그렇지 않다고 하면서 비밀 유지를 당부했다.

　같은 날 韓景允이 경성에 떠돌고 있는 소문을 전했다. 인산일에 백립을 쓴 사람들을 한 곳에 모아놓고 '暴砲'를 발사할 것이라는 소문이었다.[26] 한경윤은 이 말이 사실인지는 모르겠지만 '그런 일이 없으리라고 장담도 못 하겠다'며 우려했다. 그만큼 인산을 앞두고 경성의 분위기가 흉흉하여 인산 당일 어떤 사태가 벌어질지 누구도 장담할 수 없는 상황이었음을 보여준다.

　독립선언은 3월 1일 오전 거리에 뿌려진 독립선언서를 통해 이미 예고되었다. 이에 앞서 곽윤은 李俊錫에게서 들은 이야기를 김황에게 전했다. 3월 1일 오후 3시에 독립선언이 있을 예정이라는 것이었다. 곽윤과 이준석의 대화는 다음과 같았다.

---

25) 「己未日記」, 1919년 1월 29일, 28쪽.
26) 「己未日記」, 1919년 1월 29일, 29쪽.

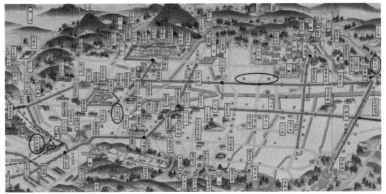

이준석 : 무슨 일로 멀리서 달려왔는가?

곽 윤 : 인산을 보기 위해서이다.

이준석 : 일반 백성[士庶人]이 인산에 나아가는 것이 옛날에 그런 例가 있었는가?

곽 윤 : 오늘날은 한결같이 前例를 가지고 보아서는 안 된다.

이준석 : 어떤 이는 영감(곽종석-이하 괄호안 인용자)께서 이번에 **城中에 장차 일이 있어 公에게 대표하여 信章을 가져 오게 했다는데, 무슨 말인가?**

곽 윤 : 진정 헛소문이다. (이준석이 재삼 캐물었으나 대답을 바꾸지 않았다)…

이준석 : **우리나라가 독립한다는 뜻으로 손병희 등 여러 분들이 문서를 작성하고 선언을** 하는데 그 시기가 오늘 오후 3시[未時]이다. 처음에는 단지 문서를 작성하고 낭송하여 國民大會를 논함에 순조롭게 하고 소동이 없게 하고자 하였으나, 이제 물정을 보니 이를 보장키 어려울 것 같다. 각 학교 학생의 학생 중 이를 미리 안 자들이 모두 등교하여 기다리지 않고 조급하게 추진하니, 일을 심하게 해칠 것이다.

곽 윤 : 독립을 바랄 조짐이 있겠는가?

이준석 : (턱을 끄덕이며) 우선 (그렇게) 알기 바란다.[27] (굵은 글씨-인
　　　　용자)

위의 대화에 등장하는 이준석이란 인물은 정체가 불분명하다. 그가
곽윤에게 접근한 것은 곽윤이 곽종석의 대리인 자격으로 상경했다는
소문과 관계가 있는 것 같다. 곽윤의 주된 임무가 한용운에게 곽종석
의 독립선언서 서명의사를 전달하기 위한 것이었는지, 아니면 윤충하
와 독립청원운동(파리장서운동)에 관해 논의하기 위한 것이었는지는
분명치 않다. 다만 곽윤이 후자의 임무를 띤 것만큼은 분명했다.
　김황 일행은 이준석의 당부에 따라 3월 1일 오후 바깥출입을 삼갔다.
따라서 이날 경성 일대에서 벌어진 사건에 관한 정보는 오로지 전언을
통해 얻은 것이었다. 이 전언 가운데에는 독립선언에 관한 내용도 포
함되어 있었다. 김황은 3월 1일 독립선언의 기획배경, 독립선언의 준비
과정과 역할분담, '민족대표'의 독립선언과 체포과정에 대해 대략 파악
하고 있었다.

　巴里에서 平和會를 개최하는데 대체로 옛날에 나라가 있었던 자들에
게 모두 속박을 제거하고 독립하여 주인이 되게 한다[獨主] 하니, 韓人 중
안창호·이승만이라는 자가 왕래하며 운동을 하였다. 또 일본에 유학한
자 100여 명이 血書로 널리 알리는데, 옛 서울에서 오직 천도교가 가장
많은 수를 모집할 수 있다고 여겨 드디어 손병희에게 편지를 보내 함께
일을 시작했다. 손병희가 처음에는 따르지 않았으나 뒤에 마침내 여러

---

27)「己未日記」, 1919년 1월 29일, 29쪽. "薾謂槐曰, 頃者, 李俊錫來余, 問余何事遠躋, 余
曰, 爲觀因山. 李曰, 士庶而赴因山, 古有其例否? 余曰, 今日不可一以前例爲視. 李曰,
戒言令監, 以今番城中將有事, 使公代表領信章來, 何也? 余曰, 直是虛說. 李再三詰之,
而余答終不移. … 李曰, 以吾邦獨立之意, 孫秉熙諸公, 作書宣言, 其期在今日午後三
時未晡. 李因言, 初也, 秖欲作書朗誦, 李論國民大會, 順且無擾, 今觀物色, 似難保此.
各學校生預知此者, 皆不卜學以待躍進, 甚害事, 余因問獨立有可望之朕否? 李頷頷曰,
第當知之."

모임[會]과 연락하고 **문서(독립선언서-인용자)를 작성해 비밀리에 수만
장을 인쇄했다. 먼저 1통을 가지고 태화관에 가서 2층 누각 위에 國民大
會를 실시하고 그것을 낭독이었며. 그리고 다시 나머지를 가지고 경성부
안의 큰 거리에 뿌렸다.**[28] (굵은 글씨-인용자)

　김황이 얻은 정보에 의하면, 독립선언의 주체는 일본유학생이었다.
파리 국제평화회의가 개최되어 약소민족 독립의 계기가 마련되자 안
창호·이승만 등 미주 한인사회의 지도자들이 발빠르게 움직였고, 이
에 자극을 받은 일본유학생들이 손병희에게 '血書'를 보내 천도교의 협
력을 유인하여 독립선언을 성사시켰다는 것이다. 실제로 천도교 측 최
린은 도쿄 유학생 宋繼百을 통해 2.8독립선언 추진세력과 접촉한 것으
로 알려져 있다.[29]
　이어 김황 일행은 같은 여관에 묵고 있던 申用九와 宋在根으로부터
독립선언서를 전달받고 경성의 시위상황을 전해 들었다.[30] 김황은 우
선 신용구가 전한 독립선언서를 읽은 후 독립선언서의 요지가 자유를
얻지 못한 백성의 고통을 알리고 독립운동을 독려하며 독립의 필연성
을 강조한 점에 있다고 이해했다. 한편 송재근은 학생시위대가 탑골공
원→덕수궁→九里街路→진고개로 행진했고, 길에서 일본군경을 만
나면 '개와 돼지의 새끼'처럼 여겼다고 전했다. 이어 시위대가 혈서로
'조선독립만세'라고 쓴 수건을 흔들던 모습과 상인들의 撤市와 학생들

---

28)「己未日記」, 1919년 1월 29일, 29~30쪽. "先是, 自巴里設平和會, 凡昔日有國者, 牽皆
去綴獨主, 韓人有安昌鎬李承晩者, 往來運動. 又有游學日本者百餘生, 血書敷告, 以
爲舊京中, 惟天道敎最募集夥數. 遂遣書孫, 與之發事. 孫初不從, 後乃與諸會聯絡作
書, 密刷數萬張. 先以一本, 同往太華館, 二層樓上, 設國民大會, 朗諭之. 旣復以餘本,
散鋪府中各大街."
29) 金喜坤,「新韓革命黨의 結成과 活動」,『한국민족운동사연구』1, 1986, 167쪽 ; 조규
태,『천도교의 민족운동연구』, 선인, 2006, 18·20쪽.
30)「己未日記」, 1919년 1월 29일, 31쪽.

150　1919년이라는 문턱과 파리장서운동

이 체포되던 상황 등을 자세히 전했다. 시위소식을 접한 김황은 조선 사람이라면 누가 이런 마음이 없겠느냐고 하면서도 "갑자기 처음 들으니 결국 멍하다"라고 하면서 생경하고 복잡한 심정을 표출했다.[31]

3월 2일은 인산 전날이었다. 이날 김황은 우연히 『조선독립신문』을 접했다.[32] 이른 아침 여관 앞마당을 거닐고 있는데, 우체부처럼 보이는 한 사람이 집안을 엿보다가 갑자기 신문 한 장을 넣고 사라졌다. 그는 '정신 차리시오!'라고 외치며 종적을 감췄다.

인산 전날(3.2) 경성 시내에 뿌려진 『조선독립신문』
국사편찬위원회 3.1운동 데이터베이스 (연세대 이승만연구원, 『우남이승만문서 동문편』)

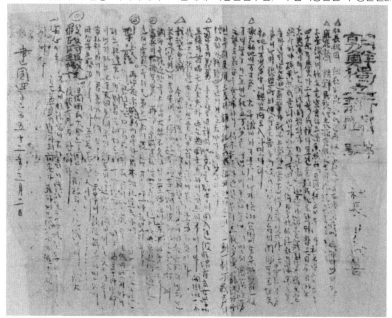

31) 「己未日記」, 1919년 1월 29일, 30쪽.
32) 「己未日記」, 1919년 2월 1일, 31~32쪽.

이 날도 시위가 계속되었다. 김황은 시위참가자들이 체포되는 광경을 직접 목격했다.[33] 시위군중이 만세를 부르며 서대문 방면에서 나오자 일본 경찰들이 이들을 뒤쫓아 체포하려 하였고, 시위자들은 잡히지 않으려 애쓰며 분주히 도망하였다. 김황은 전훈의 조언으로 얼른 자리를 피해 여관으로 돌아왔다.

김황은 평소 잘 알고 지내던 서점주인 전훈을 찾아가 혼란한 시기에 유림으로서 어떻게 처신해야 하는지 물었다. 이에 전훈은 먼저 자신이 얼마 전 '민족대표' 측으로부터 유교계의 동참을 주선해 달라는 요청을 받은 사실을 전했다.

1960년대만 하더라도 학계에서는 '민족대표' 측이 유교계에 사전 연락을 취했다는 일부 인사의 증언[34]을 불신하였다.[35] 하지만 이제는 한용운의 거창 방문 사실[36]을 거론치 않더라도 '민족대표' 측과 유교계의 접촉[37]을 더 이상 부정할 수 없는 상황이다.

전훈이 전한 '민족대표' 측과의 접촉에 관한 전말은 다음과 같았다. 이 내용은 다른 사료에서는 확인되지 않는 내용이어서 여기에 소개하기로 한다.

> 지난번에 **손병희** 등이 장차 거사할 때 **내가 儒家人이니 고향으로 내려가 儒門을 일으켜 달라고 요구**했는데, 몇몇 公이 저와 뜻을 함께 하였고

---

33) 「己未日記」, 1919년 2월 1일, 32쪽.
34) 金法麟, 「三一運動과 佛敎」, 『新天地』 1-2, 1946, 75~76쪽.
35) 許善道, 「三一運動과 儒敎界」, 284쪽.
36) 韓龍雲, 『韓龍雲全集』(新丘文化社, 1980 증보), 「韓龍雲公判記」, 373쪽.
37) 崔麟에 의하면, 유교계의 경우 '상당한 인물'이 없는 것은 아니나 조직체계가 일원화되어 있지 않고 시일이 촉박하여 단체 교섭은 정지하는 것이 좋다는 것으로 의견이 일치되었다고 한다(崔麟, 『如菴文集』 上, 如菴先生文集編纂委員會, 1971, 191쪽). 즉 처음부터 논의가 없었던 것이 아니라 어느 정도 있었지만 여의치 않아 중단했다는 의미이다.

헤아려 보니 사양한다고 할 수 없었습니다. (그러나 – 인용자) 또한 일찍 이 남에게 믿음을 보인 적이 없어 드디어 **과감히 실행치 못했을 뿐**입니 다.[38] (굵은 글씨-인용자)

즉 '민족대표' 측이 전훈에게 유교계의 동참을 주선해 달라고 요청했 다고 하였다. 이런 주장은 믿을 만한 내용일까? '민족대표' 측이 전훈에 게 이런 중대한 사안을 요청할 정도로 전훈은 유교계의 명망가였을까? 그는 학계에 잘 알려지지 않은 인물이다. 김황의 일기에는 그가 단지 유교에 대한 이해가 깊고 경성에서 서점을 운영한 인물로만 묘사되어 있다. 그런데 그는 3.1운동 직후 새로운 유림단체를 설립하는 움직임을 이끈 인물로 보인다. 그는 1919년 음력 11월 朝鮮古史研究會 발기인, 1920년 음력 5월 人道公議所 발기인[39]이었다. 다시 말해 전훈은 3.1운 동 직후 유교 부흥을 목적으로 설립된 유림단체에 연이어 발기인으로 참여할 정도로 지식, 인망, 열의를 지닌 인물이었다. 그의 아들이 기호 유림의 영수인 전우에게 배웠다고 한 것[40]으로 보아 '민족대표' 측은 아마도 전훈에게 전우에 대한 교섭을 요청한 것이 아닌가 추정된다.

한편 이 날 김황은 고종의 시신이 안치된 덕수궁의 대한문 앞에 가 서 애도를 표했다. 먼저 작은 종이에 이름과 주소를 적어 함에 넣고 外 哭班(궁궐 밖에서 전직 관리와 일반 백성이 곡을 하는 자리)에 나아가 엎드려 곡을 하고 네 번 절하였다. 일반 백성이 이런 행동을 하는 것은 유교의 예법에서 벗어나지만 옛 임금을 쓸쓸히 보낼 수 없어 한 행동 이라고 하였다. 주변을 둘러보니 대한문 앞에는 땅에 엎드려 통곡하는

---

38) 「己未日記」, 1919년 2월 1일, 32쪽. "壎日, 頃孫秉熙等, 將擧事, 以余儒家人也, 要下鄉, 起儒門, 幾公爲同壎, 度無以爲辭. 且未曾見信於人, 遂不果耳."
39) 「朝鮮古史研究會趣旨書」;「人道公議所趣旨書」(1920.5).
40) 「己未日記」, 1919년 2월 1일, 33쪽.

덕수궁 대한문 앞에서 곡하는 사람들. 그 앞에 어느 조문객이 상 위에 무언가
올려놓고 있다. 김황도 이처럼 이름을 적은 쪽지를 올려놓았을 것이다.
서울역사아카이브 (경성일보사,『덕수궁국장화첩』)

사람들로 첩첩산중을 이루고 있었다.[41)]

　같은 날 밤 김황은 고종이 독살당했다는 소문[42)]을 접했다. 발설자는
'전 승지' 閔鏞鎬였다. 이 날 민용호는 김황·곽윤 일행, 韓昶東·韓大
愚 부자, 李殷赫 등이 묵고 있는 여관을 '지나가다 방문[過訪]'했다. 우
연히 방문했다는 것인데, 공교롭게도 인산 전날이었다. 마침 여관에는
곽종석의 지시로 경성의 동정을 살피고 독립청원운동 등에 관한 논의
를 진행하기 위해 상경한 곽윤·김황 일행 등이 묵고 있었다.

---

41) 「己未日記」, 1919년 2월 1일, 33쪽.
42) 고종독살설의 진위 여부에 대해서는, 먼저 사실이라는 입장이 제기되었으나(李泰
鎭,「고종황제의 毒殺과 일본정부 首腦部」,『歷史學報』204, 2009), 최근에는 허구에
불과하다는 반론이 강하게 제기되었다(李昇燁,「李太王(高宗) 毒殺說の檢討」, 2009 ;
윤소영,「한일 언론자료를 통한 고종독살설 검토」,『한국민족운동사연구』66, 2011).

일기에 의하면, 민용호는 흥선대원군의 부인인 驪興府大夫人 閔氏의 사촌동생[從弟][43]이었다. 그는 여관을 방문하기 전 '大父 슈公'과 함께 덕수궁에 들어가 조문하려 했고, 전직 관리였던 '대부'가 우여곡절 끝에 덕수궁에 들어가 애도를 표했다. 김황 일행에게 이런 사정을 얘기한 민용호는 궁궐 안의 사정을 잘 안다며 고종의 죽음에 관한 충격적인 소식을 전했다. 고종은 자연사한 것이 아니라 갑작스럽게 죽었고, 더욱이 독살되었다는 것이었다. 일기에는 다음과 같이 기술되어 있다. 내용이 다소 길지만, 유림이 경성에서 민씨 척족으로부터 직접 들은 독살설에 관한 내용이어서 전문을 소개하기로 한다.

> … 승지 閔鏞鎬가 지나가다가 방문하였다. … 민용호는 京中의 貴戚으로 驪興府大夫人 閔氏[興宣府大夫人]의 從弟인데, 궁중의 일을 잘 안다고 하면서 말하기를, "작년 12월 20일 國變(고종의 서거를 가리킴 – 인용자)은 사람들을 기막히게 했다. 이에 앞서 巴里平和會가 가장 먼저 '한국독립사건'을 물으니 **일본공관**은 이 핑계를 대기를 '우리는 이유 없이 大韓

---

43) 다만 이 부분에 대해서는 차후 추가 고증이 필요하다고 판단되었다. 여흥민씨 족보를 살펴본 결과, 驪興府大夫人 閔氏의 從弟로 본명 또는 초명을 閔鏞鎬라고 쓰는 인물은 발견되지 않았다. 8촌 이내는 물론이고 三房派 전체에서도 마찬가지였다[『驪興閔氏世譜』5(回想社, 1992), 813~957쪽]. 다만 이름은 다르지만 동일인일 개연성이 있는 인물 1명이 발견되었다. 여흥부대부인 민씨의 남동생 閔升鎬(930쪽)는 4從叔 閔致祿의 양자로 들어갔는데, 양자로 들어간 집안에서 從弟가 되는 인물 중 시종원 副卿을 지낸 閔儀鎬(1865~1945, 초명 閔鳳鎬)가 보인다(862쪽). 민의호일 가능성이 디 높은 이유는 일기의 뒷부분을 보면 그의 大父인 '슈公'이 종2품의 武班 출신이라고 했는데, 민의호의 부친 閔致一(1843~?)은 종2품 무관인 전라병마절도사를 지냈다(862쪽). 따라서 민용호가 허구 혹은 신분을 위조한 인물이 아니라면 민의호의 이명일 개연성이 있다. 다만 이런 추측에는 한 가지 한계가 있다. 민치일의 사망연도가 족보에는 1892년으로 기재되어 있는데, 그렇다면 1919년 당시 이미 사망한 상태가 되어 민의호와 함께 덕수궁에 동행할 수 없게 된다. 이밖에 三房派에서 동일한 한자 성명을 지닌 前 郎廳 閔鏞鎬(1827~1886)가 보이지만(892쪽), 1919년 당시 이미 사망한 상태였다. '승지'를 지낸 인물은 시종원 시종을 지낸 閔濬鎬(1877~1977)(951쪽)가 있다. 한편『고종실록』에는 1903년 시종원 시종, 비서승을 지낸 閔龍鎬기 발견되는데, 삼방파인지의 여부를 확인할 수 없다.

을 버리지 않을 것이다. **대한의 인민[韓民]이 스스로 힘이 미약해 스스로 생존할 수 없고, 진정 우리에게 굳게 부속되기를 원하여 우리도 어쩔 수 없었다**'고 하였나. 그러나 회의에 참석한 이들이 못 믿겠다고 하지 일본이 마침내 은밀히 한국의 舊經 大臣인 자에게 위촉하여 '民族代表'로 삼았다. 이때 李完用은 정당대표, 李載崑은 귀족대표, 尹德榮은 종척대표, 宋秉畯은 사회대표, 趙重應은 노동대표, 金允植은 儒林代表로 각각 도장을 찍어 신표로 삼았다. 이윽고 '국왕의 도장이 없어서는 안 된다'고 하며 그 오른쪽을 비우고 太皇의 처소에 이르러 협박했는데, 주상이 꾸짖기를 '너희들이 다시 내 나라를 팔려고 하느냐?'라고 하며 쫓아내니, **이완용** 등은 크게 두려워하여 마침내 韓相鶴과 **꾀를 내어 不軌한 일을 행하였다.** 내시 2명에게 밤에 식혜를 올리게 하니 주상이 받아 마시고 머지않아 아홉 구멍에서 피가 나왔다. **새벽에 갑자기 붕어**한 후 마침내 文篋을 열고 信寶를 얻어 찍고 떠났다. 비밀로 인하여 喪을 시작하지 않고 즉시 내시 2명을 살해함으로써 입을 없앴으며, 다음날을 기다렸다가 비로소 典醫監을 불러 검사하여 腦溢血이라고 발표하였다.[44] (굵은 글씨-인용자)

즉 고종은 자연사한 것이 아니라 친일파에 의해 독살되었다고 하였다. 친일파가 파리 국제평화회의에 조선은 독립을 원하지 않는다는 내용의 서한(獨立不願書)을 작성하여 고종의 명의로 제출하려고 하다 고종의 완강한 반대에 부딪히자 후환이 두려워 고종을 독살했다는 내용이다. 이 내용은 2월 중순 윤충하가 곽종석에게 전한 내용[45]과도 일치한다.

---

44) 「己未日記」, 1919년 2월 1일, 34~35쪽. "閔承旨鏞鎬過訪 … 閔京中貴戚, 興宣府大夫人之從弟也, 能與知宮中事爲道, 往年十二月二十日國變, 使人氣塞. 先時, 巴里平和會, 首問韓國獨立事件, 日公官稱以我非故不舍韓. 韓民自以綿力不能自生, 情願固附於我, 我且無如之何. 會座以爲不信, 日乃密囑韓國舊經大臣者, 爲民族代表. 於是, 完用爲政堂代表, 載崑爲貴族代表, 德榮爲宗戚, 秉畯爲社會, 重應爲勞動, 允植爲儒林. 各捺章以爲信. 旣而曰, 國王不可無信, 虛其右, 而詣太皇所, 迫之, 上罵曰, 爾輩欲再賣吾國耶? 推出之, 完等大懼, 乃與相鶴謀, 行不軌, 使二侍人, 夜進食醯, 上受嚥, 未幾九竅出血, 鄕晨暴崩然後, 乃發文篋, 得信寶, 押之以去. 因秘不發喪, 卽殺二侍人以滅口, 待明日, 始召典醫監, 檢之日, 腦溢血."

45) 「記巴里愍書事」, 1919년 1월, 76~77쪽.

위의 인용문에서 주목되는 점은 독살설의 진위 보다 독살설의 유포 경로이다. 앞서 언급한 대로, 김황 일행에게 독살설을 전달한 인물은 민씨 척족인 민용호였다. 그는 여흥부대부인 민씨의 종제로 '승지'[46]를 지냈다. 그의 신분 때문에 유림은 그의 발언을 신뢰했을 것이다. 3월 1일 '민족대표'의 독립선언과 만세시위의 여파로 일본 군경의 경비와 단속이 삼엄한 상황에서 민용호는 민감한 소식을 외부에 전달했다.

고종독살설이 지하신문이나 격문 같은 선전물 형태가 아닌 황실 또는 척족 등 궁중인사의 입을 통해 유포된 사례는 좀 더 확인된다. 예를 들어 윤치호는 홍건이라는 인물로부터 고종이 한약탕을 마신 뒤 신체가 마비되며 사망했다는 이야기를 전해 들었는데, 홍건은 이 이야기를 閔泳徽로부터 들었다고 했다.[47] 이와 같이 고종독살설은 충군애국 의식이 강한 유림, 전직 관리, 학생들을 중심으로 신속히 유포되었다.[48]

한편 민용호가 고종독살설을 전달한 대상은 김황 일행 등 인산 참관 차 상경한 영남유림이었다. 민용호는 왜 이들에게 민감한 소식을 전했을까? 먼저 영남유림은 고종의 특별한 관심과 대우를 받은 세력이었다. 흥선대원군은 이인좌의 난(1728) 이후 오랫동안 소외된 영남 남인을 발탁하기 시작했고, 영남유림도 한때 흥선대원군의 개혁정치에 기대를 걸었다. 이런 19세기 후반의 분위기는 20세기 초에도 이어져 왕실(황실)과 영남유림의 긴밀한 관계를 유지시키는 요인으로 작용하였다.

민용호는 김황 일행을 고종과 황실에 우호적인 세력으로 간주했던

---

46) 아마도 승정원의 후신인 비서원, 시종원에 속한 관리였을 것이다.

47) 윤치호, 『국역 윤치호 영문 일기』 6(국사편찬위원회, 2015), 1919년 2월 11일.

48) 윤치호는 학생들이 尹德榮의 고종암살설을 믿고 있다고 하면서[『국역 윤치호 영문 일기』 6(국사편찬위원회, 2015), 1919년 3월 3일], 자신도 처음에는 '쓸데없는 소리'라고 일축했으나, 나중에 閔丙奭·윤덕영 등이 덕수궁 부지를 일본인에게 매각했다는 소식을 듣고 '그 소문을 믿고 싶어졌다'고 하여(『국역 윤치호 영문 일기』 6, 1919년 11월 29일, 445쪽) 독살의 가능성을 완전히 부정하지 않았다.

것 같다. 무엇보다 김황의 스승인 곽종석은 전우와 더불어 유교계를 대표하는 인물로 인식되었는데, 특히 1903년 고종의 부름을 받고 상경해 의정부 참찬에 임명될 정도로 특별한 예우를 받았다. 이 내 곽종석 문하에는 민씨 척족들이 많이 몰려들었다고 한다.[49] 다음해인 1904년 고종의 첫 번째 며느리인 純明妃 閔氏가 서거하자 곽종석은 조카 곽윤을 한성에 보내 挽章을 올린 일도 있다.[50]

또 다른 요인도 찾을 수 있다. 고종의 서거 소식이 지방에 전해지자 일각에서는 망국의 군주인 고종을 위해 상복을 입을 필요가 없다는 무복론을 제기했는데, 곽종석은 상복을 입어야 할 뿐만 아니라 삼년복을 입어야 한다고 강력히 주장하여 망국의 책임이 고종에게 있지 않다고 역설했고, 이런 입장이 유교계에 널리 확산되었다. 이런 시대 분위기와 사실들을 감안하면, 곽종석과 고종·민씨 척족 사이에는 어느 정도 우호적인 관계가 형성되어 있었다고 보아야 할 것이다.[51]

고종독살설을 접한 김황 일행은 어떤 반응을 보였을까? 김황 일행도 점차 고종의 서거를 석연치 않게 생각하였다. 예를 들어 3월 3일은 인산일이어서 여관의 모든 투숙객들이 새벽부터 나갈 채비를 서둘렀는데,

---

49) 곽종석의 문인록인 「俛門承敎錄」은 곽종석 사후에 제출된 挽章과 祭文을 토대로 작성되었다. 원래 이 문인록에는 여흥민씨들도 포함되어 있었지만, 간행을 주도한 곽종석의 조카 곽윤이 여흥민씨가 권력을 추종한 세력이라 하여 모두 빼게 했다고 한다(최인찬 구술, 1999.10.3, 경남 진주 상봉동동 二以齋). 실제로 「면문승교록」에는 민씨가 전혀 보이지 않는다. 다만 곽종석의 문집인 『면우집』에는 곽종석이 閔致鶴, 閔泳夏, 閔致鴻, 閔泳殷 등 4명의 민씨에게 보낸 편지가 수록되어 있어 그 흔적을 확인할 수 있다.

50) 「己未日記」, 1919년 2월 28일, 25쪽.

51) 그렇다면 민용호가 고종독살설을 김황 일행에게 전달한 목적은 무엇이었을까? 필자는 아직 그 구체적인 결론에 도달하지 못했다. 이를 위해서는 여전히 베일에 싸여 있는 '민용호'라는 인물의 실체에 대한 추가적인 검토와 더불어, 고종 서거 이후 황실인사 및 민씨 척족의 동향, 민씨 척족과 조선총독부의 정치적 역학관계, 유림과 민씨 척족의 관계, 황실·척족과 독립운동세력의 접촉 가능성에 대한 폭넓은 검토가 필요할 것이다.

김황 일행은 채비를 전혀 하지 않았다. 김황은 자신의 일기에『춘추』의 '장례를 기록하지 않는 의리[不書葬之義]'가 있다고 했는데,[52]『춘추』에는 "임금이 시해를 당했을 때 그 범인을 토벌하지 못하면 장례에 대한 기사를 기록하지 않는다"고 하였다.[53] 다시 말해 고종을 시해한 역적들이 아직 징벌되지 않았으므로 편안히 인산을 구경할 수 없다는 의미였다.

고종독살설은 김황을 포함한 유림에게 큰 충격을 주었고, 그와 그의 스승이 참여한 독립청원운동에 적지 않은 영향을 미쳤다. 김황은 경남 거창으로 돌아온 다음날인 3월 10일 스승 곽종석으로부터 독립청원서를 시험 삼아 기초해보라는[試草] 지시를 받았다.[54] 이때 김황이 작성한 초안에는 賊臣의 獨立不願書 기획과 고종에 대한 서명 압박 → 고종의 완강한 반대 → 내시를 통한 고종 시해 등 고종독살설에 관한 내용이 포함되었다.[55] 이는 민용호에게 들은 내용과 일치한다. 이 문안은 증거 없이 섣불리 주장할 경우 오히려 독립청원서의 설득력을 떨어뜨릴 수 있다는 이유로 문안 수정 과정에서 삭제되었지만,[56] "하룻밤 잠깐 사이에 우리 임금께서 별세하시니 온 나라 흉흉하였다"는 표현[57]에 함축되어 유림의 감정을 자극하고 독립청원운동에 대한 유림의 동참을 유도하는 역할을 하였다.

이밖에 김황은 일기에 다른 소문들도 기록했다. 그 중 하나는 1918년 겨울 고종이 파리 국제평화회의에 2명을 파견했으나 사전에 발각되어

---

52)「己未日記」, 1919년 2월 2일, 35쪽.
53)『春秋公羊傳』, 隱公 11年. "君弑, 賊不討, 不書葬."
54)「己未日記」, 1919년 2월 9일, 38쪽.
55)「己未日記 : 平和長書草」, 45쪽.
56)「記巴里愬書事」, 82쪽.
57)『俛宇集』 4,「俛宇先生年譜」 권3, 760쪽. "一夜倉卒, 寡君卽世, 擧國洶洶."

살해되었다는 것이다. 여기에서 김황은 『주역』의 "서리를 밟으면 단단한 얼음이 이른다[履霜堅氷]"는 말[58]을 인용해 기술함으로써 1918년 말이미 고종 신변에 위험 요소가 누적되고 있었음을 보여주었다.

2) 인산 직후 3.1운동 경험과 독립운동 명분

3월 3일은 인산일이었다. 일기에 실린 내용은 짧았지만 전반적인 논조는 매우 무거웠다. 다른 여관투숙객들은 새벽부터 인산을 구경하기 위해 분주했지만, 김황 일행은 별다른 움직임을 보이지 않았다. 여관투숙객들이 이를 이상하게 여기자 김황은 원래 병도 있고 몸도 피곤하다며 대충 얼버무렸다. 그리고 대부분의 투숙객이 여관을 빠져나가자 오후에 여관을 나가 동대문 위에서 지나가는 상여를 보며 눈물을 흘렸다. 이후 귀성 전까지 김황이 만난 인물들은 〈표 3〉과 같았다.

종로에서 인산 행렬을 지켜보는 군중

서울역사아카이브

---

58) 「己未日記」, 1919년 2월 1일, 35쪽.

<표 3> 김황이 고종 인산 직후 경성에서 만난 사람들(3.3.~3.9)

일자	성명	출생(거주)	김황과의 관계	직업, 종교	행동	비고
3.03	韓昶東	경남 삼가			병석 위문	
	崔瑢淳	강원 울진	후배 崔益翰의 從叔	상업학교 학생		
3.04	尹忠夏	경남 거창	동문 선배	유교(태극교)	독립청원운동 협의	
	金昌圭	경북 영주		武人	독립운동 제안	
	柳萬植	경북 안동	柳必永의 아들	유교	유림 동향 전달, 독립운동 논의	
	金昌淑	경북 성주	동문 선배	〃	독립청원운동 논의	3.5, 3.6에도 만남
3.05	田 壎	경성	서점 주인	〃		3.6에도 만남

3월 4일 김황 일행이 드디어 윤충하를 만났다. 이 날 윤충하가 김황 일행이 묵고 있는 여관을 방문함으로써 양측의 만남이 성사되었다. 그런데 대화의 분위기가 심상치 않았다. 일기의 내용을 살펴보자.

윤충하 어른이 곽윤을 방문했다. 지난번 윤충하 어른이 거창에 왔을 때 파리에 편지를 보내는 일[巴里致書事]을 俛宇翁(곽종석-이하 괄호안 인용자)께 말했고, 면우옹은 답하기를 조카 아이가 상경할 때 시국을 보고 결정하겠다고 했다. 경성에 도착한 이래 大淵(郭奫)은 발병이 나 문밖을 나갈 수 없었고, 또 경성 안의 인심과 물정을 보니 대체로 우리 유림[吾儒]과 같지 않았다. 그러므로 대연은 자못 난색을 표하며 "저는 감히 저희 아버님[吾父 : 곽종석-인용자]께서 이들과 일을 함께 한다고 하지 못하겠습니다"라고 하니, 윤충하 어른은 "이쪽도 그렇다"고 했다.[59] (굵은 글씨-인용자)

---

59) 「己未日記」, 1919년 2월 3일, 35~36쪽. "尹丈忠夏, 來訪大淵. 前者, 尹丈之來居昌, 以 巴里致書事, 言于俛翁, 翁答以姪兒上京時, 觀其時局而決之云矣. 及到京以來, 大淵 足疾, 不能出戶, 又看京中人心物情, 大與吾儒不同. 故大淵頗有難色, 曰吾不敢以吾父 與共此輩而爲名, 尹丈曰, 此亦然矣已."

일기에 수록된 대화 내용이 매우 짧다. 대화가 짧을 뿐 아니라 일기의 작성자(김황)가 대화상대에 대해 비우호적이었음을 알 수 있다. 곽종석의 대리인인 곽윤은 경성의 분위기가 거창에서 예상했던 것과 크게 다르다고 판단했다. 윤충하 측이 내놓은 제안은 곽종석이 받아들이기 어려운 수준이었다. 곽윤은 거절 의사를 나타냈고, 윤충하도 수긍했다. 이로써 2월 중순 윤충하의 거창 방문으로 시작된 독립청원운동 논의는 별다른 성과 없이 끝났다. 앞서 金昌圭라는 인물도 김황 일행을 방문해 독립운동에 관해 논의했지만 역시 진전된 사항이 없었다.

일기에 기술되지는 않았지만, 곽윤은 독립운동 논의에 지나칠 정도로 조심스러운 태도를 취했다. 그것은 거창 출발 전 곽종석이 지시한 사항이기도 했을 것이다. 이런 태도는 2월 말 한용운이 거창을 방문해 곽종석에게 독립선언서 서명을 제안했을 때 곽종석이 보인 태도와 유사하다. 당시 곽종석은 즉답을 피한 채 나중에 조카를 보내 답변하겠다고 했다. 실제로 곽윤은 상경했지만, 결과적으로 곽종석의 독립선언서 서명은 불발되었다.

유림의 입장에서 독립운동의 명분이 될 수 있는 사건(고종의 서거)이 발생했지만, 곽종석은 외부세력의 독립운동 제안에 극도로 조심스런 태도를 유지했다.[60] 이런 곽종석의 모호한 태도는 그가 독립운동에

---

60) 이런 경계심은 1912년의 경험에서 생긴 트라우마와 관련된 것이 아닌가 생각된다. 1912년 金世東이란 인물이 곽종석을 찾아와 고종의 밀지를 보여주었다. 그 내용은 일본으로 건너가 국권 회복을 도모하라는 것이었다. 곽종석은 즉시 상소를 작성해 김세동에게 건넸다. 상소의 내용은 원수의 나라에 가서 국권회복의 방도를 찾으라는 것은 '삼척동자도 웃을 일'이라며 화를 자초하지 말고 '安樂公처럼 편안히 지내면서 후일을 도모하라는 내용이었다. 이후 곽종석은 사람을 시켜 김세동의 뒤를 밟게 했더니, 그는 고종이 보낸 사람도 아니고, 밀지도 허위로 작성된 것이었다. 이런 소식이 유교계에 널리 알려지자 곽종석은 독립운동을 거절했을 뿐만 아니라 고종의 특별한 예우를 받은 신하로서 고종을 욕보였다고 하여 신랄한 비판을 받았다. 아마도 곽종석은 이 일을 경험한 뒤 식민지기 독립운동 논의에 더욱 경계심을 갖게 된 것 같다. 이 사건의 전말에 대해서는, 劉秉憲, 『晚松遺稿』 권1, 「與郭俛宇」, 14a~17b쪽 참고.

소극적이고 우유부단한 태도를 취했다는 평판을 받는 배경이 된다.

3월 4일 윤충하와 김창규에 이어 몇몇 인사들이 김황 일행이 묵고 있던 여관을 찾아왔다. 이들이 같은 날 곽종석의 대리인(곽윤)이 묵고 있던 여관을 방문한 것은 우연이 아니었다. 전날(3월 3일) 인산을 계기로 지방에서 상경한 유림이 삼삼오오 모여 시국에 관한 의사를 교환했다. 3월 4일은 반우제 즉 고종 시신을 안장하고 혼령을 위패에 모셔오는 제사를 하루 앞둔 날이어서 사실상 국장 의례의 종료를 앞두고 있었다.

김황 일행을 찾아온 유만식은 영남유림의 동정을 전했다. 그는 柳必永의 아들인데, 유필영은 퇴계학파의 적통을 이어받은 안동의 대표적인 원로 유림이었다. 유만식 역시 연로한 부친을 대신해 상경한 것이었다. 유만식이 전한 영남유림의 동정은 다음과 같았다.

> 안동 **柳一初** 어른[西坡 柳必永의 아들]이 내방하여 大淵(곽윤 – 이하 괄호안 인용자)에게 말하기를 "막 李校理 어른[李晩燁, 禮安]을 만났는데, **나라 안의 뜻있는 자와 유림이 장차 宣言書를 발표할 것이고, 또 어떤 이는 일본정부에 長書를 보낸다고 하면서 尊翁**(곽종석)**과 吾翁**(유필영) **모두 서명하지 않으면 안 된다고 하는데**, 그대의 생각은 어떤가?"라고 하였다. 대연은 "아직 본의를 알지 못하는데, 어찌 사적으로 제가 그것을 허락할 수 있겠습니까?"라고 하였다. 유만식은 "나와 그대가 사적으로 한다면 비록 家翁께 물어 따지더라도 그 화가 당연히 심하지는 않을 것이요, 우리들이 스스로 마땅하다고 여긴다면, 또한 옳지 않겠는가?"라고 하였다. 대연은 그렇다고 여기지 않으면서 "아직 일이 돌아가는 형세가 마땅한지 아닌지 몰라 父兄의 이름을 맘대로 사용하는 것을 저는 감히 하지 못하겠습니다"라고 하니, 유만식 어른이 이윽고 떠났다.[61] (굵은 글씨-인용자)

---

61) 「己未日記」, 1919년 2월 3일, 36쪽. "安東柳丈一初[西坡必永]子來訪, 謂大淵曰, 俄見李校理丈[晩燁禮安人], 謂國中有志者儒林將發宣言書, 又或謂長書於日本政府, 尊翁及吾翁, 皆不可不署名云, 子意則何如? 大淵曰, 未知本意, 豈可私自許之乎? 柳曰, 吾

즉 적어도 유만식이 접촉한 인사들은 선언서를 발표하거나 총독부에 長書를 제출해야 한다는 입장이었다. 그 문건에 곽종석과 유필영의 이름을 넣어야 한다고 생각했다. 선언서는 유림에게 다소 생소한 형식이었지만 독립선언서의 영향을 받은 것으로 보인다. 일본정부에 장서를 보내는 방식은 강제병합의 당사자인 일본정부에 떳떳하게 독립을 요구해야 한다는 유림의 입장을 반영한 것이었다.

그런데 곽윤은 미온적으로 반응했다. 독립을 요구하는 문건에 곽종석의 이름을 넣는 문제는 단순히 한 명의 서명자를 추가하는데 그치지 않고 곽종석의 병합에 대한 최종적 입장이자 영남유림을 대표하는 원로의 입장으로 간주될 것이기 때문이다.

이런 상황에서 김창숙이 김황 일행을 찾아와 자신이 추진하려고 하는 독립청원운동 계획에 대해 설명했다. 이 부분에 대해서는 이미 기존 연구에서 충분히 다뤄진 바 있다. 김창숙은 파리 국제평화회의에 조선의 독립을 요청하는 서한을 보낼 계획인데, 이 서한에 유림 대표들의 서명을 붙일 예정이고, 이런 사실을 안동의 원로유림인 이만규에게 알려 이미 동의를 얻었다고 알렸다. 김황 일행은 상경 이후 처음으로 독립운동 제안에 긍정적인 반응을 보였다. 김창숙은 동문 대선배이자 김황의 族姪로 신뢰할 만한 인물이며, 이만규의 보증도 있었기 때문이다.

다음날인 3월 5일 김창숙은 다시 김황 일행을 만나 그간의 추진 경과를 설명했다. 이 사업은 점차 구체화되고 있고 동참하려는 자가 많아지고 있다고 하였다. 그런데 이 계획은 애초에 곽종석을 대표로 추대하기로 했던 만큼 거창으로 내려가 곽종석에게 이 사실을 알리고, 독립청원서 작성도 의뢰해 달라고 부탁했다.[62] 김황 일행은 3월 7일 경

與子私爲之, 則雖問詰於家翁, 其禍當不至甚劇, 吾輩自當之, 不亦可乎? 大宴, 亦不以爲然, 曰未知事體之當否, 而擅用父兄名, 吾不敢爲也, 柳丈旣去."

성을 출발했고, 3월 9일 거창 다전에 도착해 곽종석에게 이런 전후 사실을 알렸다.[63] 곽종석은 김창숙의 제안을 흔쾌히 수락했다. 이로써 훗날 파리장서운동으로 불리게 된 유교계의 독립청원운동이 첫걸음을 내딛게 되었다.

4. 신구 청년 지식인의 사상 논쟁

1) 사대주의에 관한 논쟁

「기미일기」에서 주목되는 내용 중 하나는 일기의 작성자인 김황이 임유동과 벌인 논쟁이다. 이들은 모두 1900년 전후에 태어난 20대 초·중반의 전도유망한 청년이었다. 김황은 줄곧 유학을 연마하고 있었던 반면, 경성에서 만난 후배들은 유년시절 유교적 소양을 쌓다가 경성으로 건너와 신학문을 연마한 인물들이었다. 이들은 의례적인 인사를 마친 뒤 국권상실의 원인, 君權과 民權의 관계 등을 주제로 치열한 논쟁을 벌였다. 이 대화는 평범한 젊은이들의 일상적인 대화가 아니라 경성의 학생운동 세력과 지방의 청년유림 간에 벌어진 사상논쟁이었고, 차후 독립운동, 청년운동, 유교운동을 이끌어갈 차세대 지도자 간의 논쟁이었다는 점에서 더욱 주목된다.

김황 일행은 경성에 도착하자 임유동을 가장 먼저 만나려고 했다. 임유동[64]은 곽종석의 말년 제자로 김황의 네 살 연하 후배였다. 아마

---

62) 「己未日記」, 1919년 2월 4일, 36쪽.
63) 「己未日記」, 1919년 2월 9일, 37쪽.
64) 임유동은 1919년 3.1운동 참가 이후 중국 베이징으로 건너가 국립사범대학에서 수학했다. 1924년 사범대학 재학 도중 잠시 귀국하여 조선학생총연합회에 발기인으로 참여하고 정치부 집행위원이 되었다. 사범대학 졸업 후인 1927년 귀국했다가 조선

인산 전야에 김황·곽윤 일행과 격렬한 논쟁을 벌인 임유동
국가보훈처

도 김황은 중동학교에 재학 중인 임유동이 경성 사정에 어두운 자신들을 위해 유익한 조언과 편의를 제공할 것이라고 기대했을 것이다. 임유동은 유년시절 고향 거창에서 곽종석의 제자로 수학한 바 있다.[65] 그는 조선 중기 문신인 葛川 林薰의 후손으로, 부친 林苾熙가 역시 곽종석의 제자였고,[66] 형 林有樑도 곽종석의 제자이자 사위였다.[67] 다시

학생총연합회와 관련해 체포되었다가 풀려났다. 1928년 조선공산당에 연루된 것으로 알려져 체포되었다가 석방되었다. 이후 베이징으로 돌아가 북경한인청년회에 가입해 활동하고 선전원으로 재입국했다. 1928년 경성에서 체포되어 징역 2년을 받았다. 출소 후 중외일보사에 들어가 1930년 상무 취체역이 되는 등 신문사 경영에 관여했다『민족문화대백과사전』(인터넷판), 「임유동」].

65) 「俛門承敎錄」, 841쪽.
66) 尹榮善, 『朝鮮儒敎淵源圖』 권上(東文堂, 1941), 25a쪽.

말해 임유동의 가계는 이황−이진상−곽종석으로 이어지는 퇴계학파 한주학맥의 영향을 강하게 받았다.

김황과 임유동의 만남은 2월 28일 즉 독립선언 발표 하루 전날 이루어졌다. 당시 종로에는 인산 예행 연습이 한창이어서 시끄럽고 어수선한 분위기가 계속 이어졌다. 김황은 간동에 있는 임유동의 숙소를 찾아갔지만 임유동은 자리에 없었다. 얼마 뒤 김황의 재종질서인 조만제와 임유동이 화동에 있는 김황의 숙소로 찾아왔다. 임유동과 조만제는 마치 시골 유생의 때를 벗지 못한 선배들을 한 번에 일깨우려는 듯 작심하고 논쟁을 벌이기 시작했다.

임유동과 조만제는 오랜만에 만난 동문 선배와 친척이 반가웠겠지만, 민족의 운명이 위태로운 시점에 한가롭게 인산을 구경하러 상경했다는 말에 크게 실망하였다. 임유동이 유교가 진부하다고 지적하자 김황은 진부한 유교도 소생할 날이 있을 것이라고 낙관론을 폈다. 임유동은 유교의 현실을 '마른나무의 죽음[枯木死]'에, 그 미래를 '재[灰]'로 비유하며 유교의 소멸이 임박했는데도 여전히 현실을 직시하지 못하는 우매하고 망령된 태도가 바로 사람을 기막히게 만드는 것이라고 맹렬히 비난했다.[68]

이어 임유동은 김황에게 국권상실의 원인에 대해 질문하며 김황 일행을 논쟁의 중심으로 끌어들였다.

> 임유동 : 우리들이 예전에는 나라가 있었으나 지금은 나라가 없고, 예전에는 의기양양하여 굳건히 萬國의 일원이었으나 **지금은 위축되어 남의 하인이 되는 것을 면치 못하고 있습니다. 이는 무엇 때문입니까?** …

---

67) 「儉門承敎錄」, 839쪽.
68) 「己未日記」, 1919년 1월 28일, 26쪽.

김　황 : 군은 누구의 책임이라고 생각하는가?

임유동 : 예전에 우리나라가 교육을 시행할 때 중국의 글을 읽고 중국
이 역사를 기록하며 중국의 성인을 칭찬하고 중국의 제도를
본받아 정신을 모두 중국인에게 빼앗겼는데, 요행히 '小中華'
라는 칭호를 얻었다고 과시하니 이는 진실로 무슨 마음입니
까? 우리나라에 본래 聖人이 있고 우리나라에 본래 역사책이
있으며 우리나라에 본래 제도가 있는데, 무엇이 부족하여 반
드시 중국을 섬기는 것입니까? **'事大'라는 한 글자의 화가 오
늘에 이른 것은 그대들의 죄입니다.**

김　황 : 事大하는 자라고 어찌 본심인들 편했겠는가? 그렇지 않으면
형세가 그랬던 것이다. … 어찌 홀로 중국이겠는가? 만방에
**하나라도 법으로 삼을 만한 것이 있다면 그것을 취한들 무슨
해가 되겠는가?**

임유동 : 소위 **남에게 취한다는 것은 반드시 내게 부족함이 있은 뒤에
그것을 취하는 것**이지, 우리나라에 본래 부족한 것이 없는데
중국이라고 하면 비록 쓸데없는 구멍에서 나오더라도 역시
장차 그것을 취하려고 합니다. 그런데 **그 취한 것이 큰 모자
[大冠]와 넓은 소매[廣袖]에 불과**하여 … 종일 새끼줄 하나를
잡게 하는 것이니, 이미 잃었는데 그것을 취함은 무엇을 위한
것입니까?[69] (굵은 글씨-인용자)

임유동은 국권상실의 원인을 사대주의에서 찾고, 중국문화를 맹종하
는 유림의 태도를 지적했다. 김황이 외국 문화에 배울 점이 있어 배우

---

[69] 「己未日記」, 음력 1월 28일, 26~27쪽. "曰, 吾輩, 曩時有國, 而今無國, 頃也揚揚固萬國
之一, 今則蹙蹙然爲人下之不免, 是何故? … 梘曰, 君以爲誰責? 棟曰, 曩也吾邦之設
敎也, 讀支那之文, 記支那之史, 稱支那之聖, 效敎支那之制, 一段精神, 皆爲支那人所
呑, 幸而得稱曰小中華, 則誇焉, 此誠何心哉? 吾國自有聖人, 吾國自有史冊, 吾國自有
制度, 何之不足而必事支那耶? 一箇事大者, 其禍至於今日, 則子輩之罪也. 梘曰, 事大
者, 其本心安乎? 抑勢之然也. 且君言設敎之非, 則大錯, 豈獨支那, 萬邦有一可法則取
之, 何害哉? 棟曰, 所謂取於人者, 必我有不足, 然後取之, 而吾邦則本無不足, 而曰支
那, 則雖出於餘竅, 亦將取之, 其取之也, 不過大冠長袖, □然終日使之執一繩, 則已失
之矣, 取之, 何爲?"

는 것이 무슨 잘못이냐고 항변하자 임유동은 자기 나라의 문자·역사·제도에 부족한 것이 없는데 사대주의에 빠져 중국문화를 맹종하는 것은 강대국에 의존하는 습관을 낳고, 그런 습관이 국권상실을 초래한 것이라고 반박했다.

임유동은 중국으로부터 배운 것이 고작 '큰 모자(갓)'와 '넓은 소매'에 불과하다고 폄하했다. 임유동의 눈에 비친 중국의 선진문명이란 백성의 생활을 풍요롭게 만드는 과학과 기술이 아니라 몸과 마음을 불편하게 만드는 의복제도로 이해되었다. 이는 마치 유림이 變服令(1884)과 단발령(1894)에 격렬히 저항한 사실마저 근본적으로 비판하는 것으로 보인다.

이들의 대화는 자국사 인식의 문제로 이어졌다. 임유동은 유림이 중국의 문화와 역사에 대해서는 해박하지만 자국사에 대해서는 아는 게 전혀 없다고 지적하면서 김황이 주장하는 사대주의의 맹점을 공박했다.

> 김　황 : 우리들(유림 – 이하 괄호안 인용자)이 實踐과 實操를 제대로 하지 못해 군들에게 조소를 당하는 것은 당연하다. 다만 군이 이것을 가지고 儒者가 쓸모없다고 단언한다면 불가하다. 또 군의 말에 따르면, 新說을 말하는 자는 어찌 능히 유용함을 다하여 배운 것을 저버리지 않는다고 하겠는가?
> 임유동 : 비록 그렇다 하더라도 우리 東國의 인민은 우리 동국의 역사에 대해 물으면 알지 못하면서 중국을 물으면 눈앞에 있는 듯하니 … 일찍이 **儒者 가운데 本國의 역사를 안 자가 있었습니까?**
> 김　황 : 어찌 알지 못한다고 여기는가? 돌아보건대 군이 그것을 처음 보았다고 여길 뿐이다. …
> 임유동 : 檀君이 堯舜을 이기고 箕子가 湯武를 떠났는데 우리나라 사람들은 겸손하게 물러나 그렇지 않은 듯 여기니, 오히려 이상하지 않습니까? 辯說의 사례가 많아 충분히 다 기억하지 못합니다.

곽　윤 : 요컨대 오늘날 人士는 각자의 소견에 따른다. **훗날을 기다려 보는 것이 어떤가? 그것을 찢는 자가 없을 수가 없고 그것을 보완하는 지기 없을 수 없을 것이다.** …

조만제 · 임유동 : (크게 탄식하며) 쯧쯧, **이미 부패하여 일찍이 종기가 더욱 심해졌는데 무엇을 보완한다고 하십니까?**

곽　윤 : 천하의 사람들이 의지하는 것이 세 가지이니, 正德과 利用과 厚生이다. 지금 시기에 **이용과 후생은 굳건히 군들에게 의지함이 있을 것이고, 正德이라는 것에 대해 말하자면 당연히 저절로 적합한 자가 있을 것이다.** 또 군이 단지 (흐르는) 물의 末流가 조금 뒤섞인 것을 보고 탁하다고 여겨 드디어 그 근원은 본래 맑은 곳이 없다고 한다면 심한 것이다.

조만제 · 임유동 : (서로 돌아보고 비웃으며) 쯧쯧, 더 이상 말할 수가 없겠군요.

김　황 : 군들은 말하기를 우리들(유림)이 中華의 잘못된 것을 배워 祖國精神을 잃지 않았는가 말하지만, 오히려 군들의 장 속에는 西國精神이 있어 그것이 조국정신에 병이 되지 않을까 걱정이다. … 그리고 어디 한 번 물어보자. **우리나라 5백년이 공고하다가 하루아침에 開化가 된 뒤 결국 과연 어떻게 됐는가?**

조만제 · 임유동 : (대답하지 않고 비웃으며) 쯧쯧.[70] (굵은 글씨-인용자)

즉 임유동은 유림이 자국사[71]에 대한 이해도가 낮고, 마치 중국인처

---

70) 「己未日記」, 1919년 2월 28일, 27~28쪽. "槻曰, 吾輩不能實踐實操, 爲君輩所笑, 則固矣. 但君以此而盡謂儒者之無用, 則不可. 且從君言, 爲新說者, 豈能盡有用而不負所學乎?, 棟曰, 雖然, 爲吾東人, 問吾東史, 則不知, 問支那, 則如目前 … 曾有儒者識本國史者乎? 曰, 奚爲不知也, 顧君以爲創見之耳. … 棟又曰, 檀君勝堯舜, 箕子邁湯武, 吾人謙退, 以爲不如, 反不異乎? 辯說多端, 不足盡記. 甯曰, 要之, 爲今日人士, 各從所見, 待後下看如何? 裂之者不可無, 補之者不可無. 二人大呵曰, 咄, 旣腐且敗, 曾瘡疣之尤甚, 而曰補之? 甯曰, 天下人所藉者三, 正德也, 利用也, 厚生也. 當今之時, 利用厚生, 固有藉於君輩, 至其言正德處, 當自有其人. 且君但見水之末流之或擾而濁之也, 遂謂其源之本無淸處, 過矣. 二人又相顧而嘻曰, 咄, 不可言. 槻曰, 君輩言吾人學華之非, 而要不失祖國精神也, 却恐君輩肚裏, 有西國精神, 其爲病於祖國精神. … 且試問之, 吾邦五百年, 何如其鞏固, 而一朝開化, 究竟果何如? 二人又不答而所曰, 咄."

71) 김황이 기술한 내용이기는 하나, 임유동 역시 자국을 '대한' 또는 '조선'이라고 하지

럼 자국사를 바라본다고 지적하였다. 김황은 유림도 자국사를 잘 안다고 강변하지만 반박의 근거를 제시하지 못했다.[72] 대화가 극단으로 치닫자 곽윤은 유교와 구미사상의 기능이 상이하다며 양자를 중재하려 했으나, 임유동은 더 이상 대화의 가치를 느끼지 못했다.

마지막으로 김황은 신식교육을 받은 사람들이 유림에 대해 사대주의에 함몰되어 조국정신을 잃었다고 비난하지만, 신식교육을 받은 청년들이야말로 서양정신에 함몰되어 조국정신을 잃은 것이 아니냐고 반문하였다. 나아가 500년간 공고하던 조선이 개화 이후 어떻게 되었느냐고 하면서, 대한제국 멸망의 책임이 개화와 신학문에 있다고 진단하였다.

2) 君權과 民權에 관한 논쟁

임유동은 유림이 임금을 지나치게 숭배하는 경향이 있다고 지적했다. 사실 이 점은 임유동과 조만제가 김황 일행을 만났을 때 불편한 기색을 숨기지 않은 근본적인 이유였다. 양측은 군권과 민권에 대해 상이한 시각을 드러냈고, 곧 감정적으로 충돌하였다.

> 임유동 : 이번에 왜 人士들이(경성에·이하 괄호안 인용자) 많이 왔습니까? 因山을 위해서라고 합니다. 인산이 진정 무슨 구경거리입니까? 지방 사람들은 **임금을 보기를 중요하다고 여기는데** [視君爲重] 이런 **습관을 없애지 않으면**(국권은) 끝내 **회복될 운명이 없을 것**입니다.
>
> 김　황 : 무슨 까닭인가?

않고 '東國'이라고 표현한 것은 이상한 점이다.

[72] 이런 영향 때문인지 김황은 후일『東史略』,『東國歷年圖捷錄』(1959),『獨立提綱』(1959),『歷代紀年附 東國紀年』등 한국사,『實瀛對照』(1947) 등 세계지리에 관한 저술을 많이 남겼다.

임유동 : **임금은 '민족의 대표[民族之代表]'입니다. … 대표가 좋지 못
하면 당연히 바꿔야** 합니다. 어찌 존중의 대상이라고 하여
대대로 지킴이 있겠습니까?

김　황 : 君의 말이 여기에 이르니 오히려 다시 어찌하겠는가? (두 사람
과 인사하고 대화를 끝냈다)

곽　윤 : (그들을 보내며) 진정 突兀漢이다.[73] (굵은 글씨-인용자)

　즉 임유동은 민족의 운명이 경각에 달려 있는 순간에 유림이 한가롭
게 인산이나 구경하러 다닌다며 유림의 나태함과 몰인식을 질타했다.
특히 지방 사람들에게 이런 경향이 심하다면서, 이런 습관을 버리지 않
으면 국권 회복은 가망이 없다고 경고했다.

　여기서 임유동은 『맹자』에 등장하는 '民爲貴(重)'의 구절을 들어 지
방유림의 어긋난 행태를 비판했다. 맹자는 임금도 제 역할을 하지 못
하면 교체할 수 있다고 하여 易姓革命論을 창출했는데, 이런 인식은
"인민이 가장 귀중하고, 사직은 다음이며, 임금은 가볍다"는 구절에 잘
함축되어 있다. 이 구절은 역사적으로 爲民政治의 중요성을 강조할 때
자주 인용되었는데, 1919년 초 일군의 개혁적인 유림이 낡은 전제군주
제를 비판할 때 자주 사용하였다.[74]

　임유동은 맹자를 직접 거론하지 않았지만 지방 사람들이 맹자의 가
르침인 '民爲貴(重) – 君爲輕'은 오히려 망각하고 '君爲重'의 논리에 빠
져있다고 비판했다. 하지만 김황은 임유동의 말을 이해하지 못했다.
김황 자신은 유교의 전통과 의리를 독실히 배우고 실천하는 인물로, 임

---

73) 「己未日記」, 1919년 1월 28일, 28쪽. "曰, 今番, 何其人士之多來也? 曰爲因山, 因山固
何觀? 鄕人視君爲重, 此習不除, 終無可回之運, 槐曰, 何故? 棟曰, 君爲民族之代表,
如車火甬上人一般, 代表不善, 則自當易之, 何有於尊重而世守? 槐曰, 君言至此, 尙
復奈何? 遂謝罷二人, 爾目送之日, 眞突兀漢也."

74) 이런 사례가 앞서 언급한 곽종석과 윤병수의 대화에서도 나타난다(「己未日記」, 1919년
2월 12일, 39쪽).

금의 마지막 길을 배웅하는 것은 인륜을 따르는 행위이자 자신이 섬긴 임금에 대한 최소한의 예의라고 여겼기 때문이다.

그런데 '민위귀(중)'의 논리는 맥락상 공화주의에 연결된다. 임유동은 '民爲貴(重)'에서 '民' 대신 '民族'을 넣어 민족이 가장 중요하고 임금은 민족의 대표로서 민족의 생존과 유지에 기여할 때만 존재 가치가 있다는 논리를 개발했다. 따라서 임금이 무능하거나 사망할 경우 다른 인물로 교체하는 것은 당연한 일인데, 그런 제한적 권력을 지닌 임금에게 과도한 관심과 물력을 투입하는 것은 부적절하다는 입장이다. 반면 김황의 시각에서 임유동 발언은 '이적'의 정치제도인 대통령제나 공화주의를 지지하는 것처럼 들렸을 것이다. 대화가 여기에 이르자 김황 일행은 더 이상 대화의 가치를 느끼지 못했다.

그렇다면 임유동은 '민위귀(중)'의 인식의 토대 위에서 구미의 공화주의를 수용했을까? 그가 베이징 국립사범대학에 입학하여 혁명사상을 접하고 조선의 대표적인 청년운동가로 성장하여 조선공산당에 관여했던 일련의 사상 편력을 감안한다면 그런 사상적 변화가 충분히 예측된다.

그렇다면 김황 일행은 경성의 정세를 정확히 파악하여 독립운동에 참여하려는 의지가 없었다고 보아야 할까? 그렇게 보기는 어렵다. 김황 일행은 유교지식인으로서 경성이라는 이질적인 공간에서 독립운동의 명분을 찾는데 어려움을 겪었을 뿐이었다. 이들은 1919년 3~4월 독립청원운동(파리장서운동)에 적극 협력했고, 1925~1926년 독립운동기지 건설운동에 동조할 정도로 독립운동에 적극적이었다.

한편 김황은 경성에 체류하는 동안 낯선 사람의 접근에 거리를 두면서도 신뢰할 만한 인물에게는 자신의 처지를 솔직히 고백하고 진실된 자문을 구하기도 했다. 경성에서 서점을 운영하며 김황과 교류해온 전훈이 바로 그런 인물이었다. 김황은 임유동 일행과의 대화에서 감정적으로 격해져 대화를 중단한 반면, 전훈과의 만남에서는 매우 차분하고 솔직하게 자신의 생각을 털어놓았다.

김황을 만난 전훈은 유림이 세상일과 거리를 두는 심중은 이해가 가지만, 독립에 관련된 일마저 외면해서는 안 된다고 충고했다. 이에 김황은 경성에 오래 거주해 바깥사정을 잘 알테니 세상의 추이와 유림의 자세를 소상히 알려달라고 부탁했다.[75] 전훈은 우선 유림의 사회관을 수정해야 한다고 조언했다. 자신과 생각이 다르다고 해서 사회인을 무조건 배척해서는 안 된다고 하였다. 예를 들어 유림은 자기 한 몸을 편안하게 하는 데에는 깊이 몰두하면서 정작 민족운동에 앞장서고 있는 종교세력을 '邪道'로 몰아 배척하며, 이런 태도를 계속 유지한다면 종교세력의 비판을 면치 못할 것이라고 하였다.[76] 유림이 독립선언서에 '민족대표'로 참여한 종교세력을 이단으로 폄하한 점을 지적한 것이다.

이어 전훈은 유림의 은둔을 지적했다. 그는 "유림이 되어 몸을 쉬는 데에만 급급하고 용기 내지 못하는 자가 책을 읽어 장차 무엇을 하겠"느냐고 반문했다.[77] 이에 김황은 배운 것을 활용하는 것은 모든 이의 희망이지만, 道가 실현되지 않는 시대에 도를 굽혀 억지로 합치되게 만드는 것도 온당치 않다고 반박했다. 또한 유림은 도에 거처하는[道居] 사람인데 어찌 숨어 산다[隱居]고 하느냐며 의문을 표했다. 이 말을 들은 전훈은 김황이 자신의 깊은 뜻을 헤아리지 못한다고 여기고 대화를 중단했다.

지방에서 상경한 청년 김황은 약 10일간 경성에 체류하는 동안 독립

---

75) 「己未日記」, 1919년 2월 1일, 33쪽.
76) 「己未日記」, 1919년 2월 1일, 32쪽.
77) 「己未日記」, 1919년 2월 1일, 34쪽.

운동의 당위성과 유림의 명분을 놓고 깊이 고뇌했다. 그런데 무엇보다 김황 일행을 곤혹스럽게 만든 것은 소통의 어려움이었다. 심지어 자신들처럼 유교를 신봉하고 있거나, 과거에 유교를 연마했던 인물들과의 대화에서도 사상적인 거리감과 개념상의 이질감이 적지 않았다. 같은 공간에서 다른 시간을 살고 있었던 것이다. 이것은 경성의 '시간'과 지방의 '시간'이 충돌함[78]을 의미하였다.

결과적으로 김황 일행은 전훈 등의 간곡한 충고와 따가운 비판에도 자신의 신념을 꺾지 않았다. 독립운동의 당위성에 대해서는 깊이 공감하면서도 독립운동의 목표에 대해서는 전혀 공감하지 못했던 것이다. 김황 일행은 '무엇을 위한 독립운동인가?'에 초점을 맞추었다. 이는 스승 곽종석의 시각과도 일치하였다. 김황 일행은 3월 1일 경성의 맹렬한 만세시위 소식을 듣고 다음과 같이 소회를 밝혔다.

> 곽 윤 : 우리 **유림을 위한 계획**은 장차 어디에서 나와야 할까?
> 김 황 : 내 한 몸은 애석하기 부족하고 부모님이 계신 것이 애석하지
>   않을 수 없지만, 의리를 위반하여 구차하게 사는 것은 불가할
>   따름입니다. 그런데 전번에 **'선언서'를 보니 우리 유림이 참여
>   할 수 없는 것이 있었습니다.** 그 首題에서 곧장 군주의 고
>   통[79]을 말하였는데 일반적으로 독립이라 하는 것은 우리들이

---

78) 윤해동은 3.1운동을 '조선의 시간'이 '제국의 시간'과 만나 발생한 '열광'의 '불꽃'이라고 해석하였다. 그는 제1차 세계대전이 식민지 조선에 존재하는 다양한 시간을 '교차'하고 '중첩'하며 '압축'시켰다고 하면서, 이런 '시간의 압축'이 없었다면 3.1운동은 불가능했을지도 모른다고 하였다(윤해동, 「압축된 시간'과 '열광' : 3.1운동 연구를 위한 시론」, 『동아시아문화연구』 71, 2017, 128·141쪽). 마찬가지로 김황이 경성에서 겪은 혼란은 '지방의 시간' 속에서 생활하던 김황이 경성에서 '제국의 시간'을 만나면서 겪은 혼란과 거리감이라고 할 수 있겠다. 이 혼란과 방황의 경험은 한편으로는 서구사상에 대한 불신을 야기시켰고, 다른 한편으로는 유림이 주도하는 새로운 방식의 독립운동을 모색케 하는 요인이 되었다.
79) 독립선언서에서 구체적으로 어떤 문장을 가리키는 것인지 알 수 없다. 독립선언서에서 직접적으로 고종 또는 고종의 죽음을 직접적으로 가리킨 문장은 없고, "舊來의

나라가 없다가 있다는 것입니다. 돌아보건대 누구인들 奮昻하지 않겠습니까마는 예로부터 **독립한 나라[獨立國]라는 말은 있었어도 반드시 '사람마다 독립해야 한다[必人人獨立]는 말은 들어본 적이 없습니다. 사람이 막대한 것은 여기에 君臣과 上下가 있기 때문입니다.** 지금 '사람마다 독립한다'고 하면 강상은 의지할 곳이 없게 될 것입니다. 이것은 온 세상이 같은 것인데, 불행히도 여기에 관여해 헛된 지경을 키운다면 천고의 죄인이니 우리 유림은 아마도 사양해야 하지 않겠습니까? 이것은 굳건히 깊이 강마해야 할 것입니다.[80] (굵은 글씨-인용자)

김황은 의리를 저버리고 구차하게 살아서는 안 되지만, 독립선언서에는 유림이 수용할 수 없는 내용이 있었다고 밝혔다. 선언서 서두에 군주의 고통과 국가의 독립을 언급했다면 당연히 군주제 국가로의 회복을 요구해야 할텐데, 개인의 권리만 내세움으로써 군신의 의리가 오갈 곳 없게 만들었다는 것이다. 독립운동의 취지에는 찬성하지만 자유인권과 공화주의는 수용할 수 없다는 입장을 분명히 밝힌 것이다.

抑鬱을 宣暢하려 하면, 時下의 苦痛을 擺脫하려 하면, 將來의 脅威를 芟除하려 하면"이라는 문장에서 '時下의 苦痛'이라는 표현이 보인다. '현재의 고통'이라는 표현은 추상적이어서 고종의 죽음으로 인한 고통이라고 해석하기에는 무리가 따른다.

80) 「己未日記」, 1919년 1월 28일, 31쪽. "湳曰, 爲吾儒計, 將安出? 槻曰, 一身不足惜, 爲親在, 不可不惜, 但不可以違義而苟活耳. 然頃見宣言書, 有非吾儒可與者. 其首題直言君主之苦, 夫獨立云者, 爲吾輩無國而有國, 顧執不奮昻, 而但自古有獨立國, 未聞必人人獨立也. 人莫大焉, 斯有君臣上下. 今日人人獨立, 則綱常無其處, 此全世之同然, 不幸與此釀成蕩然之境, 千古罪人, 吾儒其可辭乎? 此固當深講者也."

5. 맺음말

이 글은 지방 청년유림의 눈에 3.1운동이 어떻게 비춰졌고, 지방유림은 어떤 계기로 독립운동에 관심을 갖게 되었는지 살펴보았다. 이를 위해 경남 산청에 거주하는 20대 청년 김황이 남긴 「기미일기」(1919.2.13.~1919.5.29)를 검토했다. 이 일기에는 경성과 지방의 3.1운동에 관한 수많은 목격담과 소문이 실려 있어 3.1운동에 대한 지방인의 인식을 이해하는 데 도움을 준다.

1919년 2월 경성에 도착한 김황 일행은 경성의 상황이 자신들의 예상과 다르다고 여겼다. 이들은 출발 전 스승으로부터 독립운동에 관한 중요한 임무를 부여받았고, 상경과 경성 체류 그리고 귀성에 이르는 동안 평정심과 신중함을 잃지 않았다. 그러나 경성에서 접한 수많은 독립운동 선전물과 청년·학생들의 격렬한 시위 광경은 독립운동의 당위성을 일깨우면서도 김황을 일순간 멍한 상태에 만들었다. '지방의 시간'과 '경성의 시간'이 교차하고 충돌하는 가운데 가치의 진동을 경험했기 때문이다.

김황 일행은 유교 3.1운동의 가치에 공감했지만, 독립선언서의 내용과 이념에 대해서는 좁히기 힘든 이질감을 느꼈다. 독립운동이라고 하면 당연히 군주제의 회복을 전제로 진행해야 할텐데, 이들이 접한 독립선언서에는 임금의 명예 회복이나 군주제 회복에 관한 내용이 없고 개인의 자유를 중시하는 듯한 내용만 포함되어 있었다. 특히 경성에서 유학하고 있는 후배 임유동은 『맹자』의 '民爲貴(重)'라는 구절 중 '民' 대신 '民族'을 대입하여 임금은 민족의 대표로 제 기능을 할 때에만 인정될 수 있다고 주장하여 김황 일행을 아연실색케하였다. 이는 유교계가 독립선언서의 이념을 공유하지 못했을 뿐 아니라 '민족대표'에 합류하기 어려운 상황이었음을 재확인시켜준다.

그렇다고 해서 김황 일행이 독립운동의 의지가 부족했던 것은 아니었다. 이들은 상경 직전 스승으로부터 경성에 도착하면 윤충하를 만나 독립청원운동에 관해 협의하라는 임무를 부여받았다. 다만 이들은 경성이라는 낯선 시공간 속에서 독립운동의 명분을 찾는데 어려움을 겪었을 뿐이었다. 결국 이들은 다른 경로로 독립운동의 명분을 찾아갔다.

1919년 초 유림의 동향에서 주목할 부분은 고종의 서거 소식에 3년의 상복(삼년복)을 입기로 결정했다는 점이다. 고종의 서거 소식은 지방유림을 경성이라는 낯선 공간으로 유인하고, 망국의 슬픔과 분노를 폭발시킨 결정적인 요인이었다. 김황의 「기미일기」를 보면, 고종 서거 직후 유림의 관심이 상복 문제에 집중되어 있음을 알 수 있는데, 당시 유림의 관심이 어디에 있었는지 잘 보여준다.

김황 일행의 스승인 곽종석은 유교계 일각에서 제기된 무복론이 근거가 없음을 지적하고 삼년복을 입어야 한다고 주장했다. 이는 고종에게 망국의 책임이 있다는 일각의 비난을 차단하고, 억울한 죽음을 맞이한 고종의 명예를 회복시키기 위해 유림이 독립운동에 나서지 않을 수 없다는 논리로 전환될 가능성을 보여주었다. 실제로 삼년복을 주장한 유림은 만세시위와 독립청원운동에 적극적이었고, 적어도 식민세력에 협력하지 않는 태도를 보였다.

김황 일행이 경성에서 얻은 정보 가운데 주목되는 점은 고종독살설을 접했다는 점이었다. 민씨 척족 민용호에게서 전해들은 고종독살설은 이후 김황 일행은 물론 김황 일행의 전언을 접한 유림의 내면을 흔들었다. 그 결과 김황이 작성한 독립청원서(일명 파리장서) 초안에는 고종독살설에 관한 언급이 삽입되었다. 한편 김황 일행은 독립선언서의 내용에 동조하지 않았지만, 종교·사회단체의 발 빠른 움직임과 청년·학생의 희생적 만세시위를 긍정적으로 평가했다. 이런 요인들이 김황 일행을 포함한 지방 유림을 독립운동의 장으로 이끌었다고 판단된다.

제2절

파리장서운동의 주체와 숨은 협력자들

1. 머리말

독립운동에 참여한 인물들을 자세히 살펴보면, 이를 주도하는 중심인물과 중심인물의 지시를 충실히 이행하는 주변인물이 있음을 알 수 있다. 주변인물들은 사료에서 대개 수동적인 인물로 묘사되지만, 그들은 성패를 가르는 활약을 보이기도 하고, 일정한 시간이 지나면 연계활동이나 후속활동을 이끄는 지도자로 성장하기도 한다. 따라서 독립운동의 운영 원리와 추이를 살펴보고자 한다면, 중심인물뿐만 아니라 주변인물의 행적을 면밀히 추적해볼 필요가 있다.

파리장서운동은 한국 근대 유림의 세계관과 독립운동 방식에 변화를 가져온 사건으로 평가된다.[1] 그런데 주변인물에 대한 관심의 필요성은 파리장서운동 연구에도 적용된다. 파리장서운동의 중심인물인 곽종석, 김복한, 장석영, 송준필 등은 파리장서운동 당시 높은 연령과 건강 악화 그리고 개인 사정으로 인해 역동적인 활동을 수행하기 어려웠다. 따라서 그 공백은 주변인물에 의해 메워졌다.

그동안 이에 대한 문제제기가 전혀 없었던 것은 아니었다. 1960년대

---

1) 趙東杰,「巴里長書의 性格과 歷史的 意義」,『韓國近現代史의 理解와 論理』, 지식산업사, 1998, 96·99쪽 ; 권오영,『조선 후기 유림의 사상과 활동』, 돌베개, 2003, 436쪽.

선구적 연구에서는 '連署人에는 들지 않았지만 경향 각지에서 모의·연락·추진에 중추적 역할로써 진력한' 인물로 성태영, 이중업, 곽윤, 金佑林(김황), 유진태, 윤중수, 趙重憲, 임경호, 이득년, 金昌澤(鐸), 李敎仁, 李弼鎬, 裵錫夏, 安鍾黙, 李潤, 崔海潤 등 16명이 언급되었다.[2]

또한 1972년 서울 장충단공원에 일명 '파리장서비'를 건립하는 과정에서 간행된『韓國儒林獨立運動 巴里長書略史』(1973)에는 '서명자 이외의 활동자'로 김창숙 등 22명이 보인다.[3] 1960년대 독립운동사 연구성과를 압축 정리한 것으로 평가받는『독립운동사』제8권(1976)에는 '서명자 이외의 인물들'로 김창숙 등 22명이 소개되었다.[4] 그런데『한국유림독립운동 파리장서약사』와『독립운동사』제8권에 소개된 20여 명은 1960년대 연구에서 언급된 인물에, 충청도 출신의 黃佾性, 李永珪, 田溶彧 등 3명을 추가한 것이다. 한편 2000년 이후 연구에서는 김황과 더불어 金震相, 朴膺鍾, 尹正洙 등이 추가되었다.[5]

그럼에도 불구하고 파리장서운동의 주변인물들에 대한 학계의 관심은 부족한 편이다. 제한적인 관심도 파리장서운동을 기획한 인물(김창숙·김정호·성태영·윤충하·이중업)[6]이나 이들을 도운 극소수 인물(김황·곽윤)[7]에 편중되어 있다. 최근에는 이 인물들을 세분화하여 파

---

2) 許善道,「三一運動과 儒敎界」,『三一運動 50周年 紀念論集』, 東亞日報社, 1969, 298쪽.
3) 김창숙, 성태영, 유진태, 임경호, 이중업, 곽윤, 윤충하, 윤중수, 조중헌, 이득년, 김창택, 이교인, 이필호, 배석하, 안종묵, 이윤, 최해윤, 황일성, 이영규, 전용학, 김정호, 김호연 등이다(韓國儒林團獨立運動 巴里長書碑 建立委員會,『(韓國儒林 獨立運動) 巴里長書略史』, 1973, 44쪽).
4) 김창숙, 성태영, 유진태, 임경호, 이중업, 곽윤, 김황, 윤충하, 윤중수, 조중헌, 이득년, 김창택, 이교인, 이필호, 배석하, 안종묵, 이윤, 최해윤, 황일성, 이영규, 전용학, 김정호 등이다(독립운동사편찬위원회,『독립운동사』8, 1976, 930쪽).
5) 林京錫,「파리장서 서명자 연구」,『大東文化硏究』38, 2001, 448~450쪽.
6) 서동일,「파리장서운동의 기원과 재경유림」,『한국독립운동사연구』30, 2008.
7) 金龍基,「三一獨立運動과 巴里長書事件에 對하여」,『文理大學報』, 1959 ; 許善道,「三一運動과 儒敎界」; 南富熙,「儒敎界의 巴里長書運動과 3.1運動」,『한국의 철학』

리장서운동의 '추진세력'(11명)과 '협력자'(52명)로 분류한 시도가 있었지만,[8] 이름을 확인하는 수준에 그쳤다.

이처럼 파리장서운동의 주변인물에 대해 관심이 부족한 것은 이들이 보인 성과를 과소평가하는 시각과 무관치 않아 보인다. 또한 연구의 흐름상 '한국유교대표'를 자처한 파리장서 서명자에 연구가 집중된 측면도 있었다. 관련 사료가 부족한 것도 아쉬운 부분이다. 실제로 사료에는 이름만 언급된 경우가 대부분이다. 그런데 이런 한계는 차츰 개선될 조짐을 보이고 있다.

이제 파리장서운동에 관한 연구는 운동의 경과와 중심인물의 행적을 밝히는 수준을 넘어 파리장서 문안의 수정과정,[9] 파리장서운동 추진세력의 형성 배경,[10] 파리장서운동의 지역적 전개[11] 등을 보다 미시적으로 분석하는 단계에 와있다. 더욱이 새로운 사료의 발굴로 특정 시점과 사건에 대한 다면적 이해가 가능해졌다.

이 글은 기존 연구성과를 충분히 활용하면서 그동안 무관심의 영역에 있던 파리장서운동의 주변인물들, 특히 영남지역의 파리장서운동에서 '손'과 '발'의 역할을 한 '협력자'[12]에 대해 살펴보고자 한다. 독립청

12, 1984.

8) 徐東一, 「1919년 巴里長書運動의 전개와 역사적 성격」, 한국학중앙연구원 박사학위 논문, 2009, 102쪽.

9) 임경석, 「유교지식인의 독립운동-1919년 파리장서의 작성 경위와 문안 변동」, 『大東文化研究』 37, 2000.

10) 서동일, 「파리장서운동의 기원과 재경유림」, 2008.

11) 吳世昌, 「巴里長書와 宋浚弼」, 『한국근현대사연구』 15, 2000 ; 金祥起, 「金福漢의 洪州義兵과 파리長書運動」, 『大東文化研究』 39, 대동문화연구원, 2001 ; 권영배, 「성주지역의 3.1운동과 파리장서운동」, 『啓明史學』 23, 2012 ; 권영배, 「경북지역의 파리장서운동」, 안동대학교 안동문화연구소, 『경북독립운동사』 III(3.1운동), 경상북도, 2013 ; 김희곤, 「성주지역의 독립운동과 성격」, 『한국독립운동사연구』 46, 2013 ; 김상기, 「林翰周의 思想과 獨立運動」, 『한국독립운동사연구』 47, 2014.

12) '협력자'라는 용어는 사전적으로 두 가지 의미를 내포한다. 하나는 어떤 활동을 주도한 인물과 동등한 자격으로 협조한 인물(cooperator)이라는 의미이고, 다른 하나는 전시

원운동에 대한 연구는 단순히 서명 행위나 독립청원서 문안에만 집중할 경우 실질적 추진원리와 역동적 전개과정을 포착하기 어렵게 된다. 파리장서운동의 주변인물에 대한 연구가 이런 취약점을 보완해 줄 것으로 기대한다.

2. 파리장서운동의 주체와 영남지역 협력자

1) '협력자'의 개념과 범위

파리장서운동에 참여한 인물들은 활동시기와 내용에 따라 크게 추진세력, 파리장서 서명자, 협력자 등 세 집단으로 분류할 수 있다. 그들의 역할은 대개 다음과 같았다. 첫째 추진세력은 파리장서운동을 기획한 인물들로, 10여 명이다.[13] 이들 중 한 부류는 1919년 2월 하순~3월 초순 경성에서 유교계 독립청원운동을 기획하고 유교지도자들의 참여를 유도했으며(윤충하·김창숙 등), 다른 한 부류는 3월 하순 곽종석 중심의 독립청원운동과 김복한 중심의 독립청원운동을 통합하는 데 기여했다(유진태·이득년 등). 둘째 파리장서 서명자는 훗날 '파리장서'로 불린 독립청원서에 서명한 인물들로, 총 137명[14]이다. 셋째 협력자

체제 또는 식민지하에서 침략세력에게 자발적으로 협조한 인물(collaborator)이라는 의미이다. 이 글에서는 전자의 의미를 취했다. 식민지기 독립운동에 관한 연구에서 '협력자'라는 용어는 자칫 친일세력을 의미하는 것으로 오해를 불러일으키기 쉽다. 그럼에도 불구하고 이런 용어를 사용한 것은 이들 중 일부가 단지 '심부름꾼'의 역할에 그치지 않고 파리장서운동을 추진한 세력이나 파리장서 서명자 이상의 활약을 보였기 때문이다. 따라서 이런 맥락을 협조자, 조력자, 보조자 등 부수적인 역할을 한 인물을 의미하는 용어로 담아내기는 어렵다고 판단했다.

13) 이밖에 윤충하, 김정호, 김창숙, 성태영, 유준근, 이중업, 임경호, 윤중수, 李貞秀, 유진태, 이득년, 조중헌 등이다.

14) 137인의 성명은 郭鍾錫, 『俛宇集』 4(亞細亞文化社, 1984), 附錄, 「俛宇先生年譜」 권3,

는 파리장서운동의 기획자나 파리장서 서명자의 지시에 따라 실무를 맡은 인물들로, 현재 70여 명이 확인된다. 기존 연구에서는 대개 '연락책', '자금모집책'으로 표현되었다. 대외적인 명성은 높지 않았지만, 파리장서운동의 확산에 크게 기여했다.

위의 세 집단 중 '협력자'에 해당되는 인물들의 움직임은 사료에서 단편적으로 확인되는 경우가 많다. 박은식은 『한국독립운동지혈사』에서 파리장서운동의 '초기 모의자'인 郭大淵, 즉 곽윤을 언급했다.[15] 이 책은 대한민국 임시정부 사료편찬위원회가 편찬한 『한일관계사료집』과 사료편찬위원회 특별위원인 김병조가 지은 『한국독립운동사략』을 참고한 것이다.[16] 상해에 도착한 김창숙이 임시의정원과 임시정부 인사들에게 파리장서운동을 선전하고 유교계 대표로서 자신의 위상을 부각시키기 위해 운동의 경과 주요 참가자를 설명했으리라 여겨진다.

1934년 경상북도경찰부가 편찬한 『고등경찰요사』에는 파리장서운동이 '유림대표의 독립청원사건'으로 표기되었는데, 체포된 '사건관계자' 20명의 성명이 기재되었다.[17] 이 중 협력자로 분류되는 인물은 金熙璶, 송규선, 李基完, 張鎭洪, 李柄喆, 여상윤, 李定基 등 7명이다. 경찰서·검사국의 조사기록이나 법원의 재판기록이 파리장서운동의 실체를 그대로 보여준다고 단정할 수 없겠지만, 당시 총독부 사법기관이 베일에 가려져 있는 협력자들을 어느 선까지 파악했는지 그 대략적인 윤곽을 보여준다.

그렇다면 파리장서운동을 주도한 김창숙은 어떤 인물들을 언급했을까. 이에 대해선 김창숙 사후에 간행된 『벽옹일대기』(1968)를 참고할

762~763쪽 참조.

15) 朴殷植, 『朴殷植全書』 上(단국대출판부, 1975), 「한국독립운동지혈사」, 602쪽.
16) 김희곤, 「해제」, 『대한민국임시정부자료집』 7, 국사편찬위원회, 2005, vii~xvi쪽.
17) 慶尙北道警察部, 『高等警察要史』, 1934, 252쪽.

필요가 있다. 이 책은 김창숙이 남긴 회고기[18]를 토대로 서술된 것으로 보이는데, '137인 이외에도 음으로 양으로 독립운동을 도왔던지 혹은 독립운동의 주동자로 가담하여 활약하다가 대옥사 사건에 관련되어 많은 고생을 한 사람'으로 16명이 언급되었다.[19] 이 중 협력자로 구분될 만한 인물은 곽대연(곽윤), 최해윤, 이교인, 이필호, 배석하, 김창택[탁], 안종묵, 이윤, 김우림(김황) 등 9명이다. 대체로 『한국유림독립운동 파리장서약사』(1973)와 『독립운동사』(1976)에 언급된 인물들과 중복된다. 달리 말하면, 『한국유림독립운동 파리장서약사』 등은 김창숙의 회고를 토대로 기술된 것으로 보인다.

그런데 파리장서운동에 참여한 인물들을 유형별로 세분화할 때 정확히 어느 유형에 있다고 말하기 어려운 경우가 있다. 곽윤과 김황이 바로 그런 경우에 해당한다. 이들은 3월 초 김창숙으로부터 독립청원운동에 관한 계획을 전해 듣고, 거창으로 내려가 곽종석에게 독립청원운동 대표 추대 사실과 독립청원서 작성 의뢰에 관한 요청을 전달하였다.

이들을 파리장서운동의 추진세력으로 볼 것인가, 아니면 협력자로 볼 것인가? 필자는 협력자로 분류하였다. 이들은 기획의 주체라기보다 선배(김창숙)나 스승(곽종석)의 지시를 충실히 이행한 인물로 보이기 때문이다. 그런 까닭에 이들은 때때로 독립운동에 소극적이었고 부정적인 태도를 보였다. 즉 협력자 중 비중이 높은 인물이었지만, 그렇다고 해서 이 운동의 방향을 획정한 인물은 아니었다.

---

18) 『(心山金昌淑先生鬪爭史) 躄翁一代記』나 「躄翁七十三年回想記」(『心山遺稿』)의 저본이 되었을 것으로 보이는 김창숙 회고기 원본은 아직까지 행방이 묘연하다.

19) 心山記念事業準備委員會, 『(心山金昌淑先生鬪爭史) 躄翁一代記』, 太乙出版社, 1965, 108쪽.

한편 협력자의 범주에는 흔히 '연락책', '자금모집책'이라고 불리는 인물뿐만 아니라 다양한 인물군이 포함된다. 우선 서명의사를 밝혔지만 최종 명단에 포함되지 못한 인물들이 있다. 이들은 송준필 家에 전해지는 서명자 명단(143인), 「기파리소서사」(김황), 「巴里長書名帖」(김창숙?), 판결문 등에 서명 의사를 밝힌 정황이 확인된다.

이들은 여러 가지 이유로 최종 명단에 포함되지 못했다. 河泳斗는 나이가 어렸고,[20] 이정기[21](조부 李德厚가 서명)·李鉉德(부친 李壽安이 서명)은 1家 1人의 원칙에 따라 제외되었으며, 柳遠重은 가정형편으로 스스로 서명 의사를 철회했다.[22] 이밖에 河泳奎·河載國,[23] 金瀁模·송회근·여보회·여상윤·정종호,[24] 金泰鎭·宋鴻來·柳達永·柳淵龜·李貞基·임필희·鄭載星·河經洛[25] 등이 서명 의사를 밝혔던 것으로 보이지만 최종 명단에 포함되지 못했다.

---

20) 金榥,『重齋先生文集(附錄)』13(千字族譜社, 1998),「己未日記」, 1919년 음력 2월 24일, 41쪽.

21) 이정기는 어려서 李震相의 문인인 외조부 李斗勳에게 배웠지만(『碧珍李氏監務公派世譜』, 보전출판사, 1983, 203쪽) 일찍이 상경하여 중동중을 다니며 신학문을 배웠기 때문에 유림으로 분류하기 어렵다. 게다가 그는 1919년 당시 22세로, 서명자에 선정되기에는 나이가 너무 어렸다. 다만 김창숙의 며느리인 孫應喬(1917년생)가 그녀의 할아버지(孫晋仁)에게서 들은 바에 의하면, 김창숙이 서명을 규합하기 위해 '李氏' 12명을 성주 사도실에 있는 자택 사랑방으로 불렀는데, 모두 선뜻 나서지 않았으나 당시 나이가 가장 어린 24세의 '이정기'가 유일하게 서명 의사를 밝히고 도장을 찍었다고 한대손응교 구술(2012.4.20, 경북 성주군 대가면 칠봉리 김창숙 생가)]. 이정기는 1919년 낭시 22세였으므로 손응교의 기억과도 큰 차이가 없다. 더욱이『고등경찰요사』에 수록된 서명자 명단 및 체포자 명단에도 이정기의 이름이 보인다(『高等警察要史』, 248·252쪽). 아마도 이정기는 최종 명단에는 포함되지 않았지만 서명 의사를 밝혔거나 일정한 역할을 맡아 기여했을 것으로 보인다.

22)『重齋先生文集(附錄)』13,「記巴里愍書事」, 1919년 2월 25일, 80쪽.

23)「己未日記」, 1919년 2월 24일, 41쪽.

24) 儒林團獨立運動實記編纂委員會,『(國譯)儒林團獨立運動實記(藩中日記)』(大譜社, 2001), 원문편, 21쪽.

25)「巴里長書名帖」.

이정기. 파리장서 서명자 중 가장 이채로운 이력의 소유자이며,
참여과정이 베일에 쌓여있다.

국가보훈처

외부단체에서 협력한 경우도 있었다. 金應燮은 김창숙의 중국 상하
이 도착 직후 김창숙이 가져온 파리장서와 동일한 문건을 소지하고 상
하이에 도착했다. 조선국권회복단 소속인 김응섭은 "김창숙의 신변에
어떠한 위험이 닥칠지 몰라" 이 문건을 가지고 왔다고 하였다.[26] 또한
孫晉衡은 이중업과 장석영의 요청에 따라 조카 孫厚翼을 보내 파리장
시운동에 도움을 주고자 했으나 실패했다고 전해진다.[27]

---

26) 『(心山金昌淑先生鬪爭史) 躄翁一代記』, 103쪽. 김응섭이 상해에 도착한 것은 음력 3월
15일 즉 양력 4월 15일이었다. 그런데 김응섭의 회고기를 보면, 1919년 전후 기록에
김창숙이나 파리장서운동에 대한 언급이 전혀 없다(金應燮, 『七十七年回顧錄』, 1954,
8~21쪽). 이는 아마도 1920년대 이후에 나타난 김응섭과 김창숙의 이념적 분화나 갈
등과 관련된 것이 아닌가 생각된다. 두 인물은 해방공간에서도 유교권력의 헤게모니
를 놓고 유도회(김창숙)와 유교동맹(김응섭)으로 나뉘어 심각한 갈등을 빚었다.

27) 孫厚翼, 『文巖先生文集』(1970, 홍익대 도서관 소장) 권22, 「仲父胡蜂府君遺事」, 35a~b쪽.

구체적인 행적은 확인되지 않으나 파리장서운동에 관여했을 것으로 추정되는 인물도 있다. 『고등경찰요사』의 137명 명단에 성명·나이·본적·주소가 정확히 기재된 李明均,[28] 김창숙이 영주를 방문했을 당시 영주지역의 운동확산 방안을 논의했던 이교인,[29] 파리장서운동 진행기간 김황이 자주 접촉한 김진상·윤정수,[30] 김창숙이 성주를 떠난 뒤 만날 예정이었던 李吉浩[31] 등이다.

이처럼 협력자로 분류될 인물은 사료에 등장하는 인원수보다 더욱 많았을 것이다. 1차 사료에 기술되지 않은 단순 참여자까지 포함하면 수백 명에 달했을 것으로 짐작된다. 파리장서운동 관련 체포자가 '수백명'이라는 설[32]이 사실이라면, 137명의 서명자 이외에 대부분은 협력자로 분류될 만한 인물들이었을 것이다. 다만 현재까지 1차 사료에서 확인되는 인물은 69명이다.[33] 인원 구성과 주요 활동을 정리하면 후미의 〈별표 1〉과 같다.

2) 영남지역 협력자의 특징

파리장서운동의 협력자는 현재 총 69명이 확인된다. 이 중 영남 출신은 65명이다. 아쉽게도 김복한 계열의 인사(주로 호서지역 출신)는 4명[34]을 제외하면 사료에서 확인하기 어렵다. 하지만 파리장서운동 참

28) 『高等警察要史』, 250쪽. 가까운 친족인 李鈺均, 李璟均도 파리장서 서명자이다(『俛宇集』 4, 「俛宇先生年譜」 권3, 762쪽).
29) 『躄翁一代記』, 74쪽.
30) 「記巴里愬書事」, 78~79쪽.
31) 『國譯 儒林團獨立運動實記』, 원문편, 28쪽.
32) 金昌淑, 『心山遺稿』(國史編纂委員會, 1973) 권5, 「躄翁七十三年回想記」(上編), 316쪽.
33) 그러나 '69명'이라는 숫자에 너무 연연할 필요는 없다. 이는 어디까지나 현재까지 확인된 숫자에 불과하기 때문이다. 차후 사료가 추가 발굴되면 인원 수는 더욱 늘어날 것이다.
34) 독립청원서를 발송하기 위해 경성에 파견된 黃佾性, 李永珪, 田溶學 등이다. 이들

여자 중 영남지역 출신이 월등히 많았고, 협력자도 마찬가지였다는 점을 감안하면 아쉬움은 다소 줄어든다. 따라서 영남지역 협력자들의 활동을 정밀하게 분석한다면, 전체 협력자들의 성향을 이해하는 데 큰 어려움이 없을 것이다.

영남지역 협력자들은 대개 다음의 특징이 확인된다. 우선 연령상 20~30대가 많아 전체의 약 57%를 차지했다.[35] 파리장서 서명자 대부분이 40대 이상이었던 것[36]과 비교가 된다. 이명균·최해윤 등 40대 이상의 인물도 적지 않았지만 전체 비율로는 20~30대 보다 적었다. 당연한 결과이겠지만, 협력자들은 대부분 지시를 내린 인물들의 자제, 젊은 친족, 제자, 후배였기 때문이다.

학력과 경력을 보면, 유교적 소양을 지닌 지방 사족의 후예가 많았다. 金昌百(봉화 의성김씨), 이명균(김천 연안이씨), 李基元·李基轍(성주 성산이씨), 河益鎭(진주 진양하씨)이 그런 예에 속했다. 반면 예외도 있었다. 주로 김창숙의 국외 파견에 관련된 인물들이다. 尹顯振은 일본 메이지대학, 김응섭은 법관양성소를 졸업했고, 이정기는 중동중에서 수학했으며, 朴洸은 중국 안동현에서 곡물상점을 운영했다. 이처럼 신학문을 학습했거나 실무경험이 풍부한 협력자들은 외국에 대한 이해와 식견이 부족한 유림대표(김창숙)의 출국과 재중활동에 도움을 주었다.

한편 파리장서운동의 참여 계기는 혈연을 통한 권유가 압도적으로

중 황일성은 자금을 제공했다고 한다(金祥起, 「金福漢의 洪州義兵과 파리長書運動」, 362쪽). 이밖에 김복한의 아들 김노동은 부친의 지시로 柳浩根을 찾아가 서명을 권유했다(柳浩根, 『四可集』(景仁文化社, 1993) 권1, 「與金元五」(1921), 5a쪽].

35) 영남지역 협력자 64명 중 나이가 확인되는 인물은 49명이다. 이들 중 20·30대가 57%(28명, 20대 14명, 30대 14명), 40대 이상이 43%(21명, 40대 10명, 50·60대 11명)로, 상대적으로 젊은 연령층이 많았다.

36) 임경석, 「파리장서 서명자 연구」, 435쪽.

많았다. 이런 경향은 특히 유림의 독립운동에 두드러진다. 파리장서운동 참가자들의 인적 연결망을 살펴보면 가족은 물론 친족, 외가와 사돈 등 혈연이 총동원되어 있다.

예를 들어 곽윤은 경성에서 김창숙으로부터 독립청원운동에 관한 설명을 듣고 거창으로 내려가 곽종석에게 전한 인물인데, 곽종석의 조카였다. 張始遠은 장석영이 작성한 독립청원서 초안을 곽종석에게 전달한 인물인데, 장석영의 조카였다. 이밖에 하익진은 서명자 河載華의 1남, 文存浩는 서명자 文鏞의 1남, 宋壽根은 서명자 송준필의 3남이고, 김창백은 김창숙의 從弟, 송규선은 송준필의 族叔, 김진상은 김황의 從兄이었다.

이들은 주로 단순하지만 신속성을 요하는 일을 맡았다. 특정 인물의 의사를 확인하거나 문건을 전달하는 일이었는데, 동참을 권유하는 편지를 전달하고(곽윤), 특정 지역 또는 문중에서 수합된 서명자 명단을 전달하였으며(하익진 · 송규선), 독립청원서 초안 · 완성본을 淨書 · 보관 · 전달하고(곽윤 · 장시원), 자금을 제공 · 전달하였다(여보회). 물론 송규선처럼 이런 수준을 훨씬 뛰어넘는 경우도 있었다.

한편 학연도 파리장서운동에 참여하는 중요한 계기였다. 혈연과 달리 학연은 광범위한 지역에 걸쳐 있는 경우가 많아 동지 규합에 적절히 활용되었다. 예를 들어 김황은 3월 초 경성에서 곽윤과 함께 윤충하 · 김창숙 등을 접촉하고, 귀향하여 경남 일대에서 동지를 규합하고 서명을 독려한 임무를 맡았는데, 곽종석의 제자였다. 유사한 활동을 한 金銖, 문존호, 박응종, 배문창, 이기원, 이명균, 이현덕, 최해윤, 하영규, 하익진, 하재국 등도 곽종석의 제자였다. 이밖에 李基允은 장석영의 제자이고, 송규선 · 송수근 · 이달필 · 장진영은 송준필, 배석하는 이만도의 제자였다. 이들은 스승의 지시에 따라 상대적으로 복합적인 사무를 맡고 장거리 파견도 마다치 않았다.

　한편 협력자의 학맥을 살펴보면 곽종석 제자가 압도적으로 높았다. 이는 사료의 부족을 감안하더라도 곽종석의 제자인 김창숙이 파리장서운동을 실질적으로 주도하고, 곽종석이 파리장서운동의 대표로 추대되어 김창숙의 역량이 미치지 않는 부분에 세세히 신경을 썼다는 점을 감안하면 당연한 결과라고 하겠다.

3. 영남지역 협력자의 시기별 역할

1) 제1기 : 주요 인물 접촉과 독립청원서 집필 요청

　김창숙 등 파리장서운동의 추진세력은 자신들을 이끌 인물을 확정한 뒤 지역별로 동지 규합에 나섰다. 사안이 중대하고 비밀을 요하는 만큼 접촉대상을 직접 만나 의사를 타진할 필요가 있었지만, 시간은 부족하고 접촉대상은 많았다. 만세시위가 지방 곳곳으로 급속히 확산됨에 따라 일본 경찰은 주요 도로에 대한 통제를 강화했다. 더욱이 김창숙처럼 반일운동의 이력이 있고 저명한 인물은 장거리 이동이 부담될 수밖에 없었다. 접촉대상이 먼 곳에 있다면 문제는 더욱 심각했다.

　이로 인해 파리장서운동의 추진세력을 대신할 인물이 필요했다. 그들의 첫 번째 임무는 김창숙 등이 기획한 독립청원운동의 개요를 숙지해 지방 유교지도자에게 상세히 설명하고 서명을 권유하는 일이었다.

　이런 임무를 수행한 대표적 인물은 곽윤(1881~1927)과 김황(1896~1978)이었다. 이들의 동선을 자세히 살펴보자. 곽윤 일행은 스승 곽종석의 지시에 따라 기차를 타고 2월 27일 경성에 도착했다.[37] 고종 인산이 3월 3일로 확정되자 병석에 있던 곽종석이 자신을 대신해 이들을 경성에 파견한 것이다.[38] 그런데 곽윤 일행에게는 인산 참관과 더불어 또 하나의 중요한 임무가 부여되었다. 윤충하를 만나 유교계의 독립청원운동에 관해 논의하는 것이었다.[39]

28세의 곽윤(1908). 곽종석을 대신해 김황과 함께 고종 인산을 참관하고 왔다.
증손 곽상윤 제공

---

37) 「記巴里懇書事」, 79쪽.

38) 곽종석은 표면적으로는 병을 이유로 들어 상경하지 않았으나, 제자들에게 밝힌 사정은 이와 조금 달랐다. 그에 따르면, 고종의 장례에 일본식이 가미되고, 고종의 銘旌에 정식 호칭인 '고종태황제'가 아니라 '李太王'이라는 격하된 표현이 들어가며, 국망을 이끈 매국 대신들이 장례에 참석한다는 소문이 있어 상경할 수 없다고 하였다 (徐東一, 「1919년 巴里長書運動의 전개와 역사적 성격」, 144쪽, 주13).

39) 『俛宇集』 4, 「俛宇先生年譜」 권3, 1919년 2월, 763쪽 ; 「己未日記」, 1919년 1월 20일, 18쪽.

2월 말 곽윤 일행은 예정대로 3월 4일 경성에서 윤충하를 만났다. 그러나 기대와 달리 협상은 별 소득이 없었다. 곽윤이 분위기가 예상과 크게 다르다며 난색을 표명한 것이다. 윤충하도 소통의 어려움을 인정했다.[40] 한편 이때 다른 한 인물이 곽윤 일행의 움직임을 주시하였다. 바로 김창숙이었다. 곽윤 일행과 윤충하의 협상이 결렬되자 김창숙은 곽윤 일행에게 윤충하와 마찬가지로 독립청원운동에 관한 제안을 했다. 그런데 이들의 대화는 순조롭게 진행되었다.[41] 이들은 의성김씨 文貞公派의 친족(숙질)이자 곽종석의 제자들로 서로 잘 아는 사이였던 것이다.

곽윤 일행은 경성에서 만난 외부 세력의 독립운동 제안에 대해 극도로 경계하는 모습을 보였지만, 김창숙의 제안에는 매우 호의적인 반응을 보였다. 이로써 김창숙의 계획, 즉 곽종석과 전우를 전면에 내세워 유교계의 명망가를 총동원한 독립청원운동을 추진하겠다는 계획이 실행 단계에 접어들었다. 곽종석의 합류가 기정사실화되자 3월 4일 김창숙은 곽윤 일행에게 몇 가지 요구사항을 전달했다. 다음은 『벽옹일대기』의 일부이다.

> 선생(김창숙-이하 괄호 안 인용자)은 다음 날 … 오후에는 같은 동지인 **이현덕 · 김황 아저씨를 선생의 처소로 불러 일일이 거사 계획을 설명**한 다음 급히 남으로 내려가 곽면우(郭俛宇 : 곽종석)를 찾아 그의 지도를 받을 것과 곽면우에게 파리강화회의에 보낼 서한을 미리 작성하여 줄 것

---

40) 「己未日記」, 1919년 2월 3일, 35쪽.

41) 윤충하 역시 곽종석의 초기 제자였지만(『俛宇集』 4, 附錄, 「俛門承敎錄」, 804쪽), 고향(거창)을 떠나 오랜기간 경성에 머물며 주로 기호 유림과 어울렸고, 太極敎라는 성격 미상의 단체를 설립해 이끌었던 까닭에 스승과 동문들로부터 우려를 자아내게 만든 것 같다. 윤충하의 1900~20년대 행적에 대해서는, 서동일, 「한말~일제하 改新 儒林 尹忠夏의 계몽운동과 太極敎운동」, 『한국민족운동사연구』 44, 2005 참조.

까지 **부탁을 한 뒤 각 방면으로 유림을 동원**하는 등 일은 착착 신속한 진전을 보였다.[42] (굵은 글씨-인용자)

즉 김창숙의 요구사항은 세 가지였다. 사안이 급하니 얼른 거창으로 내려가 곽종석에게 자신들의 계획을 알리고, 독립청원운동의 지도와 독립청원서 집필을 부탁해달라고 하였다. 곽윤 일행은 3월 9일 거창에 도착해 곽종석에게 이런 사실을 알렸고, 곽종석은 흔쾌히 수락했다.

그런데 곽윤 일행의 활동을 살펴보면, 2월 말 상경할 때부터 3월 초 거창으로 돌아가 복명할 때까지 곽윤의 비중이 컸던 반면, 그 이후에는 김황의 역할이 점차 커졌음을 알 수 있다. 곽윤은 숙부 곽종석이 신임하는 인물이었지만 병석의 곽종석을 계속 간호하고 보좌해야 하는 처지라 운신의 폭이 좁았다. 반면 김황은 평소 곽종석의 의중을 잘 이해하고 있으며, 집이 곽종석의 제자들이 많이 거주하는 경남 서남부(산청)에 있어 원거리 왕래가 자연스럽고 주변지역을 오가기 수월했다. 실제로 김황은 곽종석의 지시에 따라 독립청원서를 '試草'(시험 삼아 기초함)했고,[43] 경남 산청·진주 일대를 돌며 서명자를 규합했다.[44]

한편 영남지역에서 김창숙·곽종석과 더불어 파리장서운동을 이끈 중심인물은 장석영과 송준필이었다. 장석영 측의 경우 조카 장시원[45]이 확인된다. 일명 '張博士'로 불리던 장시원은 3월 14일경 숙부(장석영)가 작성한 독립청원서 초안을 곽종석에게 전달하고, 곽종석의 답장

---

42) 『躄翁一代記』, 72쪽.
43) 「己未日記」, 1919년 2월 9일, 38쪽.
44) 손후익은 제2차 유림단 의거로 체포되었을 당시 경찰 조사에서 곽종석, 김창숙, 이중업과 더불어 김황을 파리장서운동의 주도자로 지목했다(경상북도경찰부, 「손후익 경찰 신문조서」(제1회), 1926.5.14(남부희 편역, 『제2차 유림단 사건-독립운동사 자료집-』, 불휘, 1992, 77쪽 수록).
45) 장석영은 3형제 가운데 막내로, 위로 형 張錫藎과 張錫薰이 있었다. 장시원은 비서원승을 지낸 장석신의 2남이다(『仁同張氏大同譜』 3(回想社, 1998), 245쪽].

과 곽종석이 작성한 독립청원서(초안)을 숙부에게 전달했다.[46]

또 다른 인물은 송준필 측의 송규선(1887~1948)과 송수근이다. 이들은 영남 일대를 순방하던 김창숙의 임무를 분담했다. 김창숙이 경성을 떠나 처음 도착한 곳은 자신이 거주하던 성주였다. 그런데 김창숙이 성주로 돌아온 이후 3일간 행적은 대부분 베일에 싸여 있다. 이 부분은 김창숙의 회고기인 『벽옹일대기』에도 생략되어 있어 궁금증을 자아낸다. 『벽옹일대기』에는 김창숙의 3일간 행적이 귀가(성주) → 모친 간호 → 3일 뒤 봉화 방문 등으로 짧게 기술되어 있을 뿐이다.[47]

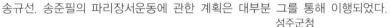

송규선. 송준필의 파리장서운동에 관한 계획은 대부분 그를 통해 이행되었다.
성주군청

46) 張錫英, 『先文別集』 智(후손 장세민 소장), 「黑山日錄」, 7a쪽.
47) 『躄翁一代記』, 75쪽.

그런데 이와 관련해 송준필 측(宋仁根)의 기록인 「潘中實記」와 장석영의 기록인 「黑山日錄」을 주목할 필요가 있다. 송준필은 3월 9일경 冶城宋氏 忠肅公派 종택인 百世閣에서 문중의 청장년들을 모아 놓고 회의를 열어 독립청원운동에 참여하겠다는 의사를 밝혔다.[48] 이때 족숙인 송규선이 가장 먼저 지지 의사를 밝혔다. 그리고 다음 날인 3월 10일경 김창숙이 백세각을 방문했다. 「심중실기」와 「흑산일록」의 해당 내용을 살펴보자.

① 다음날(3월 10일경-이하 괄호 안 인용자) 오후 김창숙 어른이 백세각을 방문했다. …… 大人(송준필)께서 말씀하시기를 "… 내일 응당 (송)규선과 함께 (곽종석의 거처가 있는) 茶田에 가서 의견을 수렴한다면 이 어른(곽종석)도 기꺼이 선두가 될 것이다. 이 어른께 '巴里章書'를 작성하게 하고 각처를 분담해 가서 유명인사의 명첩을 거두되 반달 이내로 한다면 성취가 어떨까?"라고 하자, 김 어른이 알겠다고 하고 **규선 어른과 함께 다전을 향해 떠났다.**[49] (「심중실기」)

② (3월 14일경) 俛宇(곽종석)가 보낸 편지를 回見하니, '이 문장이 과격하여 사용하기에 적합하지 않으므로 부득이 자신이 작성한 문서 1통을 사용하게 되었다'며 내(장석영)게 點化를 요청하였다. … 이

---

48) 「심중실기」에 의하면, 송준필은 곽종석 측의 요청으로 독립청원운동에 참여한 것이 아니라 3월 초 백세각을 방문한 이달필로부터 경성의 동정을 전해 듣고 3월 10일경 문중회의를 통해 독자적으로 독립청원운동을 진행하겠다는 결심을 굳힌 것으로 기술되어 있다(『國譯 儒林團獨立運動實記』, 원문편, 25~28쪽).

49) 『國譯 儒林團獨立運動實記』, 원문편, 27쪽, "明日午後, 金昌淑丈, 來訪于百世閣. … 大人曰 … 明當與圭善, 同往茶田收議, 則此丈亦樂爲之前矛矣. 使作巴里章書, 然後分往各處, 收有名人士, 限半月, 成就如何? 金丈曰, 諾. 同圭善丈, 向茶田去." 다만 필자가 확인한 원본「심중실기」(송재소 소장)에는 김창숙이 백세각을 방문했다는 내용은 보이지 않고, 문중회의 다음날 송준필이 송규선을 김창숙에게 보내 독립청원운동 문제를 상의하라고 지시했고, 그로부터 10여 일 후 송규선·김창숙이 각지에서 수합한 서명자 명단을 가져왔다는 내용만 기술되어 있다(宋仁根, 「潘中實記」, 3a~b쪽). 「심중실기」 원본과 간행본 사이에 나타나는 내용의 미세한 차이로 인해 문헌비판의 필요성과 주의 깊은 해독이 요구된다.

서한(곽종석이 보낸 독립청원서 초안)을 보고 내가 첨삭을 가하여 **高山의 송규선을 다전에 보내게 했다.**[50] (「흑산일록」) (굵은 글씨-인용게)

위 인용문을 보면, 「심중실기」와 「흑산일록」 모두 김창숙이 송규선의 도움을 받아 일을 진행한 것으로 기술했다. 즉 송규선은 송준필의 지시로 김창숙과 함께 다전에 가서 곽종석에게 독립청원서 집필을 요청한 뒤 서명자 명단을 수합했을 뿐 아니라 곽종석이 '작성'하고 장석영이 '첨삭'한 독립청원서 초안을 다시 곽종석에게 전달했다. 이것이 바로 『벽옹일대기』에 기록되지 않은 김창숙과 송규선의 행적이다. 두 기록 모두 김창숙과 더불어 송규선을 비중있게 다뤘다.

한편 이달필은 고종의 인산을 참관하기 위해 상경했다가 성주로 돌아와 송준필에게 경성에서 진행되고 있는 독립청원운동 소식을 전달했다.[51] 또한 송준필의 3남인 송수근은 3월 9일경 송준필이 문중회의 직후 장석영에게 운동 동참을 요청하기 위해 작성한 편지를 장석영에게 전달했다.[52]

다만 이 과정에서 이해가 되지 않는 부분이 있다. 김창숙의 거처가 있는 성주 사도실(경북 성주군 대가면 칠봉리 소재) 의성김씨들의 반응이다. 사도실은 600년 전통의 의성김씨 동족마을이고, 김창숙은 金宇顒을 파시조로 하는 문정공파의 14세 종손이었다. 그런데 파리장서운동에 대한 사도실마을의 반응은 전혀 확인되지 않는다. 그가 봉화의 바래미[海底]를 방문했을 때 친족들의 환대를 받은 것과 대조적이다.[53]

---

50) 「黑山日錄」, 7a~11a쪽, "其回見俛書曰, 此文過激, 不合於用, 不得已用自己所作文書一本以來, 而要我點化之. 其文曰, … 旣見此書, 余略加筆削, 而使高山宋奎善, 送于茶田."

51) 『國譯 儒林團獨立運動實記』, 원문편, 24쪽.

52) 『國譯 儒林團獨立運動實記』, 원문편, 26쪽.

이는 아마도 아버지 김호림이 동강 김우옹의 종손으로 사도실에 입
양된 사실이나 김호림·김창숙 부자의 성주 정착 기간이 짧았던 사실
과 관계가 있는 것으로 보인다. 김창숙은 성주 사도실에서 태어났지만,
부친 김호림은 원래 봉화의 바래미에서 태어난 開巖公派(金宇宏)의 후
손이었다. 김창숙의 부친은 당시 관행과 달리 혈통이 다른 성주 사도
실의 문정공파의 종손으로 입양되었다.54) 이처럼 혈통을 달리하는 성
주 사도실 의성김씨들의 비협조적인 태도로 인해 김창숙은 성주의 또
다른 유력 가문 출신 송규선(야성송씨)과 鄭宗鎬(청주정씨)의 도움이
더욱 절실했을 것이다.

2) 제2기 : 동지 규합과 자금 모집

독립청원운동의 세부계획이 수립되자 독립청원서에 서명할 인사들
을 물색하고 이들을 만나 서명을 권유하는 일이 진행되었다. 이 일은
언뜻 보면 간단해 보이지만 생각처럼 쉽지 않은 일이었다. 3월 초 만세
시위가 지방으로 급속히 확산되자 일본 경찰이 주요 도로를 통제하고
낯선 외지인의 왕래를 단속했기 때문이다.

독립청원서 서명자들이 서명 의사를 밝히는 방법은 다양했다. 李能
學은 본인이 독립청원운동 소식을 듣고 직접 장석영을 찾아가 서명 의

---

53) 김창숙의 독립운동에 대한 봉화 바래미와 성주 사도실 친족의 대조적인 반응은
   1919년 파리장서운동은 물론이고 1925~1926년 제2차 유림단 의거나 1940년 창씨개
   명 당시에도 마찬가지였다. 1925~1926년 김창숙의 자금 모집을 도왔다가 체포되어
   유죄를 받은 인물 중 의성김씨는 대부분 봉화 바래미 출신이었다. 또한 1940년 의
   성김씨 문정공파 종손인 김창숙의 격렬한 반대에도 불구하고 사도실 마을의 의성
   김씨 친족 80% 이상이 창씨에 동참하고 김창숙이 창씨를 한 친족들을 격렬히 비난
   하며 교제를 끊은 사실이 확인된다(서동일, 「성주 사도실마을의 창씨 실태와 유림
   김창숙의 반대 논리」, 『한국근현대사연구』 70, 2014, 110~112, 117쪽).
54) 최미정, 「경북 봉화 의성김씨 문중의 유림단 의거 참여」, 『한국독립운동사연구』 49,
   2014, 94쪽.

사를 밝혔지만,[55] 대부분의 서명자들은 김창숙 등이 지방을 순방하며 서명을 권유할 때 동조한 것이었다. 그런데 접촉대상이 먼 곳에 있는 경우에는 별도의 인물들이 김창숙의 '손'과 '발'의 역할을 하였다.

이런 측면에서 김창숙의 지방 방문→동지 규합→이동 준비→경찰 추적 감지→임무 분담으로 이어지는 과정을 잘 보여주는 사례가 있다. 다음은 『벽옹일대기』에 실린 3월 16일~3월 19일경 봉화 바래미에서의 김창숙의 행적이다.

> 그날(3월 16일경-이하 괄호 안 인용자) 선생(김창숙)은 봉화군 海底里에 도착해 四從姪 金鴻基 집에 들어가 昌百과 문중 친척 여러 명이 모두 모여 밤이 늦도록 촛불을 돋우어가며 심충을 풀으니 여기서도 동지로서 제휴한 **문중 친척 중 漢植·賞植·昌洄·昌道·홍기 등** 7,8인과 밀실에서 회합하여 선생이 여기 온 뜻을 전하니, 모두가 오히려 먼저 나서지 못한 것을 서운해 하며 크게 동의하며 **각자 힘 있는 대로 일을 분담**하니 …
>
> 다음날(3월 17일경) 창백·홍기 두 사람과 선생이 문중에 어른을 찾아 뵙고 거사에 관하여 말씀드린 후 이튿날(3월 18일경) 창도의 집에서 일가 30여 명이 한 자리에 둘러앉아 술자리가 벌어져 이야기에 꽃을 피우는 중 갑자기 나온 **일경 한 명이 선생을 불러내어** 맹렬한 기세로 무엇인가 의혹의 실마리를 끄집어내려고 하였으나 거사의 내용은 추호도 알지 못하고 한 시간 반 동안 **취조한 끝에 술자리를 해산**시키고 돌아갔다. 이러한 광경을 목격한 여러 사람들은 두려움이 생겨 선생의 여행을 중지하라고 만류하였다.
>
> 다음날(3월 19일경) 선생은 정오가 되자 **權相元·權命燮과 만나 의논**한 후 전날의 형사의 동태를 묻고 (선생의) 안동·예안행을 극력 반대하여 **安·禮·奉·榮(안동·예안·봉화·영주) 등 각 곳의 연락은 자기들이 할 것을 약속**한 뒤 한시바삐 선생이 성주로 해서 상경할 것을 종용했다.[56] (굵은 글씨-인용자)

---

55) 「黑山日錄」, 11a쪽.
56) 『躄翁一代記』, 75쪽.

위 인용문을 보면, 김창숙은 성주를 떠나 봉화 바래미에 도착했다. 김창숙을 반갑게 맞이한 것은 앞서 언급했듯이 의성김씨 친족들이었다. 이들은 할아버지 代로 거슬러 올라가면 피를 나눈 친족이었다. 김창숙은 평소 가까이 지내던 김창백(1879~1942), 김홍기(1884~1954)와 김한식, 김상식, 김창순, 김창도 등을 따로 불러내 독립청원운동에 관한 계획을 솔직히 털어놓았다. 김창백 등은 흔쾌히 협조 의사를 밝혔고 적극적으로 역할을 분담했다.

그런데 낯선 외지인의 오랜 체류와 문중의 부산한 움직임을 수상히 여긴 일본 경찰이 마을을 급습해 김창숙을 취조했다. 김창숙은 유연한 대응으로 위기를 넘겼지만, 친족들이 김창숙의 다음 순방을 극구 말렸다. 바로 옆 마을인 닭실[酉谷]에서도 같은 반응이 나왔다. 안동권씨들은 안동, 예안, 봉화, 영주 일대의 연락은 자신들이 맡겠다고 자원하였다. 김창숙은 이들의 조언을 받아들였다.

그 결과 『벽옹일대기』에는 경북 중북부 일대의 동지 규합에 관한 언급이 없지만, 다수의 서명자가 나올 수 있었다. 안동의 金秉植·金翊模·柳淵博·유필영, 예안의 이만규, 봉화의 권명섭·權昺燮·權相道·권상원·權相翊·金建永·金順永·金昌禹, 영주의 金東鎭·金澤鎭·丁泰鎭 등이다. 봉화의 의성김씨 친족과 안동권씨들의 적극적인 협조가 있었음을 짐작할 수 있다.

그런데 김창숙이 지방순방 일정을 성주에 이어 봉화로 잡은 점은 운동의 흐름상 매우 중요한 의미를 지닌다. 김창숙은 아마도 경성에서 성주로 돌아오는 동안 영남을 포함한 지방 유림의 협조를 확신할 수 없었을 것이다. 그러나 고향이나 다름없는 봉화에서 친족과 유력 문중의 전폭적인 지지를 얻음으로써 다음 행보를 자신 있게 이어 갈 수 있었다. 즉 경북 중북부 일대에서 동지 규합에 나설 인력과 초기 활동에 필요한 자금을 획득함으로써 운동에 필요한 최소한의 동력을 확보한 것이다.

이밖에 문중 차원의 도움을 준 인물로는 진주의 하익진(1878~1947)이 있다. 그는 서명자인 河載華의 아들로, 3월 25일 하재화·하재국·河謙鎭·하영규·河鳳壽·河泳斗 등 진양하씨의 서명자 명단을 김황에게 전달했다.[57]

한편 파리장서운동의 중심인물들은 젊은 제자들을 각지에 파견해 서명을 권유하기도 했다. 이런 상황을 잘 보여주는 것이 3월 14일의 상황이다. 다음은 「기미일기」의 일부이다.

> (음력 2월-이하 괄호 안 인용자) 13일 乙丑. 文佐公(김창숙)을 기다렸으나 오지 않았다. 또 허송세월을 보낼 수가 없기에 드디어 귀갓길을 출발하였다. **俛宇翁(곽종석)께서 진주 서부[晉西]에 가도록 명하시고 長書**일을 수처에 알리라고 하셨다. **또 士文(金銖)은 의령, 李子剛(李泰植)은 칠원, 裵炳翰은 수처에 가도록 명하셨다.** 명을 받들고 나갔다.[58] (굵은 글씨-인용자)

위의 기록은 주로 경남권의 진행상황을 보여준다. 곽종석은 진주, 의령, 칠원 등 경남 서부 일대에 20~30대의 젊은 제자들을 파견했다. 이들은 각지를 분주히 오가는 '현장 일꾼'의 역할을 맡았는데, 이들이 만난 사람은 주로 이진상의 初傳, 再傳 제자였다. 그 대표적인 인물이 진주 士谷의 하겸진(서명자)이었다.[59] 제자들의 파견 시기(3월 중순)와 지역(경남 진주·의령·칠원), 파견된 제자에 대한 곽종석의 신뢰, 최

---

57) 「己未日記」, 1919년 2월 24일, 41쪽.
58) 「己未日記」, 1919년 2월 13일, 39쪽, "待文佐公, 不至. 又不可曠日, 遂發還. 俛翁命往晉西, 以長書事, 告于數處. 又命士文往宜寧, 李子剛漆原, 裵文羽數處. 奉命而出."
59) 임경석, 「파리장서 서명자 연구」, 449~450쪽.

김창숙이 국내로 보낸 파리장서. 제목이 「정파려평화회」로 적혀 있다.
마지막 부분에 '국민신보사 인쇄국은 열어 보라'라고 하였다.
독립기념관 소장 (복제본)

종 확정된 서명자 명단을 감안하면, 김황·김수·배문창 등의 주요 임무가 서명자를 규합하는 일이었음을 짐작할 수 있다.

  그러나 이들도 짧은 시간 내에 많은 서명자를 규합할 수 없었다. 따라서 이들은 더 많은 서명자를 규합하기 위해 또 다른 동조자를 동원했다. 그 대표적인 사례가 경남 산청에 사는 박응종(1893~1919)이었다.[60] 김황은 3월 20일 박응종의 집에 머물다 다음 날 박응종과 함께 진주에 가서 金南의 趙顯珪(서명자), 사곡의 하재화·하겸진을 만났다. 이어 3월 22일 이수안(서명자)을 만나기 위해 하동으로 가려고 했다. 하지만 그곳으로 통하는 대로가 연일 이어진 시위로 경계가 삼엄하여 통행하기 어려웠다. 이에 박응종은 홀로 사잇길로 가겠다며 역할 분담을 자청했다. 김황은 박응종의 제안을 받아들였고 대로를 피해 산청 자택으로 돌아왔다.[61]

---

60) 임경석, 「파리장서 서명자 연구」, 449쪽.
61) 「己未日記」, 1919년 2월 21일, 41쪽 ; 「記巴里懇書事」, 1919년 2월 21일, 79쪽.

한편 영남 일대를 순방하고 있던 김창숙은 몇몇 인물들에게 연락의 사무를 맡겨 각지의 진행상황을 신속히 보고하도록 했다. 이런 임무를 맡은 인물이 일부 확인된다. 김창숙이 성주를 떠나 봉화로 향할 때 성주의 연락 사무를 부탁한 이기철(3.11경)[62]과 김창숙이 경남[嶺右] 일대의 연락 사무를 부탁한 송규선(3.18)[63] 등이다.

3월 하순 독립청원서 집필과 서명자 명단 수합은 어느 정도 마무리되고, 독립청원서를 파리 국제평화회의에 발송하는 일만 남겨 두게 되었다. 여기에는 막대한 자금이 소요될 것으로 예상되었다. 자금 모집에 관한 내용은 사료를 통해 파악하기 어려운 부분인데, 출국을 앞둔 시점인 3월 20일경 송회근(1877~1949)과 여보회(1861~1942)가 김창숙에게 자금을 제공한 사실이 확인된다. 다음은 「심중실기」의 일부이다.

그 후 10여 일 만에(3월 20일경-이하 괄호 안 인용자) … 곽종석이 지은 파리장서가 갖추어지고 모든 名帖 준비가 끝나니 金心山(김창숙) 어른이 巴里에 가겠다고 자원하였다. 그의 의기는 이미 목숨을 버릴 각오가 되어 있었으므로 사람들이 감복하였다. **從兄 회근**이 말하기를 "산하가 만 리인데 어찌 자금 없이 도달할 수 있겠습니까?"라고 하며, **노자 1,000원을 내어 수근을 시켜 전달**하였다. 출발할 무렵에 이르러 **大人**(송준필)께서 수근에게 말씀하기를 "내가 알기로 **復明洞 여보회는 뜻있는 사람이다. 네가 즉시 찾아가서 말씀드려 보라**"고 하여, 수근이 밤을 이용하여 呂氏 어른께 찾아가서 그 사실을 모두 이야기하니, **여씨 어른께서 잘 듣고 흔쾌히 따르며 2,000원을 도와주셨다.** 다음 날 새벽에 심산을 찾아가 전해주니, 심산이 전대에 넣고, 진주 李吉浩의 처소로 향하여 갔다.[64] (굵은 글씨-인용자)

---

62) 金昌淑, 「己未儒林團 事件에 關한 追憶의 感想」, 독립기념관 소장(사진).
63) 「己未儒林團 事件에 關한 追憶의 感想」.
64) 『國譯 儒林團獨立運動實記』, 원문편, 27~28쪽, "厥後十餘日, 昌淑圭善二丈, 各收國內諸某某名帖而至. … 郭鍾錫所作巴里書, 具諸名帖旣畢, 金丈自願赴巴里, 其義氣已覺

송회근은 어떻게 김창숙에게 자금을 제공하게 되었을까? 전후 상황을 이해하기 위해서는 먼저 송회근과 송준필의 관계를 살펴볼 필요가 있다. 송회근은 야성송씨 충숙공파 14세 종손으로, 송준필의 조카였다. 그는 18세(1905년)의 어린 나이에 부친을 여의고 모든 개인사와 문중일을 숙부 송준필에게 묻고 의지하였다. 송회근이 개인적으로 크게 의지하는 인물인 송준필이 독립청원운동에 나섰으므로, 송준필의 활동을 돕는 김창숙에게 선뜻 많은 자금을 제공할 수 있었던 것이다.

그렇다면 여보회는 어떤 계기로 김창숙에게 자금을 제공했을까? 여보회 역시 먼저 송준필과의 관계를 살펴볼 필요가 있다. 우선 여보회는 서명 의사를 밝힌 것으로 추정되는 인물이다.[65] 다시 말해 독립청원운동에 적극적인 태도를 보였다. 이는 송준필의 처가가 성산여씨라는 점과 무관하지 않을 것이다.[66] 呂相武는 송준필의 처남인데, 그의 동생 여상윤(1856~1942) 역시 서명 의사를 밝혔다.[67] 이처럼 송준필의 처가인 성주의 성산여씨들은 송준필이 참여하는 독립청원운동에 호의적인 태도를 보였고, 그런 까닭에 송준필이 스스럼없이 재정적인 도움을 요청할 수 있었을 것이다.

捨生, 令人感服. 從兄晦根日, 山河萬里, 豈無資金而可達者耶? 乃捐所帑金壹仟圓, 使壽根傳達. 臨發大人魚壽根日: '吾知復明洞呂輔會有志人, 汝直往探聽焉' 壽根乘夜訪呂丈, 具言其實, 呂丈欣然聽從, 以二仟圓金助之. 翌曉, 赴金丈收口, 而向晋州李吉浩處去."

65) 『國譯 儒林團獨立運動實記』, 원문편, 21쪽.

66) 송준필은 본래 야성송씨 충숙공파 12세 종손 宋祺善의 2남으로 태어났으나, 후사가 없는 宋大善에게 입양되었다. 송준필과 송회근·성산여씨(여보회)의 혈연관계에 대해서는 『冶城宋氏忠肅公派譜』 권上(大譜社, 1995), 64~65, 71, 77~79쪽 참조.

67) 呂相武(1874~1946)는 여상윤의 형으로, 성주 樹村伯派 종손인 呂永冑에게 입양되었다. 그런데 여영주의 첫째 사위가 바로 송준필이었다[『星山呂氏大同譜』 권2(譜文社, 2006) 333~337, 814~821쪽].

3) 제3기 : 대표파견 지원과 독립청원서 발송

독립청원운동의 최종단계는 독립청원서를 파리 국제평화회의에 제출하는 일이었다. 우선 해외파견대표에는 이 활동을 기획하고 서명자 규합과 자금 모집, 독립청원서 문안 확정 등을 주도한 김창숙이 자천·타천으로 임명되었다. 그런데 아쉽게도 그는 프랑스는 물론이고 중국을 여행한 경험이 없었다. 김복한 계열의 독립청원운동에 참여하여 출국을 준비하던 임경호가 1910년대 초·중반 중국을 여러 차례 왕래한 경험이 있는 것과 크게 대비되었다. 따라서 출국문제에 관한 한 김창숙은 곽종석의 조언에 크게 의존하였다.

김창숙은 3월 21일경 상경을 앞두고 다시 거창의 곽종석을 찾아갔다. 지방 순방의 마지막 일정이었다. 이 자리에서 김창숙은 곽종석과 함께 파리장서 문안을 확정했다. 곽종석은 김창숙에게 국외에 파견할 대표단의 구성, 소지품 준비, 재중 조선·중국 인사와의 협력 방안, 출국 후 연락 방안 등에 관해 구체적으로 조언했다. 그는 김창숙을 도울 인물로 이현덕(1887~1964)을 지목했다. 『벽옹일대기』의 해당 내용을 살펴보자.

> (김창숙과 독립청원서의 문안 수정을 끝낸 뒤-이하 괄호 안 인용자) 면우는 … 선생(김창숙)을 친히 불러 … "이후로 유림 운동의 모든 책임이 군의 양 어깨에 내려졌으니 군은 모름지기 千萬自重 하여 매사를 어린싹을 보호하듯 하라. 그리고 운동방책에 관해서는 **해외에 파견할 책임자로는 이현덕 군을 보내겠으니 현덕 군과 더불어 불일 출발하여야 한다.**" 특명을 받은 선생은 모기 등에 태산을 진듯한 느낌이어서 …[68] (굵은 글씨-인용자)

위의 인용문에 의하면, 곽종석은 국외에 파견할 대표로 김창숙, 부대

---

68) 『躄翁一代記』, 77쪽.

표로 이현덕을 지목했다. 논란이 되는 것은 이현덕의 협조 여부이다. 김창숙의 각종 회고기에 의하면, 이현덕은 3월 말까지 김창숙 등과 만나기로 한 약속장소(경성)에 나타나지 않았다. 이현덕의 합류를 기다리던 유진태·이득년 등은 계획 차질을 우려해 김창숙에게 朴敦緒만 대동한 채 떠날 것을 권유했다.[69] 이현덕의 약속 불이행은 자칫 독립청원운동 전체에 악영향을 끼칠 수 있었다.

그렇다면 이현덕은 김창숙의 활동을 돕는 일에 소극적이었을까? 일설에는 그가 상경을 준비하던 중 치한을 만나 금품을 빼앗겼고, 이 과정에서 상경할 수 없었다고 전한다. 그러나 '치한' 운운하는 말이 실제였든 경찰의 감시로 인해 이동이 불가능한 상황을 설명하기 위한 변명이었든 이현덕이 약속을 어긴 사정을 설명하기에는 부족해 보인다.

그러나 이현덕이 자신에게 주어진 임무를 회피했다고 보기는 어렵다. 이현덕은 李承熙·곽종석의 제자로,[70] 한주학맥에서도 전도가 유망한 인물이었다. 그의 스승 이승희는 1910년대 초 한흥동 경영의 실패를 거울삼아 서간도에 새로운 한인촌을 건설하는 일에 몰두하면서 곽종석에게 망명을 재촉했는데, 이때 국내와 중국을 오가며 비밀서신을 전달한 인물이 이현덕이었다.[71] 그만큼 신뢰가 두텁고 국외 사정을 잘 아는 인물이었다.

한편 이현덕은 여러 방면에서 파리장서운동을 지원한 사실이 확인된다. 그는 3월 초 곽윤 일행과 마찬가지로 경성에 체류하고 있었다. 이때 김창숙은 성태영, 김정호, 윤중수 등과 독립청원운동에 관해 협의

69) 『躄翁一代記』, 100쪽.
70) 이현덕은 이승희와 곽종석의 제자이다(金炳浩, 『儒學淵源錄』, 大韓公報社, 1982, 708쪽 ; 郭鍾錫, 『俛宇集』 4, 「俛門承敎錄」, 830쪽).
71) 서동일, 「1910년대 韓中 儒林의 교류와 孔敎運動」, 『한국민족운동사연구』 77, 2013, 175쪽.

했고,[72] 김황과 이현덕에게 급히 거창으로 내려가 곽종석에게 자신의 계획을 전달해 달라고 부탁했다.[73] 3월 말에는 부친 이수안을 포함해 박규호·河龍濟(경남 산청)의 서명 의사를 김황에게 전달했다.[74] 더욱이 이현덕 자신도 서명 의사를 밝혔다.[75] 따라서 이현덕은 긴급한 사정으로 김창숙의 중국행에 합류하지 못했을 뿐 파리장서운동에 소극적이었다고 보기는 어렵다.

압록강 철교. 김창숙도 기차를 타고 이 다리를 건넜을 것이다.
e뮤지엄 (국립중앙박물관 소장)

---

72) 「記巴里愬書事」, 1919년 2월 25일, 81쪽.

73) 『躄翁一代記』, 72쪽.

74) 「己未日記」, 1919년 2월 24일, 41쪽.

75) 「記巴里愬書事」, 1919년 2월 25일, 79쪽. 하지만 1家 1人 서명 원칙에 따라 최종 명단에 포함되지 못했다.

이밖에 김창숙의 출국과 재중활동을 도운 인물들이 있다. 경남 마산의 항구상인인 김창탁(1881~1960)은 친족 김창숙이 국경까지 이동하는데 편의를 제공했고,[76] 중국어에 능통한 박돈서는 김창숙이 중국행에 동행했으며,[77] 중국 安東縣에서 곡물상점을 운영하던 박광(1882~?)은 안동현에서 김창숙을 만나 국내외 간 연락을 약속했다.[78] 윤현진(1892~1921)은 김창숙의 요청으로 한문본 파리장서를 영문으로 번역했다고 전해진다.[79]

통합 대한민국 임시정부 성립 직후 동료 국무원들과 한 윤현진(1919.10)
국사편찬위원회 우리넷

---

76) 『重齋先生文集(附錄)』 13, 「隨記」, 94쪽.
77) 「躄翁七十三年回想記」(上編), 313쪽. 김창숙의 회고와 달리 김황은 박돈서가 중국 펑톈에서 합류했다고 하였다(「記巴里恩書事」, 81쪽).
78) 『躄翁一代記』, 101쪽.
79) 『躄翁一代記』, 107쪽.

4. 유교계 독립운동의 연속과 단절

　파리장서운동은 처음 이 활동을 기획한 인물과 파리장서에 서명한 인물, 그리고 실무를 맡은 인물들의 유기적인 협조 속에 순조롭게 진행되었다. 협력자의 활동은 일부 서명자와 동선이 중복되었으나, 협력자들은 서명자들이 미처 감당하지 못하는 영역까지 파고들어 다양한 역할을 수행했다. 파리장서운동이 짧은 시간에 많은 인력을 동원되었음에도 불구하고 경찰에 발각되지 않은 것은 협력자들이 광범위한 지역에서 신속하게 활동했기 때문이다.[80]

　그런데 협력자들이 파리장서운동에 대한 신념을 끝까지 잃지 않고 운동 자체에 집중할 수 있었던 것은 곽종석과 김창숙 등 중심인물들이 협력자들에게 파리장서운동의 명분과 실리에 대해 충분히 설명하려고 꾸준히 노력했기 때문이다. 즉 젊은 협력자들도 유림이 '오랑캐'에게 독립을 호소하는 행위가 적절한 것인지 확신하지 못했다. 이에 곽종석은 파리장서운동이 '儒者의 본색'은 아니지만 "국가를 위한 의무일 뿐만 아니라 실로 역시 유림의 지위를 위해 부득불 그렇게 한 것"이라고 설명하여[81] 협력자들의 의혹을 다소간 해소시켰다. 이후 협력자들은 파리장서운동의 명분과 가치에 대한 확신 속에 1920년대 중반까지 스

---

80) 조선총독부는 파리장서운동 참가자들이 역량과 조직을 과수평가했다가 1926년 발생한 나석주 의거의 전모를 파악한 뒤 크게 당황했다. 이런 분위기는 당시 조선일보가 "경찰당국자들이 이들 학자나 유림을 업신여긴 것으로 별로 조사도 하지 않고 미심스러워도 생각지 않는 관계인바 여덟 해 동안이나 되는 사건은 이번이 처음이라더라"라고 보도한 데에서 잘 나타난다(『朝鮮日報』1927년 2월 12일, 「前後 8年 동안 쥐도 새도 몰라, 여덟해란 긴 세월을 활동했건만 경찰은 그 운동의 눈치도 못 채어, 神出鬼沒한 그 活動」, 2면).

81) 郭㴨, 『俛宇先生年譜』(1956) 권6, 22b~23a쪽. "方議長書, 門人金銖金槻侍坐, 先生曰, 今日之挺身出名而冒禍患, 殆非儒者本色, 然顧今事體, 實有異於古昔者, 安可固守常節而不一聲明哉? 吾所以爲此者, 非但爲國家義務, 實亦所以爲儒林地, 不得不然."

상하이의 와이탄.
상하이에 도착한 김창숙은 이곳에 들러 프랑스로 떠날 각오를 다졌을 것이다.
국사편찬위원회 우리넷

승과 동문 선배들이 제시한 독립운동 노선을 충실히 이행했다.

그 대표적인 사례가 1921년 '제3차 독립청원운동'[82]이었다. 1919년 제1차 독립청원운동(파리장서운동)이 별다른 성과없이 끝난 뒤 1920년 중국 난징정부 대통령 쑨원(孫文)과 군벌 우페이푸(吳佩孚)에게 독립 청원서를 보내려던 제2차 독립청원운동도 해외 파견대표인 이중업의 병사로 좌절되었다. 이어 1921년 가을 쑨원에게 독립청원서를 보내려

---

82) 제2차, 제3차 독립청원운동에 대해서는, 김희곤 외, 『봉화의 독립운동사』, 봉화군, 2007, 195~198쪽 참조.

김창숙이 통일적인 군사행동을 위해 만주의 독립운동세력과 접촉하고
있다고 보도한 『동아일보』(1923. 1. 19)

는 계획이 준비되었다. 김황은 제1차 독립청원운동, 즉 파리장서운동
에 이어 다시 한 번 독립청원서를 기초하는 역할을 맡았다. 결과적으
로 세 차례의 독립청원운동은 모두 실패로 끝났지만, 파리장서운동을
통해 공고해진 인적 연결망은 1920년대 중반까지 존속하였다. 이런 점
은 1923년 김창백, 김창탁이 김창숙의 지시에 따라 자금모집을 시도한
점에서도 엿볼 수 있다.[83]

파리장서운동의 협력자들은 1925년 독립운동기지 건설을 위한 자금
모집[84]의 주역으로 활약했다. 이 활동을 기획한 김창숙은 주요 접촉대

---

83) 경상북도경찰부, 「손후익 경찰 신문조서」(제1회)(1926. 5. 14)(『제2차 유림단 사건-독립
운동사 자료집-』, 80~81쪽).
84) 김창숙의 독립운동기지 건설 시도 및 군자금 모집 운동의 경과에 대해선, 金喜坤,
「제2차 유림단의거 연구-心山 金昌淑의 활동을 중심으로-」, 『大東文化研究』 38,

상으로 파리장서 서명자(137명)를 염두에 두었다. 그러나 옛 파리장서 서명자들의 반응은 냉담했다. 파리장서운동의 실패와 총독부의 참가자에 대한 탄압, 총독부 문화정치의 개막, 태평양회의 종료 이후 국내 독립운동의 퇴조는 유림과 부호의 독립운동 지원을 주저하게 만들었다. 이런 상황에서도 김창숙은 친족·인척[85]과 파리장서운동의 협력자들에게 다시 한 번 기대를 걸었다.

1925년 김창숙이 주도한 독립운동기지 건설운동에는 파리장서운동 협력자들이 파리장서 서명자에 비해 두드러진 모습을 보였다. 이들은 김창숙을 대신해 전국 곳곳을 누비며 자금을 모집했다. 대표적 인물이 김황, 곽윤, 김창백이었다. 김창숙은 비밀입국 후 경성에 숙소를 정하고 옛 동지들과 접촉을 시도했는데, 이때 처음 만난 인물이 김황과 곽윤이었다.[86] 두 사람은 초기에 소극적인 반응을 보였지만 1925년 10월 김창숙이 자금 모집을 독려하기 위해 新建同盟團을 결성하자 이에 가입하여[87] 곽종석 제자들이 다수 거주하는 경남 진주, 거창 등지에서 부호들을 대상으로 자금 모집 활동을 벌였다. 곽윤은 대구의 최해윤을, 김황은 진주의 하재화(서명자)를 만났는데,[88] 모두 한주학맥의 인물들이었다. 즉 김황 등은 옛 파리장서 서명자들의 협조가 예상보다 저조하자 학맥을 최대한 활용해 스승(곽종석)의 문집 간행과 독립운동 참여 사이에서 갈등하고 있는 동문들을 포섭하려고 했다.

김창숙이 가장 신뢰하는 친족(사촌동생)인 김창백[89]은 파리장서운

2001 참조.

85) 김창숙의 매제 李泳魯, 사돈 孫厚翼(둘째아들의 장인)·李在洛(둘째딸의 시아버지), 사돈의 처남 鄭守基가 그 대표적인 사례이다.

86) 金喜坤, 「제2차 유림단의거 연구-心山 金昌淑의 활동을 중심으로-」, 472쪽.

87) 金喜坤, 「제2차 유림단의거 연구-心山 金昌淑의 활동을 중심으로-」, 474쪽.

88) 경상북도경찰부, 「송영우 경찰 신문조서」(제2회)(1926.5.20)(『제2차 유림단 사건-독립운동사 자료집-』, 42~43쪽).

1927년 김창숙의 검거 사실을 대대적으로 보도한『조선일보』(1927.6.22)

동에 이어 이번에도 김창숙을 적극 도왔다. 그는 영주의 김동진(서명 자)에게 자금모집원이 될 것을 요구하고, 김창숙이 자금모집 독려차 마련한 1925년 12월 대구 회합과 1926년 부산 범어사 회합에 참석했다.[90] 또한 김창숙으로부터 '왜정기관의 파괴와 친일파 부호 박멸'에 관한 비밀계획을 들었다.[91] 파리장서운동 당시 김창숙을 국경 부근까지 안내한 김창탁이 이번에도 김창숙의 출국을 도왔다. 그는 김창숙이 모집한 자금 3,550원을 휴대하고 삼랑진역(현 경남 밀양시 삼랑진읍 소재)에서 김창숙을 만난 뒤 기차를 타고 경성을 거쳐 중국 펑톈(奉天)까지 동행했다.[92] 이밖에 배석하, 이기원, 이길호도 김창숙을 도왔다.

89) 경상북도경찰부는 김창숙이 입국할 경우 만날 가능성이 높은 친족으로 金聖林, 이길호, 이재락과 더불어 김창백을 지목했다[경상북도경찰부, 「김창숙 소재 수사보고서」(1926.4.8)(『제2차 유림단사건-독립운동사 자료집-』, 13쪽)].

90) 金喜坤, 「제2차 유림단의거 연구-心山 金昌淑의 활동을 중심으로-」, 475쪽.

91) 『躄翁一代記』, 187쪽.

92) 金喜坤, 「제2차 유림단의거 연구-心山 金昌淑의 활동을 중심으로-」, 477~478쪽 ;『躄翁一代記』, 186~189쪽.

이들은 1919년 파리장서운동 당시 서명자에 포함되지 않아 '법적 처벌'을 면했지만, 1925년 독립운동기지 건설운동에서는 권총을 이용해 자금제공을 요구한 것으로 밝혀져 처벌을 피하지 못했다. 이 활동으로 11명이 유죄(벌금형 포함)를 받았는데, 파리장서운동의 협력자였던 김창백은 징역 2년, 김창탁은 징역 10월 집행유예 2년을 받았다.[93] 김창백에게 언도된 징역 2년은 김창숙(징역 15년), 金華植·宋永祐(징역 3년)에 이어 가장 높은 형량이었다. 한편 김황은 체포되어 면소되었고,[94] 이기원은 7개월 옥고를 치렀으며,[95] 곽윤은 체포되었으나 지인의 도움으로 간신히 도망하여 한동안 도피생활을 했다고 전해진다.[96]

협력자들은 1925년 독립운동기지 건설운동 이외에도 몇 차례 독립운동에 참여했다. 경북 영주의 부호인 김교림은 1920년 張炳一에게 독립운동자금 400원을 제공했고,[97] 김천의 재력가인 이명균은 1920년 金燦奎 등과 함께 義勇團을 결성해 재무총장으로 활동하다 체포되어 면소되었다.[98]

이밖에도 협력자들은 1920년대를 풍미한 교육운동·언론운동·노동운동·청년운동·사회주의운동과 민족통일전선운동 등 민족운동에 참여했다. 이들이 파리장서 서명자에 비해 상대적으로 젊었을 뿐만 아니라 새로운 사상의 수용과 사회 참여에 적극적이었기 때문이다.

우선 언론·실업·교육·노동운동 방면에서는, 이현덕이 1920년 협성상회(진주) 중역을 지내고 1928년 중외일보에 관여했으며,[99] 金昌禧가

---

93) 宋永祐 등 12인 판결문(대구지방법원, 1927.3.29) ; 金昌百 판결문(대구지방법원, 1929.9.30).
94) 宋永祐 등 29인 예심종결결정서(대구지방법원, 1927.1.21).
95) 「隨記」, 90쪽.
96) 「隨記」, 92쪽.
97) 國史編纂委員會, 『韓民族獨立運動史資料集』 42(2000), 「김교림 신문조서」.
98) 李應洙 등 24인 예심종결결정서(대구지방법원, 1923.9.30).

1923년 조선민립대학설립기성회 봉화지부 집행위원,[100] 박돈서가 1921년 조선노동공제회 대표자(총 61명),[101] 李相勳이 1922년 조선노동공제회 대구지회 간사 및 1925년 경북청년연맹 기성위원[102]으로 활동했다.

노동운동에 참여한 인물들 중 일부는 사회주의 정당에 참여했다. 김응섭은 1924년 한족노동당에서 활동하고 1926년 조선공산당 만주총국 당위원을 지냈으며,[103] 이상훈은 1925년 조선공산당에 입당하여 활동하다 1928년 조선공산당 사건으로 징역 1년을 받았으며,[104] 박돈서는 1934년 국제공산당 사건으로 체포되어 검사국에 송치되었다.[105] 1880~ 1900년대생들이 사회주의 사상 수용에 적극적인 태도를 취했음을 보여준다.

민족주의·사회주의 계열의 민족운동은 1920년대 후반에 좌우합작 민족운동단체인 신간회의 결성을 계기로 연대를 모색했다. 박돈서는 1927년 신간회 경성지회에서 활동했고,[106] 김창희는 1929년 봉화지회 대의원에 선임되었으며,[107] 송규선은 칠곡지회 간사로 활동하고,[108] 송수근은 1927년 성주지회를 조직했다고 전해진다.[109]

---

99) 中村資良, 『朝鮮銀行會社組合要錄』, 東亞經濟時報社, 1921 ; 京城地方法院 檢事局, 『思想問題ニ關スル調査書類』 5, 「株式會社中外日報社創立總會ノ件」(京城 鐘路警察署長, 1928.11.24).

100) 『朝鮮日報』 1923년 6월 14일, 「民大 地方部, 봉화군과 개천군에서」, 3면.

101) 독립운동사편찬위원회, 『독립운동사자료집』 14, 1978, 114쪽.

102) 강만길·성대경 엮음, 『한국사회주의운동인명사전』, 창작과비평사, 1996, 341쪽.

103) 한시준, 『의회정치의 기틀을 마련한 홍진』, 탐구당, 2006, 38쪽 ; 신수백, 『만수시억 한인의 민족운동사(1920~45)』, 아세아문화사, 1999, 132쪽.

104) 강만길·성대경 엮음, 『한국사회주의운동인명사전』, 341쪽.

105) 『東亞日報』 1934년 1월 17일, 「國際共産黨事件 取調 半歲만에 送局」, 2면.

106) 『思想問題ニ關スル調査書類』 3, 「新幹會京城支會第二回定期大會開催ノ件」(京城 鐘路警察署長, 1927.12.11.).

107) 『東亞日報』 1927년 8월 31일, 「新幹 奉化支會 設立」, 4면 ; 『朝鮮日報』 1929년 1월 8일, 「新幹 奉化支會 三回 定期大會」, 4면.

108) 『中外日報』 1928년 7월 16일, 「漆谷 新支 幹事會 開催」, 4면.

한편 파리장서운동 이후 연이은 체포와 옥고의 경험이 파리장서 서명자들에게 식민권력에 대한 경계와 공포를 강화시켰듯이 1925년 김창숙의 독립운동기지 건설운동에 참여한 협력자들 역시 이런 경험을 했던 것으로 보인다. 또한 1922년 태평양회의가 별 다른 성과 없이 종료되자 독립에 대한 기대가 크게 저하되었다. 이런 상황은 자금모집기간 일부 인사들의 비협조적 태도로도 표출되었다.

김창숙은 애초에 20만 원을 자금 모집 목표로 삼고, 이길호에게 6만 원, 김교림에게 1만 원을 받는다는 계획을 세웠다. 그러나 예상은 크게 빗나갔다. 자금모집 대상자들은 '여비' 수준의 돈을 제공하거나 아예 거부하는 반응을 보였다. 김창숙은 가까운 친족과 동문마저 자금 제공에 소극적인 태도를 보이자 '폭탄 4개를 구입해 봉화와 진주에 폭탄을 던지지 않고는 못 참겠다'며 분을 삭이지 못했다.[110] 경북 봉화는 의성 김씨들이 거주하는 곳이고, 경남 진주는 동문들(면우학맥)과 인척이 거주하는 곳이다.

파리장서운동의 협력자들은 1925년 김창숙의 자금 모집 활동 이후 점차 독립운동에 소극적인 태도를 보였다. 독립운동에 참여하더라도 제한된 방식을 고수했다. 김창숙이 1919년과 1920년대 정세 변동에 따라 국내와 중국에서 독립청원운동, 독립운동기지 건설운동, 의열투쟁 등 다양한 독립운동을 시도했던 것과 달리, 협력자들은 1920년대 초까지 여전히 독립청원운동에 기대를 걸었다.[111]

---

109) 尹普鉉, 『慶北版 獨立運動實錄』, 中外出版社, 1974, 197~198쪽.
110) 경상북도경찰부, 「송영우 경찰 신문조서」(제1회)(1926.5.14)(『제2차 유림단 사건-독립운동사 자료집-』, 86쪽).
111) 金喜坤, 「제2차 유림단의거 연구-心山 金昌淑의 활동을 중심으로-」, 465 · 483쪽. 김희곤은 '제2차 유림단 의거'를 한국독립운동사에서 유림이 집단적으로 벌인 마지막 활동이라고 평가했다.

이러한 전조는 시간을 거슬러 올라가 1919년부터 관찰되었다. 1919년 3.1운동을 계기로 고조된 유림의 복벽주의적인 항일의식과 독립의 열망은 근대적 민족주의와 입장을 달리했고, 고종의 갑작스런 죽음에 대한 復讐의식과 왕조시대의 회복에 대한 기대가 복합적으로 작용하여 발생한 것이었다. 이런 유림의 한계를 단적으로 보여주는 것이 3.1독립선언 전야인 2월 28일 경성에서 김황과 임유동(1900~1950) 사이에 있었던 대화이다. 두 인물은 모두 곽종석의 제자였으나, 한 명(김황)은 구학문의 충실한 계승자였고, 다른 한 명(임유동)은 신학문의 수용자였다. 2월 28일 이들은 국권상실의 원인, 君權과 민권의 관계를 놓고 열띤 논쟁을 벌였다.

김황이 경성에 도착하여 가장 처음 수소문한 인물은 동문 후배인 임유동이었다. 그만큼 이들은 평소 친밀한 관계였다. 하지만 김황을 만난 임유동은 심기가 불편했다. 임유동의 눈에 비친 김황은 민족이 절체절명의 위기에 놓인 시점에 한가롭게 인산을 구경하러 상경한 철없는 시골서생에 불과했다. 임유동은 김황에게 국권상실의 원인을 묻고, 그 근본원인이 다름 아닌 유림의 뿌리 깊은 사대주의와 자국문화 경시 풍조에 있다고 공격했다. 나아가 중국사와 중국문화에 정통한 유림은 많지만 자국사와 자국문화에 정통한 유림이 있느냐고 지적했다.

이에 김황은 "만방에 법으로 삼을 만한 것이 하나라도 있다면 그것을 취한들 무슨 해가 되"겠느냐며, 오히려 "그대들의 내장에는 西國精神이 있어 祖國精神에 병이 되지 않을까 걱정"이라고 지적했다. 또한 "우리나라 500년이 공고하다가 개화가 되어 과연 어떻게 됐느냐"며 국권상실의 원인을 개항과 개화에 돌렸다. 이에 임유동이 임금도 제 역할을 하지 못하면 바꿔야 한다고 발언하자 김황은 분노가 극에 달하여 대화를 중단하였다.[112]

면우학맥(곽종석)은 유교계에서 서양과 근대문명에 가장 개방적인 태도를 취했지만, 근대문명과 식민지 현실을 바라보는 시선은 여전히 보수적이었다. 김황과 임유동은 모두 어려서부터 유교의 세례를 받고 3.1운동의 대열에 적극 동참했지만, 임유동의 눈에 비친 김황은 수구세력의 잔영에 불과했다.

한편 1920년대 중·후반 일부 인사들이 지역 유력자로서 식민지체제에 협조하는 태도를 보인 점은 눈여겨볼 필요가 있다. 송규선은 1927년 성주 초전면 면협의회원, 1930년 도평의회 후보, 1940년 초전금융조합 감사,[113] 하익진은 진주 수곡면 면협의회원,[114] 이길호는 1942년 미곡통제조합 창립총회 평의원[115]으로 활동했다. 또한 전시체제기의 개막과 함께 창립된 거대 유림단체인 조선유교회[116]에 참여한 인물도 보인

---

112) 「己未日記」, 1919년 1월 28일, 26~28쪽. "梘曰, 君輩出去日久, 必有所見, 爲我言學校之裏許. … 棟曰 … 吾輩曩時有國, 而今無國, 頃也揚揚, 固萬國之一, 今則蹙蹙然, 爲人下之不免, 是何故? … 吾國自有聖人, 吾國自有史冊, 吾國自有制度, 何之不足而必事支那也? 一箇事大字, 其禍至於今日, 則子輩之罪也. 梘曰, 事大者, 豈本心安乎? 抑勢之然也. … 豈獨支那萬邦, 有一可法, 則取之何害? 棟曰 … 吾邦則本無不足 … 其取之也, 不過大冠長袖, 褻然終日, 使之執一繩, 則已失之矣. 取之何爲? … 曾有儒者, 識本國史者乎? 曰, 奚爲不知也? … 梘曰, 君輩言吾人學華之非, 以要不失祖國精神也, 却恐君輩肚裏, 有西國精神, 其病於祖國精神 … 棟曰, 君爲民族之代表, 如車甬上人一般代表不善, 則自當身之, 何有於尊重而世守之? 梘曰, 君言至此, 尙復奈何? 遂謝罷二人, 瞲目送之日, 眞突兀漢也."

113) 藤村德一, 『朝鮮公職者名鑑』, 朝鮮圖書刊行會, 1927, 204쪽 ; 『中外日報』 1930년 2월 28일, 「各郡 道評 爭奪-星州」, 4면 ; 『朝鮮總督府官報』 1940년 5월 27일, 「商業及法人登記」, 6면.

114) 『朝鮮全道面職員錄 : 昭和二年』, 文鎭堂, 1927, 4쪽.

115) 『東亞日報』 1940년 2월 24일, 「晋陽米穀統制組合 創立總會를 開催(晋州)」, 6면.

116) 조선유교회의 성격에 대해서는, 친일적 성향을 의심하는 경우가 많지만(민족문제연구소 편, 『일제협력단체사전』, 2004, 572쪽), 송기식 등 조선유교회의 강사진의 면면을 감안하며 민족주의적 성향을 지닌 단체로 보아야 한다는 주장도 있다(黃英禮, 「安淳煥의 儒敎 宗敎化 運動과 鹿洞書院」, 철학과 영남대 박사학위논문, 2004). 다만 조선유교회가 설립된 시점이 만주사변 직후이고, 기존 유림단체들을 아우르는 거대 조직으로 결성되었으며, 주요 간부가 친일 성향이 농후한 인물들로 구성되었다는 점은 조선유교회를 민족주의(적) 단체로 보기 어렵게 만든다. 실제로 조

다. 김교림과 이기인은 발기인,[117) 송준필은 道學士,[118) 김홍기는 學正,[119) 김황은 經學士[120)에 선임되었다.

5. 맺음말

이 글은 파리장서운동에 참여한 인물들을 중심인물과 주변인물로 분류하고, 곽종석 · 김창숙 · 장석영 · 송준필 등 영남지역 중심인물들을 도운 주변인물들을 '협력자'로 명명해 인적 구성과 활동 내용을 살펴보았다. 이는 파리장서운동의 이념과 성격을 파리장서 서명자를 중심으로 이해하는 기존의 방식에서 벗어나 파리장서운동의 실질적인 추진 동력과 역동적인 전개 과정을 찾고, 1920년대 중반 이후 유교독립운동의 연속성과 단절성을 파악하려는 것이다.

현재까지 사료로 파악되는 파리장서운동 협력자는 69명이고, 이 중 영남지역 인물은 65명으로 확인된다. 곽윤과 김황은 잘 알려져 있지만, 송규선과 정종호 등은 기존 연구에서 다뤄지지 않은 인물들이다. 협력자들은 파리장서운동을 이끈 지도자나 파리장서 주요 서명자와의 혈연과 학연을 매개로 파리장서운동에 참여했다. 곽윤은 곽종석의 조카이고, 김황은 곽종석의 제자였으며, 송규선은 송준필의 족숙이었다. 특히 영남지역 협력자 중 사제관계가 정확히 확인되는 인물의 50%(17명)

선유교회의 주요 간부들은 1939년 설립된 친일유림단체인 조선유도연합회에 대거 참여했다.
117) 朝鮮儒敎會, 『朝鮮儒敎會刱立宣言書及憲章』, 1933, 23 · 50쪽.
118) 민족문제연구소, 『일제협력단체사전-국내 중앙편-』, 574쪽.
119) 『朝鮮儒敎會刱立宣言書及憲章』, 23쪽.
120) 민족문제연구소, 『일제협력단체사전-국내 중앙편-』, 574쪽.

가 곽종석의 제자로 파악된다.

협력자들은 중심인물과의 관계에 따라 맡은 역할이 조금씩 달랐다. 혈연을 매개로 투입된 인물들은 좁은 지역에서 단순하지만 신속한 처리가 요구되는 사안을 맡았다. 서신 전달, 파리장서(초안·수정안·최종완성본) 전달·淨書·보관, 동지 규합(서명 의사 확인), 자금 전달 등과 같은 사무였다. 반면 학연을 매개로 투입된 인물들은 상대적으로 복합적인 사무를 맡았다. 넓은 지역에서 다양한 인사들과 접촉하면서 파리장서 서명을 독려하고 자금을 확보하는 일이었다.

이들의 활동은 파리장서운동의 흐름에 맞춰 3단계로 진행되었다. 먼저 스승 또는 지방의 유교지도자들에게 운동의 취지와 개요를 설명하여 참여를 권유하고, 파리장서 집필을 요청했다(곽윤·김황·장시원·송규선·송수근). 이어 파리장서 서명자를 규합하고 자금을 모집하며 운동의 진행상황을 지도부에 전달했다(김황·송규선·정종호·하익진·이기철). 마지막으로 해외파견대표의 출국과정을 측면에서 지원했다(이현덕·박돈서·박광). 특히 송규선·정종호가 김창숙의 영향력이 미치지 않는 지역에서 서명자를 규합한 부분은 김창숙의 회고기에 기술되지 않은 사실로, 주목해야 할 부분이다.

파리장서운동의 협력자들은 대부분 2선 활동에 주력하여 파리장서에 서명하지 않았다. 그런 까닭에 기소되지 않은 경우가 많았고, 이로 인해 커다란 타격을 입지 않아 1920년대 유림독립운동의 주역으로 성장할 수 있었다. 특히 1925년 김창숙이 독립운동기지 건설을 위한 자금모집 목적으로 비밀리에 입국하자 파리장서 서명자와 김창숙의 친족·동문들이 협조를 꺼린 반면, 협력자들은 파리장서운동 당시의 풍부한 경험과 독립운동에 대한 신념을 바탕으로 김창숙을 적극 지원했다.

그러나 이들 중 일부는 1920년대 중반을 기점으로 민족운동과 독립운동의 대열에서 이탈했다. 이들은 1920년대 전반에는 파리장서운동의 중심인물인 곽종석·장석영·송준필 등이 추구한 독립운동 목적과 노선을 충실히 따랐지만, 국내외 정세 변동에 맞춰 새로운 사상을 수용하고 독립운동 노선을 보완하는 데에는 소극적이었다. 특히 1927년 이들의 구심점인 김창숙이 체포되면서 협력자들의 활동은 크게 위축되고, 일부 인사는 지방유력자로서 식민지체제에 순응하는 태도를 취했다.

〈별표〉 파리장서운동 협력자의 주요 활동

	성명	출생년도	나이(1919)	주소	학맥	주요 활동	근거
1	郭 奫	1881	39	경남 거창	곽종석	곽종석의 조카. 김창숙의 파리장서운동 제안 수락, 김창숙의 계획을 곽종석에게 전달, 파리장서 최종본 淨書	벽옹 108쪽
2	金教林	1865	55	경북 영주		김창숙과 영주지역 협조방안 모색	감상
3	金魯東*	1899	21	충남 홍성	김복한	김복한의 아들. 유호근에게 서명 권유	사가 5a쪽
4	金 銖	1890	30	경남 합천	곽종석	곽종석의 파리장서 기초 지시 사양. 곽종석 지시로 의령 방문	기미 38,39쪽
5	金愚植					김창숙이 출국 직전 차후 운동방향 논의	벽옹 91쪽
6	金應燮	1878	42	경북 안동		조선국권회복단 대표로 파리장서 휴대해 상하이 도착, 김창숙과 상봉	벽옹 103쪽
7	金震相	1890	30	경남 산청		거창의 윤정수를 김황 집으로 데려옴	중재 79쪽
8	金昌百	1879	41	경북 봉화		김창숙의 사촌동생. 봉화 바래미 방문한 김창숙과 회동	벽옹 75쪽
9	金昌鐸	1881	39	경남 진주		상인. 김창숙 출국 시 국경까지 안내	중재 94쪽
10	金昌禧	1897	23	경북 봉화	곽종석	부호 김뇌식의 아들	
11	金泰鎭					서명의사?	명첩
12	金瀅模	1856	64	경북 안동	김흥락	서명의사 표현(탈락)	실기 21쪽
13	金鴻基	1884	36	경북 봉화		봉화 바래미 방문한 김창숙과 회동	벽옹 75쪽
14	金 榥	1896	24	경남 산청	곽종석	김창숙의 파리장서운동 계획을 곽종석에게 전달, 파리장서 기초, 산청·진주 일대에서 동지 규합	벽옹 72쪽
15	金熙琫	1874	46	경북 창녕		경찰에 체포된 '사건관계자'	요사 252쪽
16	文存浩	1884	36	경남 산청	곽종석	부친 문용(서명자)과 함께 체포	심산 280쪽
17	朴 洸	1882	38	중국 안동		상인. 중국 안동현에서 김창숙으로부터 국내 외 연락 부탁받음	벽옹 101쪽
18	朴敦緖			경북 성주?		용산역에서 김창숙과 중국행 열차 탑승	벽옹 101쪽

19	朴膺鍾	1893	27	경남 산청	곽종석	진주에서 동지 규합	기미 41쪽
20	裵文昶	1864	56	경남 함안	〃	동지 규합	기미 39쪽
21	裵錫夏	1857	62?	경북 칠곡	이만도	관련자	벽옹 108쪽
22	孫晋衡	1870	50			이중업·장석영의 요청으로 조카 손 후익을 보내 돕게 하려다 실패	문암 35a-b쪽
23	宋圭善	1887	33	경북 성주	송준필	송준필의 독립청원운동 계획에 동 조, 김창숙을 백세각으로 인도, 김 창숙과 함께 다전 곽종석 방문. 서 명 의사 표명(탈락)	실기 27,51-52쪽, 판결(1919.5.20), 감상
24	宋象翼					관련자	형사사건부(1919)
25	宋壽根	1896	24	경북 성주	송준필	장석영에게 부친(송준필)의 편지 전 달, 동지 규합, 김창숙에게 여비 전달	실기 26-28,52-53쪽
26	宋寅建	1892	28	〃		송준필에게 서명자 명단 규합 의사 표명	겸헌
27	宋寅輯	1886	34	〃	송준필	이기정에게 서명 권유	실기 52쪽
28	宋鴻來	1866	54	〃		서명의사?	명첩
29	宋晦根	1877	43	〃		송준필의 조카. 서명의사 표명(탈 락), 김창숙에게 여비 1천 원 제공	실기 21,28,51쪽
30	安鍾默	1887	33	경북 영천		관련자	벽옹 108쪽
31	呂輔會	1861	29	경북 성주	장복추	서명의사 표명(탈락), 김창숙에게 여비 2천 원 제공	실기 21,28쪽
32	呂相胤	1855	65	〃		서명의사 표명(탈락)	판결(1919.5.20), 실기 21쪽
33	柳達永					서명의사?	명첩
34	柳淵龜			경북 안동		서명의사?	명첩
35	柳遠重	1861	59	경남 산청	정재규	서명의사 표명(철회)	중재 80쪽
36	尹正洙			경남 거창		김황·김진상 접촉	중재 79쪽
37	尹顯振	1892	28	경남 양산		파리장서 영문 번역	벽옹 107쪽
38	李教仁	1887	33	경남 영주	김동진	김창숙과 영주지역 운동 확대 방안 논의	벽옹 74쪽
39	李基元	1885	35	경북 성주	곽종석	'경찰에 체포된 '사건관계자'?(李基完)	요사 252쪽

40	李基允	1891	29	경북 성주	장석영	'경찰에 체포된 '사건관계자'	요사 252쪽
41	李基仁	1895	25	〃	이승희	거창에서 김창숙·곽종석 회견	백계 245쪽
42	李基轍			경북 거창?		김창숙으로부터 연락사무 부탁받음	단상
43	李吉浩	1893	27	경남 진주		김창숙의 매제. 성주 순방을 마친 김창숙의 다음 방문 대상자	실기 28쪽
44	李達秘			경남 산청	송준필	송준필에게 독립청원운동 권유	실기 24쪽
45	李明均	1864	56	경북 김천	곽종석	관련자	요사 250쪽
46	李炳喆	1883	37	경북 성주		경찰에 체포된 '사건관계자'	요사 252쪽
47	李相薰	1894	26	대구		부친(이윤)이 김창숙에 협력 지시	벽옹 108쪽
48	李永珪*				김복한	김복한 지시로 경성에 파견되어 임경호 접촉	지산 6a쪽
49	李 潤			대구		아들 이상훈에게 김창숙 협력 지시	벽옹 108쪽
50	李在洛	1886	34	경북 울산		김창숙의 사돈. 모의 가담	2차 130쪽
51	李貞基					서명의사?	명첩
52	李定基	1898	22	경북 성주	이두훈	서명의사 표명? 경찰에 체포된 '사건관계자'	요사 248,250쪽
53	李弪鎬					관련자	벽옹 108쪽
54	李鉉德	1887	33	경남 하동	곽종석	이수안의 아들. 경성에서 김창숙으로부터 협조 요청받음, 서명의사 표명(탈락), 김황에게 서명자 명단 전달	벽옹 72쪽, 중재 41,80쪽
55	林苾熙			경남 거창	곽종석	서명의사 표명?	명첩
56	張始遠	1870	50			장석영의 조카. 장석영의 파리장서 초안을 곽종석에게 전달	선문 7a쪽
57	張鎭永	1886	34		송준필	송준필 지시로 김창숙에게 협력	동산 3a쪽
58	張鎭浩					이봉희로부터 서명 권유받음	판결문(1919.5.20)
59	張鎭洪	1873	47	경북 성주		경찰에 체포된 '사건관계사'	요사 252쪽
60	田溶彧*	1899	21	충남 홍성	김복한	김복한 지시로 경성에 파견되어 임경호 접촉	지산 6a쪽
61	鄭載星	1863	57	경남 거창	곽종석	서명의사 표명?	명첩
62	鄭宗鎬	1875	45	경북 성주	노상직	노상익(노상직의 형)의 사위. 장석영으로부터 파리장서를 받아 윤상태에게 전달, 서명의사 표명(탈락)	실기 21쪽

63	崔海潤	1873	47	대구	곽종석	부호. 관련자	벽옹 108쪽
64	河經洛	1876	44	경남 진주	〃	서명의사 표명?	명첩
65	河泳奎	1871	49	경남 진주	〃	서명의사 표명(탈락)	중재 41쪽
66	河泳斗					서명의사 표명(탈락)	중재 41쪽
67	河益鎭	1878	42	경남 진주	곽종석	진양하씨 문중 서명자 명단 수합·전달	중재 41쪽
68	河載國	1867	53	〃	〃	서명의사 표명(탈락)	중재 41쪽
69	黃佾性*			충남 홍성?	김복한	부호. 김복한 지시로 경성에 파견되어 임경호 접촉	지산 6a쪽

* 성명 오른쪽의 별표(*)는 호서지역 출신을 가리킴
* 전거
　감상 : 김창숙, 「기미유림단사건에 관한 추억의 감상」(독립기념관 소장 복제본).
　겸헌 : 송인건, 『겸헌문집』 권4, 「행장」.
　동산 : 장진영, 『동산유집』, 권4, 「행장」.
　명첩 : 김창숙?, 「파리장서명첩」.
　문암 : 손후익, 『문암선생문집』 권22, 「중부호봉부군유사」(홍익대 소장본).
　백계 : 이기인, 『백계문집』 권5, 「백계이공묘갈명」.
　벽옹 : 심산기념사업준비위원회 편역, 『(심산김창숙선생투쟁사) 벽옹일대기』, 태을출판사, 1965.
　사가 : 유호근, 『사가집』 권1, 「여김원오」(신유), 경인문화사, 1993.
　심산 : 김창숙, 『심산유고』, 국사편찬위원회, 1973.
　실기 : 유림단독립운동실기편찬위원회 편, 『국역 유림단독립운동실기(심중일기)』, 원문, 대보사, 2001.
　요사 : 경상북도경찰부, 『고등경찰요사』, 1935.
　중재 : 김황, 『중재선생문집』 13, 천자족보사, 1998.
　지산 : 김노동, 『지산선생연보』 권2, [1952].
　선문 : 장석영, 『선문별집』 지, 「흑산일록」(장세민 소장본).
　2차 : 남부희 편역, 『제2차 유림단 사건-독립운동사 자료집-』, 불휘, 1992.

파리장서운동의 지방 거점과 경북 성주

1. 머리말

파리장서운동은 3.1운동이 거족적 독립운동이었음을 보여준다. 유림은 비록 '민족대표' 33인의 독립선언서에 서명하지 않았지만, 같은 시기 독립청원운동(파리장서운동)을 진행하여 독립선언과 만세시위로 조성된 민족운동의 거대한 흐름을 경성에서 지방으로 확산시키는데 일조하였다. 뿐만 아니라 파리장서운동은 조선왕조 500년 간 갈등관계에 있던 기호유림과 영남유림을 단결시킨 상징적인 사건이기도 하였다.

그렇다면 파리장서운동과 관련하여 경북 성주에 주목하는 이유는 무엇인가? 성주는 19세기 말 구체제를 혁신하려는 변혁운동이 활발하게 진행된 지역 중 하나였다.[1] 이는 유림의 사상과 학풍에도 영향을 미쳐 일찍부터 유교 이론의 객관적 이해와 서양학문에 대한 탐구를 특징으로 하는 독특한 학풍이 형성되있다.[2]

특히 한주학맥은 서양학문에 대한 깊은 호기심과 학습을 특징으로 하여 한국유학사에서 독특한 위상을 차지한다.[3] 이 학통의 창시자인

---

1) 金度亨, 『大韓帝國期의 政治思想研究』, 지식산업사, 1994, 163~164, 225~226쪽.
2) 퇴계학파 내에서 전자를 대표하는 학통은 四未軒학맥이고, 후자를 대표하는 학통은 한주학맥이다.

한주 이진상이 성주 출신이고, 그를 배향한 서원인 三峯書院이 성주군 월항면 대산리에 자리잡고 있다. 구미열강에 독립을 호소한 파리장서운동은 바로 이와 같은 성주의 독특한 사회경제적·학문적 분위기가 만든 결과물이었다.

성주는 경남 거창(곽종석)과 더불어 파리장서운동의 진원지로 여겨진다. 파리장서운동의 주축이라고 할 수 있는 파리장서 서명자 137명 중 16명(12%)이 당시 성주에 거주하였다. 군 단위 지역 중 가장 많은 수치이다.[4] 무엇보다 이 활동을 기획하고 확산시킨 김창숙·김정호·정종호·송준필·장석영 등이 당시 성주에 거주하였다.

따라서 파리장서운동 연구자들은 일찍부터 성주에 많은 관심을 보여 왔다. 그 결과, 성주의 독립운동에 관한 연구에서는 파리장서운동이 비중 있게 다뤄졌다.[5] 파리장서운동의 성주지역 활동과 관련해서는, 1950-1990년대에 성주를 파리장서운동의 여러 거점 중 하나로 언급하는 단계에 머물렀다면, 2000년대 이후에는 「심중실기」(송인근) 등 새로 발굴된 자료를 토대로 성주를 파리장서운동의 진원지로 크게 주목하였다.[6]

다만 보완해야 할 점도 발견된다. 우선 김창숙의 회고에 크게 의존하여 장석영·송준필·정종호의 역할에 주목하지 않는 경향이 있다. 또한 파리장서운동의 중심인물들을 대신해 손과 발의 역할을 한 인물

---

3) 琴章泰·高光植, 『儒學近百年』, 博英社, 1986(中版), 455~456쪽.
4) 지역별 서명자 수를 살펴보면, 경북 성주(16)가 가장 많았고, 경북 달성(12), 경남 합천(12), 거창(7), 충남 홍성(7), 경북 고령(6), 충남 보령(6), 경남 밀양(6), 전북 고창(4), 경북 안동(4), 경남 진주(3) 순이었다(徐東一, 「1919년 巴里長書運動의 전개와 역사적 성격」, 한국학중앙연구원 한국학대학원 박사학위논문, 2009, 83쪽).
5) 김희곤, 「성주지역의 독립운동과 성격」, 『한국독립운동사연구』 46, 2013.
6) 吳世昌, 「巴里長書와 宋浚弼」, 『한국근현대사연구』 15, 2000 ; 임경석, 「유교 지식인의 독립운동-1919년 파리장서의 작성 경위와 문안 변동」 『大東文化硏究』 37, 2000.

들의 활동도 제대로 다뤄지지 않았다.[7]

이는 송준필 측의 기록(「심중실기」)과 교차 활용할 자료가 부족했기 때문인데, 최근 장석영의 일기인 「흑산일록」이 발굴[8]됨으로써 이런 문제가 어느 정도 해결될 수 있게 되었다. 다만 같은 시기의 같은 사건을 다르게 기술한 점, 즉 기록 간의 충돌을 어떻게 해결할 것인가 하는 문제가 남는다. 이에 대해서는 기록 주체의 성향과 한계를 동시에 고려할 필요가 있다. 필자는 이런 점에 유념하면서 경북 성주에서 진행된 파리장서운동의 내용과 특징을 좀 더 풍부하게 정리하고자 한다.

2. 성주지역 파리장서운동의 주도세력

1) 추진세력

파리장서운동에 참여한 인물들은 활동시기와 역할에 따라 대체로 세 집단으로 분류된다. 즉 추진세력, 파리장서 서명자, 협력자 등이다. 이들의 역할과 숫자를 살펴보면 다음과 같다. 첫째 추진세력은 파리장서운동을 기획한 인물들로, 10여 명이었다.[9] 이들 중 한 부류는 1919년 2월 하순~3월 초순 경성에서 유교계의 독립청원운동을 기획하고 지방의 원로유림에게 동참을 권유하는 역할을 맡았다(윤충하·김창숙 등).

---

7) 이에 대해서는, 서동일, 「파리장서운동의 전개와 영남지역의 숨은 협력자들」, 『大東文化硏究』 88, 2015 참조.
8) 2009년 대구MBC는 특집 다큐멘터리 '붓의 투쟁' 제2회 방송(2009.6.21)을 통해 장석영의 파리장서운동 관련 일기인 「흑산일록」을 처음 공개했는데, 이 일기에는 그동안 실체가 밝혀지지 않았던 장석영의 파리장서 초안이 처음으로 소개되었다.
9) 윤충하, 김정호, 김창숙, 성태영, 유준근, 이중업, 임경호, 윤중수, 李貞秀, 유진태, 이득년, 조중헌 등이다.

다른 한 부류는 3월 하순 곽종석이 주도한 독립청원운동과 김복한이 주도한 독립청원운동을 통합시키는 역할을 맡았다(유진태·이득년 등). 둘째 '파리장서'로 불리는 독립청원서에 서명한 인물은 송 13/냉비 었다.10) 셋째, '협력자'는 파리장서운동의 지도자·기획자, 파리장서 서명자들을 도와 손과 발의 역할을 한 인물들을 가리킨다. 현재 70여 명이 확인된다.11)

파리장서운동의 추진세력 중 당시 성주에 거주한 인물은 김창숙과 김정호였다. 이들의 인적 사항과 주요 활동을 정리하면 아래 〈표 1〉과 같다.

〈표 1〉 성주의 파리장서운동 추진세력

	성명	생몰시기	나이 (1919)	본관	학맥	주요 활동
1	金丁鎬	1882-1919	38	의성		김창숙의 파리장서운동 계획에 찬성, 지방파견대표로 동지 규합
2	金昌淑	1879-1962	41	〃	이승희, 곽종석	파리장서운동 기획, 지방파견대표로 동지 규합, 파리장서 수정 및 최종안 확정, 상해 파견, 국내에 파리장서 배포

김창숙은 1919년 2월경 '서울에 있는 동지' 성태영으로부터 고종 국장을 계기로 '대사건'이 준비되고 있으니 급히 상경하라는 연락을 받았다. 그러나 와병 중인 모친을 간호하느라 시간을 지체하여 2월 25일 경성에 도착하였고, 「조선독립선언서」에 서명할 기회를 놓쳤다는 이야기

---

10) 파리장서 서명자 137인 명단은 『俛宇集』 4(亞細亞文化社, 1984), 附錄, 「俛宇先生年譜」 권3, 762~763쪽에 수록된 명단을 참조.
11) 서동일, 「파리장서운동의 전개와 영남지역의 숨은 협력자들」, 이윤갑 등, 『영남의 3.1운동과 만주의 꿈』, 경북대학교출판부, 2019, 220~223쪽.

를 들었다.[12] 이후 김창숙은 3월 1일 오후 탑골공원에서 열린 독립선 언식을 지켜보다 우연히 독립선언서를 얻어 열람하게 되었다. 그런데 선언서 말미에 실린 서명자 명단에는 조선의 구지식인층을 대표하는 유림이 단 한 명도 포함되어 있지 않았다. 이 때 동행한 김정호가 김창 숙을 붙잡고 울음을 터뜨렸고, 주변에 있던 사람들이 점차 모여들며 구 경하다 김창숙 등의 행색을 보고 '나라를 망친 놈이 왠 울음이냐'며 야 유와 비난을 퍼부었다. 김창숙 일행은 이 날의 모욕을 되새기면서 유 교계의 독립청원운동을 추진하기로 결의하였다.

2) 파리장서 서명자

성주의 파리장서 서명자는 裵鍾淳 등 16명이었다. 인적사항과 주요 활동을 정리하면 〈표 2〉와 같다.

<표 2〉 성주의 파리장서 서명자

	성명	생몰시기	나이 (1919)	본관	학맥	주요 활동
1	裵鍾淳	1890-1947	30	성산	노상직	
2	成大湜	1869-1925	51	창녕		여상윤에게 서명 권유, 4.2 만세 시위 참가
3	宋浚弼	1869-1943	51	야성	장복추	장석영과 독립청원운동 추진 문 제 논의, 고산동 야성송씨 문중의 독립청원운동 및 만세시위 지도
4	宋鴻來	1876-1948	54	야성	장복추 · 이종기	
5	李啓源	1869-1944	41	경산	장석영	
6	李季埈	1867-1929	43	경산	〃	
7	李基定	1883-1955	37	성산	이승희 · 곽종석	이덕후에게 서명 권유
8	李基馨	1868-1946	52	성산	〃	4.2 만세시위 참가
9	李德厚	1855-1927	65	벽진	김흥락 · 장복추	

12) 心山記念事業準備委員會, 『(心山金昌淑先生鬪爭史) 躄翁一代記』, 太乙文化社, 1965, 65~68쪽.

10	李萬成	1872-1922	48	성산	장복추 · 이승희 장석영	
11	李鳳熙	1880-1958	40	성산		장진호에게 서명 권유
12	李洙仁	1880-1963	40	성산	곽송석 · 이승희	
13	李以翊	1868-1935	52	광주 廣州		
14	李鉉昌	1855-1930	65	경산	정래석	지인들에게 서명 권유, 독립청원서 배포
15	張錫英	1851-1926	69	인동	장석영	파리장서 초안 작성, 송준필 등에게 서명 권유
16	鄭在夔	1858-1919	69	청주	장승택	협력자 정종호의 숙부. 경찰서 출두 직전 사망

〈표 2〉의 서명자들은 대부분(14/16명) 40세 이상이었다. 파리장서 서명자의 일반적인 연령 분포와 일치한다. 한편 문중 차원의 정보 공유나 결단이 있었음을 보여주는 흔적이 있다. 星山李氏(李基定 · 李基馨 · 李洙仁), 야성송씨(송준필 · 송홍래), 京山李氏(이계원 · 이계준) 등에서 복수의 서명자가 나왔다. 학맥은 한주학맥(이계원 · 이계준 · 이기정 · 이기형 · 이덕후 · 이수인 · 장석영)과 사미헌학맥(송준필 · 송홍래 · 이기형 · 이만성)의 참여가 두드러졌다.

3) 협력자

성주의 파리장서운동 협력자는 송규선 등 약 16명이었다. 인적사항과 주요 활동을 정리하면 〈표 3〉과 같다.

〈표 3〉의 협력자들은 나이가 20~30대로 서명자에 비해 젊었다. 스승, 부친, 친척 어른 등의 지시로 참여하였기 때문이다. 학맥으로는 사미헌학맥(송규선 · 송상익 · 송수근 · 송인집 · 이달필)과 한주학맥(이기원 · 이기윤 · 이정기)의 참여가 두드러졌다.

〈표 3〉 성주의 파리장서운동 협력자

	이름	생몰년	나이 (1919)	본관	학맥	주요 역할
1	宋圭善	1887-1948	33	야성	송준필	송준필의 族叔. 영남 일대에서 김창숙과 함께 서명자 규합, 송준필의 지시로 김창숙과 함께 거창 곽종석 방문. 장석영으로부터 서명 권유 받음(파리장서 서명 의사?) 장석영이 작성한 파리장서 초안을 김창숙에게 전달. 4.2 만세시위 참가. 만세시위와 國內通告 주관
2	宋象翼	1894-?	26	〃	〃	
3	宋壽根	1896-1969	24	〃	〃	송준필의 3남. 장석영에게 파리장서운동 참가를 권유하는 송준필의 편지 전달, 송회근과 여보회가 제공한 여비를 김창숙에게 전달, 4.2 만세시위 참여
4	宋寅建	1892-1944	28	〃		송준필에게 서명자 수합 작업 자원
5	宋寅輯	1896-1961	24	〃	송준필	이기정에게 서명 권유, 송준필로부터 전달받은 국내통고문 淨書 및 인쇄물 배포. 4.2 만세시위 참여
6	宋晦根	1877-1949	42	〃	송준필?	송준필의 조카. 송준필이 주도하는 독립청원운동(파리장서운동)에 적극 협력. 김창숙에게 자금 2,000원 제공. 파리장서 서명 의사? 4.2 만세시위 참여
7	呂輔會	1861-1919	59	성산		파리장서 서명 의사? 김창숙에게 여비 1,000원 제공
8	呂相胤	1855-1942	65	〃		송준필 처남(여상무)의 동생. 파리장서 서명 의사?
9	李基元	1885-?	35	〃	이승희 곽종석 장석영	
10	李基允	1891-1971	29	〃	장석영	
11	李達馝	?-?	?		송준필	송준필에게 독립청원운동 추진 권유
12	李炳喆	1883-?	37			
13	李定基	1898-1950	22	벽진	이두훈	서명자 李德厚의 손자
14	張始遠	1874-1959	46	인동		장석영의 조카. 장석영의 파리장서 초안을 곽종석에게 전달
15	張鎭洪	1873-?	48			
16	鄭宗鎬	1875-1954	45	청주	노상직	盧相益(서명자 노상직의 형)의 사위. 경남 중·동부권 서명자 규합, 파리장서 서명? 조선국권회복단의 윤상태에게 파리장서 제공

무엇보다 草田面 高山洞 야성송씨의 적극적인 참여가 두드러졌다. 송준필이 문중회의를 열어 문중 청년들의 참여를 권유했고, 많은 이들이 동조했기 때문이다. 이들은 나이가 어려 서명 의사를 밝히더라도 최종 명단에 포함되기 어려웠지만 연락책·자금모집책이 되어 광범위한 지역을 무대로 활동했다. 한편 성주의 또 다른 유력 문중인 성산여씨도 파리장서 서명과 자금 모집에 협조했다.

3. 파리장서운동의 발단과 성주지역 거점 형성

1) 운동의 기획

파리장서운동은 1919년 2월 하순 윤충하라는 인물이 경남 거창의 곽종석을 만난 일에서 시작된다. 윤충하는 옛 스승인 곽종석을 만난 자리에서 고종 국장을 앞둔 경성의 동정을 상세히 전하며 독립청원운동의 필요성을 역설했다.

윤충하의 전언에 의하면, 경성에서는 이미 여러 사회단체가 파리 국제평화회의에 조선의 독립을 호소하는 서한을 보내기 위해 분주히 움직이고 있었다. 그런데 유독 유교계만 별다른 움직임이 없다며 불만을 터뜨렸다. 곽종석은 독립청원운동 제안에 대한 확답은 보류하면서 조만간 젊은 아이들을 보내 협의케 하겠다고 했다. 실제로 2월 말 곽종석의 조카 곽윤 등이 상경했고, 3월 4일 윤충하와 상봉하여 이 문제를 협의했다. 그러나 양측의 입장 차이가 컸고 협상은 결렬되었다.[13]

그런데 곽종석 측과 윤충하 측의 협상이 결렬되자 한 인물이 나타나

---

13) 金榥, 『重齋先生文集(附錄)』 13(千字族譜社, 1998), 「己未日記」, 1919년 2월 3일, 35쪽.

윤충하와 유사한 제안을 내놓았다. 그는 곽윤의 동문선배인 김창숙이었다. 앞서 살펴본 것처럼, 김창숙은 3월 1일 탑골공원에서 군중으로부터 모욕을 당했고, 이날의 모욕을 잊지 않고 유림으로서의 소명을 다하기 위해 독립청원운동을 추진하기로 결심했다. 이 상황을, 김창숙의 회고기인 『벽옹일대기』는 다음과 같이 전한다.

> (3월 2일-이하 괄호안 인용자) 선생(김창숙)이 海史 金丁鎬를 대하고 앉아, "우리가 값싼 분노와 흥분에만 잠겨 있을 것이 아니라 한 시라도 지체 말고 **유림의 총 단결을 호소합시다. 그래서 孫秉熙 등의 독립선언에 이어 이번엔 밖으로 우리의 사정을 호소하는 국제운동을 펼침이 어떨까 하오.** … 이번 巴里講和會議에는 우리나라 대표를 파견하여 국제적인 여론을 일으켜 우리의 독립을 인정받게 해야겠소. … "라고 선생의 뜻을 토로하자 海史는 숨도 몰아쉬지 않고 즉석에서 동의했다.[14] (굵은 글씨-인용자)

곽윤 일행은 김창숙의 제안에 매우 호의적이었다. 다른 세력의 독립운동 제안에 소극적이었던 것과는 크게 대비가 되었다. 곽윤 일행이 김창숙의 제안을 수락하자 김창숙은 경남 거창으로 내려갈 곽윤 일행에게 두 가지 사항을 부탁했다. 곽종석이 자신들이 추진할 독립청원운동을 지도하고 이 운동에 필요한 독립청원서의 집필을 맡아주기를 기대한다는 것이었다. 곽윤 일행은 3월 7일 경성을 떠나 3월 9일 거창에 도착하였고, 이런 내용을 곽종석에게 보고했다.[15] 곽종석은 흔쾌히 수락했다. 이어 장석영에게 병석의 자신을 대신해 독립청원서의 집필을 맡아달라고 부탁하였다. 여기까지가 파리장서운동의 기획자인 김창숙과, 그를 만난 김황이 자신의 회고기에 기술한 내용이다.

---

14) 『躄翁一代記』, 68쪽.
15) 「己未日記」, 1919년 2월 9일, 37쪽.

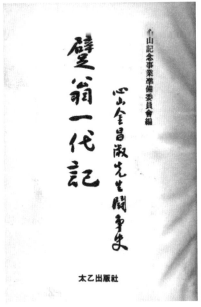

그렇다면 독립청원운동에 관한 정보는 윤충하, 김창숙 등 경성에 체류하던 소수의 인사들이 비밀스럽게 전유한 정보였을까? 최근 발견된 사료에 의하면, 적어도 3월 9일 이후에는 성주에서도 독립청원운동에 관한 정보와 의견이 여러 인사들에게 공유되었음을 보여준다. 인산을 참관하기 위해 상경한 인사들은 3월 5일 거행된 반우제 직후 각자 고향으로 돌아가 경성 소식을 지인들에게 전달했다. 이후 지방에서는 독립운동 여부와 방식을 놓고 활발한 논의가 진행되었다.

성주에서도 유림 사이에 독립운동에 동참해야 한다는 의견이 제기되었다. 예를 들어 장석영은 "산골의 백성과 들판의 늙은이, 부인과 어린아이들까지 함께 외치며 … 인간人類이라면 준동하지 않는 이가 없는데 명색이 儒者가 … 한 마디 말을 하지 않을 수 있겠느냐?"며[16] 독립운동에 참여해야 한다는 입장을 나타냈다. 이런 형식의 자기 반성과 독

립운동의 당위성에 대한 공감은 송준필에게도 마찬가지로 확인된다.[17]

그렇다면 성주에서도 만세시위를 벌일 것인가? 성주의 유림은 만세시위보다 독립청원운동에 더 큰 관심을 보였다. 이런 입장을 표명한 대표적인 인물이 장석영이었다. 그는 송준필과 곽종석에게 道內 통고, 총독부 투서, 독립청원에 관한 자신의 입장을 밝혔다. 다음은 장석영의 일기인 「흑산일록」의 일부이다.

> 글이 이윽고 완성되자 高山亭의 宋舜佐 浚弼에게 편지를 보내 "나는 이 두 통의 글을 지었으니, 하나는 **道內에 알리는 것**이고 다른 하나는 **총독에게 보내는 것**입니다. 다만 생각해 보니 도내와 국내의 사람들은 이미 모두 고무되어 있어 이 글의 통고를 기다리지 않아도 될 듯합니다. 또 총독으로 말하자면 그는 다만 한 지역의 정치를 관할할 따름이지 독립을 허가하는 문제는 곧 日皇의 사무이지 총독이 할 수 있는 것이 아닙니다. **두 가지 일을 모두 그만둔다면 파리 국제평화회의[巴里國會]에 長書를 보내 우리 온 나라 인민의 심정을 밝히는 것이 좋지 않겠습니까? …** "라고 하였다.[18] (굵은 글씨-인용자)

즉 장석영은 당시 여건상 독립청원운동이 가장 효과적인 방식이라고 생각했다. 도내에 통고하는 일은 만세시위가 이미 전국적으로 확산되어 더 이상 필요하지 않고, 총독에게 투서하는 일은 독립의 허가 여부가 천황에게 달려 있기 때문에 실효성이 없다고 보았다. 결국 장석영은 독립청원운동이 최선의 방식이라고 생각하여 이런 내용을 곽종

---

16) 張錫英, 『先文別集』智, 「黑山日錄」, 1a~b쪽.
17) 儒林團獨立運動實記編纂委員會, 『國譯 儒林團獨立運動實記(藩中日記)』(大譜社, 2001), 원문편, 24~25쪽.
18) 「黑山日錄」, 3b~4a쪽 "文旣成, 爲書於高山宋舜佐曰, 吾爲此兩書, 一則告道內也. 一則抵總督也, 第念道內國內之人, 旣皆鼓動矣, 似無待於此書之通告矣. 且以總督言之, 渠只是管轄一方之政治, 而至於獨立許可, 乃是日皇之事, 非總督之所可爲也. 兩皆休罷, 而或可於巴里國會投以長書, 宣明我一國之民情乎? …"

석에게 제안했으며, 곽종석도 "나 또한 (독립청원운동에 관한) 생각을 하고 있었으니 이것은 그만둘 수가 없는 일"이라며 찬성의 뜻을 비쳤다.[19] 곽종석의 찬성 의사를 확인한 장석영은 만일을 대비해 미리 녹립청원서 초안을 작성해 두었다. 이것은 김창숙으로부터 독립청원운동 제안을 받은 곽종석이 장석영에게 정식으로 독립청원서 집필을 요청하기 전의 일이었다.[20]

장석영의 「흑산일록」

한국국학진흥원

---

19) 「黑山日錄」, 4a쪽.

20) 파리장서운동의 기획과 관련해, 김창숙·송준필·장석영은 각자 자신을 기획자로 표현했다. 예를 들어 김창숙은 김황을 통해 곽종석에게 독립청원운동을 권유했다고 했고(『벽옹일대기』, 72~73,76~77쪽), 송준필은 송수근·송규선·김창숙을 통해 장석영과 곽종석에게 독립청원운동을 권유했다고 했으며(『國譯 儒林團獨立運動實記』, 원문편 26~27쪽), 장석영은 곽종석·송준필에게 독립청원운동을 권유했다고 주장했다. 그렇다면 누구의 주장이 사실에 가까울까? 필자는 인물의 나이, 성격, 사건 개입 시기, 서술상의 특징 등을 감안할 때 대체로 장석영의 주장이 사실에 가까울 것이라고 생각한다. 김창숙이나 송준필 측과 달리 장석영은 자신의 행위를 확대·부각시키기보다 있는 그대로 솔직히 기술하는 경향이 강했기 때문이다.

이보다 약간 늦은 시기에 송준필도 독립청원운동에 관심을 보였다. 장석영의「흑산일록」에 의하면, 송준필은 원래 만세시위와 국내통고에 관심을 보였는데,[21] 이달필로부터 경성 소식을 전해들은 뒤 독립청원 운동에 관심을 보인 것으로 추정된다.「심중실기」에는 송준필이 이달 필의 설명을 들은 다음날 야성송씨 충숙공파 종택인 백세각에서 문중 회의를 열었고 문중 청년들에게 독립청원운동을 추진하겠다는 하는 의사를 밝힌 것으로 기록되어 있다. 다음은 이와 관련해「심중실기」에 기술된 내용이다.

이튿날(양력 3월 10일경-이하 괄호안 인용자) 손님이 조금 뜸한 사이에 小子(송준필의 2남 송인근) 및 종형 晦根, 아우 壽根, 일가 어른 圭善, 寅建, 寅輯 등이 (대인 송준필을) 모시고 앉아 있었다. 大人(송준필)께서 말없이 한참 계시더니 "대개 이 일은 의리에는 부족함이 없으나 나부터 선창한다 면 (부모님을 여읜) 애통함을 잊는 죄가 없을 수 있겠는가 … 라고 말씀하 셨다. … 대인께서 매서운 목소리로 **"죽고 사는 것은 하늘에 달려 있다. 나 라가 회복되면 죽어도 산 것과 같고, 나라가 회복되지 못하면 살아도 또한 죽은 것이다.** … 우리의 오늘 일은 바로 先人께서 뜻하시던 바이다. … **나 의 뜻[22]은 이미 결정되었다.** … "라고 하셨다.[23] (굵은 글씨-인용자)

---

21)「黑山日錄」, 4a · 7a쪽.

22) 2019년 3월 15일 학술대회(성주지역 3.1운동과 파리장서운동 100주년 기념 학술대 회)에서 토론자 권영배 박사는 '나의 뜻'이란 독립운동에 참여하겠다는 일반적인 의 사를 의미하는 것이지 독립청원운동에 참여하겠다는 의사로 보기 어렵다는 의사를 제시했다. 문중회의 내용은 문맥상 이런 해석을 일면 가능케 한다. 다만 필자는 두 가지 내용에 주목했다. 첫째 주지하듯 이 인용문 바로 앞에는 이달필이 송준필에게 독립청원운동을 추진할 것을 권유하는 내용이 있다. 둘째 송준필이 문중회의 직후 장석영에게 보낸 편지에는 "우리 유림된 자가 마땅히 눈을 부릅뜨고 담을 키워 문 서 1통을 내어 대의를 밝혀서 한 덩이 붉은 피를 天下萬國에 유입시킨다면 언젠가 성취할 것이요, 설령 추세를 되돌리지는 못한다 하더라도 역시 500년간 배양된 교 화에 조금이나마 갚기에는 충분할 것입니다爲吾儒者, 政宜明目張膽, 出一文字, 發 明大義, 使一團赤血, 流入於天下萬國, 則他日成就, 縱未得回天捧日, 亦足以少酬五 百年培養之化矣]"라는 구절(『國譯 儒林團獨立運動實記』, 원문편, 26쪽)이 보인다. 즉 송준필은 문중회의를 통해 독립청원운동에 참여하려는 결심을 굳힌 것으로 보

즉 장석영에 이어 송준필도 독립청원운동 참가 의중을 밝혔다. 따라서 이달필이 송준필을 찾아온 3월 9일경 이후에는 경성에서 진행되고 있는 독립청원운동 소식이 성주에서도 어느 정도 퍼져 있었다고 보아야 한다. 이것은 김창숙과 곽종석이 주도하는 독립청원운동이 성주에서 본격화되기 이전의 일이었다. 이때 장석영은 곽종석과 송준필에게 독립청원운동의 필요성을 알리는 편지를 보냈고, 송준필에게는 독립청원서 초안을 작성해 보여주었던 것이다.[24)

야성송씨 충숙공파 종택인 백세각 (경북 성주군 초전면 고산리)
성주군청

인다. 유익한 지적에 감사드린다.
23) 『國譯 儒林團獨立運動實記』, 원문편, 25~26쪽 "翌日, 人客稍間, 小子及從兄晦根 · 舍弟壽根 · 族丈圭善 · 寅建 · 寅輯等侍坐, 大人黙然良久日, 大抵此事, 無足於義理, 而自我先倡, 得無有忘哀之罪否. … 大人厲聲日, 死生天也. 國復則死猶生也, 國未復則生亦死也. … 且念吾今日之事, 乃先人所志也. … 吾意已決矣."
24) 「黑山日錄」, 3b~7a쪽.

다시 말해 인산 참관 차 상경한 성주의 인사들은 대개 3월 5~9일경 성주로 돌아왔을 것이다. 이들은 경성에서 접한 독립청원운동 소식을 지인들에게 전파했다. 따라서 3월 중순 독립청원운동 소식은 경성에 체류하던 소수 인사의 전유물이 아니라 성주의 유림에게도 어느 정도 익숙한 정보가 되었다. 이때 독립운동의 효과적인 방식을 두고 만세시위, 격문 배포, 총독부 투서 등 다양한 방식이 제기되었는데, 영남유림을 대표하는 원로 곽종석이 독립청원운동을 추진한다는 소식이 들리자 독립청원운동에 대한 관심이 더욱 고조된 것으로 보인다. 곧이어 그의 제자 김창숙이 성주로 돌아와 동지와 자금을 모집하기 시작했고 다수의 동조자가 나타났던 것이다.

2) 독립청원서 집필과 서명자 규합

① 주요 인물 접촉과 독립청원서 집필

2월 말부터 3월 초까지 경성에 체류하던 김창숙은 곽윤 일행에게 급히 경남 거창으로 내려가 곽종석에게 독립청원서의 집필을 의뢰해 달라고 부탁했다. 김창숙이 애초에 독립운동을 기획하면서 이 거사의 양대 지도자로 영남의 곽종석과 기호의 전우를 염두에 두었기 때문이다. 곽종석은 곽윤 일행을 통해 이 제안을 전해 듣고 흔쾌히 수락했으나 "병으로 정신이 맑지 못해" 독립청원서를 직접 집필할 수 없었다. 따라서 곽종석은 가까운 후배인 장석영에게 집필을 부탁했다.[25] 곽종석은 만일의 상황을 대비해 제자 권명섭·김수·김황 등에게도 초안의 집필을 맡겼는데, 이들 중 지시에 응한 인물은 김황뿐이었다.[26]

---

25) 『躄翁一代記』, 72~79쪽.
26) 「己未日記」, 1919년 2월 9일~2월 11일, 38쪽. 김황이 작성한 문안은 뜻하지 않게 최종안의 초안이 되었다.

손자와 함께 한 장석영(1912)
한국국학진흥원

장석영은 곽종석의 부탁을 받아 들여 독립청원서 초안을 집필했다. 그것은 새로운 문건이 아니라 곽종석의 요청이 있기 전에 미리 작성해 둔 문건[27]이거나 거기에 약간의 첨삭을 가한 문건이었을 것이다.

그러나 장식영이 집필한 독립칭원시 초인은 결과적으로 최종안으로 채택되지 못했다. 김창숙은 곽종석으로부터 장석영에게 독립청원서의 집필을 부탁했다는 얘기를 듣고 장석영을 찾아갔다. 김창숙은 장석영이 작성한 초안을 열람했으나 형식과 내용이 기대에 미치지 못하였다.

---

27)「黑山日錄」, 4a~b쪽.

그리하여 외교문서에는 '문장'보다 '사실 기술'에 주의해야 한다고 지적하면서 부분 수정을 요청했다.[28] 하지만 장석영은 불쾌히 여기면서 거절했다.[28] 김창숙은 어쩔 수 없이 다시 곽종석을 찾아갔다.

곽종석 역시 장석영이 작성한 초안이 외교문서로서 '과격'하다고 여겼고,[29] 준비해둔 새로운 문건을 보여주었다.[30] 김창숙은 이 문건을 여러 차례 검토한 뒤 사실 기술은 '정결하고 명료'하나 다소 장황한 부분이 있다고 지적하였다. 곽종석은 김창숙과 몇 차례 논의한 후 최종안을 확정했다.[31]

이처럼 김창숙(『벽옹일대기』), 장석영(「흑산일록」), 송준필 측(「심중실기」)의 기록은 집필자의 시각에 따라 내용이 조금 다르게 기술되었지만, 결과적으로 장석영의 독립청원서 초안이 최종안으로 채택되지 못했음을 보여준다. 곽종석은 장석영에게 독립청원서의 집필을 요청했는데, 그와 김창숙이 장석영의 초안은 외교문서로서 부적합하다고 여겨 채택하지 않았고, 대신 곽종석이 별도로 준비한 초안을 토대로 최종안을 확정했다는 것이다.

② 독립청원서 서명자 규합

김창숙은 곽종석과 함께 영남권의 파리장서운동을 이끌었다. 그리고 익히 알려져 있듯이 김창숙의 거주지인 성주에서는 가장 많은 서명자가 배출되었다(16명). 이들은 어떤 계기로 서명에 참여하였고, 서명 의사는 어떻게 전달되었을까?

---

28) 『躄翁一代記』, 76쪽.
29) 「黑山日錄」, 7a~b쪽.
30) 『躄翁一代記』, 77쪽.
31) 『躄翁一代記』, 77쪽.

한 가지 아쉬운 점은 이에 관해 가장 상세하게 알고 있을 김창숙이 자신의 회고기에 별다른 언급을 남기지 않았다는 것이다. 『벽옹일대기』에는 단지 김창숙이 3월 9일부터 3월 12일경까지 고향 성주에 머물며 모친을 간호하였고, 가야산 밑 晩歸亭에서 척족 이기철을 만나 연락의 임무를 맡겼다는 내용[32]만 보인다.

김창숙이 살던 집 (경북 성주군 대가면 칠봉리)
국가보훈처·독립기념관, 『대구·경북 독립운동사적지 I 』

하지만 최근 발굴된 기록에 의하면, 성주에서는 많은 조력자들이 김창숙을 적극 도운 것으로 나타난다. 「심중실기」와 「흑산일록」에는 이에 관한 내용이 자세히 서술되어 있다. 우선 「심중실기」를 살펴보자. 다음 인용문은 김창숙이 백세각을 방문한 사실로부터 시작된다.

---

32) 『躄翁一代記』, 72-79쪽.

송인근의 「심중실기」

송재소 교수 제공

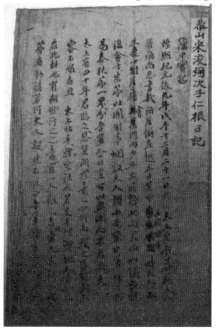

　　다음날(3월 11일경-이하 괄호 안 인용자) 오후 **김창숙 어른이 백세각을 내방했다.** … 대인(송준필)께서 말씀하시기를 "張 어른(장석영)은 이미 응락의 말씀이 있었고, 날이 밝으면 圭善과 함께 (곽종석이 거주하는) 茶田에 함께 가라. 의견을 수렴한다면 이 어른(곽종석)도 기꺼이 우리를 위해 선두가 될 것이다. (곽종석 어른께) '巴里章書'를 작성하게 하고, 그런 뒤 **각처를 분담해 가서 유명한 인사의 명첩을 거두되 반달 이내로** 한다면 성취가 어떻겠는가?"라고 하자, 김 어른(김창숙)이 수긍하고 규선 어른과 함께 다전을 향해 떠났다. ○ 그 후 십여 일만에 창숙, 규선 두 어른이 각각 국내의 아무개, 아무개에게서 名帖을 거두어 도착하고, 정종호 어른도 동남쪽의 명첩을 거두어 도착하니, 모두 대략 100여 인이었고 …….33) (굵은 글씨-인용자)

즉 김창숙은 성주에 머무는 동안 송준필의 족숙인 송규선(1887~1948)과 노상익(노상직의 형)의 사위인 정종호(1875~1954)의 도움을 받아 파리장서 서명자를 규합하였다. 우선 송규선은 김창숙과 함께 거창 다천에 가서 곽종석과 독립청원운동에 관해 논의했다. 정종호는 '동남쪽' 즉 경남 일대에서 서명자를 규합했다. 김창숙·송규선·정종호 등이 규합한 서명자의 수는 100여 명에 달했다. 이상이 『벽옹일대기』에 기술되지 않은 김창숙의 성주 체류 3일간 행적이다.

위의 인용문에 기술된 김창숙과 송규선·정종호의 협력이 단순히 형식적인 행동에 그치지 않았다는 점은 결과로도 입증된다. 〈표 1〉을 보면, 성주에서는 한주학맥 6명, 사미헌학맥 5명, 性齋학맥(許傳) 1명이 서명의사를 밝혔다. 이는 한주학맥(김창숙), 사미헌학맥(송준필)과 노상직 계열 인물(정종호)이 적극적으로 움직였음을 보여준다.

한 가지 의아한 점은, 김창숙이 의성김씨 문정공파의 14세 종손임에도 불구하고 성주 사도실 문중이 도운 흔적을 발견할 수 없다는 점이다. 왜일까? 그것은 앞서도 잠시 언급했지만 사도실 문중 내에 '유림대표'로 내세울 만한 인물이 없었다는 의미일 수도 있겠지만, 봉화의 開巖公派 출신인 부친 김호림이 당시 관행과 달리 문정공파 종가에 입양된 사정[34]과 관련이 있는 것으로 보인다. 따라서 김창숙은 사도실 문

---

33) 『國譯 儒林團獨立運動實記』, 원문편, 27쪽 "明日午後, 金昌淑丈, 來訪于百世閣. … 大人曰, 張丈已有應諾. 明當與圭善, 同往茶田收議, 則此丈亦樂爲之前矛矣. 使作巴里章書, 然後分往各處, 收有名人士, 限半月, 成就如何? 金丈曰, 諾. 同圭善丈, 向茶田去. ○ 厥後十餘日, 昌淑圭善二丈, 各收國內諸某某名帖而至, 鄭丈宗鎬, 亦收東南名帖至, 摠略干百餘人…"

34) 최미정, 「봉화 해저마을 義城金氏 문중의 儒林團 義擧 참여」, 『한국독립운동사연구』 49, 2015, 94쪽. 이런 미묘한 분위기는 1940년 創氏 신고 여부를 둘러싸고 완강히 거부하는 종손 측(김창숙)과 이를 수용하려는 非종손 측의 격한 대립으로 재현되어 양측의 미묘한 관계를 다시금 확인케 한다(서동일, 「성주 사도실마을의 창씨 실태와 유림 김창숙의 반대 논리」, 『한국근현대사연구』 70, 2014, 109~111쪽).

중의 지원을 받지 못하는 상황에서 성주의 유력 문중인 성산이씨, 야성송씨(송준필), 인동장씨(장석영), 청주정씨(정종호)[35]의 도움이 필요했을 것이다.

한편 서명 의사는 어떤 방식으로 전달되었을까? 파리장서 서명자들은 대개 김창숙 등 파리장서운동 관련자들의 권유를 받고 서명 의사를 밝히거나 자발적으로 관계자를 찾아가 서명 의사를 밝혔다. 성주에서는 이 두 가지 사례가 모두 확인된다.

판결문에 따르면, 김창숙 등은 학맥·혈연 등을 이용해 지인들에게 서명을 권유한 것으로 나타난다. 김창숙은 경남 거창에 거주하는 스승 곽종석에게 서명을 권유해 승낙을 얻어냈다. 이어 곽종석이 장석영에게, 장석영이 송준필·송규선·이기정에게, 송준필이 李鳳熙·成大湜에게, 이봉희가 張鎭浩에게, 성대식이 여상윤에게, 이기정·송규선이 이덕후에게 서명을 권유해 서명의사를 받아냈다.[36]

자발적으로 서명 의사를 밝힌 사례도 확인된다. 경북 선산에 거주하는 이능학은 장석영의 집을 찾아와 서명 의사를 밝혔다. 그는 아마도 간접적으로 곽종석이 주도하는 독립청원운동 소식을 접했던 것으로 보인다. 다음은 「흑산일록」의 일부이다.

> (곽종석이 독립청원서 초안을 보내와 검토한 후 수정안을 보냈는데, 경북 선산에 거주하는─이하 괄호안 인용자) 李能學이 마침 내방하여 **총독부에 보내는 글과 파리에 보내는 글을 보고 크게 기뻐하며 "**내 나이 80이니 죽는다한들 어찌 애석하리요? 더불어 **이름을 함께 하도록 해주시**

---

35) 『星山誌』에 의하면, 성산이씨, 의성김씨, 청주정씨, 야성송씨, 성산여씨, 인동장씨가 주요 성씨로 소개되었다(李源祖 增補, 星山誌(以文社, 1935) 권1, 4b쪽).
36) 郭鍾錫 등 16인 판결문(대구지방법원, 1919.5.20). 물론 이들이 서명 의사를 밝혔다고 해서 모두 137명의 최종 명단에 포함된 것은 아니었다. 위에 거론된 인물 중 송규선, 여상윤, 장진호 등은 최종 명단에 포함되지 않았다.

오"라고 하였다. 나(장석영)는 그의 의리를 장하게 여겨 허락하고, **그의 이름을 편지에 써서 다전으로 보냈다.**[37] (굵은 글씨-인용자)

위 인용문에는 이능학이 서명 의사를 전달하는 과정이 비교적 자세히 기술되어 있다. 앞서 어떤 일이 있었는지는 알 수 없으나, 그는 장석영을 찾아갔고, '파리에 보내는 글'과 '총독에게 보내는 글'을 열람한 뒤 자발적으로 파리에 보낼 독립청원서에 서명하겠다는 의사를 밝혔다. 이능학의 의사는 김창숙·곽종석 측에 전달되었다. 최종 서명자 명단에 그의 성명이 보이기 때문이다.

요컨대 성주에서 서명자 규합에 나선 인물은 김창숙과 송규선·정종호 등이었다. 이들은 성주의 유력 문중인 야성송씨와 청주정씨 문중은 물론이고 사미헌학맥과 성재학맥의 참여를 유인하였다. 한편 서명 의사의 전달은 김창숙 등 관계자의 권유에 따라 서명 의사를 밝힌 경우와 파리장서운동 소식을 듣고 자발적으로 서명 의사를 밝힌 경우가 모두 확인된다.

③ 자금 모집

3월 하순에는 독립청원서의 집필과 서명자 명단의 수합이 어느 정도 끝나고, 훗날 '파리장서'로 불린 독립청원서를 파리 국제평화회의에 제출하는 일만 남겨 놓게 되었다. 여기에는 막대한 자금이 소요될 것으로 예상되었다. 자금 조달 문제는 사료를 통해 명확히 확인되지 않지만, 송준필 측의 기록에 일부 사례가 확인된다. 다음은 「심중실기」의 일부이다.

---

37) 「黑山日錄」, 11a쪽 "李能學適來訪, 見督府書及巴里書, 大喜曰, 吾年八十, 死何足惜! 請與同名. 余壯其義而諾之, 書送其名於茶田."

곽종석이 작성한 파리장서가 갖추어지고 여러 명첩 준비가 끝나자 김 어른께서 파리에 가겠다고 자원하였다. 그의 의기는 이미 목숨을 버릴 각오가 되어 있어 사람들을 감복시켰다. **종형 회근**이 "산하가 만 리나 떨 어져 있는데 어찌 자금 없이 도달할 수 있겠습니까?"라고 하며 마침내 **노자 1,000원을 내어 수근에게 전달**케 했다. 출발에 임박하여 **대인**(송준필)**께 서 수근에게 이야기하기를 "내가 알기로 復明洞의 呂輔會는 뜻있는 사람 이니, 너는 즉시 찾아가서 말씀을 드려라**"라고 하여, 수근이 밤을 이용하 여 呂 어른께 방문하여 그 사실을 구체적으로 말하니, **여 어른께서는 흔 쾌히 들은 대로 따르며 2,000원을 도와주셨다.** 다음날 새벽 김 어른께 가 서 드리니, 김 어른은 전대에 넣고, 진주 李吉浩의 처소를 향하여 떠났 다.[38] (굵은 글씨-인용자)

해외파견대표 김창숙이 출국을 앞둔 3월 20일경을 전후하여 송회근 (1877~1949)과 여보회(1861~1942)가 활동자금을 제공하였다. 이들은 어 떤 계기로 김창숙에게 자금을 제공하게 되었을까? 우선 송회근의 경우 에는 송준필과의 관계를 살펴볼 필요가 있다. 송회근은 야성송씨 충숙 공 송희규의 14세 종손으로, 송준필의 조카였다.[39] 그는 18세(1905)에 부친을 여의고 가정사와 문중일을 숙부 송준필에게 의지하였다. 이처 럼 아버지와 같은 존재인 송준필이 독립청원운동에 나섰으므로 선뜻 거금을 제공할 수 있었을 것이다.

한편 김창숙이 성주를 떠나기 직전 자금을 제공한 것으로 확인되는 여보회는 또 어떤 인물일까? 여보회 역시 송준필과 깊은 관계가 있는 인물이었다. 송준필 측의 기록(『유림단독립운동실기』)에 수록된 서명

---

38) 『國譯 儒林團獨立運動實記』, 원문편, 27~28쪽 "郭鍾錫所作巴里書具, 諸名帖旣畢, 金 丈自願赴巴里. 其義氣已覺捨生, 令人感服. 從兄晦根曰：山河萬里, 豈無資金而可達 者耶? 乃捐所帑金壹仟圓, 使壽根傳達. 臨發, 大人語壽根曰, 吾知復明洞呂輔會有志 人, 汝直往探聽焉. 壽根乘夜訪呂丈, 具言其實, 呂丈欣然聽從, 以二仟圓金助之. 翌曉, 赴金丈收付, 金丈收囊而向晋州李吉浩處去."
39) 『冶城宋氏忠肅公派譜』 권上, 大譜社, 1995, 64~65, 71쪽.

자 명단(총 142명)에는 여보회가 포함되어 있어 그가 서명 의사를 밝혔을 개연성을 보여준다.[40] 즉 그는 처음부터 독립청원운동에 적극적이었다. 이는 송준필의 처가가 성산여씨라는 점과 무관하지 않을 것이다. 여상무는 송준필의 처남인데, 그의 동생 여상윤(1856~1942)도 서명 의사를 밝힌 것으로 보인다.

『국역 유림단독립운동실기』에 실린 「파리장서 서명」.
사진에는 최종 명단(137명)에 보이지 않는 6명 중 5명이 보인다.

요컨대 파리장서운동에 소요되는 자금이 어떻게 조성되었는지는 남아 있는 자료가 적어 전모를 확인하기 어렵지만, 성주의 경우 송준필이 중요한 역할을 했던 것은 분명하다. 그는 혈연과 혼맥을 통해 부호인 송회근과 성산여씨(여보회)의 자금 제공을 유인하였다.

---

40) 『國譯 儒林團獨立運動實記』, 원문편, 21쪽. 여보회 역시 최종 명단에 보이지 않는다.

4. 총독부의 성주지역 관련자 체포와 사법처리

성주의 파리장서운동 참가자 중 일부는 4월 2일 성주읍 만세시위에 참여하였다. 이는 다른 지역 인사들에 비해 무거운 '법적 처벌'을 받는 원인이 되었다. 아래 〈표 4〉는 성주지역 파리장서운동 참가자의 사법처리 결과를 정리한 것이다. 이 표에 따르면, 다른 지역의 파리장서운동 참가자들이 지도급 인물을 제외하면 대부분 기소유예 이하의 가벼운 처벌을 받은 데[41] 비해 성주의 참가자들은 상대적으로 무거운 처벌을 받았음을 알 수 있다.

〈표 4〉 조선총독부의 성주지역 파리장서운동 참가자에 대한 사법처리

	유 형	성 명	형사 처분
1	추진세력	김정호	急死
2		김창숙	징역 2년(궐석)
3	파리장서 서명자	배종순	
4		성대식	무죄(1심 : 징역 1년)
5		송준필	무죄(1심 : 징역 1년 6월)
6		송홍래	징역 6월 집행유예 2년
7		이계원	체포
8		이계준	
9		이기정	무죄(1심 : 징역 1년)
10		이기형	징역 6월 집행유예 2년
11		이덕후	기소유예
12		이만성	
13		이봉희	징역 10월
14		이수인	징역 6월 집행유예 2년
15		이이익	
16		이현창	징역 6월 집행유예 2년
17		장석영	무죄(1심 : 징역 2년)
18		정재기	公訴不受理

---

41) 파리장서 서명자 137명 중 기소된 인물은 전체의 23%(31명)였다. 이 중 1-3심을 거쳐 유죄(집행유예 포함)가 확정된 인물은 15%(20명)이었다.

19		송규선	징역 10월
20		송상익	체포
21		송수근	징역 10월
22		송인건	
23		송인집	징역 10월(궐석)
24		송회근	징역 1년
25		여보회	
26	협력자	여상윤	불기소(기소유예)
27		이기원	체포?
28		이기윤	불기소(기소유예)
29		이달필	
30		이병철	체포
31		李定基	불기소(기소중지)
32		장시원	
33		장진홍	불기소(기소유예)
34		정종호	징역 6개월

성주의 참가자들은 왜 다른 지역 참가자들보다 무거운 처벌을 받았을까? 그것은 파리장서운동에 적극 참여한 인물이 많았기 때문이다. 파리장서운동을 기획하고 시종일관 주도한 김창숙(징역 2년, 궐석), 곽종석의 요청으로 파리장서 초안을 집필한 장석영(1심 : 징역 2년, 2심 : 무죄), 고산동 야성송씨 충숙공파 문중의 집단적 참여를 이끌어낸 송준필(1심 : 징역 1년 6월, 2심 : 무죄)이 모두 성주 출신이었다. 뿐만 아니라 이들의 '손'과 '발'의 역할을 한 인물들도 대부분 성주에서 거주하고 있었다.

여기에 더하여 만세시위에도 참여한 인물들의 경우 더욱 엄중한 처벌을 받았다. 4월 2일 성주읍 만세시위를 주도한 송회근(징역 1년)이 중형을 받았고, 시위에 참가한 송규선(징역 10월), 송수근(징역 10월), 송인집(징역 10월, 궐석), 송홍래(징역 6월 집행유예 2년) 등도 예외 없이 유죄를 받았다. 독립청원운동에만 참여한 인물들이 대개 2심을 거치면서 무죄로 석방된 데 반해 상대적으로 무거운 처벌을 받았음을 알 수 있다.

5. 맺음말

이 글은 최근 발굴된 사료와 연구성과를 토대로 성주의 파리장서운동의 내용과 특징을 좀 더 풍부하게 정리하고자 하였다. 경북 성주는 파리장서운동의 기획자인 김창숙과 지도급 인물인 장석영·송준필·정종호가 거주하던 지역으로 파리장서운동의 최대 거점이자 최초의 지방 거점이었으나 그동안 파리장서 운동의 발단과 확산에 기여한 사실이 충분히 소개되지 못한 아쉬움이 있었다. 그런데 최근 파리장서운동의 주요 인물 중 한 명인 장석영의 일기가 발굴됨으로써 사건의 재구성과 새로운 이해가 가능하게 되었다.

경북 성주는 조선 말기 이래 구체제에 대한 개혁의 요구가 강하게 일어나고 선각적 지식인들의 계몽운동이 활발히 진행된 지역이었다. 이런 지역적 특성은 유학 학풍에도 영향을 미쳐 유교 이론의 객관적 이해와 서양학문에 대한 깊은 탐구를 특징으로 하는 독특한 학풍을 탄생시켰는데, 그 대표적인 사례가 한주학맥이었다. 한주학맥은 파리장서운동의 주도세력이었다.

파리장서운동의 참가자는 성격상 세 부류, 즉 추진세력, 파리장서 서명자, 협력자 등으로 분류할 수 있는데, 성주는 참가자가 전국에서 가장 많은 지역이었다. 성주의 참가자들은 수적으로만 많았던 것이 아니라 파리장서운동의 주축으로 활동했다는 데에 특징이 있다. 김창숙(추진세력)은 파리장서운동을 기획한 후 영남 일대를 순방하며 파리장서 서명자 규합, 파리장서 문안 수정과 확정, 자금 모집, 해외 파견 등 파리장서운동의 전 과정을 총괄했다. 장석영(서명자)은 곽종석의 요청에 따라 파리장서 초안을 집필했다. 최근 발굴된 자료(「흑산일록」)에 의하면, 그는 곽종석의 요청이 있기 전부터 이미 독립청원서를 준비해 놓고 있었다. 송준필(서명자)은 야성송씨 충숙공파 종택(백세각)에서 문중회의를 열고 독립청원운동에 참여하겠다는 의지를 밝히는 한편 문중 청년들에게 동참을 권유했으며, 김창숙의 활동자금을 조달했다.

한편 독립청원운동에 관한 정보는 경성에 체류하던 소수 인물들의 전유물이었을까? 「흑산일록」에 의하면, 성주의 경우 김창숙이 성주에 도착하여 본격적인 활동을 개시하기 전인 3월 9일경 이미 장석영 등은 독립청원운동의 필요성을 제기하였다. 이처럼 성주에는 이미 독립청원운동에 대한 우호적인 분위기가 형성되어 있었기 때문에 김창숙이 독립청원운동을 제안했을 당시 다수의 동조자가 나타날 수 있었다.

한편 성주의 파리장서운동 참가자들은 이 운동을 사실상 주도했기 때문에 무거운 '법적 처벌'을 받았다. 이들 중 일부는 4월 2일 성주읍 만세시위에도 참가하여 중대 '범죄자'로 간주되었다. 그 결과, 성주의 파리장서운동 참가자 34명 중 거의 절반(44%)에 해당하는 15명이 기소되었다. 이는 파리장서운동 전체 기소자의 절반에 해당하는 높은 수치였다.

제3장 파리장서운동의 결과와 이면

제1절

조선총독부의 관련자 사법처리와 유림의 독립운동 논리

1. 머리말

일본은 일찍부터 조선의 유림을 식민지배와 통치에 유용한 '중간층'이자 독립운동의 '배후세력'이라는 양면적 존재로 인식했다.[1] 실제로 병합 이전의 국권회복운동은 물론이고 1919년 3.1운동 당시에도 지방의 만세시위를 주도한 사례가 적지 않게 발견된다.[2] 반면 일본은 병합 직후 經學院·鄕校 체제 및 矯風會·契 등의 조직을 통해 '忠良한 臣民'을 양산하는 작업에 몰두했다.[3] 따라서 총독부와 유림의 관계는 일본의 조선 통치 계획과 실상을 이해하는데 도움을 준다.

이런 점에서 1919년은 식민통치 10년 간 누적된 유림과 식민권력(총독부·군청·면사무소·경찰서·헌병대)의 갈등이 폭발한 시기였다. 유림은 병합 직후의 관망적이고 소극적인 자세에서 벗어나 지방 각지에서 만세시위에 깊이 개입했다.[4] 평소 유림과 식민권력을 중재하던

---

1) 姜東鎭, 『日帝의 韓國侵略政策史』, 한길사, 1984, 226쪽.
2) 3.1운동 참가자의 판결문을 분석한 연구에 의하면, '피고인'의 최종 학력은 의외로 '書堂 수학'인 경우가 많았다. 보통학교 졸업 이상은 27%였고, 서당 수학자는 21%에 달했다(南富熙, 「3.1運動 裁判記錄과 儒敎界」, 『慶大史論』 4·5, 1990, 14쪽).
3) 金度亨, 「日帝侵略初期(1905~1919) 親日勢力의 政治論 硏究」, 『啓明史學』 3, 1992, 9쪽 ; 이명화, 「朝鮮總督府의 儒敎政策(1910~1920年代)」, 『한국독립운동사연구』 7, 1993, 87~88쪽.

지방의 말단 관리들은 만세시위에 동요하여[5] 중재 기능에 공백이 발생했고, 일본 군경은 만세시위의 규모와 확산속도에 당황하며 조기에 무력진압을 시도하는 등[6] 매우 예민하고 강경한 반응을 보였다. 이제 지방의 유교지도자들은 중재자 없이 식민권력을 대면하고 충돌하게 되었다.

3.1운동 참가자 중 유림에 대한 총독부의 탄압(형사처벌)에 관해서는, 학계의 관심이 부족한 편이다. 이는 아마도 유림이 근대국가의 수립을 열망하는 3.1운동에 적극적인 자세를 취하지 않았다고 보는 인식과 관계가 있는 것으로 보인다. 다만 일부 연구자들이 만세시위에 참가한 '유생'과 '서당교사' 등의 판결문을 분석하거나,[7] 독립청원운동(파리장서운동)의 주요 참가자 중 한 명인 송준필의 체포·수감·재판·석방과정을 분석하였다.[8] 전자가 지방의 만세시위에 참여한 일반유림층의 판결 통계를 정리한 것이라면, 후자는 지방 유교지도자들이 독립청원운동에 참가했다가 형사처벌을 받는 과정을 살펴본 것이다. 이들 연구는 유림이 만세시위와 독립청원운동에 적극 참여한 사실을 실증적으로 보여준 반면, 형사처벌 결과와 통계 수치에 집중해 체포·수감·형사처벌 과정에서 어떤 문제가 발생했고, 이 절차를 통해 서로 어

---

4) 許善道, 「3.1運動과 儒教界」, 『3.1運動 50週年 紀念論集』, 東亞日報社, 1969, 286~287쪽 ; 이정은, 『3.1독립운동의 지방시위에 관한 연구』, 국학자료원, 2009, 205~278쪽.

5) 姜東鎭, 『日帝의 韓國侵略政策史』, 157쪽.

6) 일본은 3.1운동이 발발하자 겉으로는 대수롭게 생각하지 않는 듯한 태도를 보였지만, 3월 2일부터 무력진압을 통해 조기 진압을 시도했다(尹炳奭, 「三·一運動에 대한 日本政府政策」, 東亞日報社, 1969, 432쪽).

7) 남부희는 3.1운동 관련 판결문이 수록된 『독립운동사자료집』 제5집(독립운동사편찬위원회, 1973)에서 유생·서당교사·서당생도 등을 유림으로 분류했다(207명)(南富熙, 「3.1運動 裁判記錄과 儒教界」, 『慶大史論』 4·5, 1990, 43~45쪽).

8) 吳世昌, 「3.1獨立運動과 巴里長書」, 儒林團獨立運動實記編纂委員會, 『國譯 儒林團獨立運動實記(潘中日記)』, 2001, 111~123쪽.

떻게 인식하게 되었으며, 1919년 이후 상호 인식과 관계에 어떤 변화가
생겼는지를 보여주는 데에는 한계가 있었다.

　이런 연구 취약점과 공백에 대한 문제의식을 토대로, 이 글은 특히
파리장서운동에 참여한 유림에 주목하고자 한다. 총독부 경찰과 사법
기관(검사국·법원)이 파리장서운동 참가자들을 어떻게 '처벌'했고, 이
과정에서 어떤 문제로 갈등을 빚었으며, 사법처리가 종결된 후 파리장
서운동 참가자들의 독립운동에 대한 입장은 어떤 변화가 있었는지 살
펴보고자 한다. 총독부의 파리장서운동 참가자에 대한 사법처리가 일
회성 제재에 그치지 않고 앞으로의 독립운동 시도를 사전에 차단하는
성격을 지녔다고 할 때,[9] 사법처리 이후 파리장서운동 참가자들의 독
립운동 인식 변화와 총독부의 유교정책 방침은 주목되는 점이라고 하
겠다.

　이 글의 주된 분석대상은 파리장서운동 참가자 중에서도 파리장서
서명자(이하, '서명자'로 줄임)이다. 이들은 파리장서운동에 참가했다가
파리장서 서명자 명단이 노출되어 주된 '처벌'의 대상이 되었기 때문이
다. 자료는 총독부의 정보문서, 수형기록(형사사건부·판결문·신분장
지문원지·재소자신분카드 등)과 함께 서명자의 일기인「흑산일록」(장
석영)과「被拘顚末記」(林翰周) 등을 주로 활용했다. 이들 일기는 파리
장서운동의 전말과 총독부의 파리장서운동 참가자에 대한 탄압과정을
상세히 기술하고 있어 파리장서운동 관련 수감자[10]와 사법기관의 입
장을 파악하는데 도움을 줄 것이다.

---

　9) 장신,「삼일운동과 조선총독부의 司法 대응」,『역사문제연구』18, 2007, 142쪽.
10) 이 글에서 '수감자'는 경찰서 유치장 또는 감옥(미결수)에 일시 수감되었거나 재판을
　　통해 형이 확정되어 감옥에 기결수로 수감된 인물(기결수)을 모두 포괄하는 개념으
　　로 사용했다.

2. 총독부의 관련자 체포와 사법처리

1) 체포와 조사

파리장서운동에 관계된 최초의 체포자는 4월 5일에 발생했다.[11] 4월 2일 경북 성주군 성주읍에서 만세시위가 발생했는데, 이 시위에 고산동의 야성송씨들이 많이 참가했다. 이들 중 일부가 현장에서 경찰에 체포되었고 조사과정에서 파리장서운동에 관한 내용이 발각되었다.

성주읍 만세시위가 발생한 지 3일 뒤인 4월 5일 서명자 송준필이 성주경찰서에 연행되었다.[12] 그는 야성송씨 청년들에게 파리장서운동에 참여할 것을 권유한 인물이었다. 이어 4월 9일 역시 성주의 서명자인 장석영·이덕후·성대식 등이 성주경찰서에 연행되었다. 이처럼 서명자가 밀집된 성주에서 다수의 체포자가 나왔고, 이들에 대한 조사 이후 서명자의 대표격인 곽종석이 4월 18일 거창헌병대에 연행되었다.[13] 김창숙이 파리장서를 휴대하고 조선을 떠난 지 약 20일 만의 일이었다.

파리장서 서명자들은, 김복한이 '죽어도 洞門을 나갈 수 없다'고 버틴 것[14]을 제외하면, 대부분 서명 사실을 순순히 인정하고 체포에 응했다. '민족대표' 48인과 비슷한 양상이었다.[15] 곽종석은 헌병이 연행하

---

11) 송준필보다 앞서 체포된 宋柱憲 등은 이 논의에서 제외했다. 이들도 파리장서 서명자였지만, 이에 앞서 3월 5일 동대문에서 순종에게 復位를 요청하는 상소를 제출하려다 체포되었다. 다만 이들은 경찰 조사 과정에서 파리장서운동에 관해 언급하지 않은 것으로 보인다. 이들의 체포가 파리장서운동 참가자 전체에 대한 조사와 체포로 이어지지 않았기 때문이다(徐東一, 「1919년 巴里長書運動의 전개와 역사적 성격」, 한국학중앙연구원 한국학대학원 박사학위논문, 2009, 190쪽).

12) 『國譯 儒林團獨立運動實記』, 원문편, 1919년 3월 5일, 33쪽.

13) 郭㴰, 『俛宇先生年譜』(俛宇先生年譜發刊所, 1956) 권6, 1919년 3월, 23a쪽.

14) 林翰周, 『惺軒先生文集』 I(景仁文化社, 1993) 권2, 「被拘顚末記」, 1919년 5월 16일조, 276쪽.

15) 金龍基, 「三·一獨立運動과 巴里長書事件에 對하여」, 『文理大學報』(釜山大 文理科

려 하자 우선 가족들을 진정시키고 문인들에게 평소처럼 학업에 정진할 것을 당부한 뒤 연행에 응했다.[16] 서명자 송홍래는 가족들이 피신을 권유했지만 '자신이 아는 것은 의리일 뿐 禍福은 고려의 대상이 아니'라며 체포에 응했다.[17] 金克永은 파리장서운동의 연락책으로 활동한 아들 김황에게 '선비[士]가 선비인 까닭은 오직 直에 있으니 구차하게 체포를 피할 생각을 하지 말라'고 당부했다.[18]

파리 국제평화회의의 마지막 절차인 베르사유 조약 체결 광경(1919.6.28)
캐나다 비미재단 (캐나다 도서관 및 기록 보관소)

大學), 1959, 74쪽.
16) 『俛宇先生年譜』 권6, 1919년 3월, 23a쪽.
17) 宋鴻來, 『晦川先生文集』 권8, 「家狀」, 26b쪽.
18) 金克永, 『信古堂遺輯』 5(1945, 성균관대 존경각 소장) 附錄3, 「日錄」(金榥), 31a쪽.

경찰의 서명자 체포는 4월 이후 한동안 답보상태에 머물러 있다가 6월부터 본격화된 것으로 보인다. 경찰은 4~5월 주요 서명자에 대한 체포와 조사를 통해 파리장서운동의 개요와 주도세력을 파악했다. 이어 늦어도 5월경 파리장서에 서명자 명단이 첨부되어 있음을 인지했다.[19] 6월 하순경이 되면, 베르사유 조약(1919.6.28)이 체결되어 파리 국제평화회의가 종료되었다. 이로써 김창숙은 독립청원운동을 완전히 단념하고, 후속활동에 전념한 것으로 보인다. 그는 이 무렵 파리장서를 국내 향교로 발송했는데, 경찰은 이를 압수하여 서명자 137명 명단을 정확히 파악할 수 있게 되었다.[20]

경찰이 서명자 명단을 확보함에 따라 관련자에 대한 대대적인 검거가 시작되었다. 경북 봉화의 안동권씨(酉谷)와 의성김씨(海底) 서명자들이 집단적으로 체포된 것[21]도 이 무렵이었다. 앞서 파리장서에 곽종석에 이어 두 번째로 이름을 올린 김복한이 6월 6일 경찰의 방문조사를 받고,[22] 6월 7일 충청권의 주요 서명자인 임한주(충남 홍성)가 체포되는[23] 등 체포망이 영남권에서 충청권으로 확대되었다. 6월 말에는 서

---

19) 1919년 5월 21일자 일본 육군성 정보문서에 의하면, "金昌淑(약 34,5세)은 격렬한 독립운동가로서 관헌의 수색이 엄밀하므로 4월 하순경 상하이로 달려가 현재 프랑스 조계 麗水路 東興里 29호에 거주 중인데, 본인은 원래 儒生으로서 유생 133명 記名의 격문 원고를 휴대하고 가서 인쇄한 후 조선 내의 각도 鄕校를 향해 발송했다고 하며, 본인이 휴대한 원고에는 記名者 각인의 날인이 있다고 함"이라고 했다(日本陸軍省,『朝鮮騷擾事件關係書類』7,「朝鮮獨立運動에 關한 件-上海情報(4)」, 1919.5.21.). 이 문건에는 서명자 수가 133명으로 잘못 기재된 것을 제외하면, 대부분의 내용이 사실과 일치하는 고급 정보였다.
20) 『國譯 儒林團獨立運動實記』, 원문편, 1919년 5월 26일, 60쪽 ; 李基馨 재소자카드(대구감옥).
21) 『예천 맛질 朴氏家 日記』5(韓國學中央硏究院, 2007), 1919년 5월, 63쪽.
22) 당시 김복한은 경찰의 연행에 강력히 저항하여 체포를 면했으나, 9월 5일(음 7.11) 홍성경찰서에 연행되었다(『志山先生年譜』(1952), 10a~11a쪽].
23) 「被拘顚末記」, 1919년 5월 10일, 9a쪽.

조선헌병대사령관이 조선총독에게 보낸 정보문서(1919.5.21)
김창숙이 133명의 날인이 삽입된 독립운동 선전물을 휴대하고 상하이로
건너왔다고 보고하였다.
국사편찬위원회 한국사데이터베이스 (일본 육군성, 『1919-1921년 조선소요사건관계서류』 7)

명자 137명에 대한 전면적인 재조사가 실시되었다. 이로 인해 당시 대
구감옥에 수감되어 있던 장석영은 곧 '士林의 禍'가 곧 불어 닥칠 것이
라고 우려했다.[24]

서명자뿐만 아니라 이들을 도운 인물들도 체포되었다. 6월 3일 이득
년·이정수가 체포되었다. 해외파견대표인 김창숙은 약 2개월간 중국
에서 활동을 벌인 후 사전 계획대로 국내 동지들과 접촉하기 위해 鄭

---

24) 張錫英, 『先文別集』智(장세민 소장), 「黑山日錄」, 1919년 6월 27일, 27b쪽.

源澤을 국내에 파견했다. 하지만 정원택이 이득년 등에게 전달할 비밀서한[蠟書]을 가지고 입국하다 체포되었다. 정원택은 이득년을 만나려 했던 사실을 실토하였고, 이로 인해 이득년·이정수가 곧 체포되었다.[25]

일설에 의하면, 경찰의 대대적인 검거로 인해 파리장서운동 참가자 '수백 명'이 체포되었다고 전해진다.[26] 범위를 서명자로 제한하면, 서명자 137명 중 체포된 인물은 70% 이상[27]이었을 것으로 추정되는데, 뒤늦게 체포된 사례[28]를 제외하면 대부분 4~7월에 집중적으로 체포된 것으로 확인된다.

---

25) 金昌淑, 『心山遺稿』(國史編纂委員會, 1973), 「躄翁七十三年回想記」(上篇), 316쪽 ; 鄭元澤, 『志山外遊日誌』, 探求堂, 1983, 204~206, 209쪽.

26) 김창숙은 경성 소식통[京城報紙]에 근거하여 1919년 5월(양력인지 음력인지 확인 불능) 당시 파리장서운동과 관련하여 체포된 인사가 '수백 명'에 이른다고 했고[「벽옹칠십삼년회상기」(상편), 316쪽], 김황도 체포자의 수를 '수백 명'으로 추정했다[金榥, 『重齋先生文集(附錄)』13(千字族譜社, 1998), 「記巴里蠟書事」, 82쪽].

27) 판결문·형사사건부·수형인명부·재소자신분카드 등의 수형기록과 『고등경찰요사』(이하, 요사)를 참고하면, 파리장서 서명자 중 경찰에 체포된 인물은 전체의 약 70%(96명) 이상이었을 것으로 추정된다. 『요사』에는 서명자의 연령·본적·주소 항목이 있는데, 137명 중 주소가 기재된 인물은 89명에 불과하고 나머지 48명은 '不明'으로 기술되어 있다. 『요사』가 파리장서운동 발생 15년 뒤(1934)에 간행된 점을 감안하면, 이는 아마도 1919년 당시 총독부(경북경찰부)가 서명자의 신원 파악에 실패한 인물, 다시 말해 경찰에 체포되지 않았거나 검사국에 송치되지 않아 신원을 파악하지 못한 인물일 가능성이 있다. 실제로 주소가 '불명'으로 기재된 자 가운데 체포된 것이 분명한 인물은 합천경찰서에 체포된 문용·박익희·송호곤·송호완 및 3월 5일 순종에게 상소를 제출하려다 체포된 송주헌 등 5명에 불과하다. 나머지 '불명'인 서명자들은 수형기록, 신문, 문집, 일기 등에서 체포 여부가 전혀 확인되지 않는다. 이밖에 경찰에 체포되었다가 간단히 조사만 받고 풀려난 서명자들의 경찰 기록은 현재까지 발견되지 않고 앞으로도 발견될 가능성이 희박하다. 따라서 서명자 중 체포된 인물의 수는 『요사』에 주소가 정확히 기재된 89명과 더불어 체포사실이 추가 확인된 '주소 不明者' 7명을 합해 96명 이상이었을 것으로 추정했다.

28) 李鉉昌은 체포령이 내려지자 잠적해 잡히지 않고 궐석재판으로 징역 6월을 받았다가 1921년 9월경 뒤늦게 체포되어 징역 6월 집행유예 3년을 받았다(『東亞日報』1921년 10월 1일, 「儒生代表를 巴里에, 궐석판결에 고장신립한 이현창, 다시 6개월 징역·삼년간 유예로」, 3면).

파리장서 서명자 중 가장 늦게 체포된 이현창의 체포 소식을 보도한
『동아일보』(1921.10.1)

체포된 인물들은 우선 헌병파견대 혹은 순사주재소로 연행되어 기초적인 조사를 받았다. 임한주는 梨湖주재소의 일본인 순사로부터 '가서 조사할 것이 있다'는 말은 듣고 주재소로 연행되었고, 파리장서운동에 관한 4가지 질문에 대답하고 기본적인 사실관계를 확인한 후 홍성경찰서로 이송되었다.[29]

서명자들은 대개 경찰서에서 1차 조사를 받았다. 여기에서 참여도가 낮다고 판단된 인사들은 간단한 조사를 마친 뒤 며칠 뒤 석방되었고,[30]

---

[29] 「被拘顚末記」, 1919년 5월 10일, 9a~b쪽.

[30] 일각에선 서명자들이 대부분 2~3개월간 옥고를 치른 뒤 기소유예·무죄·집행유예를 받고 석방되었다고 주장하나[韓國儒林團獨立運動 巴里長書碑 建立委員會, 『(韓國儒林 獨立運動) 巴里長書略史』, 1973, 42쪽], 이는 사실과 거리가 있다. 2~3개월간 수감된 경우 검사국 조사를 받은 인물일텐데 검사국에 송치된 서명자는 41명에 불과하며, 나머지 서명자들은 대부분 경찰 조사를 받고 수일~1개월 만에 석방되었다 (「黑山日錄」, 1919년 7월 3일, 29b쪽).

참여도가 높다고 판단된 인물들은 검사국으로 이송되어 2차 조사를 받았다. 경북권 서명자들은 주로 성주·대구·안동경찰서에 연행되었다가 대구감옥으로 이송되어 검사국 조사를 받았고,[31] 충남권 서명자들은 주로 홍성·금성경찰서 등에 연행되고 공주감옥에 수감되었다가 파리장서운동 관련 피의자가 집결된 대구감옥으로 이송되어 검사국 조사를 받았다.

서명자들의 이송과정과 입감절차는 순탄치 않았다. 대부분 40대 이상인 서명자들[32]은 오랜 시간 걷거나 열악한 운송수단을 이용하느라 몹시 지치고 병든 상태로 감옥에 도착했다. 충남 홍성의 임한주는 공주감옥에 도착할 때까지 장시간 걷고 말을 탄 까닭에 감옥에 도착했을 때 이미 병색이 완연했다. 더욱이 계절은 한 여름에 접어들었고, 감방의 수감인원은 정원을 훨씬 초과한 30명 이상이어서 수감자들은 '서로 으르렁대며 살을 씹으려고' 할 정도였다.[33]

서명자들은 대구감옥 미결감에 수감된 상태에서 검사국 조사를 받았다. 우선 서명자들은 대구감옥에 도착한 뒤 검사로부터 인적사항 및 파리장서 서명 여부에 관한 간단한 질문을 받고 훈계의 말을 들었다. 이어 서명자들은 감방에 들어갔다. 4월 하순 장석영·송준필·성대식 등 성주의 서명자들은 성주읍 만세시위 참가자들과 함께 제13방에 수감되었다.[34] 6월 하순 임한주·田穰鎭 등 충남권 서명자들은 제7방에 수감되었다.[35]

---

31) 장석영 등 성주의 서명자들은 양손에 수갑을 차고 허리에 포승줄이 묶인 채 2열로 倭館驛으로 이동했다. 왜관역까지 이동 할 때는 수십 명의 순사와 10여 명의 총과 칼로 무장한 군인이 외부인의 접근을 엄격히 차단했다(「黑山日錄」, 1919년 3월 16일, 13b쪽).

32) 서명자 중 40대 이상은 약 80%였다(徐東一, 「1919년 巴里長書運動의 전개와 역사적 성격」, 80쪽).

33) 「被拘顚末記」, 1919년 5월 19일, 12b쪽.

34) 「黑山日錄」, 1919년 3월 16일, 15a쪽.

파리장서운동 참가자들의 체포·옥고과정을 자세히 기록한「피구전말기」
임한주, 『성헌선생문집』 I

검사국 조사는 경찰서 조사에 비해 강도가 높았다. 충남권 주요 서명자인 임한주는 약 4회의 경찰·검사 조사를 받았다. 실제 조사 횟수는 더욱 많았을 것이다. 그는 6월 7일 경찰서에 연행된 후 순사로부터 간단한 질문을 받고, 6월 8일 순사부장으로부터 1차 신문을 받았다. 이미 이 때부터 '범인'으로 취급되었다. 6월 13일 다시 순사부장의 2차 신문을 받았다. 6월 16일 검사의 신문을 받았다. 이때 검사는 홍성경찰서에서 넘겨받은 조사기록과 일일이 대조하였고, 서명의 자발성 여부와 현 정세에 대한 입장을 주로 질문했다.[36]

성주경찰서를 거쳐 대구감옥에 입감된 장석영은 당시 조사 상황을

---

35) 「被拘顚末記」, 1919년 5월 27일, 13b쪽.
36) 「被拘顚末記」, 1919년 5월 10일~5월 19일, 9a~12a쪽.

일기에 자세히 남겼다. 그는 약 9회의 경찰 · 검사 조사를 받았다. 내용을 정리하면 〈표 1〉과 같다.

〈표 1〉 장석영에 대한 경찰 · 검사의 조사 내역

일자 (양력)	주요 내용
4. 9	경찰 신문(通告道內文 · 抵總督府書 · 파리장서의 존재)
4. 13	경찰서장과 대화(유림의 국제정세 인식 결핍 지적)
4. 16	검사 신문(4.9 경찰 조사와 유사)
4월 중순	검사 신문
4. 25	검사 신문(범죄 인정 여부, 장석영의 파리장서 초안을 곽종석에게 전달한 인물, 파리장서 실물 확인, 통고도내문 · 저총독부서의 내용)
5. 29	검사 신문(禹夏敎의 서명 여부)
6. 4	경찰 신문(柳必永 · 柳淵博 · 李晚燁 · 李能學 · 盧相稷의 서명 여부, 서명자 137명 성명 확인)
7. 22	경찰 신문(서명자 137명 성명 재확인, 李基馨 · 이현창 · 李萬成 · 李季垓 · 李啓源의 서명 여부 및 주소 확인)
7. 25	(검사) 신문
7. 29	(검사) 신문(이계원의 서명 여부, 파리장서운동의 목적, 曹兢燮 · 尹相泰의 연루 여부)

위의 표를 보면, 경찰과 검사의 수사방향이 사건의 발단이 된 독립청원서의 실존 여부를 묻는 질문에서 시작해, 파리장서운동의 발생경위와 확산배경, 파리장서 서명자의 인적사항을 묻는 질문을 거쳐, 파리장서운동과 관련된 인접 사건들을 확인하는 과정으로 진행되었음을 알 수 있다.

검사국에 송치된 인원은 전체 서명자 수에 비해 적은 수치였지만, 일단 검사국에 송치되면 대개 기소되었다. 검사국에 송치된 인원(수리인원)은 전체 서명자의 3분의 1(50/137명) 수준이었다. 이는 3.1운동 당시 보안법사건 관련자의 수리 비율(69%)[37]에 비해 낮은 수치였다. 하지만

---

37) 이하, 3.1운동 참가자의 수리율 · 기소율 등에 대해서는, 尹炳奭, 「三 · 一運動에 대한 日本政府政策」, 434쪽 및 장신, 「삼일운동과 조선총독부의 司法 대응」, 153쪽, 표3 참조.

기소율(62%, 31/50명)은 보안법 사건 기소율(49%)보다 훨씬 높았다. 아마도 서명자 중 참여도가 높다고 판단된 인물들을 엄격히 선별해 송치했기 때문일 것이다.

2) 법원 판결

서명자에 대한 1 · 2심 재판은 총 7회에 걸쳐 진행되었다. 5월 20일 곽종석 등 16명에 대한 1심 재판에서 곽종석 · 장석영은 징역 2년, 송준필 · 이봉희는 징역 1년 6월, 성대식 · 이기정은 징역 1년 등 비교적 중형을 받았다.[38] 7월 29일 김복한 등 6명에 대한 1심 재판에서는 김복한이 징역 1년, 나머지 인물들이 대부분 집행유예,[39] 8월 2일 김봉제 등 2명에 대한 1심 재판에서는 2명 모두 집행유예가 언도되었다.[40] 재판부가 '범죄'로 판단한 부분은 파리장서 서명과 파리장서 복제 · 배포 행위였다.

곽종석 등 16인의 판결문 (대구지방법원, 1919.5.28)
국가기록원 소장

1심 종료 이후 일부 인사들을 대상으로 2심이 진행되었다. 대구감옥 측은 유죄를 받은 서명자들에게 控訴 여부를 물었고, 고령자(곽종석·장석영)에게는 공소하면 집행유예로 풀려날 수 있다고 은근히 권유했다.[41] 서명자들은 '공소'라는 생소한 제도에 상이한 반응을 보였다. 곽종석은 '처음 감옥에 들어올 때 살려는 마음이 없었고 굳이 公訴한다면 하늘에 하겠다'고 거부했다.[42] 장석영·송준필 등은 정당한 의사 표시에 유죄 판결을 내린 것은 부당하므로 2심 재판에서 밝히려고 하였다.[43] 반면 충청권 서명자들은 모두 공소를 거부했다. 공소 자체를 일본(재판부)과의 타협으로 간주했기 때문이다.

2심은 2건이 진행되었다. 재판 결과, 1심에서 실형을 받은 서명자들은 이봉희(징역 10월)를 제외하면 대부분 집행유예나 무죄를 받고 석방되었다. 이는 만세시위에 참가한 유림이 대개 2·3심에서 감형된 경우가 5분의 1에 불과했던 것[44]과 비교해 특별히 '취급'된 정황을 보여준다.

1·2심 재판을 통해 서명자 21명이 유죄를 받았다. 이중 실형을 받은 인물은 총 6명인데, 파리장서운동과 무관한 3월 상소사건, 만세시위 관련자(백관형, 이길성)을 제외하면, 곽종석(징역 2년), 김복한(징역 1년), 이봉희(징역 10월), 우하교(징역 6월) 등 4명이었다. 나머지는 '정상 참작'으로 집행유예(15명)를 받거나 '증거 불충분'으로 무죄(10명)를 받아 석방되었다. 판결내용을 정리하면 〈표 2〉과 같다.

---

38) 郭鍾錫 등 16인 판결문(대구지방법원, 1919.5.20).
39) 李基馨 등 18인 판결문(대구지방법원, 1919.7.29).
40) 金鳳濟 등 2인 판결문(대구지방법원, 1919.8.2).
41) 「黑山日錄」, 1919년 4월 24일, 21a쪽.
42) 『俛宇先生年譜』 권6, 1919년 4월, 24a쪽.
43) 「黑山日錄」, 1919년 4월 24일, 21a쪽.
44) 南富熙, 「儒敎界의 巴里長書運動과 3.1運動」, 43쪽.

〈표 2〉 총독부의 파리장서 서명자(137명)에 대한 재판 결과

판결내용		1심	확정
유죄	징역 2년	2	1
	징역 1년 6월	2	0
	징역 1년	3	1
	징역 10월	1	1
	징역 8월	1	1
	징역 6월	3	2
	징역 8월 집행유예 2년	1	1
	징역 6월 집행유예 3년	1	1
	징역 6월 집행유예 2년	11	13
	소계	25	21
무죄		6	10
총계		31	31

* 전거 : 郭鍾錫 등 16인 판결문(대구지방법원, 1919.5.20)
　　　　李基馨 등 18인 판결문(대구지방법원, 1919.7.29)
　　　　金鳳濟 등 2인 판결문(대구지방법원, 1919.8.2)
　　　　李基定 등 12인 판결문(대구복심법원, 1919.8.21)
　　　　尹亮植 판결문(대구복심법원, 1919.9.18)
　　　　禹夏敎 등 2인 판결문(대구지방법원, 1919.10.3)
　　　　李鉉昌 판결문(대구지방법원, 1921.9.28.)
* 1심에서 유죄 판결을 받은 인물 중에는 공소를 제기하지 않은 인물도
　있으므로 통계상 혼란을 피하기 위해 2심 결과를 기재하지 않음
* 파리장서운동이 아닌 활동으로 유죄를 받은 인물(유준근·송주헌·백관형·이길성
　등)과 비서명자(김창숙)는 통계에 포함시키지 않음

　서명자들에게 적용된 법률은 만세시위 참가자와 마찬가지로 보안법
이었다. 재판 당시 이미 대정8년 제령 제7호(정치에 관한 범죄 처벌의
건, 1919.4.15 공포)가 제정되어 있었지만, 파리장서운동은 이 법령이
공포되기 전에 발생했기 때문에 적용되지 않았다.45) 한편 '민족대표 48
인'에 대한 재판에서 한때 적용이 검토된 내란죄나 출판법은 기소단계
부터 검토되지 않았다.46) 아마도 '범죄'의 정도가 '민족대표 48인' 보다

---

45) 郭鍾錫 등 16인 판결문(대구지방법원, 1919.5.20) ; 장신, 「삼일운동과 조선총독부의
　　司法 대응」, 153쪽.
46) 내란죄는 만세시위가 급속히 확산되던 4월에 시위 열풍을 진정시킬 목적으로 한때

김복한 등의 형사사건부

국가기록원 소장

낮고 구성요소나 사후 파급력이 미약하다고 간주했기 때문일 것이다.

재판 결과, 서명자의 대표와 부대표격인 곽종석과 김복한은 각각 징역 2년 및 징역 1년을 받았다. 서명자 가운데 가장 무거운 형량이었다. 파리장서에 서명하고 성주읍 만세시위에 참가한 이봉희는 징역 10월을, 파리장서에 서명하고 조선국권회복단 중앙총부 활동에 협조한 우하교는 징역 6월을 받았다. '범죄'의 주도성이 높은, 즉 주범인 제1, 2 서명자와 함께 복수의 독립운동에 참여한 서명자 등 4명만이 실형을 받았다.[47] 나머지 인물들은 대개 집행유예 이하의 판결을 받고 석방되

적용이 검토되었는데, 법정 최고형인 사형까지 가능한 상황이었다. 하지만 3.1운동 참가자 중 내란죄가 적용된 사건은 '48인 사건', '안성사건', '수안사건' 등 극소수에 불과했다(장신, 「삼일운동과 조선총독부의 司法 대응」, 155~157쪽). 한편 일본정부에 독립청원서를 보냈다가 기소된 金允植·李容植의 경우에도 파리장서 서명자의 경우처럼 출판법이 적용되지 않았다(金允植 등 5인 판결문(경성지방법원, 1919.7.11)].

었다. 만세시위에 참가했다가 기소된 유림 중 3분의 2 이상이 실형을 받은 것[48]과 대조된다. 한편 서명자 중 곽종석(형집행정지 중 사망) · 하용제 · 鄭在夔 · 宋鎬完 등 4명은 고령 및 옥고 여독으로 사망했다.[49]

1919년 10월 곽종석이 형집행정지 중 사망했음을 보고한 대구지방검사국의 공문
국가기록원 소장

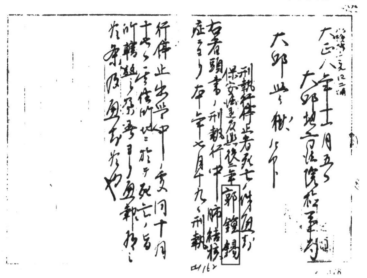

47) 3.1운동 참가자의 형량은 주로 시위의 폭력성 여부, 독립선언서(복제물)의 인쇄 · 배포 여부로 결정되었다(장신, 「삼일운동과 조선총독부의 司法 대응」, 157쪽). 이런 점에서 서명자 중 만세시위에도 참가한 인물과 파리장서운동의 양대 대표인물에게만 실형이 내려진 것은 총독부의 3.1운동 참가자에 대한 일반적인 사법처리의 관행과 크게 다르지 않음을 보여준다.
48) 南富熙, 「儒敎界의 巴里長書運動과 3.1運動」, 43쪽.
49) 박은식의 『韓國獨立運動之血史』에 따르면, 곽종석 · 유필영 · 하용제 · 김복한 등이 옥사하고, 기타 인물들은 사형 혹은 징역에 처해졌다고 했으나(『朴殷植全書』上, 「韓國獨立運動之血史」, 602쪽), 이는 사실과 다르다. 곽종석은 옥중 여독으로 인해 형집행정지로 석방되었다가 자택에서 사망했고, 나머지 인물도 사형을 받거나 옥사한 경우는 없다.

최종 판결내용을 보면, 법원의 판결이 혹독했다고 보기는 어렵다. 실형을 받은 인물은 서명자 137명 중 4명에 불과했다. 같은 시기 3.1운동에 참가한 유림과 비교해 실형 언도율이 월등히 낮았다.[50] 그렇다면 비슷한 시기에 독립선언 또는 독립청원운동에 참여했다가 기소된 인물들에 비해 관대한 처분을 받았다고 할 수 있을까? 그렇게 보기도 어렵다. 서명자들은 대체로 독립선언서의 '민족대표 48인'이나 일본정부에 독립청원서를 제출한 김윤식·이용직에 준하는 판결을 받았다고 여겨진다.[51]

서명자에 대한 실형 언도율이 낮았던 이유는 무엇일까? 현실적인 측면에서 파리장서운동 참가자들은 만세시위 참가자들보다 '치안을 방해'한 '범죄'의 정도가 낮은 것으로 평가되었기 때문이다. 다수의 유죄 판결이 나온 성주 고산동 야성송씨의 경우에도 유죄 사유는 대개 만세시위와 관련되어 있었고 파리장서운동에 관한 부분은 중요하게 취급되지 않았음을 확인할 수 있다.

법률적 한계와 수감시설의 미비도 관계가 있다고 여겨진다. 앞서 언급한 것처럼 파리장서운동은 3월에 진행된 사건이어서 같은 해 4월에 제정된 대정8년 제령 제7호를 적용할 수 없었다. 또한 폭력적인 시위와 거리가 멀어 소요죄를 적용할 수도 없었다. 이와 더불어 만세시위의 확산으로 수감자가 폭증하고 감옥의 수용능력이 현저히 떨어지면서 사건의 중대성과 '범죄'의 경중에 따라 선별적인 수용만 가능해진 점도

---

50) 집행유예를 제외한 실형을 받은 인물이 86.6%에 달했고 무죄는 4.8%에 불과했다(南富熙, 「儒敎界의 巴里長書運動과 3.1運動」, 22쪽).

51) '민족대표 48인' 중 독립선언서에 서명했더라도 선언서의 집필·출판·교부·배포에 참여하지 않고 태화관 모임에도 참석하지 않은 경우(현상윤 등 12명)에는 무죄를 받았다(장신, 「삼일운동과 조선총독부의 司法 대응」, 147~148쪽, 표2). 한편 김윤식·이용직은 고령(70세 이상)인데다가 '뉘우침의 기색'이 있는 점이 감안되어 집행유예를 받았다[金允植 등 5명 판결문(경성지방법원, 1919.7.11)].

고려되어야 할 것이다.

정책적 고려도 있었을 것으로 보인다. 이와 관련해 일본의 정객 도야마 미쓰루[頭山滿][52)가 처벌 수위를 낮추는데 기여했다는 주장이 있다. 김황에 의하면, 파리 국제평화회의에 파견된 일본인 관리가 파리장서를 발견하여 본국으로 보내니 일본 정계에서는 서명자들을 강력히 처벌해야 한다는 여론이 팽배했다. 이에 도야마 미쓰루는 '유림이 자기나라를 위해 충성을 다한 것은 정의에 있어 당연한 것이므로 모두 풀어준 뒤 스스로 품은 생각을 버리게 해야 한다'고 주장했고, 결국 그의 주장대로 서명자 대부분이 강한 처벌을 피하게 되었다는 것이다.[53)

하지만 총독부의 파리장서운동 관련자에 관한 조사는 전반적으로 미흡하고 불완전한 상태로 종결되었다. 우선 경찰은 서명자의 인적사항과 활동내용을 면밀히 파악하는데 실패했다. 『고등경찰요사』(경상북도경찰부, 1934)는 파리장서운동 발생 15년 뒤에 간행되었는데, 이 책에는 서명자의 인적사항 중 상당 부분이 '不明'으로 처리되었다. 판결문에서도 서명자들의 활동시기는 '2월 초순경', '3월 중순경' 등으로 불명확하게 기술되었다.

3.1운동과 시기상 겹친 부분이 주도니 이유이겠지만, 검사국이나 재판부는 파리장서운동을 비중 있는 반일운동으로 취급하지 않는 경향

---

52) 頭山滿(1855~1944)은 일본 福岡縣 출신으로, 向陽社·玄洋社·黑龍會 등 일본 우익 단체에서 활동한 정객이다. 興志塾에서 수학했고, 西鄕隆盛의 정한론을 지지했다가 투옥되었다. 1879년 箱田六輔 등과 向陽社를 창설하고 1881년 玄洋社로 개칭했다. 초기에는 民權派를 지지했으나 점차 국가주의적 경향이 강해졌다. 우치다 료헤이[內田良平]의 黑龍會 결성에도 영향을 주었고, 대외강경파의 입장을 고수했다. 한편 동아시아 민족운동가들을 지원해 김옥균과 쑨원 등의 망명을 도왔다. 大正 中期 이후 '우익운동의 수호신'으로 평가되기도 했다(近代日本 社會運動史 人物大事典 編纂委員會, 『近代日本 社會運動史 人物大事典』 3, 日外アソシエーツ株式會社, 1997, p.546).

53) 「記巴里懇書事」, 82쪽.

이 있었다. 기소된 서명자들은 법정에서 자신들의 활동을 대부분 시인
했지만 재판부는 1심과 달리 2심에서 증거 불충분의 이유로 무죄 혹은
집행유예를 언도했다. 낮은 실형 언도율에도 불구하고 검사는 판결에
불복하지 않았다. 이런 점에서 총독부 사법기관은 파리장서운동 관련
자들을 3.1운동과 별도의 사건으로 분류했지만, '민족대표 48인'의 경우
처럼 체계적으로 조사·처벌·관리하려는 의지는 부족했던 것으로 보
인다.

3. 수감시설의 폭력성과 유림의 독립운동 논리

1) 수감환경과 규율

총독부의 식민지 조선에 대한 사법정책은 일본 본토에 비해 가혹했
던 것으로 알려진다. 조선에서는 형사재판과 즉결심판을 불문하고 유
죄 판결 중 재산형이 아닌 자유형(자유를 구속하는 방식의 형벌)을 받
는 비율과 중형을 받는 비율이 높았다.[54] 따라서 수감자들의 心身을
지속적으로 관리하는 총체적 통제기구로서 감옥이 차지하는 비중이
일본보다 훨씬 높았다. 반면 감옥은 수적으로 일본의 6분의 1 수준에
불과했고, 감방당 수감인원은 일본의 2배 이상이었다. 이런 열악한 수
감환경에서 조선인 수감자들은 보다 엄격한 '규율'에 노출되었다.

일본은 병합 이후 식민지 조선에 감옥의 수와 설비를 확대했지만, 식
민지 감옥은 흔히 '인간지옥'으로 불렸다. 감옥에서는 굶주림과 질병으
로 사망자가 속출했다. 근대의 감옥은 전근대와 달리 육체적 핍박보다

---

[54] 이종민, 「식민지하 근대감옥을 통한 통제 메카니즘 연구」, 연세대 대학원 사회학과
　　박사학위논문, 1998, 116쪽.

자유의 제한에 중점을 두고 수형자에 대한 교육을 중시했다. 총독부도 표면적으로는 식민지 조선에 대한 근대의 감옥제도의 이식을 선전했지만, 조선인 수감자들은 도주 방지 및 최소한의 질서만 유지된 채 거의 방치 상태에서 신체적 고통을 겪었다.[55]

서명자들도 수감시설에서 큰 고초를 겪었다. 감옥에서는 간수의 수감자에 대한 폭행이 일상적으로 이루어졌다. '獄卒'로 불린 (감방)담당 순사는 밤새 감방을 돌며 철망 틈으로 수감자들을 감시했는데 악행이 심했다. 수감자들이 무릎을 꿇지 않고 있거나 잡담을 하거나 서로 얼굴을 마주하고 있거나, 낮에 누워있거나 혹은 밤에 눕지 않는 등 감옥 규칙에서 벗어나는 행동을 하면 어김없이 감방에 들어가 뺨을 때리고 허리를 차는 등 폭력을 일삼았다. 조선인 수감자에게는 그 정도가 더욱 심했다.[56]

수감환경 자체가 대단히 열악했다. 대구감옥[57]만 하더라도, 직원들의 사무공간은 마치 '신선의 그림 같은 집'처럼 화려했지만,[58] 수감자들의 감방은 비좁고 더러웠다. 수감인원은 24~25인이 적정선이었지만, 이를 훌쩍 뛰어넘는 것이 예사였다. 수감자들은 눕는 것은 고사하고 제대로 앉아 있기도 힘들었고, 잠을 이루지 못해 앉아서 밤을 지새우는 경우가 흔했다.

---

55) 이종민, 「식민지하 근대감옥을 통한 통제 메카니즘 연구」, 89~90・102쪽.
56) 「黑山日錄」, 1919년 3월 16일, 15a~b쪽.
57) 대구감옥(1923년 5월 대구형무소로 개칭)은 1910년 4월 신축한 시설로, 면적은 약 3,800평(1910년 기준)이고 나무담장으로 둘러싸여 있었다. 주요 시설로는 사무실과 함께 미결감, 기결감, 공장, 女監, 病監, 敎誨堂, 취사장 등이었다(국가기록원 편,『일제시기 건축도면 해제』III(법원・형무소편), 2010, 332~342쪽). 이곳에 수감되었던 장석영의 회고에 의하면, 감방은 미결감이 1개동, 기결감이 7개동으로 이루어졌는데, 서명자들이 수감된 미결감은 16칸의 감방과 8칸의 간수 순시 공간으로 구성되었다고 한다(「被拘顚末記」, 1919년 5월 20일, 13a쪽).
58) 「被拘顚末記」, 1919년 5월 27일, 13b쪽.

3.1운동 이후 수감자의 폭증[59]은 간수들의 폭력을 정당화하고 감옥 규칙을 강화시킨 요인이었다. 간수들의 폭력은 관행일 뿐만 아니라 감옥 규칙이 조장하는 사항이었다. 『大邱刑務所例規』(1932)의 「在所者遵守事項 및 心得」(1915)에 의하면, 수감자들은 일거수일투족이 감옥 규정에 의해 완전히 통제되었다. 간수의 말과 행동에 철저히 복종해야 하는 것은 물론이고, 일상의 동작, 예를 들어 기상·出房·식사·취침·휴식·노동의 종료·還房·취침 등을 간수의 지시에 따라야 했다.[60] 이를 지키지 않을 경우 간수의 폭력이 가해졌다.

　　수감된 서명자들은 사상범으로 대우받지 못했다. 수감시설이 충분하지 못한 이유도 있었지만, 대개 일본인 잡범과 같은 감방에 배정되었다. 도덕과 양식을 중시하는 유교지식인이 살인·강도·사기 등의 죄목으로 수감된 일본인 잡범과 같이 생활한다는 것은 고역이었다. 일본인 수감자들은 자신들과 복장이나 행동이 다른 서명자들을 조롱했고, 갖은 횡포와 오만방자한 태도를 보여 다른 수감자들도 민망해 할 정도였다.[61]

---

59) 1919년 말 당시 조선의 수감자 수는 15,161명으로, 세계적인 대공황과 사회주의의 확산으로 인해 수감자 수가 대폭 증가한 1929년 이전까지 가장 높은 수치를 기록했다(이종민, 「식민지하 근대감옥을 통한 통제 메커니즘 연구」, 99쪽).

60) 1915년 3월 達示 제6호로 공포된 「在所者遵守事項及心得」에는 재소자가 지켜야 할 34가지 사항이 한글·일어로 병기되어 있고, 주요 내용은 다음과 같았다(『大邱刑務所例規』, 大邱刑務所, 1932, 92~93쪽).
　　재소 중에 규칙을 지키는 것을 제1의 의무로 알고 법과 명령을 잘 지키며 특히 아래의 사항을 틀림없이 실행할 것.
　　1. 관리를 대해서는 순종하며 예의를 지킬 것(제1항, 이하 괄호안은 필자의 부기).
　　1. 같이 있는 사람과 마음대로 이야기하지 말 것(제12항).
　　1. 실내에 있을 때는 일정한 자리에 앉고 마음대로 편히 앉거나 혹은 눕거나 서서 다니거나 하지 말 것(제18항).
　　1. 서책 혹은 서류 같은 것을 볼 때 소리를 내서 보지 말 것(제27항).
　　1. 기상·출방·식사·就業·휴식·罷業·換房·취침 등의 행동은 일정한 호령 또는 신호에 따라 할 것(제34항).

61) 「黑山日錄」, 1919년 6월, 26a쪽.

대구감옥 측은 일부 고령자에게 편의를 제공하기도 했지만, 이런 편의가 다른 수감자의 열악한 처우와 비교해 매우 도드라졌기 때문에 오히려 그 진의가 의심스러웠다. 예를 들어 대구감옥 측은 장석영에게 수감자 수가 적은 방을 주선하기도 하고, 감방을 이동할 때에는 수갑을 채우지 않거나 식사 또는 목욕시간에 혼잡한 시간을 피하게 했다.[62] 하지만 당사자들은 이런 달라진 처우가 수감자간의 은밀한 연락을 막고 서로 이간질시키려는 술책이라고 경계했다. 실제로 장석영은 이런 달라진 처우를 받았다가 다른 수감자들로부터 '國賊'이라는 비난을 들었다.[63]

식민지기의 감옥은 열악한 수감시설과 엄격한 감옥 규칙으로 서명자들의 심신을 쇠약하게 만들었다. 또한 조선인 수감자에 대한 민족차별이 관행화되어 있었다. 고령의 서명자들은 수감기간이 길어지자 점차 건강을 해치게 되었다. 수감 전부터 병색이 깊었던 곽종석(징역 2년)은 刑期가 시작된 지 불과 2개월 만인 7월 19일 형집행정지로 석방되었으나 그로부터 3개월 뒤인 10월 17일 폐결핵으로 사망했다.[64] 서명자들이 공소를 제기한 또 다른 이유는 건강문제였다.

2) 수감시설의 폭력성과 유림의 독립운동 논리

서명자들은 수감기간 동안 경찰이나 사법기관과 갈등을 빚었다. 체포 직후 경찰 등은 비교적 온건하고 관대한 태도로 서명자들을 대했지만, 사법기관은 고압적인 자세를 취했다. 유림에게 생소한 사법제도와 수사기법도 서명자들을 혼란에 빠뜨렸다. 서명자들은 진실 회피와 허

---

62) 「黑山日錄」, 1919년 3월 16일, 16a쪽.
63) 「黑山日錄」, 1919년 5월 5일, 24a쪽.
64) 郭鍾錫 재소자카드(대구감옥), 「刑執行停止者死亡ノ件」(대구지방검사국, 1919.11.5)

위 진술로 연루자의 확산을 막으려고 했다.

일반적으로 총독부의 사법기관은 3.1운동에 참여한 조선 지식인층의 반성을 유도하기 위해 감옥생활에서 느낀 점을 쓰게 하거나 진일파 조선인이 식민통치를 찬양하기 위해 작성한 글을 읽고 감상문을 쓰게 했다. 서명자들도 마찬가지였다. 판사는 대구감옥에 수감 중인 곽종석에게 '感想錄'을 제출하도록 요구했고,[65] 성주경찰서는 장석영에게 '기계적으로' 이완용의 「警告文」을 읽게 했다.[66]

주요 서명자를 회유하는 작업은 경찰서장이나 순사부장과 같이 경찰서 간부가 맡았다. 이들은 부드러운 태도로 주요 서명자들을 회유한 뒤 수사협조를 이끌어내려고 했다. 경찰서장 등은 유림이 국제정세에 어둡고 독립선언·만세운동의 결과를 제대로 예측하지 못해 파리장서운동에 참여하게 된 것이 아니냐고 폄하하는 발언을 했다. 성주경찰서장은 장석영에게 독립운동에 참여한 것이 '開明'되지 못하고 국제정세를 제대로 읽지 못했기 때문이라고 하면서 '開明'에 관한 책을 읽어 보라고 권유했다.[67]

경찰서의 하급 신분인 순사의 경우 서명자에 대한 태도는 양극단으로 나뉘었다. 젊은 일본인 순사들은 고령의 서명자에게 반말과 무례한 행동을 서슴지 않았고 '이런 인물들이 어떻게 나라를 회복시킬 수 있겠느냐'며 조롱을 일삼았다.[68] 반면 일부 조선인 순사들도 서명자들을 필요 이상으로 자극하지 않으면서 때로는 동정적인 태도를 보였다.[69] 고

---

65) 이에 대해, 곽종석은 '우리나라에 독립이 있고 일본이 交隣의 友誼를 회복한다면 죽어도 좋을 것'이라는 내용의 시를 제출했다(『俛宇先生年譜』 권6, 1919년 4월, 24b~25a쪽).

66) 「黑山日錄」, 1919년 3월, 13a~b쪽.

67) 장석영은 자신이 읽을 책은 오직 '聖賢의 책'이며 한가롭게 그런 종류의 글을 읽을 여유가 없다며 거절했다(「黑山日錄」, 1919년 3월 13일, 13b쪽).

68) 「被拘顚末記」, 1919년 5월 10일, 10a쪽.

69) 일부 조선인 순사들은 서명자들이 나이가 많고 병약한 상황으로 인해 동정하거나

령의 서명자들이 관내에서 존경받는 인물임을 잘 알고 있었고, 개인적으로 친분이 있는 경우도 있었다. 또한 경찰의 임무는 어디까지나 피의자들에 대한 기초조사를 마친 후 신속하고 안전하게 검사국으로 이송하는 일이었기 때문이다.

검사국, 법원의 조사 단계에 이르면 동정적인 처우는 완전히 사라지고 '범죄사실'의 확인을 위한 강도 높은 조사가 진행되었다. 전반적으로 조사 과정은 고압적으로 진행되었다.[70] 검사들의 조사방식은 서명자들에게 생소했다. 검사는 예상 밖에 한가한 대화를 이어갔다. 또한 말할 때 정작 중요한 부분을 자주 빠뜨렸다. 세세하게 쪼개고 각박하게 하는 데에만 힘써 그 번거로움을 견디기 힘든 경우가 많았다. 장석영은 약 9회의 조사를 받았는데, 마지막 두 번은 조사의 목적을 전혀 알 수 없었다고 회고했다.[71]

사법기관은 유림에게 생소한 제도로 분열을 조장했다. 대구감옥 측은 1심에서 유죄 판결을 받은 인물들에게 공소를 권유했다. 곽종석은 독립운동을 추진한 이상 그 결과가 실패로 끝났다 하더라도 원수에게 동정을 구해서는 안 되며, 만일 반드시 공소해야 한다면 하늘에 하겠다고 거절했다.[72] 우하교는 자신의 석방을 주선하는 움직임이 있음을 알고 차라리 몸으로 죽을 뿐이지 구차하게 사면을 구하지 않겠다고 거절했다.[73]

건강을 우려하는 말을 건네고, 경찰서나 감옥으로 이동할 때 식사와 숙박에 특별한 제한을 두지 않기도 했다.

70) 공주감옥에 수감되어 있다가 대구감옥으로 이송된 임한주의 회고에 따르면, 학대의 정도는 경찰서가 주재소보다, 감옥이 경찰서보다, 대구감옥이 공주감옥보다, 기결감이 미결감보다 심했다고 한다(「被拘顚末記」, 1919년 5월 27일, 13b쪽).

71) 「黑山日錄」, 1919년 7월 3일, 29a쪽.

72) 『俛宇先生年譜』 권6, 1919년 4월, 23b~24a쪽.

73) 『重齋先生文集(附錄)』 권13, 「隨記」, 90쪽.

하지만 1심에서 유죄 판결을 받은 서명자 중 다수는 공소를 제기했다. 2심 담당 검사는 장석영에게 곽종석과 달리 공소를 제기한 이유를 물었다. 장석영은 같은 일에도 개인이 처한 상황에 따라 달리 대응할 수 있고, 조선인이 식민지 상태에서 벗어나기 위해 독립운동에 참여한 것은 당연한 일이므로 죄가 성립하지 않는다는 점을 널리 알리기 위해 공소를 제기했다고 답변했다. 또한 유림의 수장으로서 수치스럽게 '똥통을 지는' 징역형을 살 수 없으며 만일 재판부가 유죄를 언도하고자 한다면 즉시 사형에 처하라고 반박했다.[74]

2심 재판에서 검사는 장석영에게 같은 질문을 던졌다. 공소를 제기한 이유가 집행유예의 형을 얻어내기 위한 술책이 아니냐는 것이었다. 장석영은 이미 포로가 되어 생사 여부가 남의 손에 맡겨진 마당에 구차하게 변명하고 싶지 않으며, 조선인의 독립운동은 애초에 '범죄'가 성립하지 않으므로 '징역형을 받지 않을 의리[不受役之義]'가 있음을 밝히기 위해 공소를 제기했다고 재차 강조했다.[75]

경찰·검사의 회유와 압박에 서명자들은 회피와 허위 진술로 사건의 확산과 추가 체포를 막으려고 했다. 곽종석은 검사의 질문에 답하면서 가급적 연루자가 확대되는 것을 막고자 노력했다.[76] 장석영은 같은 마을의 이기형도 모른다고 답했다가 질책을 받았지만, 이기형이 부모의 요구로 서명자 명단에서 뺐다며 연루설을 끝까지 부인했다.[77] 우하교는 조선국권회복단 중앙총부의 수장인 윤상태의 요청으로 장석영에게 독립청원서의 집필을 부탁했지만, 공판에서 이런 사실을 부인했다가 나중에 위증죄로 징역 6월을 받았다.[78]

74) 「黑山日錄」, 1919년 5월 1일, 22b~23a쪽.
75) 「黑山日錄」, 1919년 7월 3일, 29a쪽.
76) 『俛宇先生年譜』 권6, 1919년 4월, 23b쪽.
77) 「黑山日錄」, 1919년 6월 25일, 27a쪽.

한편 서명자들은 수감생활 중 '혹시 마음이 변할까' 하여[79] 스스로 경계하며 평상심을 유지하기 위해 노력했고, 사법기관은 엄격한 규율의 준수와 반성을 강요했다. 서명자들은 수감기간 중 시대의 변화와 의리에 관한 유교경전을 읽으며 마음을 진정시켰다. 설령 감옥에서 죽더라도 최후까지 유교적 신념과 유림의 본분을 지키겠다는 생각이었다.

예를 들어 서명자들은 감옥에 책의 반입이 허용되자 가족·친지나 문인들에게 몇 가지 책을 보내달라고 요청했다. 곽종석은『주역』을,[80] 정종호는『춘추』를,[81] 장석영은『明儒學案』을 읽으면서[82] 조용히 사색과 성찰의 시간을 가졌다.

문제는 서명자들이 수감과정에서 일상적인 강제와 폭력에 시달렸고 결국 강하게 반발했다는 점이다. 수감기간 중 발생한 가장 첨예한 갈등은 감옥 측이 수감자들에게 탈의와 삭발을 강요한 시점에 발생했다. 수감된 서명자에게 강제 탈의와 삭발은 단순한 입감절차가 아니라 생명을 위협하는 행위로 여겨졌다. 상투와 전통의복은 서명자들에게 개인을 넘어 집단의 정체성을 상징하였다. 더욱이 조선의 국권을 '강탈'한 일본의 폭력에 굴복하여 500년간 유지한 전통을 위배한다는 것은 스스로 용납할 수 없을 뿐더러 주변 동료들에게 이해시키기 어려운 점이었다. 이에 서명자들은 20, 30년 전 유림이 變服令·斷髮令에 죽음을 무릅쓰고 저항했던 것처럼 강하게 반발했다.

서명자들이 입감하자 감옥 측은 즉시 脫冠과 脫衣(상의)를 지시했다. 임한주는 주재소에서 홍성경찰서로 이송된 다음날인 6월 7일 순사

---

78) 鄭宗鎬 등 2인 판결문(대구지방법원, 1919.10.3).
79) 「黑山日錄」, 1919년 3월 16일, 15b쪽.
80) 『俛宇先生年譜』, 1919년 4월, 24b쪽.
81) 鄭宗鎬, 『磊軒先生文集』 下, 附錄, 「行狀」(鄭在華 撰), 685쪽.
82) 「黑山日錄」, 1919년 4월 13일, 18a쪽.

부장의 신문을 받고 유치장에 수감되면서 탈관과 탈의를 강요받았다. 임한주는 평소 유림의 主意를 설명하며 강하게 항의했으나, 순사부장은 처음에는 온건하게 회유하다가 임한주가 말을 듣지 않자 뒤 식섭 冠巾을 벗겼다. 임한주는 더 이상 거부하는 것이 무의미하다고 보고 스스로 상의를 벗은 뒤 유치장에 들어갔다.[83]

경북 성주의 서명자들은 경찰서에서 별다른 제재를 받지 않았다. 그러나 4월 16일 대구감옥에 도착하자마자 간수들이 탈관과 탈의를 지시했다. 서명자들이 저항의 기색을 보이자 간수들은 폭력을 가하며 탈의를 강요했다. 서명자들은 불가항력적 폭력 속에 冠網, 深衣, 小周衣, 버선을 차례로 벗고 상투를 드러낸 뒤 맨발로 미결감에 들어갔다.[84]

서명자들이 가장 첨예한 반응을 보인 것은 감옥 측이 삭발을 강요한 시점이었다. 성주의 서명자들은 대구감옥에 입감한 첫날 바로 삭발의 위협을 받았다. 감옥 순사가 감방에 들어와 서명자들을 한 명씩 데리고 갔다. 잠시 후 10여 명이 '중머리[僧頭]'가 되어 들어왔다. 이들은 서로 손을 맞잡고 오열했다. 삭발의 순서가 연로한 서명자들에게까지 미치자, 장석영·송준필은 '내 머리를 잘라야 두발을 자를 수 있다'며 강하게 저항했다. 감옥 측은 일단 회유에 주력하고 삭발을 판결 이후로 미뤘다.[85]

삭발을 강행하려는 감옥 측과 이를 필사적으로 거부하는 서명자의 갈등은 영남권 서명자보다 충청권 서명자가 더욱 심했다. 임한주·김

---

83) 「被拘顚末記」, 1919년 5월 11일, 9b~10a쪽.
84) 「黑山日錄」, 1919년 3월 16일, 14b~15a쪽.
85) 「黑山日錄」, 1919년 3월 16일, 16a쪽. 이처럼 대구감옥 측이 파리장서 서명자 중 고령자들에게 삭발을 잠시 보류한 것은 이들의 반발이 예상보다 컸던 데다가 삭발을 강행하다 이들이 큰 상해를 입거나 자결할 경우 감옥 측이 난처한 상황에 빠질 수 있었기 때문일 것이다.

덕진·崔仲軾·전양진 등은 공주감옥 입감 후 '미결수는 삭발한다'는 소문을 듣고 단식에 들어갔다. 조선인 간수장이 회유하자 임한주는 삭발을 당하면서까지 구차하게 살고 싶지 않다는 뜻을 전달했다. 유교경전에 밝은 간수장은 공자의 예를 들며, 공자도 사악한 陽虎를 만나자 물음에 대답했고, 桓魋의 위협이 염려되자 微服을 입어 위기를 넘겼다며 회유하였고, 삭발을 강행하지 않겠다고 약속했다.[86]

그러나 이들도 대구감옥으로 이송된 뒤에는 삭발을 면치 못했다. 이들은 6월 24일 입감했는데, 다음날 간수들이 이발도구와 의자를 설치하고 '위생의 편리함'과 '감옥 규칙'을 상투적으로 설명한 후 곧바로 삭발을 진행했다. 서명자들은 강하게 저항하며 典獄長과의 면담을 요구했지만, 간수들은 서명자들의 신체를 완전히 제압한 뒤 삭발을 강행했다. 삭발을 당한 서명자들은 실신과 깨어남을 반복했고, 자포자기하며 단식에 들어갔다.[87]

감옥의 처우뿐만 아니라 법원의 판결도 서명자들이 지닌 일말의 '기대'를 좌절시켰다. 장석영은 1심에서 징역 2년을 받자 자결을 결심했다. 그는 감옥 입감 전 옥중생활의 비참함을 예상했으나 실상은 예상을 훨씬 뛰어넘었다. 일흔의 나이를 바라보는 자신이 형기를 마치기도 전에 죽을 것이고, 설사 살더라도 똥통을 지며 구차하게 연명하지 않겠다고 결심하였고, 백이·숙제의 고사를 본받아 단식을 시작했다.[88]

한편 서명자들은 수감과정에서 새로운 경험을 하기도 했다. 장석영

---

86) 「被拘顚末記」, 1919년 5월 20일, 12b~13a쪽.
87) 「被拘顚末記」, 1919년 5월 28일, 14a~b쪽. 임한주는 영남권 서명자들의 강제 삭발에 대한 반응에 실망했다. 그는 곽종석의 예를 들며, 그가 유림의 영수인데 일본인 간수에게 '신체는 너희에게 집행된 지 오래이다. 오직 心志는 빼앗을 수 없다. 피부 또한 신체에 속하니 그것을 집행하는 것은 너희에게 맡겨진 것이다'라고 하며 가장 먼저 삭발을 당하니 창피한 일이라고 개탄했다(「被拘顚末記」, 1919년 7월 9일, 16b쪽).
88) 「黑山日錄」, 1919년 4월 21일, 19a~20b쪽.

은 일본인 수감자들의 횡포에 옥중생활을 '禽獸 속에 있는 상황'으로 비유한 바 있는데, 어느 양식 있는 일본인을 만나자 기존의 고정관념을 폐기하였다. 장석영은 성리학을 신봉하는 유림이었지만 일본인 수감자가 전하는 기독교 교리를 경청하고 요점을 기록하기도 했다.[89]

사법기관의 입장에서, 공판의 쟁점은 파리장서 작성자와 주요 서명자들을 정확히 파악하여 사법처리하는 것으로 보였지만, 실제로는 유림의 독립에 대한 전망, 파리장서운동 참가 경위, 독립운동의 자발성 여부를 확인하는 데 초점이 맞춰졌다.

검사 측은 서명자들에게 3.1운동과 파리장서운동으로 독립을 성취하는 것이 현실적으로 가능한지 물었다.[90] 이는 독립선언과 독립청원으로 독립을 성취하는 것은 불가능하다는 점을 자각케 하고, 이런 비현실적인 계획으로 '國法을 위반하고 人心을 선동'하여 사회불안을 조장하고 국익에 손상을 입힘으로써 형사처벌이 불가피하다는 논리를 만들어내기 위한 것이었다.

서명자들은 독립운동의 결과는 자신들이 전망할 수 있는 사항이 아니고,[91] 독립운동의 근본적인 원인이 일본에 있다는 점과 법리상으로 조선인이 식민지 상황에서 인류보편적 가치인 자유를 쟁취하기 위해 독립운동에 참여한 것은 '범죄'가 될 수 없다는 점을 강조했다. 장석영은 대한제국을 병합한 일본이야말로 '진정한 도적'이라고 비난했고,[92] 곽종석은 유림이 독립운동에 참여한 것은 쇠퇴한 유교를 부흥시키고

---

89) 1919년 4월 13일, 24b~25a쪽.
90) 『俛宇先生年譜』, 1919년 4월, 23b쪽.
91) 만세시위에 참가한 유림은 독립선언과 만세시위를 통해 독립이 실제로 달성되었다고 믿거나 달성될 가능성이 높다고 생각하는 경우가 적지 않았다(南富熙, 「儒教界의 巴里長書運動과 3.1運動」, 43~45쪽).
92) 「黑山日錄」, 1919년 3월 25일, 16b쪽.

'國民의 義務'를 다하기 위한 것이라고 일갈했다.[93] 마찬가지로 김복한은 '나라를 위해 한번 죽으려는 마음'이 있었다고 밝혔다.[94]

한편 검사 측은 파리장서운동이 '불온한' 소수에 의해 계획되고 다수에게 강요된 행위라는 점을 부각시키려고 했다. 검사 측은 신문과정에서도 개인의 혐의점을 풀어주는 듯하면서 서명이 강요에 의해 이뤄진 것이 아니냐며 유도신문을 펼쳤다.

이에 서명자들은 권유를 받은 것은 사실이지만, 자신과 생각이 같아 참여한 것이지 타인의 강요로 참여한 것은 아니라고 반박했다. 예를 들어 검사가 임한주에게 파리장서 서명이 김복한의 강요로 이뤄진 것이 아니냐고 묻자, 임한주는 '김복한이 타인에게 원치 않는 일을 강제로 시키는 사람이 아니고, 자신도 남이 내 코를 뚫는다고 겁을 주어도 억지로 듣는 사람이 아니'라고 반박했다.[95]

4. 출감 이후 관련자의 심리와 독립운동 인식 변화

서명자들의 수감 경험은 식민권력의 폭력성과 식민지적 근대의 실체를 체감하고, 유림의 소명을 다시 고민하는 계기가 되었다. 권명섭은 출감 이후 자신의 號를 '四萬'이라고 정했다. 파리장서운동 참여와 수감의 경험을 통해 만 가지 변화상을 새롭게 깨닫게 되었다는 의미였다.[96] 또한 서명자들은 생소한 사법제도와 처음 당하는 무차별적인 폭

---

93) 『俛宇先生年譜』, 1919년 4월, 23b쪽.
94) 金祥起,「金福漢의 洪州義兵과 파리長書運動」,『大東文化硏究』39, 2001, 356쪽 ;『志山先生年譜』, 1919년 10월 21일.
95) 「被拘顚末記」, 1919년 5월 19일, 12a쪽.
96) 權命燮,『春樊集』,「墓碣銘」.

력으로 인해 식민권력에 대해 복잡하고 두려운 심정을 갖게 되었다. 하겸진이 '두려워 마치 나뭇가지 위에 오른 것 같다[惴惴如集木]'고 한 것[97]은 바로 이런 복잡한 심정을 보여준다.

주변의 유림은 이들의 '생환'을 반겼지만, 뒤이어 비판의 목소리가 흘러나왔다. 비판의 요지는, '夷狄과 일을 함께 한다'는 비난을 무릅쓰고 활동을 강행했으나 결국 실패로 끝났고, 감옥에서 삭발의 강요에 죽음으로 항거하지 못함으로써 유림의 명예를 실추시켰다는 것이다. 대구감옥에서 삭발을 당한 金德鎭은 '본래의 뜻을 지키지 못했으니 무슨 면목으로 동료들을 보겠는가?'라며 인적 없는 강가에 가서 살고 싶다고 하였고,[98] 곽종석은 옥고의 후유증으로 사망했지만 유교계를 대표하는 원로가 삭발의 수모에 적극 대항하지 않고 무기력한 모습을 보였다고 하여 강한 비판을 받았다.[99]

파리장서운동 이후 서명자들의 태도는 크게 두 방향으로 나뉘었다. 우선 유림의 역량만으로 독립운동을 수행하기는 어렵다고 보고, 대한민국 임시정부를 통해 독립운동을 진행하려는 움직임이 나타났다. 무엇보다 유림은 조선의 대표적인 지식인층이라는 상징성이 있었고, 파리장서운동의 해외파견대표로 출국한 김창숙이 임시의정원 의원으로 임명되어 독립운동을 효과적으로 진행할 수 있는 여건이 되었기 때문이다.

1920~1921년 두 차례의 독립청원운동은 이런 상황을 잘 보여준다. 파리장서운동의 추진세력에 포함된 이중업은 1920년 11월 유색인종이 아닌 동일한 인종, 유사한 문화권인 중국에 독립을 호소하자고 하였다.

---

97) 한국독립운동사연구소 편, 『독립운동가 서한집』(2006), 河謙鎭 간찰(1919.8.21), 335쪽.
98) 「被拘顚末記」, 1919년 7월 7일, 17a쪽.
99) 이에 대해서는 이 책의 제3장 제2절을 참고.

그는 같은 안동 출신의 李相龍에게 도움을 요청하려고 하였다. 우선 파리장서 서명자인 권상익·장석영에게 쑨원과 우페이푸[吳佩孚]에게 보낼 독립청원서를 부탁했고, 직접 출국을 준비했다. 이어 1921년 가을 경남 김해의 趙敬璣는 김황이 작성한 독립청원서를 가지고 중국으로 건너갔다.[100]

반면 일각에서는 독립운동 참여나 독립운동 지원을 주저하는 소극적인 태도가 나타났다. 무엇보다 파리장서운동 종료 이후 자신들이 최선의 선택을 한 것이 맞는지 의문을 품는 경우가 있었다. 파리장서운동의 결과를 성공으로 규정하기 어렵고, 운동의 참가자들이 오히려 거대한 비판에 직면했기 때문이다. 곽종석은 제자들의 질문이 이어지자 '時宜上 불가피한 행동이었으나 유림의 본분과 거리가 있는 것'이라는 입장을 밝혔다. 제자들의 문제제기가 일부 타당하다고 수긍한 것이다.[101]

서명자들의 입장 변화는 사실 국제 환경의 변화와 무관치 않다. 1918~1919년 파리 국제평화회의에 이어 1921~1922년 워싱턴회의에서 조선의 독립에 관한 문제가 논의가 배제되자 독립은 불가능하다는 인식이 대두되었다. 임시정부도 일부 유림의 기대와 달리 독립운동 최고기관으로서 지도력을 상실하기 시작했다. 반면 총독부 문화정치의 개시와 유림친일화 정책은 더욱 강화되어 파리장서운동 참가자를 비롯해 유림의 독립운동에 대한 관심과 기대를 떨어뜨리는 요인이 되었다.

이와 같은 유교계의 내부 상황은 1925년 김창숙의 독립운동자금 모집활동[102]에 대해 파리장서운동 참가자들이 보인 소극적인 태도에서

---

100) 南富熙 編譯,『제2차 유림단 사건-독립운동사 자료집-』(불휘, 1992),「孫厚翼 제1회 경찰신문조서」(1926.5.14), 77~79쪽 ; 金嘉坤,「제2차 유림단의거 연구-心山 金昌淑의 활동을 중심으로-」,『大東文化研究』38, 2001, 464~465쪽.
101)『俛宇先生年譜』권6, 1919년 8월 18일, 27a쪽.

도 잘 나타났다.[103] 김창숙은 만주·몽골 접경지대에 독립운동기지를 건설한다는 계획을 세우고 옛 파리장서운동 참가자들에게 자금을 모집하기로 했다. 그러나 김창숙의 예상과 달리 파리장서운동 참가자들의 태도는 6년 전과 크게 달라져 있었다. 김창숙은 원래 20만 원을 모집한다는 계획을 세웠지만, 실제로 모집한 금액은 기대치의 약 1%(3천여 원)에 불과했다. 특히 자신의 고향과 동문·지인들이 거주하는 경북 봉화와 경남 진주의 모금 실적이 극히 저조하자 '폭탄 4개를 구입해 진주와 春陽(현 경북 봉화군 춘양면) 일대를 파괴하지 않고서는 참을 수 없다'고 분노할 정도였다.[104]

5. 맺음말

이 글은 조선총독부 경찰과 사법기관(검사국·법원)이 파리장서운동에 참가한 인물, 특히 파리장서 서명자들을 어떻게 '처벌'했고, 체포·수감 과정에서 서명자들과 어떤 문제로 충돌하였으며, 사법처리 종결 이후 서명자들은 독립운동 인식에는 어떤 변화가 생겼는지 살펴보았다.

총독부 경찰과 사법기관은 파리장서운동을 독립선언이나 만세시위와 별개의 사건으로 판단하고 개별적으로 체포·조사·재판을 진행했다. 현재 남아있는 자료에 의하면, 경찰은 서명자 137명 중 70% 이상을 체포하고 서명자의 37%를 검사국에 송치했으며, 검사국은 서명자의 20%를 기소한 것으로 파악된다. 이후 7회의 1·2심 재판을 통해 서명

---

102) 南富熙, 「제2차 儒林團義擧 硏究(1)」, 『慶熙史學』 18, 1993.
103) 金喜坤, 「제2차 유림단의거 연구-心山 金昌淑의 활동을 중심으로-」, 476쪽.
104) 「孫厚翼 제1회 경찰신문조서」(1926.5.14), 86쪽.

자 4명에게 실형이 언도되었는데, 유죄·실형언도율과 '죄명'은 독립선언의 주체인 '민족대표' 33인이나 일본정부에 독립청원서를 제출한 김윤식·이용직에 준하는 수준이었다.

서명자들은 조사·수감·재판과정에서 총독부 측과 자주 충돌하였다. 파리장서운동에 연루된 인원은 많았고, 경찰서·검사국·법원의 조사는 불완전한 상태로 종결되었다. 서명자들은 부족하고 열악한 수감시설에서 엄격한 규율, 민족차별, 폭력에 시달렸다. 양측의 갈등과 충돌은 감옥 측이 서명자들에 강제 삭발을 시도하는 때 극에 달했고, 일부 서명자는 단식 자결 시도로 맞섰다.

조사·재판과정에서 총독부 측은 파리장서운동을 의도적으로 폄하하였다. 검사와 재판부는 유림(서명자)이 국제정세에 어둡고 식민통치의 실상을 제대로 알지 못한 상황에서 주변인의 강요로 파리장서운동에 참여한 것이 아니냐고 지적함으로써 파리장서운동의 의미를 축소·왜곡하려고 하였다. 반면 서명자들은 조사·재판과정에서 일본의 강제병합과 무단통치가 파리장서운동의 직접적인 원인이고, 자신들은 누구의 강요가 아니라 식민지 현실에 반대해 자발적으로 독립운동에 참여한 것이라고 정면 반박했다.

총독부의 서명자에 대한 형사처벌(사법처리)과 서명자의 수감시설 경험은 1920년대 전반 유림의 독립운동에 일정한 영향을 준 것으로 보인다. 한편으로 독립청원운동의 흐름이 지속되었는가 하면, 다른 한편으로 식민권력에 대한 저항에 한계를 느끼고 유림 본연의 '자세'로 돌아가려는 흐름이 나타났다. 전자가 1920~1921년 두 차례 독립청원운동으로 표출되었다면, 후자는 1920년대 중반 이후 독립운동에 대한 회피와 총독정치에 대한 참여나 협조로 나타났다.

제2절
전우의 독립청원운동 참여 논란과 유교계 복벽주의

1. 머리말

파리장서운동은 식민지기의 대표적 독립운동으로 3.1운동의 거족성을 증명하는 또 하나의 사건으로 기억된다. 그런데 당시 유교계를 대표하던 곽종석과 전우가 파리장서운동에 상반된 반응을 보인 것으로 알려져 관심을 끈다. 오늘날 알려진 것처럼 전우는 파리장서운동에 관한 제안을 거절했을까? 만일 그랬다면, 그런 결심은 어떤 이유에서 비롯된 것이었을까? 이는 전우가 독립청원운동 제안을 거절했는지 안 했는지의 문제를 넘어 유림의 독립운동에 대한 독특한 접근방식을 보여준다는 점에서 주목된다.

다만 전우가 파리장서운동을 추진하던 세력의 제안을 거절했다는 김창숙의 증언은 당시 상황과 맞지 않는다는 주장이 일찍부터 제기되었다. 논란의 원인을 제공한 김창숙은 '金丁鎬 묘갈명'에서 재경동지 유준근이 부안 界火島의 전우를 찾아가 독립청원운동(파리장서운동)을 제안하고 동참을 간청했지만 전우가 일언지하에 거절했다고 기술했다. 이에 대해 전우 제자들은 당시 교통 여건상 경성에 있던 유준근이 며칠 만에 교통이 매우 불편한 부안의 외딴섬 계화도를 다녀온다는 것은 불가능하고, 설사 가능하다 하더라도 유준근은 이미 3월 5일경 순종에게 상소를 제출한 일로 경찰에 체포되어 지방을 왕래할 상황이 아니었다고 반박했다. 이후 김창숙은 자신의 과거 발언이 틀림없는 사실이라며 재반박했다.

이제까지 이 문제는 의외로 학계의 관심을 받지 못했다. 파리장서운동 연구는 그동안 서명자 다수를 차지한 곽종석 측과 김복한 측의 활동을 대상으로 하였다. 또한 파리장서운동을 성사시킨 주역인 김창숙의 발언은 대부분 '사실'로 인정된 반면, 은둔을 고수한 전우 측의 주장은 '변명'으로 간주되어 신빙성이 떨어지는 것으로 인식되었다. 다만 전우의 제자 오진영이 진해의 이수홍의 제안을 받아들여 전우를 독립청원운동에 참여시키려고 했다는 지적이 있었다.[1] 최근에는 유준근과 전우의 '만남'을 둘러싼 전우 측(제자들)과 김창숙 간의 논쟁을 일목요연하게 정리한 연구가 발표되었고,[2] 호남지역의 파리장서운동에 관한 연구에서 전우의 불참 사실이 다시 한 번 언급되었다.[3]

기존 연구에서는 일부 보완해야 할 점이 발견된다. 무엇보다 公刊된 자료를 충분히 활용할 필요가 있다. '김정호 묘갈명'의 내용이 논란을 증폭시키고 있어 전우 · 오진영 · 맹보순 등 '소문'에 관련된 당사자들의 편지를 검토할 필요가 있다. 이들 편지는 그동안 연구에 제대로 활용되지 못했다. 나아가 논의의 범위를 파리장서운동을 넘어 유림의 독립청원운동과 독립운동 전반으로 확장할 필요가 있다. 분석의 대상을 확대하면 할수록 유림의 독립운동에 대한 독특한 접근방식을 확인할 수 있기 때문이다.

이 글은 1919년 전우의 독립청원운동에 대한 입장을 실증적 차원에

---

1) 宋河璟, 「艮齋의 生涯와 思想」, 『간재사상연구논총』 1, 1994, 15-20쪽.
2) 이영호, 「心山과 艮齋門人들의 出處是非論爭을 통해 본 일제하 유교지식인의 초상」, 『大東漢文學』 42, 2015.
3) 김봉곤, 「호남지역의 파리장서운동」, 『한국독립운동사연구』 50, 2015, 9쪽.

서 확인하고 이를 둘러싼 논란의 사상적, 문화적 맥락을 살펴보고자 한
다. 단순히 전우의 독립청원운동 참여 여부를 확인하는 수준을 넘어
1919~1921년 국내 유림의 독립청원운동에 대한 이해방식을 확인하는
데 중점을 둔다. 아울러 재야 유림을 독립청원운동으로 이끈 세력의
실체도 규명해 보기로 한다.

이런 목적에서 본문을 다음과 같이 구성하였다. 우선 전우의 독립청
원운동 참여 여부에 대한 논란이 발생한 배경과 쟁점을 확인한다. 이
어 전우의 제자 오진영이 전우에게 독립청원운동에 참여할 것을 권유
한 과정과 결과를 살펴본다. 또한 이후 맹보순이 전우에게 재차 독립
청원운동을 제안한 사실을 살펴본다. 마지막으로 전우의 독립청원운
동 참여에 관한 논란을 거시적인 시각에서 분석하기로 한다.

이 글에 활용된 자료는 논란에 직간접적으로 관련된 인물, 예를 들어
전우, 오진영, 맹보순 및 姜泰杰, 崔愿, 金學悅, 김창숙 등이 주고받은
편지이다. 이들 편지 가운데 전우에게 독립청원운동 참여를 권유하고
외부와의 교섭을 맡은 오진영의 편지를 특히 주목하기로 한다.

2. 전우의 독립청원운동 참여 논란과 쟁점

1) 김창숙의 주장과 논란의 발단

전우의 독립청원운동 참여 여부를 둘러싼 논란의 발단은 김창숙이
지은 '김정호 묘갈명'에서 비롯된다. 김정호는 1919년 3월 초 경성에서
김창숙과 함께 파리장서운동을 추진하기로 결의한 인물이다. 그는 3월
중순경 고향 성주에 잠시 들렀다가 불행히도 '괴한'의 습격을 받아 사
망한 것으로 알려져 있다. 그런데 '김정호 묘갈명'에는 재경동지 유준

근이 전우에게 파리장서운동 참여를 요청하기 위해 전우를 찾아갔음을 보여주는 내용이 기술되어 있다.

문제의 발단이 된「해사김공묘갈명」
김창숙,『심산유고』

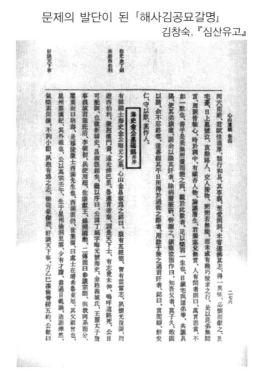

이런 유준근의 시도는 난항이 예상되었다. 경성에서 김창숙과 함께 파리장서운동을 추진한 인물(성태영·김정호·유준근·이중업 등) 중 전우를 만난 적이 있거나 친분이 있는 인물이 전혀 없었기 때문이다. 또한 전우는 파리장서운동의 공동 대표로 추대된 곽종석과 학문적으로 심각한 갈등을 빚고 있었다. 무엇보다 전우가 식민지기 내내 철저히 은둔을 고수한 점도 교섭의 장애 요인이었다.

전우는 김창숙 측의 요청을 받아들였을까? 우선 전우에 대한 교섭은 같은 기호 출신인 유준근이 맡았다. '김정호 묘갈명'에는 교섭 과정이 다음과 같이 기술되어 있다.

> … 1919년 3.1운동[三一之役]이 일어나자 公(金丁鎬, 이하 괄호안 인용 자)은 成公(成泰英), 李公中業, 柳公濬根과 京中에 모여 3.1선언서를 읽고 탄식하기를 "이 문서에 儒者는 한 사람도 참여한 자가 없으니 수치이다. …"라고 했다. 이에 金昌淑이 諸公에게 "… 급히 儒林의 영수인 郭俛宇, 田艮齋에게 알려서 유림을 단합해 글을 만들고, 대표를 파리에 파견해 우리의 독립을 인정하도록 요청하면 어떻겠습니까?"라고 하니 … 제공이 모두 좋다고 했다.
> 드디어 급히 … **유준근을 전간재에게 파견해 파리에 편지를 보내는 일에 대해 알렸다. … 간재는 응하지 않으며 "儒者는 道를 지킬 뿐이지 국가의 흥망에 간섭하지 않는다"고 했다.** 공은 크게 분노하여 "田愚가 말하는 道란 무슨 도인가? 전우의 머리를 베어야 한다"고 했다. …[4] (굵은 글씨-인용자)

즉 유준근은 부안 계화도에 은거하는 전우를 찾아가 파리 국제평화회의에 독립청원서를 보내는 일에 참여해 줄 것을 요청했다. 그런데 전우는 '儒者는 道를 지킬 뿐이지 국가의 흥망에 간섭하지 않는다'며 냉담한 반응을 보였다. 나중에 유준근으로부터 이 소식을 전해들은 김정호는 '전우의 머리를 베어야 한다'며 격노했다. 유준근의 교섭 결과는 경성에서 좋은 소식을 기다리던 동지들에게 매우 실망스러운 소식

---

4) 金昌淑, 「海史金公墓碣銘」(并序), 『心山遺稿』권4(國史編纂委員會, 1973), 277쪽. "逮 己未三一之役, 公與成公李公中業柳公濬根, 會於京中, 讀三一宣言書而歎曰, 此書而 無儒者一人參者, 恥也. … 昌淑謂諸公曰 … 急告於儒林領袖郭俛宇田艮齋諸公, 團結 儒林爲書, 派遣代表於巴里, 請認我獨立何如諸公皆稱善. 遂急遣金槼於俛宇, 柳濬根 於艮齋, 告以致書巴里事… 艮齋不應, 曰儒者守道, 無涉於國家興亡, 公大怒曰田愚所 謂道者, 何道也, 田愚之頭, 可斬也."

이었을 것이다. 반쪽짜리 독립청원운동이 될 것이기 때문이다.

'김정호 묘갈명'에 실린 전우 관련 내용은 매우 소략하다. 다행스럽게도 김창숙이 좀 더 구체적인 내용을 남겼다. 다음은 김창숙의 『벽옹일대기』에 실린 내용이다.

> … 오직 한 가지 섭섭한 것은 艮齊齋를 고동하기 위하여 扶安 海島 등에 책임을 맡아 가 있던 유준근만이 허탕을 치고 왔음을 알았다. … 유준근이 들어 와서 분한 어조로 간제[재]와 교섭하던 전말을 들려주었다.
> 처음 그가 간제[재]를 만나 인사한 후에 "… 파리강화회의에 유림단 대표를 파견하여 한국 독립의 국제 승인을 요청하려는 계획이 비밀리에 준비 중에 있으므로 선생의 지도를 바라고 내려와 간청합니다"라고 말했더니, 간제[재]는 "이제 독립운동을 전개한 33인이 자칭 민족의 대표라 지칭하나 이들은 모두 이단에 속한 천도교, 예수교, 경교, 불교인만으로 연서되었으니 어찌 우리 민족의 대표로 인정하겠는가? 우리 유림단이 그러한 異敎人을 따라 종사하려 함은 도리어 큰 치욕이 될 줄 안다. 우리 유자에게는 … 守死善道할 뿐이오. 독립운동이라는 미명에 빠져 이교인의 뒤를 따라서는 안 된다"라는 일장 훈계를 하기에, 유준근은 극도로 분개하며 "선생이 유림의 영수라 하여 … 민족대표 33인을 오히려 이단이라 배척하고 국가 독립운동에도 참여하지 않겠다함이야말로 민족의 반역자이며 우리 유림단의 반역자라. … 국가와 민족을 모르는 도가 과연 유림 법문 어디에 있으며 … 오랑캐의 사슬에서 벗어나려는 독립운동을 반대함은 스스로 오랑캐 됨을 감수하라는 것이니 人之無良胡不遄死란 옛말이 선생과 같은 세상을 속이고 명예를 도둑질 하는 무리를 가리킨 말이 아니겠습니까?"라고 갖은 말을 다 했으나 간제[재]는 조금도 뉘우치는 빛이 없이 오히려 극도의 노여움에 서슬이 퍼래져서 유준근을 보고 예의 없고 도리를 거스르는 놈이라 말하며 그의 문하인들을 불러 빨리 쫓아내라고 추상같은 명령을 내리므로 … 그 길로 지체 없이 나와버렸다고 했다.[5]
> (굵은 글씨-인용자)

---

5) 心山記念事業準備委員會, 『(心山金昌淑先生鬪爭史) 躄翁一代記』, 太乙出版社, 1965, 89-91쪽.

위의 인용문에는 전우가 '유자는 국가의 흥망에 간섭하지 않는다'고 말했던 이유가 등장한다. 유준근이 '민족대표'의 독립선언서를 거론하며 독립청원운동의 당위성을 설명하자 전우가 '이교인'의 뒤를 따르는 것은 '치욕'이라며 냉담하게 거절했다는 것이다. 결국 유준근은 격노했다. 전우에게 '세상을 속이고 명예를 도둑질하는 무리'라고 비난했고, 전우는 '예의 없고 도리를 거스르는 놈'이라며 제자들을 불러 유준근을 내쫓게 했다.

『벽옹일대기』에는 '김정호 묘갈명'에 보이지 않는 양측의 감정적인 대립까지 세세하게 묘사되었다. 김창숙 측(유준근)은 독립청원운동의 당위성을 설명하며 '민족대표'의 독립선언서 발표 사실을 거론했다. 김창숙 측의 결심에 독립선언이 영향을 미쳤음을 짐작할 수 있다. 유준근의 독립선언서에 대한 언급은, 김창숙이 탑골공원에서 독립선언서를 얻어 읽다 서명자 중 유림이 한 명도 없음을 알고 아연실색했다는 내용[6]과도 연결된다.

2) 전우 측의 반박과 논란의 쟁점

'김정호 묘갈명'이 외부에 알려지자 당사자 전우는 이미 사망했지만 그의 제자들이 즉각 반발했다. 그리고 지루한 공박이 이어졌다. 기존 연구를 참고해 이를 시기 순으로 정리하면 다음과 같다. ① 김창숙이 「해사김공묘갈명」을 지었다. ② 전우 제자들이 오진영의 연보인 '石農年譜'와 崔淇碩의 「討金昌淑所著金丁鎬碑文中誣說文」(1958)을 통해 반박했다. ③ 김창숙이 『대구매일신문』(1959.8.9)에 「艮齋弟子에게 告함」이란 글을 기고해 반론을 폈다. ④ 전우 제자 측에서 李荷永이 『대구매

---

6) 『躄翁一代記』, 66-67쪽.

일신문』(1960.2.22)에 「誤傳된 墓文」를, 柳南珪가 같은 신문(1960.2.29)에 「反駁文」을 기고하고, 宋毅燮의 「討金昌淑文」, 의령군 宜山書堂의 聲討文(1960.4.6)을 통해 재반박했다. ⑤ 김창숙이 「曹國鉉에게 答함」 등을 통해 재반론을 폈다.[7]

이런 공박은 2년 여간 지루하게 계속되었다. 전우 측의 주장은 간단했다. 당시 여건상 유준근의 전우 면담이 불가능했다는 것이다. 전우 측의 주장을 일목요연하게 보여주는 것이 이하영이 1960년 2월 『대구매일신문』에 기고한 「誤傳된 墓文」이다.

> **첫째, … 심산은 기미년 3월 1일에 유준근이 계화도에 갔다가 7일 만에 돌아왔다고 하였다. 그런데 당시 유준근은 3월 3일에 일경에 체포되어 감옥에 있었다. …**
>
> 둘째, 서울에서 계화도까지는 당시 교통상황으로 보면 7일 만에 왕복하기가 거의 불가능하다.
>
> 셋째, 설혹 유준근이 변화둔갑술을 써서 계화도에 다녀왔다고 하자. 그런데 당시 계화도에서 간재를 측근에서 시봉하던 柳永善, 李昌煥 등이 유준근을 전혀 보지 못하였고, 이런 사실을 전혀 들은 적이 없다고 하였다.
>
> 넷째, 가령 심산이 유준근을 보냈다고 하더라도 어찌 간재와 일면식이 없는 유준근 같은 이에게 극대비사를 맡겼겠는가?
>
> 다섯째, 金志山이 편찬한 〈柳濬根墓誌〉에 당시 유준근이 일경에 체포되어 감옥에 갇힌 기록은 있어도 파리장서에 관한 기록은 전혀 없다.
>
> 여섯째, 유준근의 재종형인 柳四可齋가 편찬한 〈柳濬根遺事〉에도 유준근이 일경에 체포되어 감옥에 갇힌 기록은 있어도 파리장서에 관한 기록은 전혀 없다.[8] (굵은 글씨-인용자)

---

7) 이영호, 「心山과 艮齋門人들의 出處是非論爭을 통해 본 일제하 유교지식인의 초상」, 429쪽.
8) 이영호, 「心山과 艮齋門人들의 出處是非論爭을 통해 본 일제하 유교지식인의 초상」, 433쪽 재인용 ; 『대구매일신문』 1960년 2월 2일, 「誤傳된 墓文」(李荷永).

즉 경성에 머물던 유준근이 일주일 만에 전북 부안 외딴섬의 전우를 만나고 돌아오는 것은 현실적으로 불가능하고, 그것이 가능하더라도 유준근은 당시 返虞 행렬의 순종에게 반일상소를 제출하려다가 경찰에 체포되어 감옥에 수감된 상태였기 때문에 전우를 만날 수 없었으며, 유준근이 전우를 만났다는 내용이 그 어떤 기록에도 보이지 않는다고 지적했다. 실제로 유준근이 전우를 만났다는 내용은 김창숙이 지은 '김정호 묘갈명'에만 보일 뿐 다른 자료에는 전혀 보이지 않는다. 이는 현재까지도 풀리지 않는 의혹이다.

다만 유준근은 파리장서 서명자 137명에 포함되어 있다. 어떤 식으로든 파리장서운동에 기여했음을 보여준다. 그러나 여기에도 반론이 제기될 수 있다. 김복한은 파리장서의 제2의 서명자였는데, 그가 지은 '유준근 묘지명'에는 파리장서운동에 대한 언급이 전혀 없다. 유준근의 재종형 유호근이 지은 '유준근 유사'에도 마찬가지이다. 유호근 역시 파리장서 서명자였다. 왜 두 인물은 유준근이 파리장서운동 과정에 보인 '활약상'을 기록으로 남기지 않았을까? 원래 그런 일이 없었기 때문일까? 아니면 파리장서운동에 참여한 일을 드러내놓고 얘기하기에는 보수적인 유림으로서 마음이 불편했기 때문일까?

그런데 다른 한편에서는 전우의 제자 오진영이 영남의 유림 이수홍과 접촉해 전우를 파리장서운동에 참여시키려고 시도했다고 주장한다. 그 근거는 오진영의 연보인 「石農年譜」(1971)이다.

> **영남의 李秀洪이 와서 선생(오진영, 이하 팔호안 인용자)을 배알하며 파리 국제평화회의에 공식서한을 보내는 일[巴里大會公函事]을 논의했다** [이수홍은 강개한 선비로 영남 진해에 거주하는데 천리를 멀다 하지 않고 와서 선생을 배알하고 '금번 프랑스 수도 파리에서 각국 회의에 조선 유림이 만일 공식서한을 가지고 독립을 청원하면 희망이 있을 듯합니다. 艮翁께서 부득이 가장 먼저 서명하여 (독립청원서를) 작성해주시면 제가

직접 가서 제출하고자 합니다. 선생은 사문께 아뢰어 요청하셔야 하지 않겠습니까?라고 말하니, 선생은 "우리 스승의 法門에서는 이런 일을 하기 않아야 아리겠노라"고 하셨다 原註

　2월 甲子(음력 2월 12일)에 艮齋 先生께 가서 인사드리고 대신 파리 국제평화회의에 보내는 공식서한[與巴里大會公函]을 지어 명을 받들고 인장을 휴대하고 영남으로 넘어갔으나 李秀洪을 만나지 못하고 허무하게 돌아왔다. 또, 다시 섬(계화도)에 들어가 복명한 후 인장을 돌려드렸다… 선생이 명을 받들고 갔으나, 이수홍은 마침 만세를 부르다 체포되어 화를 입은 어려움으로 인해 집에 있지 않아 (선생은) 드디어 허무하게 돌아왔다. ····原註[9] (굵은 글씨-인용자)

즉 진해에 사는 이수홍이 오진영에게 전우를 수장으로 한 독립청원운동을 제안했다. 오진영이 전우를 설득하자 의외로 전우가 서명을 승낙했는데, 오진영이 영남으로 이수홍을 만나러 갔으나 이수홍을 만나지 못해 애초의 계획이 실패로 끝났다는 내용이다. 내용이 매우 상세하다. 오진영이 전우를 찾아간 날짜(음력 2월 12일=양력 3월 13일)도 기술되어 있다. 다만 이수홍이 혼자 기획한 것이었는지 의문스럽다. 오진영이나 전우와 같은 유교계의 명망가가 일면식도 없는 '강개한 선비'(이수홍)의 말만 믿고 경솔하게 서명에 응했을 리는 만무하기 때문이다.

　이상의 논쟁에서 제기되는 의문은 세 가지이다. 첫째 유준근이 전우에게 파리장서운동 참여를 요청했다는 주장은 사실일까? 앞서 살펴본대로 이를 증빙하는 기록은 김창숙이 지은 '김정호 묘갈명'이 유일하다. 다만 유준근이 홍주의병 儒兵將 출신으로 최익현과 함께 대마도 유폐

---

9) 『石農年譜』(1971) 권1, 1919년 1~2월, 41a~b쪽. 己未…正月…嶺南李秀洪來謁, 議巴里大會公函事[秀洪, 慷慨士, 居嶺之鎭海, 不遠千里而來, 謁言, 今番佛京巴里各國會議, 朝鮮儒林, 若以公函請願獨立, 則似有望矣. 艮翁不得不爲書首而書, 則吾欲躬往提出矣. 先生盍爲稟請師門. 先生曰, 吾師法門, 不爲此等事, 第稟之] … 二月甲[癸丑甲子, 往拜艮齋先生, 代撰與巴里大會公函, 奉命帶印踰嶺, 不遇李秀洪而虛還, 又復入島復命還印[…先生奉命而行, 秀洪適被呼萬被禍之難, 而不在家, 遂虛還…].

의 이력을 지닌 강직한 인물이었다는 점을 감안하면, 그가 '대의'의 차원에서 같은 기호 출신 전우를 설득하겠다고 자청했을 개연성은 있다.

둘째 유준근의 전우에 대한 직접적인 교섭은 실패했지만 혹시 전우 측이 뒤늦게 이수홍을 매개로 곽종석의 파리장서운동에 동참하려고 했던 것은 아닐까? 예를 들어 전우가 이수홍의 제안을 수락하려고 했을 때 전우의 아들(전화구)이 "郭氏의 後殿이 되는 것에 불과"하다고 반대한 것이나, 전우가 '의리상 일이 할 만하다면 곽씨의 뒤가 된들 무슨 혐의가 있겠는가?'라고 대답했다는 기록[10]은 그런 개연성을 시사한다. 다만 같은 기록을 자세히 살펴보면, 이수홍은 애초에 전우를 수장으로 한 독립청원운동을 제안했다. 또한 이수홍은 곽종석을 직접 언급한 적이 없고, 이수홍과 파리장서운동의 연관성을 유추할 수 있는 내용도 발견되지 않는다. 따라서 '곽씨의 후전'이라는 표현은 곽종석의 파리장서운동에 뒤늦게 참여하게 된다는 의미라기보다 시기적으로 곽종석의 파리장서운동보다 나중에 추진된 별도의 독립청원운동에 참여한다는 의미로 해석하는 것이 오히려 타당해 보인다.

셋째 전우는 실제로 독립청원운동에 참여하려는 의사가 있었을까? 이 문제는 본문에서 다룰 부분이다. 다만 전우가 독립청원운동에 대해 기본적으로 부정적인 입장을 가진 데 반해, 오진영 등 일부 제자들이 적극성을 보였다는 점을 주목할 필요가 있다.

한 가지 더 염두에 둘 것은, 논쟁이 벌어지던 초기에는 전우의 제자들이 전우와 유준근의 만남 자체가 불가능하다고 주장했지만, 시간이 흐르면서 점차 전우도 독립청원운동(파리장서운동)에 참여하려고 했다는 방향으로 태도를 바꾸었다는 점이다. 김창숙 사후에 후자의 입장은 더욱 강화되었다. 한편 논쟁 당시 김창숙은 매우 외로운 처지에 있

---

10) 『石農年譜』 권1, 1919년 2월, 41b쪽.

었다. 상대는 다수(전우 제자)였고 김창숙은 혼자였다. 김창숙은 당시 81세로 죽음을 불과 2~3년 앞둔 시기여서 판단력이 흐렸고, 유도회 분규와 반독재 투쟁과정에서 심한 고통을 겪으며[11] 외로운 말년을 보내고 있었다. 정상적인 논쟁이 어려운 상황이었다는 점이다.

이 논쟁은 단순히 파리장서운동 참가 여부를 확인하려는 이성적 논쟁으로 마무리되지 않았다. 마치 전우 측과 곽종석 측 간 수십 년간 누적된 학문적 갈등의 '확장판'이라는 인상을 준다. 양측은 性師心弟說(전우)과 心卽理說(곽종석)로 심한 학문적 갈등을 빚었다. 이런 갈등은 식민지기에 들어 현실참여와 독립운동의 문제로 확장되었다. 이들의 논쟁에는 근거 부족의 부연 설명이 많았고 논의 대상이 서로 달라 정상적인 논쟁이라고 보기 힘든 부분도 있었다.

3. 오진영의 독립청원운동 건의와 결과

1) 맹보순의 조언과 오진영의 건의 배경

전우는 대한제국기 말부터 은둔을 고수했다. 1908년 그는 '도가 행해지지 않으면 뗏목을 타고 바다로 들어간다'는 고사에 따라 서해의 孤島인 王登島에 들어갔고, 古群山島를 거쳐 1912년 부안의 界火島로 들어가심 이름을 '繼華島'로 고치고 이곳에서 후진을 양성하다 생을 마감했다. '혼란한 시대'에 조선 유교계를 대표하는 원로가 계화도에 정착하자 전북 부안·고창·정읍 일대에서 제자들이 대거 몰려들었다. 12개의 학당이 설치되고 講學村이 형성되었다.[12] 그렇다면 자발적인 고립을 택

---

11) 이황직, 『군자들의 행진』, 아카넷, 2017, 464~472쪽.
12) 김봉곤, 「호남지역의 파리장서운동」, 9쪽.

한 전우에게 3.1운동에 관한 소식은 어떻게 전달되었을까? 아마도 제자·지인의 방문과 편지가 정보 획득의 주된 경로였을 것이다.

간척사업이 진행되기 이전의 계화도 (전북 부안군 계화면 계화리).
제방이 조성되기 전에는 육지와 섬(계화도)이 더욱 확연히 구분되었을 것이다.

제자 오진영은 경성의 격렬한 만세시위 소식을 연이어 전우에게 편지로 알렸다. 은연중에, 스승(전우)이 지금 독립운동에 참여한다 해도 유림의 본분에서 벗어나지 않으며, 만세시위가 고조되고 있는 지금이야말로 스승이 나서야 할 최적의 시점이라는 점을 강조하려는 의도로 보인다.13) 왜 그렇게 보는가? 뒤에 이어지는 오진영의 행동들이 이런 추정을 가능케 한다.

---

13) 이처럼 1919년 3~4월경 오진영이 전우에게 보낸 편지에는 경성의 만세시위에 관한 언급이 자주 실려 있다. 오진영이 전한 경성의 만세시위 소식은 전반적으로 평이한 내용이었지만, 유림의 편지에 실린 내용이고 편지의 수신자가 은둔론자인 전우였으며 지속적으로 전달되었다는 점에서 주목된다.

67세의 전우(1908)

우선 오진영이 전우에게 보낸 편지 중 만세시위를 처음 언급한 편지[14]에는, 경성에서 발생한 만세시위의 개요를 설명했다. 시위 주체는 학생·청년·천도교도이고 시위가 10여 일간 계속되었는데 시간이 지날수록 과격해지고 있으며 체포자가 다수 발생했다고 하였다.[15]

경성의 만세시위를 언급한 두 번째 편지에서는, 용인의 '경륜 있는

---

14) 만세시위가 '10여 일간 지속되었다'고 한 언급이 있는 것으로 보아 이 편지는 3월 중순경 작성된 것으로 보인다.

15) 吳震泳, 『石農集』 上(驪江出版社, 1988), 권1, 「上艮齋先生」, 49쪽.

선비' 맹보순(1862~1933, 호 東田)이 전한 소식을 알렸다. 맹보순의 등장은 주목할 만하다. 맹보순이 전우를 설득하기 위해 의도적으로 접근한 것으로 보이기 때문이다. 편지의 주 내용은 시위 참가 여학생의 용맹함에 관한 것이었다. 시위 참가 여학생 중 수천여 명이 체포되어 혹독한 처벌을 받았는데 어느 누구도 총독부의 탄압에 굴복하지 않아 '彝性이 실추되지 않음은 남녀가 같'음을 알 수 있었다고 하였다.[16]

시위 군중이 덕수궁과 미국영사관 사이에서 만세를 부르며 쏟아져 나오고 있다.
구미국가 중 최초로 조선과 수교한 미국을 향한 원망과 호소의 심정이 담긴
행동이었을 것이다.
미국 콜롬비아 대학 도서관 디지털 컬렉션 (스코필드 촬영)

경성의 만세시위를 언급한 세 번째 편지에서는, 전우의 결단을 다시 한 번 재촉하는 듯한 자극적인 내용을 삽입했다. 일본 군경이 시위자를 잔인하게 진압하여 사망자와 수감자가 수만 명에 이르렀다고 하였다. 그럼에도 불구하고 시위는 더욱 과격해졌고 총독부를 향한 '민심'은 이반되어 곧 '아름다운 운수'[休運]가 시작되려는 순간인데, 이렇게 중요한 시기에 비가 성대하게 내린 뒤 대지의 기운이 발연히 일어나는

---

16) 『石農集』 上, 권1, 「上艮齋先生」, 49~50쪽.

듯한 움직임이 없으니 유감이라고 했다.[17] 전우의 결단을 재촉하는 은유적 표현으로 보인다.

이처럼 오진영이 만세시위에 관심을 가진 것은 단지 그것이 평소에 접하기 힘든 충격적인 소식을 담고 있어서가 아니었다. 그에 의하면, 독립운동에 참여한 군중에 무력을 행사하지 않는 것은 파리 국제평화회의의 결의된 사항인데 일본이 이를 위반해 시위 군중을 잔인하게 진압하고 있고, 더욱이 그런 일이 자신의 거주지에서 불과 몇 리 떨어진 충북 진천의 惠院(廣惠院?)에서 벌어졌다며 '비참하고 애통함이 심'해 참을 수 없다고 하였다.[18] 다시 말해 오진영은 지금이야말로 스승(전우)과 같이 조선인 사회와 지식인층을 대표하는 인물이 나서서 반일운동의 전면에 나서야 할 시점이라고 본 것이다.

오진영이 전한 경성의 만세시위 소식은 은둔론자인 전우를 자극할 만한 것이었지만, 전우를 더욱 크게 자극한 것은 고종 독살에 관한 소문이었을 것이다. 오진영이 전한 독살설의 내용은 다음과 같았다.

> 대체로 듣기로, 금번 해외의 담판(海外判)에서 저들이 또한 (대한제국의 국권을-인용자) 강탈한 사실을 가리고자 하였으나 전 황제[大行帝]께서 거짓 문서에 도장을 찍기를 거부한 까닭에 도적 **李完用과 尹悳榮, 韓相鶴 등 십여 명의 도적이 宮婢를 끼고 황제의 단술(御醴)에 독을 넣음(行毒)으로 인해 몇 시간 되지 않아 변고가 나타나니** 천하에 어찌 이런 일이 있습니까?[19] (굵은 글씨-인용자)

---

17)『石農集』上, 권1,「上艮齋先生」, 50~51쪽.
18)『石農集』下, 권16,「記憤」, 49쪽.
19)『石農集』上, 권1,「上艮齋先生」, 48쪽. "蓋聞今番海外公判, 彼又欲掩諱强奪, 而大行帝拒章僞書, 故完賊與尹德榮韓相鶴等十數賊挾宮婢, 因御醴行毒, 不數時變出, 天下寧有是耶?"

즉 친일파가 고종에게 조선은 독립을 원하지 않는다는 문서에 서명할 것을 요구했고, 고종이 거부하자 이완용·윤덕영·한상학 등이 단술에 독을 넣어 고종을 독살했다는 것이다. 이런 내용은 고종 서거 직후 경성 일대에 널리 퍼진 소문과 일치했다. 소문을 접한 오진영은 독살설을 사실로 받아들였다.[20] 경성에 독살설[被弑之說]이 담긴 인쇄물이 수천 매 배포된 것으로 보아 '근거 없는 거짓말은 아닌 것 같다고 한 것이다.[21] 이런 배경에서 나중에 오진영이 작성하고 전우가 극찬한 독립청원서[巴里公函]에는 친일파가 고종을 '시해했다[行弑]'는 내용[22]이 삽입되었다.

하지만 줄곧 은둔을 고집하던 전우가 제자 오진영의 만세시위와 고종독살설에 관한 언급만으로 평소의 소신을 굽혔다고 보는 것은 석연치가 않다. 심경의 변화를 일으킨 직접적인 계기였다고 보기에는 무언가 부족하다. 이것은 혹시 전우의 제자들이 김창숙 측(유준근)의 제안을 거절했다는 이유로 비난을 받고 있는 자신들의 스승(전우)을 변호하기 위해 꾸며낸 이야기가 아닐까?

그럴 가능성은 적다. 무엇보다 오진영은 일찍부터 국제관계를 활용한 국권 회복에 관심을 보였고, 전우도 동조한 사례가 있기 때문이다. 말하자면 오진영은 1919년 독립청원운동의 '물결'에 휩쓸려 독립청원운동을 시도한 것이 아니었다.

14년 전인 1905년 오진영은 제2차 한일협약 체결 소식을 접하자 한

---

20) 오진영은 독살설의 구체적인 근거를 밝히지 않았다. 내용이 평이하고 간략한 것으로 보아 인산 전후 배포된 지하신문이 정보의 출처인 것으로 보이지만, 오진영이 '기호산림'으로 추앙된 전우의 제자였다는 고려하면 기호 출신의 전직 고관이나 황실의 친인척으로부터 얻은 정보일 가능성도 있다.
21) 『石農集』上, 권1, 「上艮齋先生」, 48쪽.
22) 『石農集』下, 권16, 「巴里大會公函」(1919.3), 42쪽.

성에 있는 구미공사관과 구미 열강의 외교부서에 도움을 호소하는 편지를 보내는 한편, 전우의 명성을 활용해 중국을 설득한다는 계획을 세웠다. 오진영은 전우에게 "위안스카이[袁世凱]가 비록 자신의 힘으로 일본을 제압할 수는 없지만 국제회의[萬國談判]에서는 오히려 가능할 것"이라면서 위안스카이에게 도움을 요청할 것을 건의했다. 전우가 평소 가까운 전 참판 李聖烈로 하여금 위안스카이를 만나 조선의 독립을 지원해 줄 것을 부탁하고 위안스카이가 국제회의에서 조선의 독립을 강하게 주장한다면 긍정적인 성과를 거둘 지도 모른다고 생각했다.

전우는 의외로 찬성했다.[23] 하지만 계획은 더 이상 진전되지 않았다. 전우가 오진영을 통해 이성렬에게 편지를 보냈으나 이성렬이 전우의 제안을 거절한 것이다. 계획은 비록 성사되지 못했지만, 전우가 일시적이나마 만국공법을 활용한 반일운동에 관심을 보였음을 보여준다.

2) 전우의 수락과 시도의 좌절

앞서 살펴본 것처럼, 오진영은 전우의 허락을 받아 이수홍이 추진하는 독립청원운동에 참여하려고 시도했다. 영남에 거주하는 이수홍이 전우의 제자인 오진영을 찾아와 전우를 파리 국제평화회의에 보낼 독립청원서의 대표로 추대하는 문제를 제안하였고, 오진영이 전우를 설득한 뒤 영남으로 넘어갔으나, 정작 당사자인 이수홍이 자리에 없어 만나지 못함으로써 계획이 실패로 끝났다는 내용이다.

혹시 이수홍은 곽종석의 파리장서운동과 관련된 인물이 아닐까? 결론부터 말하면 이런 추측을 뒷받침하는 사료는 발견되지 않는다. 물론 '李秀洪'에서 '秀洪'이 字일 가능성도 있다. 다만 곽종석 측이 이수홍을

---

23) 『石農集』 下, 권32, 附錄, 「家狀」(吳鼎煥), 1032쪽.

통해 전우 측에 이런 제안을 했다거나, 이수홍이 전우 측에 자신이 곽종석 측과 관련되어 있다는 점을 설파해서 그의 제안이 수락되었다면, 이수홍은 곽종석 측이 상당히 신뢰하는 인물이어야 할 텐데, 곽종석의 제자·동문·지인 중 '이수홍'이란 이름의 인물은 발견되지 않는다. 이수홍이 곽종석 측과 관계는 없더라도 혹시 양측간 교섭을 자처한 인물은 아닐까? 이 역시 사료로 증명하기 어렵다.

「석농연보」에 기술된 내용도 그런 가능성을 낮게 한다. 이수홍은 독립청원운동을 독자적으로 추진하면서 전우를 단독 대표로 추대하려고 한 것처럼 기술되어 있다. 이수홍이 경남 진해에 거주했다고 해서 섣불리 그를 퇴계학파의 인물로 간주해서는 안 된다. 최익현·전우·송병선·곽종석 등 당대의 저명한 유림은 그 명성으로 인해 제자가 전국에 폭넓게 분포되어 있었기 때문이다. 이수홍은 전우의 문인록에 보이지 않지만, 전우 측의 인물일 가능성도 배제할 수 없다.

이수홍과 파리장서운동의 연관성은 오히려 다른 학맥을 통해 추적되어야 할지도 모른다. 파리장서 서명자 가운데에는 퇴계학파뿐만 아니라 율곡학파 출신 인물도 적지 않았다. 勉菴학맥(고석진·유준근 등), 淵齋학맥(송주헌 등), 臨齋학맥(徐健洙·우하교 등) 등이다. 특히 주목되는 것은 임재학맥(臨齋 徐贊奎)이다. 임재학맥의 서명자들은 율곡학파이면서도 영남인 대구에 거주하고 있었다. 예를 들어 우하교는 파리장서 서명자로 조선국권회복단 중앙총부와도 연결된 인물인데, 1917년 전우가 그에게 답장을 보낸 일이 있다.

전우가 한때 오진영의 건의에 따라 독립청원서 서명하기로 했다는 주장의 원형은 1925년경 오진영이 朴昌鉉에게 보낸 편지에 실려 있다. 이것은 오진영의 가장과 연보에 실린 전우의 독립청원운동 시도에 관한 내용의 원 출처였을 것이다.

기미년 봄 先師(전우-이하 괄호안 인용자)께서 나에게 명하여 침실에 들어오라고 하시고[仲陽·敬父·顧卿·禧卿이 같이 들어갔다-原註] "復國이 일로 사람들이 많이 힘써 권하기를 문서 하나를 내어 나라 안에 독려야 한다는 말이 있는데, 어떤가?"라고 얘기하셔서 "문서가 돌려지기 전에 화가 먼저 이를 것입니다. **巴里에 投書하여 희망을 갖는 것만 못합니다**"라고 대답하니, (전우의 아들인) **仲陽**은 "**늦었습니다. 郭氏의 後軍[後殿]이 되는 것에 불과합니다**"라고 하였다. 선사께서는 "의리상 말하는 것이 옳다면 곽씨보다 늦은들 무슨 혐의가 있겠는가?[後郭何嫌]"라고 하셨다.

이때 명을 받고 인장을 받들어 영남으로 넘어갔으나[당시 영남인 중 선생의 성함을 얻어 파리에 보내는 서한을 지으려는 자가 있었다] 만세를 부르다 화를 입는 난리를 만나 허무하게 돌아왔다. 선사께서는 "다행이다. 곽씨가 이미 체포되어 삭발을 당했다고 하니, 내가 차라리 먼저 자결할지언정 어찌 삭발에 이를 수 있겠는가?"라고 하셨다.[24] (굵은 글씨-인용자)

내용이 매우 상세하다. 즉 전우는 원래 국내에 포고하는 일을 생각했다가 오진영의 건의에 따라 독립청원운동을 진행하기로 했는데, 오진영을 영남에 보냈지만 정작 독립청원운동의 제안자를 만나지 못하고 돌아왔다는 것이다. 이 과정에서 전우의 아들은 '곽씨의 後殿이 되는 것에 불과'하다고 반대했지만, 전우는 '의리상 말을 할 만하다면 곽씨보다 늦게 한들 무슨 혐의가 있겠는가?'라며 수락했다.

'後殿이 된다'든가 '늦게 한'다든가 하는 표현은 시기적으로 곽종석보다 늦게 일을 진행하였다는 사실만 알려줄 뿐 곽종석과 같은 사건·

---

24) 『石農集』上, 권7, 「答朴亨文」, 415쪽. "己未春, 先師命震入寢室[仲陽敬父顧卿禧卿同入], 語曰, 以復國事, 人多苦勸, 有言出一文字, 輸之國中, 何如? 對曰, 文不及輸而禍先至. 不如投書巴里之有所望, 仲陽曰, 晚矣. 不過爲郭氏後殿. 先師曰, 義可言, 則後郭何嫌? 於是, 承命奉章而踰嶺[時嶺人, 有欲得大銜爲巴書者], 遭呼萬被禍之亂而虛歸. 先師曰, 幸也. 郭氏已被逮受剃, 吾寧先自處, 豈可逮剃乎?"

오진영이 준비한 독립청원서인 「파리대회공함」. 실제로 발송되지는 못했다.
오진영, 『석농집』 상

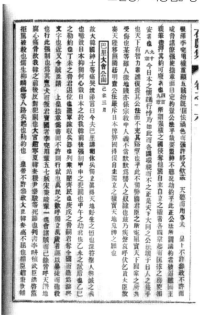

결사에 연관된 것인지 알려주지 않는다. 이어 곽종석이 체포되어 삭발을 당한 일에 관한 언급이 있다. 곽종석의 삭발은 4월 중·하순경이었다. 한편 전우는 이 일(독립청원서 서명)이 성사되지 않은 것을 오히려 다행으로 여겼다.

위의 편지와 '오진영 연보'에는 전우가 독립청원운동에 참여하기를 허락했다는 내용만 기술되었는데, 전우는 이런 결정을 한 뒤 심경에 변화를 보였다. 다음은 1919년 전우가 崔愿에게 보낸 편지이다.

내(전우를 가리킴-이하 괄호안 인용자)가 전날 (파리에) 편지를 보내고
자 했던 것은 復辟을 위하고 재앙을 내 한 몸 죽이는 것에 그치게 하고자

생각했기 때문인데, 후일 서명하지 않은 것은 그것이 共和를 위한 것이
고 또한 자신이 夷狄이 되는 것[일례로 곽종석이 만난 것이 이것이다]임을
들은 때문에 취하진 뜻이니, 대개[?] 모두 의리[義]에서 비롯된 것이다.25)
(굵은 글씨-인용자)

즉 전우가 처음에는 복벽을 희망해 독립청원운동에 참여하기로 결
심했지만 나중에 이 일이 공화를 위한 것임을 알고 '이적'이 되지 않기
위해 입장을 철회했다고 하였다. 이것은 신뢰할 만한 내용일까? 그렇
게 보아도 좋을 것 같다. '오진영 가장'에 의하면 최원은 후일 오진영의
부탁으로 전우를 찾아가 소위 '美國公函'에 서명하기를 요청한 인물이
다. 그 정도로 최원은 오진영과 전우 모두가 신뢰하는 인물이었다. 따
라서 위에 기술된 전우의 발언 내용은 신빙성이 있어 보인다.

다시 말해 전우는 독립청원서에 서명할 의사를 밝혔다가 나중에 철
회했다. 그 시점이 정확히 언제인지는 알 수 없다. 하지만 기존 의사를
철회한 결정이 얼마나 실효성이 있었을지 의심스럽다. 오진영은 이수
홍을 만나기 위해 진해로 갔지만, 그를 만나지 못해 '없었던 일'로 흐지
부지되고 말았다. 이즈음 전우가 자신의 '변심'을 오진영에게 전할 방
법은 없었다. 결과적으로 오진영의 노력은 수포로 돌아갔다. 반면 전
우는 독립청원서에 '서명'했다가 '철회'함으로써 독립운동 참여와 공화
주의 반대라는 두 가지 명분을 모두 얻은 셈이 되었다.

---

25) 田愚, 『秋潭別集』, 권2, 「答崔愿」(1919), 36a쪽. "鄙人, 前日之欲遣書, 認爲復辟而而禍
止於殺身爾, 後日之不署名, 聞其爲共和, 而又身爲夷狄如郭氏所遭, 是也, 故不許,
蓋皆義也."

4. 맹보순의 독립청원운동 제안과 결과

1) 맹보순의 제안과 전우의 거절

오진영의 독립청원운동 시도는 실패했다. 하지만 이것이 끝이 아니었다. 1919년 음력 7월[26] 오진영은 金學祖(맹보순의 조카)의 妻喪에 조문하기 위해 葛川(현 경기 용인시 기흥구 新葛洞)에 갔다가 우연히 맹보순을 만나 독립운동에 관한 소식을 들었다. 맹보순은 막 경성에서 돌아온 상태였는데, 조선의 독립 문제가 곧 미국 워싱턴에서 논의될 예정이고, 이로 인해 현재 경성에서는 전우를 내세운 독립청원운동이 추진되고 있으며, 오진영의 도움이 필요하다는 것이었다.

맹보순이 제안한 독립청원운동은 어떤 세력에 의해 기획되고, 어떻게 진행되었을까? 오진영은 맹보순에게 들은 이야기를 전우에게 전했다. 다음은 1919년 오진영이 전우에게 보낸 편지이다.

> 일전에 … 葛川(현 용인 신갈-이하 괄호안 인용자)에 이르렀는데, 孟士幹(士幹은 孟輔淳의 字)이 경성으로부터 와서 만났는데 時機에 대해 자세히 말하기를 "… 미국의 大官이 홀로 와서 우리 조선인의 정형을 시찰하고 가는데, 미국 영사와 친근한 사람들은 모두 儒林이 미국 대통령[統領]에게 公函을 보내면 장차 크게 힘을 얻을 것이라고 권하였다. 그러므로 한 무리의 선비들[衿紳]이 선생을 수장으로 삼아 문서 1통을 작성하고 이미 영문으로 그 문장을 번역했다. 金思黙[전 관찰사-原註], 李商永, 慶

---

26) 오진영의 기록에 따른 것이다. 미국 의회 의원단이 조선을 방문한 것이 1920년 8월인데, 오진영의 주장대로라면 이 일은 정확히 1년 전에 기획되었다는 셈이 된다. '1919년 음력 7월'은 혹시 '1920년 양력 8월'의 착오가 아닐까? 그런데 이 내용이 오진영의 1919년 편지에 기술되어 있고, 오진영의 연보(「석농연보」)에도 1919년의 사실로 기록되어 오진영의 기술내용을 완전히 부인하기는 어렵다. 따라서 본문에서는 활동의 시점을 1919년 음력 7월로 보았으나, 1920년 양력 8월의 가능성도 완전히 배제하지 않는다는 점을 밝혀둔다.

賢秀[모두 전 성균관 교수, 경현수는 華西(이항로) 문인] 3인이 각기 작성하였다가 합해 하나의 글을 만들었습니다. 그 파견자는 미국 선교사이고, 출반 시기는 양력 8월 이내입니다. 이르 서에 계시 부(저우)께 알리지 않으면 안 됩니다"라고 했습니다.[27] (굵은 글씨-인용자)

즉 미국 '고위 관리'[大官]가 조만간 조선을 시찰하러 오는데, 경현수 등 3인이 이들에게 독립청원서를 주어 미국 대통령에게 전달케 할 계획이고, 전우의 서명을 기대한다고 하였다. '미국 고위 관리의 조선 시찰'이란 미국 의회 의원단의 조선 방문을 가리키는 것으로 보인다. 실제로 1년 후인 1920년 8월 24일 미국 상·하원의원 9명과 그들의 가족 19명, 총 28명이 경성을 방문했다.[28] 그리고 이를 전후해 조선 각지에서는 독립의 의지를 알리기 위한 의열투쟁이 적극적으로 진행되었다.

오진영은 독립청원운동에 관해 이미 실패한 경험이 있어 조심스럽게 접근했다. 그는 성현의 말씀에 전거가 없어 전우가 허락하지 않을 것이라고 예상했다. 하지만 맹보순은 전우가 반드시 참여해야 할 이유가 있다고 하였다. 첫째 이 활동을 통해 독립을 쟁취하면 유교가 다시 힘을 얻을 수 있을 것이니 참여의 명분이 있고, 둘째 만일 유교계의 다른 세력이 이 일을 성공한다면 앞으로 이들이 유교계를 주도할 것이므로 이런 사태를 막기 위해서라도 전우가 나서야 한다고 주장했다.

오진영은 맹보순의 지적이 일리가 있다고 여겼다. 그는 '정밀한 의리[精義]에 있어 염려'가 없는 것은 아니나 우선 스승에게 알리겠다고 답

---

27)『石農集』上, 권1,「上艮齋先生」, 51쪽. "日前 … 至葛川, 孟士幹, 自京來會, 備道時機 … 美大官, 專來視察我人情形而去, 美領事親近之人, 皆勸儒林公函美統領, 則將大得力矣. 故一隊衿紳, 以先生爲首, 構成一文字, 已以英文譯述其文. 金思黙 前觀察使李商永慶賢秀[並前成均敎授, 慶則華門人], 三人各作, 合爲一文也. 其使則美宣敎師也, 其發行之期, 則陽八月內也. 此委不可以不告于島."

28) 朴永錫,『日帝下 獨立運動史硏究-滿洲露領地域을 중심으로-』, 一潮閣, 1984, 368~372쪽.

했다. 오진영은 전우에게 보내는 편지에서 "할 만한 것이 없으면 침묵하여 죽음을 불사하며 지키는 것이 진실로 의리이지만, 적당한 기회가 있다면 말하여 세상을 구제하는 것도 의리[無可爲, 則黙而守死, 固義也, 有其機, 言而濟世, 亦義也]"라며, 이번 일은 精義와 다소 거리가 있지만, 아무런 시도도 하지 않았다가 '예의가 더럽혀지고 인류가 개·돼지가 되'는 상황에 빠지면 어떻게 책임지겠느냐며[29] 전우를 압박했다.

그런데 오진영이 전우에게 보낸 편지에는 구체적인 내용이 많이 생략되어 있다. 맹보순은 이 일을 과격하게 추진하였고, 혼자만의 생각이 아니었다. 경성에서 교섭결과를 애타게 기다리는 사람들이 있었다. 이런 사실은 1925년 오진영이 朴昌鉉에게 보낸 편지에 기술되어 있다.

> (이수홍의 제안에 따라 전우가 독립청원운동에 참여키로 했다가 실패한 일로부터-이하 괄호안 인용자) 몇 개월 지나 **孟東田 輔淳이 와서 '京中의 수천 명이 艮翁을 추대해 파리에 보내는 서한[巴書][30]의 우두머리로 삼으려고 하는데, 그대가 아뢰어 요청해 주십시오'라고 하여,** 저는 "우리 스승의 法門에서는 이런 일을 하지 않습니다. 비록 요청하더라도 반드시

---

29) 『石農集』上, 권1, 「上艮齋先生」, 51~52쪽.

30) '파리에 보내는 서한[巴書]'이라는 표현은 '미국 (의회 의원단)에 보내는 서한'의 착오가 아닌가 추정된다. 원래 맹보순과 전우 사이에서 이를 중재한 오진영은 스스로 파리에 보내는 서한이라고 하였고(『石農集』上, 권1, 「上艮齋先生」, 51쪽), 전우의 연보에도 비슷한 표현이 있어[田愚, 『艮齋先生全集』下(保景文化社, 1984), 「年譜」, 738~739쪽], 필자도 과거에 선행 연구를 통해 파리 국제평화회의에 보내는 서한으로 추정한 적이 있다. 그러나 이는 몇 가지 취약점이 있다. 첫째 오진영 사후에 작성된 家狀과 연보(「석농언보」)에 의하면 미국 의원단에 보내는 서한으로 기술되어 있다. 둘째 맹보순이 오진영에게 독립청원운동에 관해 도움을 요청하고 강태걸이 오진영의 부탁을 받아 전우를 만나고 온 일은 미국 의원단에 서한을 보내는 일과 관련된 것이었다. 셋째 맹보순이 전우를 독립청원운동의 대표로 추대하는 일에 참여했다면 오진영을 통해 진행했을텐데 오진영이 전우에게 보낸 편지 가운데에는 파리 국제평화회의에 관한 내용은 보이지 않고 미국 의원단에 보내는 편지에 관한 내용만 발견된다. 이렇게 본다면, '파리에 보내는 서한'은 '미국 의원단에 보내는 서한'의 착오일 가능성이 높다.

불허하실 것입니다"라고 했습니다.

맹(보순)은 "(당신은 과거에) 이미 영남으로 넘어간 일이 있는데, 지금은 어찌 그렇게 어지 않습니까?"라고 히며 비분강개히면서 그 단서를 격렬히 논하였습니다. 저는 지금 허락을 얻을 수 없을 것[예전에는 복벽을 위한 것이라고 인식하여 하였으나, 지금은 대통령을 위한 것이라는 설이 들리므로 (선생께서) 하시지 않으리라 믿는 것입니다-原註]이라고 힘써 말했으나, 맹(보순)은 "그렇다면 장차 (간옹께) 알리지 않고 서명하겠습니다"라고 하였습니다. 그래서 저는 "대단히 불가합니다. 어찌 마음대로 서명하여 일을 처리하는 자가 있단 말입니까? 여러분은 더 이상 논하지 마십시오. 제가 장차 師門의 죄인이 되겠습니다"라고 하니, 맹(보순)은 "허락하시든 허락하시지 않든 간에 어찌 한 번 아뢰시지 않습니까?"라고 하였습니다.

저는 (간옹께) 가서 의뢰해도 할 수 없으므로 드디어 姜泰杰[姜도 '始務中人'인 까닭입니다]에게 홀로 섬에 들어가게 하여 맹(보순)과 오(진영)에게 답하는 편지 2통을 받았는데, 과연 대단히 불가하다는 말씀이었습니다. 또한 김학열에게 급히 서울로 가서 맹(보순)에게 알려 그것을 그만두게 하니, 社會 諸人이 오(진영)이 실로 그 스승(전우)를 막았다는 그릇된 소식을 듣고 분해하며 "이 자는 죽여야 한다"며 권총을 가지고 오려는 자까지 있게 되었는데, 張鎭宇가 (오해를) 풀고 중지하기를 권하였습니다.[31] (굵은 글씨-인용자)

맹보순의 태도는 막무가내였다. 즉 오진영이 전우를 설득하기 어려울 것이라고 했지만, 맹보순은 전우의 허락과 관계없이 전우의 이름을 넣겠다고 하였다. 사태의 심각성을 깨달은 오진영은 자신이 나서서 전

---

31) 『石農集』上, 권7, 「答朴亨文」, 415~416쪽. "居數月, 孟東田輔淳來言, 京中數千人, 欲推艮翁爲巴書首子, 其稟請也. 鄙曰, 吾師法門, 不爲此, 雖請必不許. 孟曰, 旣有踰嶺事, 今何不然? 悲憤激論, 千萬其端, 鄙力言今不可得許[前認爲復辟而欲爲, 今聞統領說, 故矢不爲]. 孟曰, 然則將不告而着銜. 鄙曰, 大不可, 安有冒銜做事者? 諸公勿論已, 吾將爲斯文罪人. 孟曰, 然則許不許間, 何不一稟之? 鄙抵賴不得, 使姜泰杰[姜亦時務中人故也], 專入島, 及得答孟吳二書, 果大不可. 又使金學悅, 入京報孟以罷之, 社會諸人, 訛聞吳實沮其師, 憤曰, 是可殺也, 至有欲以拳銃來者, 張鎭宇勸解而止矣."

경현수의 「신명서」
『선봉』 1946년 1월호

우를 설득해 보겠다고 한 뒤 '시무에 밝은' 강태걸을 전우에게 보냈다. 이미 전우에게 비슷한 제안을 했다가 실패한 경험이 있었기 때문이다. 하지만 강태걸도 '대단히 불가하다'는 전우의 답장을 받아왔다. 오진영은 이 소식을 맹보순에게 급히 알렸다.

여기서 오진영은 편지의 수신자에게 억울함을 토로했다. 자신은 맹보순을 대신해 스승 전우를 설득하는 '악역'을 맡았지만, 애초에 전우가 이 제안을 허락하지 않을 것이라고 예상하고 실제로도 부정적인 결과가 나왔다는 이유로 자신이 '전우의 결단을 가로막았다'는 누명을 쓰고 살해의 위협까지 받았다는 것이다.

요컨대 오진영의 독립청원운동의 시도는 파리 국제평화회의에서 워싱턴회의로 대상을 바꾸며 계속되었다. 전우는 전자에 대해 일부 호의적인 반응을 보였으나, 후자에 대해서는 완강한 거부의 입장을 밝혔다. 그렇다면 맹보순의 시도는 이것으로 끝났을까? 아마도 맹보순은 전우를 배제한 채 미국 의원단을 대상으로 한 독립청원운동을 그대로 강행했을 것이다. 경현수 등 3인은 경현수가 작성한「申明書」를 미국 의회 의원단에게 제출하려고 시도한 것으로 보인다.32)

2) 전우의 거절 배경

전우는 왜 맹보순의 제안을 거절했을까? 파리 국제평화회의에 독립청원서를 보내는 활동에 동참하기로 결심했을 때와는 상황이 어떻게 달라진 것일까? 전우는 오진영을 통해 맹보순에게 보내는 답장을 전하게 했다. 오진영은 맹보순에게 편지를 보내 전우가 제안을 거절했다는 소식33)과 함께 전우의 답장을 전했다. 맹보순은 낙심했다. 오진영은 전우에게 답장을 보내 맹보순이 스승(전우)의 이름을 거론하는 일은 없을 것이라며 거듭 안심시켰다.34)

전우가 맹보순의 제안을 거절한 이유는 무엇일까? 어떤 계기가 있었을까? 다음은 1919년 전우가 맹보순에게 보낸 답장이다.

---

32) 『先鋒』1946년 1월호에 실린 '申明書'의 해제에 의하면, "선생이 이 글을 저술하야 賊警이 엄밀한데도 불구하고 비밀히 틈을 타서 접수시킨 배라"라고 하여(李政,「申明書를 公開함에 際하여」, 『先鋒』4279년 1월호, 高麗先鋒社, 17쪽) 독립청원서가 미국 의회 의원단에 제출되었다고 주장했다. 하지만 이는 당시 사료로 확인되지 않는다. 참고로 '신명서'의 원문은 아직 확인되지 않으며 위 잡지에는 장문의 번역문만 실려 있다.

33) 『石農集』下,「家狀」(吳鼎煥), 1032~1033쪽.

34) 『石農集』上, 권1,「上艮齋先生」, 52쪽.

石友(石農 吳震泳-이하 괄호안 인용자)가 영남으로 넘어간[踰嶺] 곡절은 이미 경청하셨을 줄로 압니다. 이 어찌 長沮와 桀溺의 차가운 창자[35]처럼 조소나 하며 은둔에 머물겠습니까? 그러나 이것은 초야에 있는 사람(곽종석)이 늙은 몸을 부지하기(삭발을 당하기) 전이었고, 지금은 비록 賢兄들이라도 결코 제게 엎어진 앞 수레의 전철을 다시 밟게 하려는 뜻은 없을 것이라고 생각합니다. 그러므로 다시 자세히 말씀드리지는 않겠습니다.

(오진영을 통해) 편지를 보낸 후 李氏宗社를 복구하고 統領(대통령)의 명의를 불허함을 분명히 하고, 孔子의 道統을 세움과 기독교와 邪術을 쓸어버림을 분명히 하며, 君父의 억울함을 씻기를 분명히 하고, 원수 오랑캐[仇讎之夷]를 쫓아냄을 분명히 하며, 삭발[髡首]의 제도를 금지함의 여부를 분명히 했습니다.

일반적으로 이 몇 가지 일은 모두 온 나라 억만의 인사에게 금수가 되는 것을 면하게 하는 조건이니, 여러분께서는 이를 담보하며 조금도 의심과 걱정을 없게 할 수 있겠습니까? 이와 같다면 (저는) 天命에 따라 몸이 만 조각이 된다 한들 또한 웃음을 머금고 지하로 들어갈 것입니다.

만에 하나 그렇지 않다면 이는 여러분께서 署名을 권유하는 것이 결국 일시적으로 명성을 얻기 위해 하는 것에 불과하고, 한 몸의 재앙을 위해 하는 것[어떤 이가 진술했는데 군대 위협에 관한 계획을 들으셨습니까? 原註]에 불과할 것입니다. 이것이 어찌 우리 儒者가 평소 居敬窮理하고 格物致知하는 본뜻이겠습니까? 여러분의 의지는 비록 높으나 보잘것 없는 제 견해가 이러하니, 결코 제 이름을 서명하는 것은 불가합니다.[36]
(굵은 글씨-인용자)

---

35) 장저와 걸닉은 모두 공자와 동시대(춘추시대)의 은둔자로, 공자가 도를 실천하기 위해 천하를 돌아다닌다는 말을 듣고 조소하였다.

36) 『秋潭別集』, 권1, 「答孟士幹輔淳」(1919), 29a쪽. "石友踰嶺曲折計, 已關聽. 是豈沮溺冷腸? 然此在草木中人扶老之前, 今則雖賢兄輩, 恐決無使愚復蹈其覆轍之義矣. 故不復細稟. 遺書後, 分明復得李氏宗社而不許統領名色, 分明立得孔子道敎而掃除耶蘇邪術, 分明洗得君父之寃, 分明驅得仇讎之夷, 分明禁得髡首之制否? 凡此數事, 皆所以使環東土億萬人士, 得免爲禽獸者也. 諸公於此, 果以擔保而不少疑慮否? 如此則可以從命而身作萬端, 含笑而入地矣. 萬一未然, 是諸公之勸署名, 究不過爲一時之名而爲之, 不過爲一身之禍而爲之[某人所陳, 兵脅之計, 諸公聞之否?], 是豈吾儒平日居敬致知之本意耶? 諸公之志義, 雖高而區區陋見如此, 決不可以替署賤名也."

즉 전우는 자신도 한때 오진영의 간청으로 독립청원운동에 참여하기로 결심한 적이 있었지만 별다른 성과 없이 허무하게 끝났다며 실패의 전철을 다시 밟지 않게 해달라고 부탁했다. 또한 전우는 앞서 오진영에게 참여 의사를 밝힐 때에도 네 가지 원칙을 담보해야 한다는 점을 거듭 강조했다고 밝혔다.

전우가 맹보순에게 보낸 편지(1919).
맹보순의 독립청원운동 제안을 거절한 이유가 자세히 기재되어 있다.
국립중앙도서관 (전우, 『추담별집』)

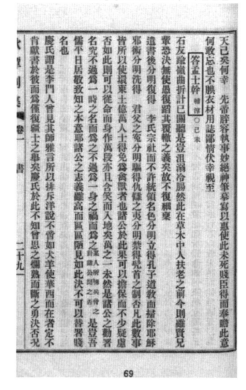

전우가 언급한 네 가지 원칙이란 李氏 종묘사직 복구, 孔子道統 수

립, 임금을 시해한 원수에 대한 복수와 일본 축출, 단발 금지 등이었다. 이는 왕조의 복원과 구제도의 복구를 의미하는 것으로, 대한제국에서 더 거슬러 올라가 조선왕조로의 회귀를 의미했다. 전우는 만일 맹보순이 이런 원칙을 담보하지 못한다면, 자신에게 서명을 요구하는 것이 일시적으로 명예를 구하려는 행동에 불과할 것이라며 서명 불가의 입장을 분명히 밝혔다.

또한 이 편지에서, 전우는 경현수가 독립청원서에 서명하는 것을 고려하고 있다고 하지만 그럴 리가 없다고 단정했다. 왜냐하면 경현수는 華西 李恒老의 문인인데, 얼마 전 이항로가 집필한 『華西雅言』을 보니 서양을 개와 양 이상으로 배척했다는 것이다. 따라서 이항로가 만일 살아있다면 "저들에게 서한을 올려 겨우 강토를 회복하는 일"을 하지 않을 것이라고 확신했다. 하물며 이항로의 제자인 경현수도 쉽게 독립청원서 서명을 쉽게 결정하지 못하는데 독립청원서 내용을 모르는 자신이 어떻게 경솔하게 서명에 응하겠느냐고 반문했다.[37]

전우는 맹보순이 제안한 독립청원운동에 다소 예민하고 불쾌한 반응을 보이며 불가의 입장을 강하게 밝혔다. 근본적인 이유는 무엇일까? 이와 관련해서는 파리장서운동 관련자들이 연이어 체포·투옥되는 시점에 흘러나온 비판의 목소리를 주목할 필요가 있다. 비판의 주된 발원지는 전우였다. 이는 전우가 한때 독립청원운동에 참여할 의사를 비쳤다가 비판의 입장으로 돌아선 과정을 이해하는 데 도움을 준다.

이런 내용은 최익현의 장남 崔永祚가 전우와 주고받은 편지에 실려 있다. 이들의 대화에는 곽종석에 대한 신랄한 비판이 등장한다. 이들은 왜 곽종석을 비판하였을까? 우선 1920년 음력 4월 최영조가 전우에게 보낸 편지를 보자.

---

37) 『秋潭別集』, 권1, 「答孟士幹輔淳」(1919), 29a~b쪽.

茶田(곽종석-이하 괄호안 인용자)의 지난해 일(파리장서운동)은 의심스러운 것이 없지 않았습니다. 일찍이 1907년 1월 先君子-(최익현)께서 (면암 선생에게) 편기를 넘어 더분어 (이병이) 일을 함께 하자고 요청하셨는데, 이 노인(곽종석)은 '君父에 재앙을 재촉하고 生靈에 해독을 끼쳐 감히 나가지 못하겠다'는 뜻으로 답했습니다. (그런데) **작년(1919)에 이르러 마침내 멀리 있는 사람(파리 국제평화회의)에 편지를 보내 거사를 도모했으나, 필경 스스로 낭패를 취하고 수치와 곤욕을 입고 집으로 돌아와 병으로 사망했으니, 어찌 마음 쓰는 것이 전후에 모순이지 않습니까?** 어찌 '의리는 무궁하고, 때에 따라 변화한다'고 하나 부득이 이런 것이 있겠습니까? 華翁(이항로)께서 살아계신다면 반드시 마땅히 문을 닫고 自靖하여 천하가 맑아지기를 기다리셨을 뿐이지 결코 몰지각한 세속의 사람과 함께 하지 않았을 것입니다.[38] (굵은 글씨-인용자)

즉 최영조는 곽종석의 반일운동에 대한 입장이 10여 년 전과 크게 달라졌다고 지적했다. 1907년 부친 최익현이 곽종석에게 의병 봉기 참여를 제안했을 때 곽종석은 '임금과 인민에게 화를 초래할 수 있다'고 하여 거절했는데, 반일운동의 환경이 크게 달라지지 않은 1919년 독립청원운동에 참여한 것은 상호 모순이라는 것이다. 편지 끝부분에는 곽종석이 대구감옥 수감 중 '수치'와 '곤욕'을 당했다고 언급하면서, 만일 이항로가 살아있었다면 이런 일을 당하지 않고 끝까지 은둔했을 것이라고 조소했다.

전우는 최영조의 입장에 동조하면서 자신과 관계된 독립청원운동 논란에 대해 변론했다. 자신도 한때는 독립청원운동에 참여할 의사를 밝혔지만 끝까지 원칙을 고수하여 반대하는 입장으로 돌아섰다고 주

---

38) 崔永祚, 『雲齋集』 권4, 「答田艮齋」(1920.4.14), 5b쪽. "茶田往年事, 不無可疑者. 曾於丙午正月, 先君子貽書請與同事, 則此老以促禍君父貽毒生靈不敢出脚之意答之, 至於昨年, 乃寄書遠人以圖事, 畢竟自取狼狽, 徒見羞辱而歸, 因以病卒, 何其心事之前後矛盾耶? 豈義理無窮隨時變易, 有不得不然也歟? 華翁而在者, 必當杜門自靖以待天下之淸而已, 決不與沒覺之俗流同浴也."

장했다. 전우가 내세운 원칙이란 무엇일까? 다음은 전우가 최영조에게
보낸 답장이다.

> … 보잘 것 없고 미혹한 견해를 지닌 저는 역시 제 한 몸 죽는 것은
> 애석하지 않아 **애초에 그것을 하고자 했습니다만, 이미 당시 사람[時人]
> 의 의사가 復辟에 있지 않고 共和를 위주로 하며, 공자를 높이는 데 있지
> 않고 마침내 서양의 邪術西術에 있다고 들었습니다.** 그렇다면 군신의
> 의리와 성현의 가르침을 완전히 폐지한 후에야 끝낼 것이어서 **동참할 수
> 없었습니다.**
> 또한 **茶公(거창 茶田에 거주하는 곽종석-인용자)이 나라를 회복하기
> 전에 신체가 먼저 오랑캐[夷]가 되었다고 들었으니, 더욱이 감히 살 생각
> 을 하지 못했을 것입니다.** 지금 보내주신 편지를 받으니 '華翁께서 살아
> 계신다면 단지 문을 닫고 自靖하여 천하가 맑아지기를 기다렸을 뿐이지
> 결코 세속의 사람과 함께 목욕하지 않았을 것입니다'라고 하셨습니다. 이
> 것으로 보건대 그 문하의 여러 분들께서 그런 상황에 있었다면 역시 반
> 드시 다른 길은 없을 것입니다.[39] (굵은 글씨-인용자)

즉 전우는 자신도 처음에는 독립청원운동에 참여하기로 했지만 이
일을 추진한 사람들의 저의가 의심스러워 불참을 결정했다고 하였다.
독립청원운동을 추진한 사람들이 복벽이 아닌 공화를 목표로 하고, 공
자가 아닌 기독교를 높이려고 했다는 것이다. 또한 최영조가 곽종석의
옥중 삭발을 '수치'와 '모욕'이라는 우회적인 표현을 사용한 데 반해, 전
우는 '신체가 먼저 오랑캐가 되었다'는 자극적인 표현을 사용하며 얼마
전 사망한 유교계 원로 곽종석에게 최악의 독설을 퍼부었다.[40]

---

39) 『秋潭別集』, 권1, 「答崔錫胤永祚」(1920), 15a~b쪽. "區區迷見, 不惜一身之死, 而初欲
爲之, 旣而聞之, 時人之意, 不在復辟, 而卻主共和, 不在尊孔, 而乃在西術. 然則君臣
之義, 聖賢之敎, 一切廢置而後已, 已不可爲矣. 且聞茶公國未及復而身先爲夷, 則尤
不敢生意矣. 今承崇諭, 謂華翁在者, 只有杜門自靖以待天下之淸而已, 決不與世俗之
人同浴矣. 據此以觀之, 使其門下諸賢而當之, 亦必無它道."

물론 전우가 처음부터 곽종석의 독립청원운동을 비판한 것은 아니었다. 본인도 뒤늦게나마 독립청원운동에 참여하기로 결심했고, 아직 독립청원운동에 대한 정보가 부족하여 정확한 평가를 내리기 조심스러운 상태였다. 자신과 같은 학파(율곡학파)의 원로인 김복한이 곽종석 측의 독립청원운동에 동참한 사실도 섣부른 평가를 어렵게 만들었다. 따라서 전우는 곽종석의 투옥 소식에 "정밀한 의리[精義]가 있을 것이나 경솔하게 斷置할 일이 아니"라고[41] 판단을 유보했다.

그런데 곽종석이 옥중에서 강제로 삭발을 당했다는 소식이 들리자 전우의 태도가 돌변했다. 전우는 평소 삭발을 '오랑캐의 제도'라 하여 극단적으로 혐오한 인물이었다.[42] 곽종석이 삭발을 당하면서 큰 저항을 하지 않았다는 소문은 곽종석의 인격이나 그가 주도한 파리장서운동을 부정하게 만들었다. 이후 전우는 파리장서운동이나 독립청원운동에 관한 입장을 밝힐 기회가 있을 때마다 곽종석을 언급하는 경향이 있었다. 곽종석의 삭발이 곽종석 한 명의 수치에 그치지 않고 유교계 전체에 수치를 안겼다고 보았기 때문이다.

이런 입장은 1920년 전우가 南致權·李震復에게 보낸 편지에도 잘 나타난다. 전우는 투서 행위 자체에 대해서는 이의를 제기하지 않았다.

---

40) 전우 측의 곽종석 삭발에 대한 비난은 1930년대까지 확인된다. 오진영은 비록 감옥에 수감되었더라도 강하게 반발한다면 삭발을 면할 수 있었을 것이라고 하면서 곽종석과 장석영의 예를 들었다. 두 인물은 같은 감옥(대구감옥)에 수감되었는데 장석영은 강하게 저항해 삭발을 면했고 곽종석은 그렇게 하지 않아 삭발을 당했다는 것이다(『石農集』上, 권13, 「答金學悅」, 777쪽).

41) 『秋潭別集』 권1, 「答金成執允煥」(1919), 24a쪽.

42) 전우는 평소 제자들에게도 保髮과 白衣의 중요성을 강조했다. 이로 인해 옛 의복을 고수하는 제자들이 섬을 떠나 육지의 장터에 갈 때면 많은 사람들의 호기심 어린 눈빛과 조롱의 대상이 되곤 했다(黃玹, 『梅泉野錄』(國史編纂委員會, 1971, 90쪽). 전우는 유림이 감옥에서 강제 삭발을 당하면 어떻게 대응해야 하느냐는 제자들의 질문에 사실상 자결이 불가피하다고 하였고, 그의 제자 오진영도 마찬가지였다(崔永大, 『益奮齋私稿』 권1, 「上石農先生問目」, 39쪽).

그것이 유림에게 '올바른 길[正經]'이 아니더라도 국권회복과 복벽을 성취할 수 있다면 '머리가 잘리고 배가 터지더라도' 수긍할 수 있다고 여겼기 때문이다. 하지만 곽종석이 추진한 독립청원운동이 '民權을 증진하고 君綱을 퇴보시키며, 鷄鄭을 사모하고 仙李을 망각하며, 혹은 서양 귀신을 숭배하고 孔氏를 폄하'한다는 소문이 들리고, 곽종석이 감옥에서 강제 삭발을 당했다는 소식이 들리자, 그런 일에는 참여하지 않겠다고 태도를 바꾸었다고 했다.[43]

하지만 주지하듯 파리장서운동을 추진한 인사들은 공화제를 언급하지 않았고, 파리장서에는 공화제를 지지하는 문구가 없었다. 더욱이 전우가 극찬했다는 제자 오진영의 독립청원서(「巴里公函」)에도 복벽에 관한 직접적인 언급은 없었다. 또한 파리장서운동 참여자 중 옥중에서 강제 삭발당한 인물은 곽종석만이 아니었다. 비록 곽종석처럼 원로급은 아니더라도 영남권의 李基定 · 李鳳熙 · 宋晦根은 물론 충청권의 金德鎭 · 林翰周 · 安炳瓚 · 崔中軾 · 田穰鎭 등이 감옥에서 삭발을 면치 못했다.[44]

결과적으로 전우는 1919~1920년 독립청원운동에 관한 제안을 모두 거절하고 은둔의 결심을 공고히 했다. 이로 인해 유교계 외부에서는 물론이고 내부에서도 심한 비난이 일었다. 1920년 전우가 田相武에게 보낸 편지에 의하면 '시무를 중시하는 이들'이 '함께 일을 하지 못할' 사람으로 지목하고 '일이 달성된 후 (전우를) 죽여야 한다'고 주장했고,[45]

---

43) 『秋潭別集』, 권1, 「答南重則致權李舜七震復」(1920), 29b쪽.
44) 張錫英, 『先文別集』 貞, 「黑山日錄」, 1919년 3월 16일, 16a쪽 ; 儒林團獨立運動實記 編纂委員會 編, 『國譯 儒林團獨立運動實記(灃中日記)』(大譜社, 2001), 원문편, 1919년 3월 18일, 45쪽 ; 林翰周, 『悝軒先生文集』 I, 권2(景仁文化社, 1993), 「被拘顚末記」, 1919년 5월 28일, 14a~b쪽.
45) 『秋潭別集』, 권2, 「答田相武」(1920), 13b쪽.

앞서 언급한 것처럼 오진영도 독립청원운동 시도를 방해하였다고 하여 살해의 위협을 받았다.

5. 전우의 독립청원운동 시도와 유교계의 복벽주의

1) 유교계 독립운동의 배후세력

전우 측의 독립청원운동 시도는 좌절되었지만 몇 가지 중요한 시사점을 제공한다. 우선 유교계의 대표 인물인 전우가 곽종석과 달리 처음부터 독립청원운동에 참여하기를 거부했다는 주장은 수정되어야 한다. 전우의 독립운동에 대한 관심은 일시적이었고 중도에 좌절되었으며 제자 오진영의 권유에서 비롯된 것이었지만, 전우가 독립청원운동에 관심을 보인 점은 당시 사료에 의해 사실로 확인된다.

이런 사실을 감안하면, 1919년 유교계의 독립청원운동은 매우 광범위한 지역에서 진행되었음을 다시금 확인하게 된다. 가장 강한 움직임은 영남권에서 곽종석이 주도하는 파리장서운동을 통해 표출되었지만, 비슷한 시기에 충남권에서 김복한이 홍주의병에 참여했던 인사들을 중심으로 독립청원운동을 진행했고, 호남권의 전우도 일시적이나마 독립청원운동에 참여하기를 결심했기 때문이다. 이처럼 독립청원운동은 만세시위가 확산되는 시점에 유교계에서 동시다발적으로 일어난 보편적 현상이었다.

한편 전우 측의 독립청원운동 참여 여부에 관한 논란은 유교계 독립운동 배후세력에 관한 중요한 단서를 제공한다. 앞서 살펴본 것처럼, 1919년 3월 오진영이 전우에게 독립청원운동 참여를 권유하기 전 맹보순이 오진영을 찾아왔다. 그는 오진영에게 경성에서 목격한 만세시위

상황을 전했고, 오진영은 이런 소식을 담은 편지를 전우에게 보냈다. 이후 오진영의 첫 번째 독립청원운동 시도가 실패하자 맹보순은 별도의 독립청원운동을 오진영에게 제안했다. 곧 미국에서 국제회의가 있을 예정이니 전우를 내세워 독립청원서를 미국 대통령에게 전달하자고 한 것이다. 오진영은 맹보순의 제안을 전우에게 전하며 설득했다.

맹보순이 어떤 인물이었기에 이처럼 오진영에게 쉽게 접근할 수 있었고, 어떻게 전우를 설득하도록 만들 수 있었을까? 오진영이 맹보순의 접근에 거부감을 느끼지 않은 것은 학문적 동질감 때문이었다. 오진영의 스승인 전우와 맹보순의 스승 徐政淳은 모두 任憲晦의 高弟로 동문이었다. 또한 맹보순은 오랜 기간 경성에서 태극교라는 유림단체를 기반으로 유교운동을 진행해온 인물로, 누구보다 경성의 상황을 자세히 알고 있고 기호·영남을 불문하고 유림의 신뢰가 두터웠다.

맹보순의 주요 이력을 살펴보면, 그는 본거지인 용인에서 신식학교인 明倫學校를 운영하고 1908~1910년 유림단체인 大同敎·태극교의 세력 확장에 협력하면서 유교계 명망가로 입지를 다지기 시작했다. 이후 중국으로 건너가 1911년 安東縣에 상점을 가장한 독립운동 연락기관 誠信泰를 설치하고 1913년 만주 한인 공교단체인 東三省韓人孔敎會 설립을 주도했으며 1918년 東省韓族生計會 고문을 지내는 등 1910년대 초·중반 남만주 한인사회의 주요 지도자로 활약했다. 한편 1919년 초 총독부의 회유로 귀국하여 국내 유림을 조직화하는 작업에 몰두했는데, 1922년 '국헌' 준수를 천명한 조선유림연합대회에 참석하고 그 결과로 설립된 유림총부의 副都憲(都憲은 공석)에 선임되었으며, 1923년『한사경』비판서인『한사경변』을 집필해 유교계의 지지를 받았다.

맹보순이 새삼 주목되는 것은 1919년 2월 곽종석에게 독립청원운동을 제안한 윤충하와 함께 1920년대 초 태극교를 기반으로 활동했다는

점이다. 윤충하는 1909년 태극교 창립의 주역(8명) 중 한 명으로 1920년
대 초까지 태극교를 이끌었고,[46] 1922년 맹보순과 함께 조선유림연합
대회에 참석한 유교계 '영수' 24명 중 한 명이었다. 맹보순과 이런 공통
의 이력을 지닌 윤충하는, 1919년 2월 하순 곽종석의 초기 제자[47]이자
곽종석의 거주지(거창)가 자신의 고향이라는 점을 이용해 곽종석에게
경성 소식을 전하며 독립청원운동의 전면에 나서줄 것을 간청했다.

다시 말해 1919년 2~3월경 전국적 유림단체인 태극교는 독립청원운
동에 비상한 관심을 가졌고, 이 단체의 핵심인물인 윤충하(영남)와 맹
보순(기호)이 지역적·학문적 연고를 활용해 유교계 원로(곽종석·전
우)에게 접근했음을 알 수 있다. 그렇다면 1921년 「한국인민치태평양
회의서」의 서명자 명단에 태극교 대표 윤충하가 포함된 점도 자연스럽
게 이해된다. 서명자 명단에 태극교 대표가 포함된 것은 독립청원서
작성자 측의 일방적인 삽입이거나 태극교 대표의 즉흥적 결정으로 볼
수도 있지만, 거시적 측면에서 보면 1919~1921년 태극교의 독립청원운
동에 대한 지속적인 관심을 보여준다고 하겠다.

그런데 전우와 곽종석의 눈에 이들은 모두 이질적 존재에 불과했다.
이들이 한때 자신의 문하에서 주자성리학을 배웠다고 하나 오랜 기간
경성에 머물며 '島夷' 총독부와 접촉하고 정체불명의 유림단체에서 활
동한 까닭에 순수한 유림이라고 보기 어려웠다. 이것이 1919년 초 이들
이 전한 경성 소식이 매우 새롭고 충격적이었음에도 전폭적으로 신뢰
하지 못한 이유였다. 따라서 전우는 1919~1920년 맹보순·李相珪(전우
의 제자) 등이 접근하자 '시무를 중시하는 사람時務諸人', '시속의 사람

---

46) 서동일, 「한말~일제하 改新儒林 尹忠夏의 계몽운동과 太極敎운동」, 『한국민족운동
  사연구』 44, 2006, 122~124쪽.
47) 郭鍾錫, 『俛宇集』 4(亞細亞文化社, 1984), 「俛門承敎錄」, 804쪽.

[時人]'[48])이라며 거리를 두었고, 곽종석은 1919년 2월 자신을 찾아온 윤충하를 '껍질 같은 사람[皮殼底人'[49])이라고 평가했던 것이다.

그렇다면 1919년 전우와 곽종석에 독립청원운동을 권유한 '時務諸人', '皮殼底人' 등으로 불린 인물들의 실체는 무엇인가? 그들은 아마도 좁게는 태극교를 기반으로 활동한 세력일 것이며, 넓게는 태극교 세력과 우호적인 관계를 유지하고 있는 인물들, 즉 1919년 초 한성정부 수립, 대동단 결성, 조선고사연구회-인도공의소 설립, 1922년 조선유림연합대회 개최와 유림총부 설립, 1923년『한사경변』간행 등을 주도한 세력일 것으로 추정된다.

2) 유교계 독립운동과 복벽주의의 양면성

전우의 독립청원운동 시도는 유교계가 학파와 학맥을 뛰어넘어 단일한 독립운동을 추진하고자 했음을 보여준다. 물론 일각에서 기대한 것처럼 곽종석과 전우가 참여하는 독립청원운동으로 결실을 맺지는 못했다. 하지만 기호유림의 영수인 전우가 영남(진해) 출신의 이수홍이 제안한 독립청원운동에 찬성하고, 김복한 및 최익현·송병선 제자 등 기호유림이 영남유림이 주도하는 독립청원운동(파리장서운동)에 참여하는 등 기호·영남의 유림이 독립운동을 위해 연대하는 모습은 분명히 전 시기에 보이지 않았던 현상이었다.

유교운동에 일시적이나마 학파와 학맥의 장애가 사라진 것은 파리국제평화회의 개최의 임박과 고종의 갑작스러운 서거 그리고 3.1운동의 발생이라는 돌발 변수에서 비롯된 것이었다. 이로 인해 유교계에서는 명분을 중시하는 세력보다 의리를 중시하는 세력이 두각을 나타냈

---

48) 『秋潭別集』, 권2, 「答崔錫胤永祚」(1920), 15a~b쪽.
49) 『重齋先生文集(附錄)』13, 「記巴里愬書事」, 1919년 1월, 76쪽.

다. 예를 들어 전우는 독립운동에 매우 소극적이었지만, 그의 제자 오진영은, 이제 오랑캐(일본)가 도를 박멸하려고 하는 절체절명의 위기에 들어섰다고 하며[50] 전우의 결단을 재촉했다. 오진영의 전략은 주효했다.

오진영이 말한 '유교의 위기'는 추상적인 언사가 아니었다. 이미 다수의 유림이 중국 답사를 통해 신해혁명 이후 급격히 붕괴된 '중화'의 현실을 목격했고, 병합 이후 조선에서는 유교문명을 파괴하는 '근대 이식'이 진행되었다. 유림은 민족운동의 주도권을 종교계와 청년세력에 빼앗김으로써 '민족'의 지도세력으로 자처하기도 어려웠다.

이런 현실을 반영하듯 오진영은 스승 전우에게 복벽의 가치보다 독립의 실현을 우선시해야 한다고 강조했다. 이 발언은 전우를 내세운 독립청원운동의 시도가 연이어 실패한 뒤 나온 것이었다. 다음은 1919년 오진영이 전우에게 보낸 편지이다.

> … **여러 가지 사업을 이루고자 한다면 반드시 疆土가 먼저 회복되어야 합니다. 어찌 강토 없이 여러 가지 사업을 이룰 수 있겠습니까?** … 지금 서한(미국에 대한 독립청원서-이하 괄호안 인용자)을 보내는 것은 대체로 강토를 회복함으로써 李氏를 옹립하고 孔子를 종주로 삼고자 하는 것입니다. 이씨를 옹립하고 공자를 종주로 삼으며, 원수를 축출하고 도적을 주살하며 단발을 금지하는 일이 모두 포함되어 있는 것입니다. 설령 강토를 회복하고도 그 뒤(이씨 옹립 등)를 잇지 못한다면 이것은 당국자의 죄이지 우리의 죄가 아닙니다. … 원수 오랑캐에 명령을 받는 아래에서 겨우 形式을 보존한다면 오직 상투를 튼 것 하나만 가질 뿐입니다. …[51] (굵은 글씨-인용자)

---

50) 『秋潭別集』, 권2, 「答吳震泳」(1920), 26b쪽.
51) 『石農集』上, 권1, 「上艮齋先生」, 52~53쪽. "欲數事之成, 必疆土之先復. 安有無疆土而可以成數事者哉? … 今之遺書, 蓋欲復疆土而立李氏宗孔子, 立李宗孔而驅讐誅賊禁髡, 都包在矣. 縱使疆土復而不能繼其後, 是當局者之罪, 非吾之罪也. … 處讐夷制

즉 복벽은 유림이 절대로 포기할 수 없는 가치이지만 독립 없이 복벽은 불가능하므로 우선 독립의 쟁취에 총력을 기울여야 한다고 주장했다. 그는 독립청원운동의 시도가 완전히 무산된 상황에서 독립의 선행조건으로서 복벽을 강조하는 입장은 철회되어야 한다고 하였다.

한편 전우의 독립청원운동에 대한 관심은 또 다른 해석을 불러오기도 한다. 전우의 독립청원운동에 대한 관심 속에는 두 가지 상반된 의식이 중첩되어 있다. 하나는 전우가 한때나마 독립청원운동에 참여하기로 결심했고 후일 스스로 이런 사실을 시인했다는 점이며, 다른 하나는 이런 결심이 오래 지속되지 못하고 얼마 후 오히려 독립청원운동을 반대하는 논리로 활용되었다는 점이다.

이는 유교계 독립운동의 특성, 즉 복벽주의의 양면성을 보여준다. 전우의 사례에서 확인되는 것처럼, 확고하게 정립되지 않은 새로운 신념이 외부적 환경으로 일시적으로 형성되었다가 새로운 신념에 대한 불만과 불안이 누적되면서 점차 새로운 신념을 방해하여 작용과 반작용이 동시에 중첩되어 나타나는 모순 현상이 발견되는 것이다. 따라서 유교계의 독립운동과 민족운동을 독해하는데 있어서는 보다 세심한 주의가 필요하게 된다.

전우의 사례로 다시 돌아가면, 전우는 제자 오진영이 독립청원운동 참여를 건의하자 이를 허락했다가 뒤늦게 단서를 달았다. 이 활동은 어디까지나 복벽 등 네 가지 원칙을 담보해야 한다는 것이다. 하지만 이는 '독립을 달성하면 몸이 만 조각이 되어도 좋다'고 했던 기존의 입장과 충돌한다. 다시 말해 독립청원운동을 통해 독립이 이뤄지더라도 조선왕조의 정치제제와 문화로의 복귀가 아니라 공화제 국가의 건설로 귀결된다면 인정할 수 없다는 입장이다. 사실상 기존의 결단을 번

命之下, 而僅保形式, 惟有一撮髻."

복한 것이었다.

복벽에 대한 집착은 전우에게만 나타난 현상이 아니었다. 후일 곽종
석과 연대해 독립청원운동(파리장서운동)을 진행한 김복한은 별도로
준비한 독립청원서에서 일본의 조약 위반의 죄상, 명성황후·고종 시
해의 변란, 인민의 억울한 사정 등과 더불어 국토 회복과 '李氏宗社' 부
흥을 희망하는 의새[復我疆土興我李氏宗社之意]를 명시하였다고 전해
진다.52) 즉 복벽의 당위성을 역설했다.

말년의 김복한
국가보훈처·독립기념관,『대전·충남 독립운동사적지』

---

52) 임경석,「1919년 파리장서의 작성 경위와 문안 변동」,『大東文化研究』37, 2000, 136쪽
; 金魯東,『志山先生年譜』(1952) 권2, 1919년 3월, 6a쪽.

곽종석의 파리장서는 외교문서의 특성을 감안해 복벽을 독립운동의 전제조건으로 명시하지 않았지만 복벽의 가치가 내재되어 있었다. 파리장서에는 만세시위가 고종에 대한 충성심에서 촉발된 것처럼 표현되었다. 또한 고종을 위한 상복의 착용을 두고 유교계에 일대 논란이 벌어졌을 때 곽종석이 고종을 '망국의 임금'으로 간주하려는 주장에 반대하며 '40년 동안 고종의 은택을 입은 자들이 상복을 입지 않을 수 없다'고 한 사실도 눈여겨 볼만하다.

범위를 더 확장해 보면, 1919년 3월 전후에 경성에서 독립운동을 참여한 유림은 복벽을 타협 불가의 영역으로 인식하는 경향이 있었다. 1919년 2~3월 독립청원운동뿐만 아니라 한성정부 수립과 대동단 결성 과정에서 유림은 독립 이후 공화제 정부의 수립을 희망하는 세력과 큰 갈등을 빚었다.

예를 들어 국내에·임시정부(한성정부)를 설치할 계획으로 활동한 인물 중 이헌교, 尹履炳, 尹龍周, 崔銓九, 李容珪, 金珏 등은 유림이었는데, 이규갑, 洪冕熹(洪震), 金思國 등과 더불어 申肅, 安商悳 등 천도교 세력에 연락을 취하는 등 적극성을 보였다. 그 결과 3월 17일 임시정부 수립을 논의할 '13도 대표자'가 선정되었다.[53] 13도 대표자는 25명이었는데, 이 중 유림은 이용규, 최전구, 李來修(修), 金鐸, 宋之憲 등 5명(20%)으로 높은 비중이 차지했다.

문제는 한성정부 수립 공포일인 4월 23일 보신각 부근에서 한 청년이 '國民大會'와 '共和萬世'라고 적힌 깃발을 흔들다 경찰에 체포되었다는 점이다.[54] 유림이 참여하는 독립운동에 공화주의를 지지하는 주장

---

53) 이현주, 『한국 사회주의 세력의 형성, 1919~1923』, 일조각, 2003, 32-33쪽.
54) 國會圖書館 編, 『韓國民族運動史料(三一運動篇)』(國會圖書館, 1979), 「獨立運動에 關한 건」(1919.4.24), 323쪽.

이 나왔다. 그렇다면 유림도 공화제 정부를 지지했을까? 3월 초 만세시위가 한창 진행되었고 독립에 대한 기대와 공화주의에 대한 관심이 높아졌기 때문에 유림도 공화주의를 지지했던 것일까?

오히려 그 반대였다. 임시정부 조직의 이념을 논의하는 자리에서 기독교 측 인사가 공화주의를 관철시키려고 하자 유림은 대한제국의 복원을 강력히 주장했다. 국민대회의 와해를 우려한 지도부가 "대한제국의 이름으로 결단이 났기 때문에 정부조직을 대통령제로 하지 말고 제국식의 이름을 그대로 이어받는 것이 좋겠다"는 절충안을 제시하여 갈등은 일단 봉합되는 듯했다.[55]

하지만 유림 중 이탈자가 나왔다. 그들은 왜 임시정부 수립 활동에서 이탈했을까? 다음은 공판시말서의 일부이다.

■ 피고 이헌교에게

문 : … **취의서를 가지고 가서 崔銓九에게 보였는데 공화국으로 한다고 되어 있어서 당치 않다고 질책당한 일이 있지 않은가?**

답 : **그렇게 말했으므로** 그대로 가지고 돌아와서 金奎에게 주었다.

문 : 그 사람은 그 내용을 보고 민족자결주의는 싫다고 했다는데 어떤가?

답 : 그렇게 말하고 받지 않았으므로 편지를 가지고 돌아왔다.

문 : 그렇게 반대했음에도 불구하고, 아이들에게도 최전구는 이름이 알려져 있는 사람이니 국민대회의 한 사람으로 참가시키도록 안내하러 갔다가 힐책을 당하고, 이름을 내서 나쁘면 달아나면 된다고 했다는데 어떤가?

답 : 그 뒤 노상에서 만났을 때 **최전구가 이름을 내는 것은 안 된다고 하므로** 나는 아무 관계도 없지만 이름이 나와서 무서우면 달아나든지 마음대로 하면 좋겠다고 했다.[56] (굵은 글씨-인용자)

---

55) 이현주, 『한국 사회주의 세력의 형성, 1919~1923』, 101쪽.
56) 『韓民族獨立運動史資料集』 19(國史編纂委員會, 1994), 「공판시말서(5)」, 41쪽.

즉 최전구는 국내에 임시정부(한성정부)를 설치하려는 움직임에 참여했는데, 독립 이후 '공화국'을 표방한다는 소식에 국민대회 참여자 명단에서 빼달라고 요구했다. 최전구 등은 복벽이 전제되지 않은 독립은 의미가 없다고 생각했다.

이후 국민대회를 추진하는 모임에서 이탈한 유림은 대동단 활동에 집중했다. 대동단은 의친왕을 중국으로 이동시켜 망명정부를 세운다는 계획이었다. 의친왕을 독립운동의 구심점으로 삼은 것은 순종과 영친왕이 궁궐에 있어 탈출시키기 어려우므로 외부에 거처를 둔 의친왕을 선택한 것이었다.[57]

이렇게 본다면, 전우가 곽종석의 독립청원운동에 대해 '공화주의와 대통령제를 추종한다는 소문이 있다'고 언급한 것은 평소 곽종석 측과 교류가 있던 일부 유림의 활동을 착각한 것이 아닌가 추정된다. 다시 말해 파리장서운동에 참여한 김창숙이 접촉한 인물 가운데 이헌교와 같이 임시정부(한성정부) 설치를 시도하던 인물들이 일부 있었고, 이들이 공화주의를 추구하는 인사들과 함께 활동하고 있었기 때문에 이런 소문이 퍼지지 않았나 생각된다.

1919~1921년 대다수의 국내 유림은 복벽주의적 독립운동을 추구했다. 복벽주의를 추구하는 유림과 공화주의를 추구하는 세력은 한때 연대를 모색하기도 했지만, 선전물의 내용이나 독립국가의 정체를 놓고 극심한 이견을 노출함으로써 점차 갈등의 골이 깊어졌다. 이런 갈등은 1919년 국내 임시정부 수립 과정에서 폭발했고, 미봉합된 상태로 남아 있다가 1923년 서울청년회의 유림총부 '박멸' 선언으로 다시 폭발한 것으로 보인다. 서울청년회의 중심인물인 김사국은 국내 임시정부 수립

---

57) 이현주,『한국 사회주의 세력의 형성, 1919~1923』, 126쪽 ;『韓民族獨立運動史資料集』 5(國史編纂委員會, 1988),「李達河 신문조서(2)」(1919.11.21), 179쪽.

준비과정을 주도했고, 이 과정에서 복벽주의를 주장하는 유림과 큰 갈등을 빚은 전력이 있었기 때문이다.

6. 맺음말

이 글은 1919년 전우의 독립청원운동 참가 여부에 관한 논란을 실증적 차원에서 검토하고 사상적 맥락을 살펴보았다. 단순히 전우의 독립청원운동 참여 여부에 대한 사실 확인에 그치지 않고 1919년 국내 유림이 진행한 독립운동의 특징을 확인하는데 중점을 두었다.

오진영·전우·맹보순이 주고받은 편지를 검토하면, 전우를 내세운 독립청원운동의 시도는 총 두 차례가 있었던 것으로 확인된다. 첫째 1919년 3월 중·하순경 경남 진해에 거주하는 이수홍이 오진영에게 전우를 내세워 파리 국제평화회의에 독립청원서를 제출할 것을 제안했다. 전우는 오진영의 건의를 받아들여 서명을 허락했지만 전우의 대리인인 오진영과 제안자인 이수홍의 만남이 이루어지지 않아 중도에 좌절되었다. 둘째 같은 해 7월경 맹보순이 조선을 방문할 미국 의회 의원단에 독립청원서를 제출할 것을 제안했다. 오진영이 대리인을 전우에게 보내 간청했지만 전우는 복벽을 담보한 활동이 아니라며 냉담하게 거절했다.

전우의 독립청원운동 시도는 유교계 독립운동에 대한 몇 가지 시사점을 제공한다. 우선 재야 유림을 독립운동으로 유도하는 배후세력이 있었다는 점이다. 전우 측의 경우 오진영을 통해 전우에게 접근한 맹보순이 대표적 인물이다. 범위를 확대하면, 1919년 유교계 독립운동을 배후 지원한 세력은 태극교 운영, 한성정부 수립, 대동단 결성을 이끌었고, 1919~1920년 조선고사연구회-인도공의소 설립, 1922년 조선유림 연합대회 개최와 유림총부 설립, 1923년 한사경변 간행 등을 주도한 세력으로 보인다.

이와 함께 전우가 독립청원운동에 참여하려고 시도했다가 중단하는 과정은 복벽주의가 유림의 독립운동에 미친 영향을 보여준다. 복벽주의는 전우는 물론 유림을 파리장서운동, 한성정부 수립, 대동단 결성이라는 독립운동의 장으로 이끈 주된 요인이었다. 그러나 역설적으로 독립운동의 실천과 연대가 필요한 시점에 오히려 장애물이 되기도 하였다. 복벽주의 세력과 공화주의 세력 간의 갈등은 1919년의 '거족적' 민족운동의 분위기 속에서 잠시 미봉합 상태로 잠재되어 있다가 1923년 사회주의 세력의 유림총부 '박멸' 시도를 계기로 다시 폭발하였다.

성주 야성송씨의 파리장서운동 참가와 원불교 수용

1. 머리말

원불교는 1916년 설립된 불법연구회(이하, 원불교로 통칭)에 뿌리를 둔다. 초대 교주(종법사)는 박중빈이고 제2대 교주는 그의 제자 宋鴻昱[1](1900~1962)이다. 송홍욱은 박중빈의 뛰어난 제자 9명(수위단 중앙단원) 중 나이가 가장 어리고 입문 시기가 가장 늦으며 고향도 유일하게 영남지역이었지만, 박중빈으로부터 "衆人을 이익 주는 귀중한 인물"(『대종경』 수행품 9)이라는 평을 듣고 박중빈 사후에 원불교 제2대 교주가 되었다.

그런데 송홍욱은 본래 원불교와 거리가 먼 가문에서 태어났다. 그는 조선 중기의 문신 송희규를 입향조로 하며 조선 말기~식민지기에 유학자 송준필을 배출한 경북 성주군 초전면 高山洞의 야성송씨 가문(이하, '고산동 송씨 문중'으로 약칭) 출신이었다. 고산동의 야성송씨는 성주의 유력 사족의 하나로 혼맥을 통해 세력기반을 더욱 공고히 한 문중이었다.

---

1) 宋鴻昱은 족보에 기재된 성명이다. 항렬자는 '鴻'이다. 아명은 明汝, 자는 明可, 호적상 성명은 道君, 법명은 奎, 법호는 鼎山이다. 이 글에서는 송홍욱의 원불교 입교 이전 시기를 다루었으므로 원불교식 호칭 대신 족보에 기재된 성명을 사용하였다.

송홍욱과 그의 부친 宋寅驥[2](1876~1951)는 1910년대 말 고산동 송씨 문중과 성주 유림의 극심한 반대[3]에도 불구하고 전라도로 이주하고 원불교에 입교했다. 유교적 가풍에서 성장한 이들이 '미신'의 영역에 있던 원불교를 수용한 이유는 무엇일까? 이들의 사상적 전환은 몇몇 개인 차원에 그치지 않고 고산동 야성송씨 문중 전체로 파급되었으며, 원불교 초기 교단의 형성에 적지 않은 영향을 주었다는 점에서 주목된다.[4]

고산동 야성송씨의 전라도 이주와 원불교 입교에는 혹시 1918년 이후 고산동에 불어닥친 정치사회적 격변이 영향을 미친 것은 아닐까? 송홍욱이 미래의 스승인 박중빈을 만나 전남 영광에 정착한 것이 1918년 9월이고, 그의 부모와 동생 그리고 아내 등 일가족까지 영광에 합류한 것이 1919년 9월이었다. 이후 1920~30년대에 문중의 많은 청년들이 원불교를 수용했다. 그런데 비슷한 시기(1919년 3~4월)에 고산동에서는 야성송씨들이 파리장서운동[5]과 만세시위를 주도했다가 수십 명이 경

---

2) 역시 족보에 기재된 성명이다. '寅'이 항렬자이며, 파리장서운동에 참여한 宋寅輯과 같은 항렬이다. 자는 致遠, 법명은 碧照이고, 법호는 久山이다.

3) 송인기는 전라도로 이주를 결심한 뒤 문중 인사, 지인들로부터 '전라도 사교에 빠져 선산도 일가친척도 다 모르고 패가망신하러 간다'는 비난을 받았고, 결국 유림으로부터 '釧名出楔'를 당했다고 한다(송인걸, 『대종경 속의 사람들』, 월간원광사, 1996, 119쪽).

4) 원불교 경전인 『대종경』에는 송홍욱과 혈연관계에 있는 인물이 4명 등장한다. 동생 宋道成(宋鴻澤), 부친 宋碧照(宋寅驥), 모친 李雲外(연안이씨), 외사촌형 李春風(李之永)이다(송인걸, 『대종경 속의 사람들』, 113쪽). 이들은 모두 원불교에 입교했다. 송홍욱의 가계와 원불교 입교에 대해서는, 朴龍德, 「鼎山宗師의 家系考」, 『원불교사상과 종교문화』15, 원불교사상연구원, 1992 ; 송인걸, 『대종경 속의 사람들』, 월간원광사, 1996 ; 朴正薰, 『정산종사전』, 원불교출판사, 2002 참고.

5) 성주지역 파리장서운동에 관한 주된 연구로는, 김희곤, 「성주지역의 독립운동과 성격」, 『한국독립운동사연구』46, 2013 ; 吳世昌, 「巴里長書와 宋浚弼」, 『한국근현대사연구』15, 2000 ; 徐東一, 「성주, 파리장서운동의 탄생과 거점 형성」, 『한국근현대사연구』88, 2019 ; 권영배, 「파리장서운동과 성주유림」, 『大丘史學』137, 2019 등이 있다.

찰에 체포되는 일이 벌어졌다.

그렇다면 고산동 야성송씨들의 전라도 이주와 원불교 입교에는 파리장서운동 이후에 나타난 총독부의 '박해'와 문중의 '혼란'이 영향을 준 것은 아닐까? 만일 그렇다면, 그 구체적인 근거는 무엇인가? 또한 파리장서운동 이후 총독부의 고산동 야성송씨에 대한 탄압과 더불어 고산동 야성송씨들의 원불교 입교, 1920년대 후반 이후 송규선의 식민지 공직 진출, 1931년 송준필의 조선유교회 간부 임명 등은 서로 어떤 관계가 있는 것일까?

이런 질문들에 대한 답을 찾기 위해 원불교 교단의 초기 형성 과정 및 고산동 야성송씨의 파리장서운동 등에 관련된 기존 연구를 참고하되 그동안 검토되지 않은 내용들을 주목할 것이다. 또한 필자는 원불교에 대한 이해가 부족하므로, 종교(교리)적 시각보다는 역사학적 시각에서 고산동 송씨 문중에 불어닥친 변화에 대해 검토해 보고자 한다. 주된 분석대상은 파리장서운동이다. 즉 1919년 파리장서운동을 기점으로 고산동 송씨 문중이 겪은 정치사회적 격변을 집중적으로 살펴볼 것이다.

본문은 다음과 같이 구성하였다. 우선 고산동 야성송씨가 파리장서운동에서 어떤 역할을 맡았고 그로 인해 어떤 수준의 형사 처벌을 받았는지 확인한다. 이어 파리장서운동 이후 전시체제기까지 고산동 송씨 문중의 내적 '균열'을 살펴본다. 마지막으로 송인기 · 송홍욱 부자가 고산동 문중과 원만한 관계를 유지하면서도 사상적으로 유교에서 이탈하여 점차 원불교에 긴박되는 과정을 확인한다.

2. 성주 고산동 야성송씨 문중의 파리장서운동 참여

1) 고산동 송씨 문중의 파리장서운동 초기활동

1919년 곽종석 등은 파리 국제평화회의에 식민지 조선의 독립을 호소하기 위해 서한을 발송했다. 이를 파리장서운동이라고 하는데, 파리장서운동은 경북 성주와 봉화, 경남 거창과 진주, 충남 홍성 등 몇 개의 거점에서 시작되었다. 이들 지역 중 경북 성주는 더욱 특별한 의미를 지닌다.

첫째 성주는 경남 거창과 더불어 파리장서운동의 지방 점화가 시작된 곳이었다. 파리장서운동을 기획한 김창숙의 거주지가 성주였고, 김창숙이 인적, 재정적 도움을 요청코자 가장 먼저 방문한 지역도 성주였다.

그런데 김창숙의 고민을 한 번에 해결해준 것이 성주 고산동에 세거하던 야성송씨였다. 3월 10일경 충숙공파 종택인 백세각에서 문중의 큰어른 송준필이 문중 청장년을 모아 놓고 회의를 열었다. 그는 독립청원운동을 추진하겠다는 결심을 밝혔고, 송규선 등이 즉석에서 협력을 자청했다. 이후 고산동의 야성송씨들은 성주·거창 등지에서 김창숙을 대신해 동지를 규합하고 자금을 모집했다. 이들은 김창숙에게 초기 활동에 필요한 동력을 제공했다.[6]

둘째 성주에서는 다른 지역과 달리 독립청원운동(파리장서운동)과 만세시위가 같은 세력에 의해 주도되었다. 일반적으로 파리장서운동에 참여한 원로, 중진들은 만세시위에 참여하는 데 소극적이었다. 김창

---

6) 서동일, 「파리장서운동의 전개와 영남지역의 숨은 협력자들」, 『大東文化硏究』 89, 2015, 524쪽.

숙은 국내에서 독립선언과 만세시위가 진행되었으니 유림은 국제적인 활동을 진행하자고 하여 역할분담론을 제기했고,[7] 유준근 등도 청년·학생들처럼 '만세시위'에 나서기는 어렵다고 생각했으며,[8] 장석영은 유림이 할 일은 '문자로써 밝게 의리를 펴는 것'이라고 생각하였다.[9] 다시 말해 파리장서운동의 중심인물들은 정도의 차이는 있어도 만세시위 참여에 부정적이었다. 만세시위와 시위행진이 청년 또는 학생들에게나 적합한 운동방식이라고 생각했기 때문이다.

하지만 성주에서는 조금 다른 양상이 나타났다. 파리장서운동을 주도한 인물들이 만세시위에도 적극 참여했다. 이런 사실은, 송우선·송회근이 만세시위 참가를 결심하고 송규선·이봉희·송수근·송훈익·송천흠·송인집 등에게 동참을 권유했다는 판결문 내용[10]을 통해 확인되는데, 이들은 대부분 송준필이 주도하는 파리장서운동에 참여했다.

고산동 야성송씨들이 파리장서운동과 만세시위에 동시에 관심을 보였다는 것은 혹시 고산동 야성송씨 측의 일방적인 주장이 아닐까? 그런데 최근 발굴된 장석영의 일기인 「흑산일록」에 의하면, 송준필은 이미 3월 초부터 관왕묘 앞에서 문중 청장년과 제자들을 동원해 대중적인 시위를 진행할 계획을 세우고 있었다.[11] 따라서 송준필이 일찍부터 만세시위에 관심을 보였다는 주장은 부정하기 어렵다.

이상과 같이 성주의 파리장서운동과 만세시위에는 고산동 야성송씨가 깊이 관여했다. 이는 경성의 독립선언·만세시위 소식이 성주에 전

---

7) 心山記念事業準備委員會,『(心山金昌淑先生鬪爭史) 躄翁一代記』, 太乙文化社, 1965, 68쪽.
8) 『韓民族獨立運動史資料集』18(國史編纂委員會, 1994), 「公判始末書」(경성지방법원, 1919.10.4), 95쪽.
9) 張錫英,『先文別集』智(장세민 소장), 「黑山日錄」, 1b쪽.
10) 郭鍾錫 등 16인 판결문(대구지방법원, 1919.5.20)
11) 張錫英, 「黑山日錄」, 7a쪽.

달되자 고산동 야성송씨들이 발 빠르게 움직였음을 보여준다. 후술하겠지만, 파리장서운동과 만세시위에 참여한 고산동 야성송씨들은 다른 '피고인'보다 무거운 '처벌'을 받았다. 이는 고산동 야성송씨가 파리장서운동과 만세시위에 깊이 개입했음을 보여준다.

한편 고산동 야성송씨는 파리장서운동에 집단적으로 참여했다. 앞서 언급한 것처럼, 송준필은 1919년 3월 문중 청년들을 모아 회의를 열었다. 이 회의는 문중의 청장년이 파리장서운동에 참여하는 결정적인 계기가 되었다. 파리장서운동의 진행과정을 살펴보면 개인이 서명을 결심한 사례는 여러 곳에서 보이지만, 이처럼 문중회의를 통해 집단적 참여를 결정한 사례는 찾아보기 어렵다.

1919년 3월 송준필이 주재한 문중회의의 실체는 송준필의 2남 송인근이 남긴 일기인 「심중실기」를 통해 자세히 확인할 수 있다.

> 이튿날(양력 3월 10일경-이하 괄호안 인용자) 손님이 조금 뜸한 사이에 小子(송준필의 2남 송인근) 및 종형 晦根, 아우 壽根, 일가 어른 圭善, 寅建, 寅輯 등이 (송준필을) 모시고 앉아 있었다. 大人께서 말없이 한참 계시더니 "대개 이 일(독립청원운동)은 의리에는 부족함이 없으나 나부터 선창한다면 (얼마전 부모님을 여읜) 애통함을 잊는 죄가 없을 수 있겠는가? … 그대들은 각자의 의견을 말해 보지 않겠는가?"라고 하셨다.
>
> 소자가 앞서 "만일 일이 새어나간다면 뜻은 펴지도 못하고 큰 화만 취할 것입니다. 돌아보건대 중대하고 또 어려운 일이 아니겠습니까?"라고 말씀드리니, 대인께서 목소리를 가다듬고 "죽고 사는 것은 하늘에 달려 있다. 나라가 회복되면 죽어도 산 것과 같고, 나라가 회복되지 못하면 살아도 또한 죽은 것이다. … 또 생각건대 우리의 오늘 일은 바로 先人께서 뜻하신 던 바이다. … 나의 뜻은 이미 정해졌다. 나를 따를 사람은 누구인가?"라고 하셨다.
>
> 규선 어른이 "제가 비록 무능하지만 받들어 주선하겠습니다"라고 하니, 대인께서 또 수근에게 "晦堂 張先生은 우리 고을의 원로이시다. 네가

**나의 편지를 품고 가서 뵙고 인사드리고 말씀을 여쭈어 이 일을 돈독하
게 하라**"라고 하셨다. … 수근이 돌아와서 "회당 옹께서는 일을 함께 할
것을 이미 응낙하셨으나 …"라고 하였다.[12] (굵은 글씨-인용자)

 즉 3월 10일경 송준필이 백세각에서 문중회의를 열어 독립청원운동
을 추진하겠다는 결심을 밝혔다. 송준필이 고심 끝에 자신의 심경을
토로하자 외부사정에 밝은 송규선이 가장 먼저 협력을 자청했다. 이어
송준필은 아들 송수근을 성주의 대표적인 원로인 장석영에게 보내 자
신의 계획을 밝히면서 동참을 요청했고, 장석영은 수락했다.
 문중회의 다음날인 3월 11일경 공교롭게도 파리장서운동의 기획자
인 김창숙이 백세각에 찾아와 송준필에게 협조를 구했다. 송준필은 흔
쾌히 승낙했다. 이미 하루 전 문중회의를 통해 독립청원운동 추진 의
사를 밝혔기 때문이다. 장석영이 동참하기로 했다는 사실도 김창숙에
게 알렸다. 이후 송준필은 김창숙과 송규선을 거창의 곽종석에게 보내
도움을 요청케 했고, 십여 일 후 송규선 등이 100여 명의 서명자 명단
을 가지고 돌아왔다고 한다.[13]
 그런데 고산동 야성송씨들은 3월 파리장서운동에 이어 4월 2일 성주
읍 만세시위에도 적극 참여한 것으로 나타난다. 고산동 야성송씨들의
두 차례의 독립운동 참여 현황을 정리하면 〈표 1〉과 같다.

---

12) 儒林團獨立運動實記編纂委員會,『國譯 儒林團獨立運動實記(潘中日記)』(大譜社, 2001),
 원문편, 25~26쪽. "翌日, 人客稍間, 小子及從兄晦根·舍弟壽根·族丈圭善·寅建·寅
 輯等侍坐, 大人黙然良久日, 大抵此事, 無足於義理, 而自我先倡, 得無有忘哀之罪否?
 諸君盍各陳己見? 小子前白日, 若事泄, 志未伸而取大禍, 顧不重且難乎? 大人厲聲日,
 死生天也. 國復則死猶生也, 國未復則生亦死也. … 且念吾今日之事, 乃先人所志也.
 … 吾意已決矣. 從我者, 其誰也? 圭善丈對日, 圭雖無能, 奉以周旋. 大人又謂壽根日,
 晦堂張丈, 吾鄕耆德也. 汝懷吾書, 往拜稟議, 以敦此事. … 壽根還白日, 晦堂翁, 已諾
 共事."
13)『國譯 儒林團獨立運動實記』, 원문편, 27쪽.

<표 1> 성주 고산동 야성송씨의 파리장서운동 및 만세시위 참여

서명	생몰시기 (년령·1919)	주소	역할
宋圭善	1887-1948 (33세)	고산 534	송준필의 족숙. 김창숙과 함께 파리장서 서명자 규합
宋象翼	-	고산	파리장서운동 협조?
宋壽根	1896-1969 (24세)	고산 535	송준필의 3남. 파리장서운동 연락 및 자금 모집
宋寅建	1892-1944 (28세)	고산	파리장서운동 연락책 자청
宋浚弼	1869-1943 (51세)	고산 532	고산동 야성송씨의 파리장서운동 지도. 독립청원서(파리장서) 서명, 시위 독려 격문 준비
宋晦根	1877-1949 (42세)	고산 542	충숙공파 종손(송준필의 조카). 파리장서운동 자금 제공. 4.2 성주읍 만세시위 주도
宋寅輯	1896-1961 (24세)	고산	비밀 연락, 국내통고문 淨書 및 배포
宋文根	1877-? (43세)	〃	4.2 성주읍 만세시위 참여
宋祐善	1894-? (26세)	〃	4.2 성주읍 만세시위 주도
宋千欽	1888-? (32세)	〃	4.2 성주읍 만세시위 참여
宋勳翼	1885-? (35세)	〃	4.2 성주읍 만세시위 참여

* 주소의 번지는 제적부가 확인된 경우만 표시.

2) 주요 인물의 활동

고산동 송씨 문중의 핵심인물인 송준필·송규선·송회근은 파리장서운동과 만세시위에서 어떤 역할을 맡았을까? 우선 송준필은 여러 차례 언급한 대로 고산동 송씨 문중 차원의 독립청원운동을 이끈 인물이다. 그는 문중회의를 열어 청장년에게 동참을 권유하고 개인별로 구체적인 임무를 부여했다.

송준필은 문중에서 그럴 만한 위치에 있었을까? 그는 충숙공파 16대 종손의 동생[14]인 데다 유학자로 영남 일대에 명성이 자자한 인물이었다. 그는 1885년 이진상이 주재한 丹山講會에 참석하고, 1886년 장복추의 제자가 되었으며, 1898년 김홍락에게 배우기도 했다. 학맥에 구애받지 않고 퇴계학파의 원로들을 두루 찾아다니며 배울 정도로 적극적인 태도를 지녔음을 알 수 있다.[15)

송준필은 이런 혈연적, 학문적 기반과 신뢰를 바탕으로 고산동 송씨 문중의 파리장서운동과 만세시위를 이끌었다. 그는 독립청원운동에 관한 결심을 밝힌 직후 아들 송수근을 장석영에게 보내 협력을 부탁했고, 다음날 백세각을 찾아온 김창숙에게 송규선과 동반해 곽종석을 찾아갈 것을 조언했다.

그런데 장석영의 일기인 「흑산일록」에는 송준필 측의 기록인 「심중실기」에 보이지 않은 내용이 많이 등장한다. 이 내용들은 필자 자신에 관한 기록이 아니라 제3자(송준필)의 행적에 관한 기록이라는 점에서 더욱 객관적이다. 장석영이 화려한 수사를 싫어하고 정직한 기술을 중시하는 성격의 소유자라는 점을 감안할 때 더욱 신뢰성을 높인다. 다음은 「흑산일록」의 1919년 3월 부분이다.

> … 글이 이미 이루어져 高山亭의 **宋舜佐 浚弼**에게 편지를 보내 "나는 이 두 통의 글을 지어 하나는 道內에 알리고 다른 하나는 총독에게 보내려고 했습니다. … (하지만-이하 괄호안 인용자) 두 가지 일은 모두 그만두고, 혹 **파리 국제평화회의[巴里國會]에 長書를 보내 우리나라 전체 인민의 동정을 밝히는 것이 좋겠습니까?** …"라고 하였다. 순좌의 답은 도내에 고하는 것이 가장 마땅하다고 하면서, 어린 아이들을 시켜 나의 글을 활자로 인쇄해 장차 수일 내에 널리 알릴 것이라고 했다. …

---

14) 송준필의 형이자 충숙공파 16대 종손인 宋浚讃는 1905년 사망했다[『冶城宋氏忠肅公派譜』 권上(大譜社, 1995), 65쪽]. 이로 인해 송준필이 어린 조카(송회근)를 도와 문중 대소사를 돌보았다.

15) 琴章泰·高光植, 『儒敎近百年』(博英社, 1986(재판)), 「恭山 宋浚弼」, 515~524쪽.

(파리장서) 글이 이미 완성되어 **순좌**에게 보였더니, 그의 생각은 **자제·문생과 함께 관왕묘 등에 나가서 유림의 깃발을 세우고 한바탕 만세를 불러 백성들의 마음을 고무시키겠고 한다**고 편지로 알려왔다. …16)
(굵은 글씨-인용자)

위 인용문은 1919년 송준필의 행적에 관한 두 가지 사실을 알려준다. 장석영이 독립청원운동을 추진하려는 의사를 밝히자 송준필이 장석영이 지은 격문(「通告道內文」)을 활자로 인쇄해 도내에 배포하겠다는 계획을 밝혔고, 얼마 후 문중 청년과 제자들을 시켜 관왕묘 앞에서 대중적인 만세시위를 진행케 하겠다는 결심을 밝힌 것이다.

이 두 가지 계획은 대체로 그대로 이행되었다. 3월 26일(음력 2.25) 송준필은 국내통고문이 완성되자 수천 매를 인쇄해 송인집 등에 주어 각지에 배포케 했고,17) 4월 5일 송우선·송천흠·송훈익 등은 성주읍에서 격렬한 만세시위를 벌였다.18) 다만 송준필이 인쇄 배포한 격문은 장석영이 작성한 것 그대로가 아니라 그것을 참고해 새롭게 창작한 것으로 보인다.

한편 송규선은 송준필이 문중회의에서 독립청원운동에 관한 결심을 밝히자 가장 먼저 동조의 의사를 밝힌 인물이다. 송준필을 제외하면 고산동 송씨 문중에서 파리장서운동에 가장 적극적인 태도를 보였다. 이는 기본적으로 그가 지닌 반일의식과 관계가 있겠지만, 병합 이후 하급 관리(임시토지조사국 서기)를 지낸 이력과 더불어 국내외 정치 동

---

16) 「黑山日錄」, 3b~4a,7a쪽. "文旣成, 爲書於高山宋舜佐浚弼, 日, 吾爲此兩書, 一則告道內也, 一則抵總督也. … 兩皆休罷而或可於巴里國會 投以長書 宣明我一國之民情乎? … 舜佐之答, 深以告道內最爲得宜, 而使少輩活印吾文, 將不日宣告云矣. … 文旣成, 見舜佐, 書其意, 欲與子弟門生, 出坐於關廟等處, 建儒林之旗, 一唱萬歲, 鼓發衆人之心."
17) 『國譯 儒林團獨立運動實記』, 원문편, 28~29쪽.
18) 『國譯 儒林團獨立運動實記』, 원문편, 30쪽 ; 郭鍾錫 등 16인 판결문(대구지방법원, 1919.5.20).

향에 이해가 밝았다는 점이 영향을 미친 것으로 보인다. 송준필도 그런 점을 고려해서인지 대외적인 사무는 대부분 그에게 맡기는 경향이 있었다.

송규선이 맡은 역할은 전반적으로 김창숙과 유사했다. 그는 송준필의 지시에 따라 김창숙을 대동하고 곽종석을 찾아가 독립청원서의 작성을 요청하고, 지방을 순회하며 서명자를 규합하는 일을 맡았다. 송준필이 개인적으로 구상한 일들은 대부분 송규선을 통해 현실화되었다.

이런 내용은 주로 「심중실기」에 실려 있는데, 이 일기의 작성자가 송준필의 아들인 송인근이기 때문에 혹시 族丈인 송규선의 역할을 과장해 기술한 것이 아닌가 의구심이 들기도 하지만, 이는 사실로 보인다. 장석영의 일기(「흑산일록」)에 실린 내용이 이를 반증한다. 「심중실기」와 「흑산일록」에 실린 3월 중순 관련 부분을 살펴보자.

① 다음날(3월 11일경-이하 팔호안 인용자) 오후 김창숙 어른이 백세각을 방문했다. …… 大人(송준필)께서 " …… 내일 응당 규선과 함께 茶田에 가서 의견을 수렴한다면 이 어른(곽종석)도 기꺼이 선두가 될 것이니 이 어른께 巴里章書를 작성하게 한 후 분담하여 각처에 가서 유명인사의 명첩을 거두되 반달 이내에 끝낸다면 성취가 어떻겠는가?"라고 하셨다. 김 어른은 수긍하고 **규선 어른과 함께 다전을 향해 떠났다.**[19]("심중실기」)

② (3월 14일 경) 俛宇가 보낸 편지를 보니, 이 문장이 과격하여 사용하기에 적합지 않으므로 부득이 자신이 지은 문서 1통을 사용한다며 내(장석영)게 수정(點化)을 요청하였다. …… 이 서한(곽종석이 보낸 독립청원서 초안)을 읽은 뒤 대략 첨삭을 가하여 **고산의 송규선을 시켜 다전에 보내게 했다.**[20]("흑산일록」) (굵은 글씨-인용자)

---

19) 『國譯 儒林團獨立運動實記』, 원문편, 27쪽. "明日午後, 金昌淑丈來訪. … 大人曰 … 明當與圭善, 同往茶田, 收議, 則此丈, 亦樂爲之前矛矣, 使作巴里章書, 然後, 分往各處, 收有名人士, 限半月, 就成如何? 金丈曰, 諾, 同圭善丈, 向茶田去."

즉 두 인용문의 마지막 부분을 보면 송규선이 곽종석에게 파견되었다는 내용이 공통적으로 기술되어 있다. 다만 송규선을 파견한 인물과 시기, 맡은 역할이 조금 다르다. 「심중실기」에는 3월 11일 이후 송준필이 곽종석에게 독립청원서의 집필을 요청하고 서명자 규합에 관한 일을 맡겼다고 했고, 「흑산일록」에는 3월 14일 이후 장석영이 수정된 독립청원서를 곽종석에게 전하는 일을 맡겼다고 했다. 비록 다른 과정을 얘기하고 있지만, 송규선의 활동범위가 넓고 그만큼 장석영·송준필과 곽종석의 신임이 두터웠음을 보여준다.

마지막으로 송회근은 고산동 송씨 문중의 종손으로, 파리장서운동에 필요한 자금을 제공했을 뿐만 아니라 파리장서 서명 의사를 밝혔던 것으로 보인다. 오늘날 확인되는 파리장서 137명 명단에는 송회근의 성명이 보이지 않는다. 하지만 그는 서명 의사를 밝혔다가 최종 명단에서 제외되었을 것으로 추정된다. 그 근거는 무엇인가?

성주는 김창숙의 고향이자 주요 거점으로 파리장서 서명자 선정 과정에서 다른 지역보다 엄격한 기준이 적용되었을 것으로 보인다. 최종 명단의 구성을 통해 유추하면, 문중의 신망이 두터운 인물이 서명 의사를 밝혔더라도 유교계를 대표하는 인물(유림대표)로 보기 힘든 경우에는 최종 서명자 명단에 포함되기 어려웠을 것이다. 따라서 송회근을 비롯해 고산동의 야성송씨들은 서명 의사를 밝혔더라도 최종 명단에 포함되지 못했다.

성주의 파리장서운동 진행 과정을 자세히 기록한 것으로 평가받는 『유림단독립운동실기』[21])을 보면, 별첨된 자료 중 파리장서 서명자 143명

---

20) 「黑山日錄」, 7a~11a쪽. "旣見俛書, 曰, 此文過激, 不合於用, 不得已用自己所作文書一本以來, 而要我點化之. … 旣見此書, 余略加筆削, 而使高山宋奎善送于茶田."
21) 이 책의 저본은 1919년 음력 7월 이후 작성되었을 것으로 추정되는 필사본『潘中實記』(「間獄錄」, 「抵巴里書」, 「通告國內文」 별첨)이다. 이후 1960년대 중반 무렵 서문과

의 명단이 보인다. 이는 최종 서명자 명단에 실린 137명보다 6명이 더 많은 것이다.[22] 추가된 6명은 김창숙을 비롯해 김형모, 여보회, 여상윤, 정종호, 송회근 등이다.[23] 안동 출신의 김형모를 제외하면 모두 성주 출신인 것이 특징이다. 이 143명 명단이 누구에 의해 작성되었고, 어떤 계기로 『유림단독립운동실기』에 실리게 되었는지는 정확하지 않다. 다만 송회근 등 6명은 성주에서 진행된 파리장서운동에 일정한 역할을 맡은 것으로 보인다.[24]

만일 『유림단독립운동실기』에 실린 143명 명단이 최종 확정 이전의 명단을 의미하는 것이라면,[25] 송회근은 야성송씨 충숙공파 종손으로서 숙부 송준필과의 관계 등을 고려해 서명 의사를 밝혔다고 보아야 할 것이다.[26] 「심중실기」에는 송회근이 송준필의 권유에 따라 자금을 제공한 인물로만 묘사되었지만, 그는 반일의식이 강한 인물이었다. 이런 성향은 4월 2일 그가 지인들에게 만세시위 참여를 권유한 사실에서도 잘 나타난다.[27]

「巴里長書 署名」을 추가해 『儒林團獨立運動實記』가 간행되고, 2004년 해제(임경석)·논문(오세창)·번역문·인명록 등을 추가해 『國譯 儒林團獨立運動實記』가 간행되었다. 이상, 『유림단독립운동실기』의 편찬 배경과 개요에 대해서는, 김희곤, 「(해제) 옥중실기, 유림단독립운동실기」, 한국현대사연구회 편, 『근현대사강좌』 5, 1994 ; 임경석, 「『유림단독립운동실기』 해제」, 『國譯 儒林團獨立運動實記』, 2004 참조.

22) 임경석, 「『유림단독립운동실기』 해제」, 3쪽.

23) 『國譯 儒林團獨立運動實記』, 원문편 21쪽.

24) 예를 들어 여보회와 송회근은 김창숙에게 자금을 제공했고, 정종호는 김창숙과 함께 서명자를 규합했다. 노상직의 형(노상익)의 사위인 정종호는 小訥학맥(노상직)의 파리장서운동 참여를 도왔을 것으로 추정된다.

25) 이 명단은 송준필의 2남 송인근이 집필한 원본 『심중실기』(작성연대 미상)에는 수록되어 있지 않다가 『심중실기』의 번역서인 『國譯 儒林團獨立運動實記』(2001)에 처음 수록되었다.

26) 최근 연구에 의하면, 파리장서 서명자 중 80% 이상이 장자·장손·종손이었다(서동일, 「1919년 巴里長書運動의 전개와 역사적 성격」, 한국학중앙연구원 한국학대학원 박사학위논문, 2009, 101쪽).

27) 郭鍾錫 등 16인 판결문(대구지방법원, 1919.5.20).

이상과 같이 고산동 송씨 문중의 파리장서운동 및 만세시위 참여는 충숙공파 '큰어른'인 송준필과 종손인 송회근의 참여 속에 어느 정도 예견되었다. 그 결과 고산동 송씨 문중에서는 파리장서운동과 만세시위 참여자가 다수 나왔다.

3. 파리장서운동 이후 고산동 야성송씨 문중의 '혼란'과 원불교 입교

1) 총독부의 탄압

파리장서운동과 만세시위에 깊이 관여한 고산동 송씨 문중은 곧 위기에 직면했다. 4월 2일 성주읍 만세시위에서 문중 청년 일부가 경찰에 체포되고, 경찰 신문과정에서 파리장서운동에 관한 내용이 발각되었기 때문이다.[28] 4월 2일 성주읍 만세시위에 참여한 송우선·송훈익이 이미 시위 현장에서 체포되었고, 이후 파리장서운동에 참여한 송준필 및 송상익·송수근(송준필의 아들)·송회근(송준필의 조카) 등이 연이어 체포되었다.

파리장서운동에 참여한 고산동 야성송씨는 다수가 체포되었을 뿐 아니라 재판에서 무거운 '처벌'을 받았다. 총독부가 이들을 단순 참가자가 아니라 주도자로 판단했기 때문이다. 파리장서운동과 만세시위 참여로 인해 기소된 고산동 야성송씨들의 판결 내용을 살펴보면 〈표 2〉와 같다.

---

[28] 이상, 파리장서운동 참가자들의 체포·송국·재판 과정에 대해서는, 서동일, 「조선 총독부의 파리장서운동 참가자에 대한 사법처리와 관련 수감자의 대응」, 『한국민족 운동사연구』 68, 2011, 46쪽 참조.

성명	체포시기	독립운동 참가		사법처리 결과	
		파리장서운동	만세시위	1심	2심
송규선	4월	○	○	징역 1년 6월	징역 10월
송상익	4.5	○	-	불기소	-
송수근	4.5	○	-	징역 10월	-
송인건	-	○	-	-	
송준필	4.5	○	△(국내통고문)	징역 1년 6월	무죄
송회근	4.5	○	-	징역 1년	-
송문근	4.2	-	○	징역 10월	-
송인집	(4월)	○	△(국내통고문)	징역 10월(궐석)	-
송우선	4.2	-	○	징역 1년	-
송천흠	(도피)	-	○	징역 10월(궐석)	-
송훈익	4.2	-	○	징역 10월	-

즉 고산동 송씨 문중의 파리장서운동 참여자들은 대개 1심에서 실형을 받았다가 2심에서 무죄나 집행유예를 받고 석방되었는데, 만세시위 참여자들은 최종적으로 실형을 면치 못했다. 문중의 파리장서운동 참여자들은 1심에서 징역 1년 6월~징역 10월을 받았다가 2심에서 무죄를 받은 반면, 만세시위 참여자들은 징역 1년~징역 10월의 실형을 받은 것이다. 그만큼 만세시위 참여자는 중대한 '범죄자'로 취급되었다.

다수의 '범죄자'가 발생함에 따라 고산동 송씨 문중은 큰 피해를 입었다. 성주읍 만세시위 참여자 중 실형을 받은 인물은 총 15명인데,[29] 이 중 40%(6명)가 고산동 송씨 문중에서 나왔다. 고산동 송씨 문중이 성주읍 만세시위를 주도했음을 수치로 보여준다.

결과적으로 고산동 송씨 문중은 총독부의 지속적 탄압으로부터 자유로울 수 없었다. 이들은 개인별로 '처벌'을 받은 것이지만, 결과적으로 고산동 송씨 문중에 '범죄자'가 밀집해 있었기 때문에 문중의 구성

---

29) 郭鍾錫 등 16인 판결문(대구지방법원, 1919.5.20) ; 李基定 등 12인 판결문(1919.8.21).

원들은 경찰의 상시적 감시와 사찰로 고통을 받았을 것으로 보인다.

경찰의 고산동 송씨 문중에 대한 상시적 탄압이 가중되는 상황에서 문중의 반응은 크게 두 가지로 나타났다. 우선 독립운동이 크게 위축되었다. 송준필의 문집(『恭山先生文集』)에 수록된 연보에 따르면, 송준필은 1919년 이후 철저하게 은둔한 것으로 기술되어 있다. 몇 차례의 유람과 답사를 떠난 것을 제외하면 그는 1919~1933년의 대부분을 문집 교정, 釋菜禮 등 유교행사의 참석, 후진 양성에 몰두한 것으로 나타난다.[30]

파리장서운동의 주도자로 중국으로 망명한 김창숙은 1920년대 초·중반에 여러 경로로 국내에서 자금을 모집했는데, 고산동 야성송씨가 여기에 협조했다는 기록은 보이지 않는다. 파리장서를 발송하기 위해 중국으로 건너간 김창숙은 1922~1923년 친척들을 통해 자금을 모집했다. 또한 1925년 김창숙이 만주·몽골 접경지대에 독립운동기지를 건설하기로 결심하고 자금을 모집하기 위해 귀국하여 활동했다. 하지만 여기에서도 고산동 송씨 문중의 협조 흔적은 발견되지 않는다.

2) 문중 지도층의 '시정' 관여

고산동 송씨 문중은 1919년 파리장서운동과 만세시위 이후 경찰의 상시적인 탄압으로 크게 위축되었지만, 그렇다고 해서 이들의 지역 내 위싱이 완전히 실추된 것은 아니었다. 오히려 그 반대이 현상이 나타났다. 우선 송규선의 사례를 살펴보자. 그는 송준필이 문중회의를 열고 독립청원운동을 추진하겠다는 결심을 밝히자 가장 먼저 협력을 자청한 인물이었다. 그는 김창숙과 함께 파리장서운동 전반에 관여했고

---

30) 宋浚弼, 『恭山先生文集』下(恭山先生文集刊行委員會, 1999), 「恭山先生歲記」, 639쪽.

파리장서운동이 경찰에 발각되자 실형(징역 10월)에 처해졌으며, 1928년 신간회 칠곡지회 간사를 지내는 등 1920년대 후반까지 지역의 유력자로 민족운동에 지속적으로 참여했다.[31]

그런데 몇 차례의 민족운동 및 투옥의 이력에도 불구하고, 그는 1920년대 후반 이후 식민지 공직자로 입지를 공고히 하였다. 1910~1916년 임시토지조사국 서기를 지낸 바 있는[32] 그는, 독립의 기대가 급격히 낮아진 1920년대 후반 이후 전과 완전히 다른 행보를 이어갔다. 그는 1927년 성주 초전면협의회 의원에 선출되었고[33] 1930년 도평의회 의원 선거에 출마했다.[34] 또한 1933년 국세조사기념장을 받고,[35] 1940년 초전금융조합 감사에 재차 선임되었다.[36]

그는 평범한 지역유력자에 그치지 않고 식민지 조선의 모범적인 '농업전문가'로 총독부가 신용하는 인물이었다. 그는 총독부 기관지인 『매일신보』 1928년 8월 1일자 「篤農家列傳」에 6번째 인물로 소개되었다.

> 氏는 일찍이 **학교 평의원, 면협의원, 군농회 특별의원 등의 공직에 있어서 동 지방 공공사업과 산업개발에 적지 않은 노력**을 하였다 한다.
> 그는 항상 농사개량에 진력하여 … 자신 **솔선**하여 그 **모범**을 일반 농민

---

31) 『中外日報』 1928년 7월 16일, 「漆谷 新支 幹事會 開催」, 제4면.
32) 『朝鮮總督府職員錄』, 1910~1916, 국사편찬위원회 한국사데이터베이스. 일설에는 송규선이 1908년 임시재산국 기수 등에 임명되어 활동하다 병합 이후 관직생활을 '일본을 돕는 일'이라 생각하여 관직 사퇴 후 1911년 8월 귀향했다고 하나(尹普鉉, 『慶北版獨立運動實錄』, 中外出版社, 1974, 191쪽), 이는 사실과 다름을 알 수 있다.
33) 藤村德一, 『朝鮮公職者名鑑』, 朝鮮圖書刊行會, 1927, 204쪽.
34) 『中外日報』 1930년 2월 28일, 「各郡 道評 爭奪」, 4면.
35) 『朝鮮總督府官報』 1933년 6월 16일.
36) 『朝鮮總督府官報』 1940년 5월 27일. 그는 해방 후 대종교를 신봉하여 1946년 대종교 高星지부를 설립했다. 그의 영향력은 1948년 '경북군민장'으로 진행된 장례식에 4천여 명의 조문객이 참석했다는 내용에서도 확인된다(尹普鉉, 『慶北版獨立運動實錄』, 192~193쪽).

에게 보였으므로 그 **篤行**은 점차 인접 부락에 많은 **감화**를 미치게 하여 오늘날에는 이 **동리**가 **同郡** 내의 모범부락으로 **지정**케 된 것이다.

씨는 正 보통농사 이외에 농가의 부업으로 양잠업이 가장 유리한 것을 자각하고 … 대정 15년 가을에는 이 洞 농가 30호에 대하여 뽕나무 4,500본(本)을 심게 하고 그 재배·관리는 관청의 지도와 기다려 솔선수범하였으므로 … 장래 더욱 우수한 **양잠부락을 만들고자 무한한 노력**을 하는 한편 …

自作獎勵會를 조직하야 자신이 회장이 되어 … 자작농 창설을 장려하는 동시에 **內地 또는 만주지방으로 만연히 넘어가는 자를 방지**하는 중이라 한다.37) (현대어역 및 굵은 글씨-인용자)

즉 그는 고향인 고산동에서 농사개량을 목표로 종자 선택, 잡초 제거 등을 솔선수범해 모범부락 지정을 이끌어 내고 부업으로 양잠업을 보급했으며, 자작농장려회를 만들어 농민의 일본이나 만주로의 지역민 유출을 막은 '모범'인 지역유력자였다. 뿐만 아니라 1930년 농사개량을 목표로 진흥회를 설치하고 저축부를 두어 저축을 장려했다.38) 이런 활동은 그가 면협의원에 당선되거나 도평의회의원에 출마하는 기반으로 작용했을 것이다.

이처럼 송규선은 3.1운동 이후 민족운동에 관심을 보이다가 1920년대 후반 독립의 기대가 현저히 저하되자 행정·경제 등의 전문 지식, 지역민의 지지, 총독부의 신용을 토대로 식민지 공직에 진출한 지역유력자의 전형을 보여준다. 송규선의 '시정' 관여는 문중의 구성원들에게도 일정한 영향을 주었을 것이다. 그런데 이런 모습은 비단 송규선만이 아니었다.

---

37) 『每日申報』1928년 8월 1일, 「篤農家列傳(六)-星州郡 草田面 高山洞 宋圭善氏」, 4면.
38) 『東亞日報』1930년 12월 14일, 「農事改良 目標로 振興會 組織, 송규선씨의 특별한 로력, 貯蓄部도 新設」, 6면.

1930년대 송준필의 행적도 주목된다. 문집에 실린 연보에 의하면, 그는 1933년 3월 考槃精舍의 책을 가지고 김천 황학산으로 이주한 것으로 기술되어[39] 외견상 은둔한 것처럼 보인다. 그는 거처하는 곳을 '遠乎齋'라고 이름 짓고 골짜기 이름을 '遠洞'으로 고친 후 이곳에서 후진 양성에 몰두했다.

그런데 1930년대 송준필의 행적을 살펴보면 전형적인 '은둔'과 달랐음을 알 수 있다. 그는 전시체제기에 활발한 대외활동을 이어갔다. 예를 들어 1934년 달성 도동서원(김굉필), 1936년 안동 임천서원(김성일), 1937년 안동 고산서원(이상정), 1938년 안동 도산서원(이황) 등의 서원 원장 등 영남지역 주요 서원의 원장을 두루 지냈다. 전시체제기 '동원'의 압력을 감안하면 부담될 만한 직책이었다.

1932년 9월 경성에서 열린 조선유교회 창립식 광경
조선유교회총부, 『조선유교회 선언서 급 헌장』

---

39) 『恭山先生文集』 下, 「恭山先生歲記」, 639쪽.

1930년대 초 조선유교회의 간부에 임명된 사실도 확인된다. 조선유교회 측의 기록에 의하면, 송준필은 1932년 조선유교회 성주지역 발기인이자 道學士에 임명되었다.[40] 혹시 김황의 사례[41]처럼 조선유교회가 일방적으로 임명한 것이 아닐까?

하지만 아래 기록을 보면 송준필이 조선유교회 측과 우호적인 관계를 유지했을 가능성이 높음을 보여준다. 조선유교회를 탄생시킨 조직인 鹿洞書院의 정식 행사에 송준필이 참석한 사실이 확인되기 때문이다. 다음은 송준필의 연보에 실린 내용이다.

> (1931년-이하 괄호안 인용자) … 4월 녹동서원 享禮에 나아갔다[당시 安淳煥이 曲阜 兵火(중국 내전) 이후 위로하는 일로 공자사당에 들어가니 그 胄孫인 孔德成이 그 뜻에 감동하여 蓍草 2봉을 예물로 선사했다. **안순환이 1봉을 선생에게 드리니**, 선생은 그것을 애장하였다가 간혹 한 번씩 사용하시곤 했다.[42] (굵은 글씨-인용자)

즉 녹동서원의 실질적인 운영자인 안순환이 중국 산동성의 취푸[曲阜]를 방문했을 때 공자의 종손으로부터 받은 귀한 선물 2개 중 하나를 송준필에게 선물로 주었고 송준필도 이를 애장했다는 내용이다. 이는 송준필이 안순환을 통해 공자의 종손이 증정한 선물을 얻게 되었다는 사실과 함께 안순환과 송준필의 우호적인 관계를 보여준다. 안순환은

---

40) 朝鮮儒教會總部 編, 『朝鮮儒教會枒立宣言書及憲章』, 朝鮮儒教會總部, 1933, 49쪽 ; 민족문제연구소 편, 『일제협력단체사전』, 민족문제연구소, 2004, 574쪽.

41) 김황은 조선유교회의 일방적인 經學士 임명에 반발해 취소를 요청하는 편지를 보낸 바 있다[金梶, 『重齋先生文集』 8(保景文化社, 1988), 後集 권9, 「答儒教會總本部」(1932), 708쪽].

42) 『恭山先生文集』 下, 「恭山先生歲記」, 638하b쪽. "四月, 赴鹿洞書院享禮時, 安淳煥, 以曲阜兵火後慰'安事, 入孔子廟, 其胄孫德成, 感其意, 以蓍草二封, 爲贐行. 淳煥以一封, 奉上先生, 先生愛藏之, 時或試用焉]."

중국 방문 시 얻은 귀한 선물을 송준필에게 줄 정도로 송준필을 소중하고 친밀하게 여겼고, 송준필도 거리상 가깝지 않은 녹동서원의 향사에 참석할 정도로 우호적인 관계에 있었다. 이는 송준필의 조선유교회 도학사 임명과 관계가 있는 것으로 보인다.

문제는 안순환과 조선유교회의 정치적 성향이다. 조선유교회와 총독부의 관계에 대해서는 논란이 분분하지만,[43] 조선유교회의 간부진에 권익상, 박상준, 서상훈, 유진찬, 이교영, 정봉시 등 식민지기의 대표적 친일유림이 포진되어 있고, 조선유교회의 실질적인 운영자인 안순환이 1920년대 초부터 '친일독지가'로 불렸으며[44] 일본 본토와 조선총독부의 공식행사에 조선 유림을 대표하는 인사로 참석했다는 점은 조선유교회와 총독부의 밀접한 관계를 우회적으로 보여준다.

이와 관련하여 상기할 만한 것은, 1940년 송준필이 創氏의 대열에 합류하자 김창숙이 '절교'를 선언했다는 점이다. 당시 송준필은 김창숙의 집을 찾아가 자세한 경위를 설명하려고 했지만 김창숙은 '높은 상투와 큰 수레에 부끄럽지 않느냐?'며 맹비난했고, 김창숙은 심지어 송준필 사후에 지은 만사에서 송준필이 창씨를 한 사실을 언급할 정도였다.[45] 김창숙의 이런 태도는 단순히 창씨라는 한 사건에 연관된 것이 아니라 1930년대 이후 송준필의 행보에 대한 비판적인 인식을 함축한 것이 아닌가 추정된다.

---

43) 학계에서는 민족주의적 유림단체라는 의견(황영례, 「안순환의 유교 종교화 운동과 녹동서원」, 영남대 박사논문, 2004)과 친일적 유림단체라는 의견(민족문제연구소 편, 『일제협력단체사전』, 572쪽)이 맞서고 있다.

44) 宇都宮太郎, 『日記』, 1920.1.6(宇都宮太郎關係資料研究會 編, 『日本陸軍とアジア政策-陸軍大將 宇都宮太郎 日記』 3, 岩波書店, 2007), 354쪽.

45) 서동일, 「성주 사도실마을의 창씨 실태와 유림 김창숙의 반대 논리」, 『한국근현대사연구』 70, 2014, 112쪽.

〈표 3〉 송홍욱 가족 및 고산동 야성송씨 문중의 주요 원불교 입교자

구분	성명 (손성)	송홍욱과의 관계	생몰시기	이주시기	입교시기	비고
가족	송홍욱	본인	1900-1962	1917	1918	수위단 중앙단원(1918)
	宋性欽	조부	1849-1924	1919	1919	
	송인기	부친	1876-1951	〃	〃	출가(1924)
	延安李氏	모친	1872-1967	〃	〃	
	星山呂氏	부인	1896-1978	〃	〃	
	宋鴻澤	동생	1907-1946	〃	1920	출가(1922)
친족	송인집	族叔	1896-1961	-	1946	
	宋佐翼	族從 (송인집의 子)		-		
	宋漢翼	再從弟		-	1934	
	宋時經	〃				
	宋河翼	〃				
	宋鍾龍	族叔			1946	
	宋浚時	族孫		-	1937	
외가	李之永	外從兄	1876-1930	1922	1921	출가(1924)

* 전거 : 朴龍德, 「鼎山宗師의 家系考」, 『원불교사상과 종교문화』 15, 원불교사상연구
  원, 1992 ; 송인걸, 『대종경 속의 사람들』, 월간원광사, 1996.
  박정훈, 『정산종사전』, 원불교출판사, 2002.
* 입교시기는 박중빈과 사제관계를 맺은 시기를 포함함.

이런 고산동 송씨 문중의 '혼란' 속에서 문중 청장년의 원불교 입교
는 송홍욱 개인에서 시작되어 문중 전체로 파급되었고, 원불교 초기 교
단의 형성에도 중요한 영향을 미쳤다. 다시 말해 고산동 야성송씨의
전라도 이주와 원불교 수용은 1910년대 말 유림 일각의 종교적 각성과
더불어 1919년 두 차례의 독립운동 이후 나타난 총독부(경찰)의 상시적
'박해'와 1920년대 후반 이후 문중질서의 '혼란' 속에서 비롯된 결과일
개연성이 높다고 하겠다.

4. 송인기 · 송홍욱 부자의 지적 기반과 원불교 인식

1) 지적 기반

1919년 이후 고산동 송씨 문중의 정치사회적 격변은 송인기 · 송홍욱 부자 등의 원불교 입교에 어떤 영향을 미쳤을까? 이 점을 확인하기 위해서는 우선 송인기 · 송홍욱 부자와 고산동 야성송씨 문중의 밀접한 관계가 확인되어야 한다.

송홍욱이 태어난 소성리 (경북 성주군 초전면)
박정훈, 『정산종사전』

우선 송인기 · 송홍욱 부자의 직계 선조를 살펴보면, 현실적인 출세와 거리가 멀었음을 알 수 있다. 4대조 가운데 과거에 입격 · 급제한 인물은 발견되지 않는다. 『야성송씨대동보』에 의하면, 고조부 宋應周가

가선대부 호조참판에 증직되고, 증조부 宋廷億은 가선대부에, 종조부
宋綏欽과 조부 宋性欽 및 부친 송인기는 통덕랑에 오른 것이 확인될
뿐이다.[46] 다시 말해 송흥욱의 직계 4대조의 이력을 살펴보면 과거를
통해 실직에 오른 인물이 없고 명예 관직(추증)과 관품(가선대부·통덕
랑)을 얻는 데 그칠 정도로 현실적인 출세와 거리가 멀었다.

　따라서 송인기·송흥욱의 직계 선조들은 영남의 대다수 사족 가문이
그러했듯이 가학 전통에 따라 유학을 학습하는 일에 전념했다. 이런
사실은 송흥욱의 증조부 송정억이 퇴계학파의 석학인 장복추·이진상
등과 교류하고,[47] 조부 송성흠과 부친 송인기가 장복추 문하에서 배웠

송흥욱의 생가

박정훈, 『정산종사전』

---

46) 『冶城宋氏大同譜』 卷上, 回想社, 1998, 484~490쪽.
47) 『冶城宋氏大同譜』 卷上, 484쪽 ; 朴龍德, 「鼎山宗師의 家系考」, 38쪽.

으며,[48] 송홍욱이 14세 때부터 고산동 고양서당에 건너가 장복추의 제자 송준필에게 배운 사실에서 확인된다.[49]

이처럼 송홍욱의 직계 선조들은 퇴계학파의 장복추·이진상 학통을 충실히 계승하였다. 장복추와 이진상은 조선 말기 퇴계학파를 대표하는 유림으로, 특별한 스승 없이 독학하여 성리학의 대가가 되었다는 독특한 이력을 지녔다.[50] 장복추의 제자인 송준필은 율곡학파와 퇴계학파의 대립적인 이기론 해석을 비판적으로 바라보며 객관적 이해를 추구했다. 이진상은 양명학에서 사용되는 개념인 心卽理를 내세웠다가 한때 도산서원으로부터 사문난적이라는 비난을 받았다.[51] 다시 말해 두 인물은 퇴계학파 내에서도 유교에 대한 교조적 이해에서 벗어나 객관적, 개방적 이해를 중시했음을 보여준다.

성리학설의 합리적 이해와 자기 해석을 중시하는 학풍은 식민지기 고산동 야성송씨들이 다양한 사상을 섭렵하고 수용하는 토대가 되었을 것이다. 이런 점에서 원불교 입교에 앞서 증산교·불교를 섭렵한 원불교 2대 교주 송홍욱, 보천교를 접한 宋鴻訥, 그리고 송인집 등이 고산동 문중에서 배출된 것은 결코 우연이 아니라고 하겠다.

2) 유교로부터의 이탈과 원불교로의 전환

원불교 2대 교주인 송홍욱은 이미 10대 시절부터 유교에 별다른 흥미를 느끼지 못했다. 그는 15세(1914) 이후 밤마다 집 뒤에 있는 거북바위에 맑은 물을 떠놓고 치성을 드렸고, 18세 때(1917) '도꾼'을 만나기

---

48) 朴龍德, 「鼎山宗師의 家系考」, 39쪽.
49) 朴龍德, 「鼎山宗師의 家系考」, 50쪽. 다만 송인기·송홍욱은 '유학자'의 단계로 성장하지 못했고, 인접지역의 유림과 교류가 활발했던 것도 아니었다.
50) 琴章泰·高光稙, 『儒敎近百年』, 506쪽.
51) 琴章泰·高光稙, 『儒敎近百年』, 516~517쪽.

위해 가야산을 3회 방문하고 증산교 계열의 인물을 만나기 위해 전라
도를 향했으며, 보천교 교주인 차경석을 만나고 강증산의 딸인 선돌댁
을 집으로 데려왔다고 전해진다.[52]

44세의 송홍욱(1943)
박정훈, 『정산종사전』

송홍욱의 이런 태도는 문중 어른들을 걱정스럽게 만들었다. 1915년 송
홍욱이 송준필에게서 받은 답장은 송홍욱의 유교경전에 대한 접근방식
이 심상치 않았고 문중 큰어른인 송준필의 석성노 싶어졌음을 보여준다.

대체로 『중용』은 의리의 淵藪이니 처음 배우는 사람이 쉽게 읽을 수
있는 것이 아니다. 『논어』를 읽는 것은 평이하고 친절하니 배움에 의지
할 것이 있다. 그대가 편지에서 말한 '『중용』을 먼저 하고 『논어』를 나중

52) 朴龍德, 「鼎山宗師의 家系考」, 50~51쪽 ; 박정훈, 『정산종사전』, 50 · 67쪽.

에 한다.'는 것은 배움의 순서를 잃지 않을까 걱정된다.[53] (굵은 글씨-인
용자)

즉 송홍욱은 송준필에게 『논어』보다 『중용』을 먼저 공부하는 것이
어떤지 질의한 것으로 보인다. 이에 대해 송준필은 전통적 방식에 따
라 『논어』로부터 四書 공부를 시작하는 것이 좋다고 은근히 타일렀다.
송홍욱이 유년 시절부터 도덕과 윤리에 관한 가르침을 담은 『논어』보
다 형이상학 이론을 담은 『중용』에 더 큰 관심을 가졌음을 보여준다.

한편 송인기·송홍욱 부자와 파리장서운동의 연결고리는 쉽게 발견
되지 않는다. 이들 부자가 성주에서 진행된 파리장서운동을 긍정적으
로 평가했는지 현재로서는 확인하기 어렵다. 다만 그럴 개연성을 보여
주는 자료가 있다. 파리장서운동에 참여했다가 체포되어 대구감옥에
수감된 송준필을 위문한 인사들의 명단인 「問獄錄」[54]이다. 여기에는
'宋寅驥'가 보인다.[55] 다음 사진의 네모 부분이다.

---

53) 『恭山先生文集』 권10, 「答宋明汝鴻昱」(1915), 14b쪽. "盖中庸義理淵藪, 非初學所易讀.
讀論語, 平易親切, 學之有依据. 所示, 先中庸而後論語, 恐失爲學之序也."
54) 「문옥록」에는 총 253명의 명단이 수록되어 있다. 여기에 파리장서 서명자 26명이
포함되어 있어 송준필의 위상과 파리장서운동 관련자의 수감·출감상황을 가늠할
수 있다. 「문옥록」에는 곽수빈, 권명섭, 권상두, 권상원, 권상위, 권상익, 김건영, 김
덕진, 김동진, 김병식, 김상진, 김순영, 김택진, 송홍래, 안병찬, 우찬기, 우하교, 유
필영, 이덕후, 이만규, 이만성, 이수인, 이현창, 임한주, 전양진, 최중식 등 서명자가
보이고, 서명자는 아니지만 이 운동에 참여한 김황, 여보회, 이달필, 이중업 등도 확
인된다. 이밖에 유교계 명망가인 문영박, 손후익, 심학환, 윤영섭(군수), 이충호, 장
윤원(군수), 조긍섭, 최우동, 최익한, 하경락 등이 보인다. 송준필은 1심(대구지방법
원, 1919.5.20)에서 징역 1년 6월을 받았지만 2심(대구복심법원, 1919.8.21)에서 무죄
를 받고 석방되었는데, 파리장서 서명자들이 방문한 것은 아마도 송준필보다 먼저
출소하면서 위로차 방문한 것으로 보인다.
55) 『國譯 儒林團獨立運動實記』, 원문편, 80쪽.

「문옥록」의 일부. 송인기의 이름이 보인다.
『국역 유림단독립운동실기』

　위 사진을 보면, 성주 韶野에 사는 '송인기'가 대구감옥에 수감 중인 송준필을 찾아가 위문하고 5냥을 제공한 것으로 기록되어 있다. 혹시 동명이인이 아닐까? 족보에 따르면, '寅'자 항렬로 '寅驥'라는 이름의 인물은 송홍욱의 부친이 유일하다. 또한 소야는 韶城洞에 속한 마을로, 고산동으로부터 10여 리 떨어져 있고, 송인기의 외가가 있는 곳이다.56) 따라서 「문옥록」에 등장하는 '송인기'는 송홍욱의 부친임이 확실하다.

---

56) 송홍욱의 가계가 고산동에서 소성동 九成으로 이주한 것은 부친 송인기가 결혼한 직후이다. 이 마을에서 송홍욱·송홍택 형제가 태어났고, 1908년 아랫마을인 韶野로 옮겼다가 1913년 다시 인근 朴谷으로 이사했다(송인걸, 『대종경 속의 사람들』, 116쪽).

물론 송준필이 대구감옥에 수감되었을 때 그를 면회한 친족은 매우 많았다. 송준필이 문중의 '큰 어른'이었기 때문이다. 「문옥록」에 수록된 인물들 중 고산동 야성송씨로 보이는 인물은 야성송씨 충숙공파 항렬자인 欽(28세), 寅(29세), 鴻·翼(30세), 善(31세), 浚(32세), 根(33세)자가 포함된 송인집, 송홍눌, 송상익, 宋聖歆, 宋胄善 등 총 34명이나 된다.

그런데 다른 사람들이 집단적으로 면회를 간 반면 송인기가 홀로 면회[57]한 것을 보면, 그의 고민은 개별적이고 특별했던 것 같다. 「문옥록」에는 야성송씨들의 이름이 두 군데에서 무더기로 보인다. 이것은 아마도 같은 날 대구감옥을 방문했기 때문일 것이다. 반면 송인기는 단독으로 기재되어 있다. 그의 대구감옥 방문은 단순히 문중 어른에 대한 위로 차원일 수도 있겠지만, 1919년 당시 고산동 송씨 문중의 분위기를 감안한다면, 송준필의 독립운동에 대한 지지의 심정을 담은 것일 개연성도 있다.

송인기·송홍욱 부자는 1920년대 이후 독립운동에 대해 어떤 입장을 취했을까? 이 역시 정확한 내용을 파악하기 어렵다. 원불교 교단에서는 송인기가 민족교육에 앞장선 柳虛一의 수위단원 피선을 도운 일이나, 1919년 만세시위로 1년간 옥고를 치른 吳基烈의 원불교 귀의를 도운 일[58]을 들어 송인기가 민족의식이 강한 인물이었다고 평가하나 이를 증명할 만한 당대의 사료는 발견되지 않는다.

---

57) 『國譯 儒林團獨立運動實記』, 원문편, 79~80쪽. 대구감옥 방문시기는 아마도 8월 초 무렵이었을 것이다. 명단에서 송인기 전후에 야성송씨로 추정되는 인물들이 보이지 않고, 송인기 바로 앞에 7월 29일 대구복심법원 2심 판결에 따라 집행유예 형을 받고 7월 29일~8월 1일 사이에 출감한 안병찬, 임한주, 전양진, 최중식 등이 보이기 때문이다.
58) 朴龍德, 「鼎山宗師의 家系考」, 41~42쪽.

송홍욱의 부친인 송인기
박정훈, 『정산종사전』

　　다만 1930년대에 총독부가 송인기를 불온한 인물로 인식한 사건이
벌어졌다. 그는 1940년 전주지방법원에서 불경죄로 징역 1년을 언도
받고 광주형무소에 수감되었다. 조선에 재해가 빈번하게 발생하자 일
본천황의 연호를 昭和에서 元德 또는 明德으로 바꾸어야 한다고 주장
하다 체포되어 실형을 받은 것이다.[59] 원불교 교단에서는 이 사건을
두고 1939년 진안 마령지부 교무 재임 시 일본천황을 비방하는 투서를
보냈다가 체포된 것이라고 부연하나,[60] 역시 당대의 사료로 확인되지
않는다.
　　한편 송인기·송홍욱 부자는 원불교 입교로 문중의 심한 비판을 받
았고, 송인기는 문중의 비난 속에서 고산동 청년들의 원불교 입교를 도
왔다. 송인기·송홍욱 부자와 고산동 야성송씨 사이에는 불편한 기류

---

59) 宋寅驥 판결문(전주지방법원, 1940.3.13).
60) 朴龍德, 「鼎山宗師의 家系考」, 41~42쪽.

가 흘렀지만, 시간이 흐른 뒤 원만한 관계를 회복한 것으로 보인다. 예를 들어 1924년 송홍욱의 조부 송성흠이 전남 영광에서 사망하자 족손 송홍눌이 만장을 지었다. 이때 송홍눌은 '우리 종중 300여 명이 우러르던 그 풍채'라고 송성흠을 회상했다.[61] 송성흠 역시 손자 송홍욱을 따라 영광으로 이주해 원불교에 귀의한 상태였다. 이는 송성흠이 전라도 이주와 관계없이 고산동 송씨 문중의 구성원들로부터 꾸준히 존중받았음을 보여준다.

송인기 · 송홍욱이 원불교 입교 이후에도 고산동 문중과 원만한 관계를 지속한 것은 송인기의 개인적인 노력이 크게 작용했다. 송인기는 종족관념이 투철하여 영광으로 이주한 뒤에도 가을 시제 때마다 둘째 아들(송홍택)을 데리고 고향을 찾곤 했다.[62] 송홍욱은 전라도로 이주한 뒤 고향을 찾은 적이 없었으나 늘 마음에 두고 있었다고 한다.

교단 일각에서는 송인기를 유교적 인물로 평가하기도 하는데, 송인기의 종족관념과 문중과의 원만한 관계를 감안하면 송성흠 · 송인기 · 송홍욱으로 이어지는 일가는 유교에서 원불교로 '개종'했다기보다는 유교적 기반 위에서 원불교를 '수용'했다고 보는 것이 더 적절할 것이다.

한편 송인기는 아들 송홍익의 권유에 따라 원불교에 귀의한 뒤 문중 큰어른이자 성주유림을 대표하는 송준필에게 원불교의 교리를 적극 선전하기도 했다.[63] 그는 원불교의 우수성을 설명하며 송준필에게 은근히 입교를 권유하였다. 이런 정황은 1928년 송준필이 송인기에게 보낸 답장에 잘 나타나 있다.

---

61) 朴龍德, 「鼎山宗師의 家系考」, 39쪽 ; 宋鴻訥, 『仰山先生文集』(平和譜文社, 1987) 권2, 「輓族祖性欽」, 71쪽.
62) 朴龍德, 「鼎山宗師의 家系考」, 44,59쪽.
63) 朴龍德, 「鼎山宗師의 家系考」 44쪽.

… **儒敎 속에는 萬善이 모두 담겨있습니다.** 예를 들어 (마음을-이하 괄호안 인용자) 고요히 하여 함양하면 이 마음을 虛明靜一 속에 두게 되고, 긔동히어 성찰히면 이 마음을 일과 사물에 대응하는 즈음에 신행하게 됩니다. (유교를 통해) 본체를 밝히고 응용에 적용하며, 욕심을 제거하고 이치를 보존할 수 있는데, 또한 **어찌 仙家의 修養을 빌리겠습니까?**

예를 들어 『대학』의 '格物致知'와 『중용』의 '明明德 · 止於至善'과 『논어』의 '博文'은 모두 이치를 궁구하는 일입니다. 가깝게는 일상의 彝倫의 떳떳함과 멀게는 천지만물의 이치가 궁구되지 않는 것이 없어서 정밀함과 거칠음, 표면과 이면에 이르기까지 뻥 뚫려 융통하는데, 또한 **어찌 佛家의 연구를 기다리겠습니까?**

지금 단지 詞章과 訓詁를 유교로 여기고 소위 수양과 연구를 모두 佛에서 충분히 취한다고 한다면, 소위 유교란 곧 하나의 附庸國일 뿐이겠지요. (하지만) 先聖께서 말씀하신 '본성을 다하여 천명에 이른다盡性至命'는 것과 '천지에 참여하여 화육을 돕는다參天地贊化育'는 것은 무엇을 바탕으로 하여 만든 공덕일까요?[64] (굵은 글씨-인용자)

즉 송인기는 원불교가 정신수양과 사물연구에 가장 적합한 종교라고 주장한 것으로 보인다. 이에 송준필은 유교만으로도 이 두 가지를 충분히 해결할 수 있으니 굳이 원불교의 힘을 빌릴 필요가 없다고 반박했다. 편지에 실린 송준필의 언사는 차분해 보이지만 불편한 심기가 엿보인다.

송인기의 원불교 선전은 원불교가 기성 종교의 장점을 수렴하고 단점을 제거한 융합의 종교라고 주장한 데에서 절정에 이른다. 아래는

---

64) 『恭山先生文集』 권6, 「答宋致遠寅驥」(1918), 31b~32a쪽. "然儒敎之中, 萬善俱存. 如靜而涵養, 存此心於虛明靜一之中, 動而省察, 行此心於應事接物之際, 明體而適用, 遏欲而存理, 亦何借於仙家之修養乎? 如大學之格致, 中庸之明善, 論語之博文, 皆窮理之事也. 近以日用彝倫之常, 遠而天地萬物之理, 無所不窮, 以至於精粗表裏, 豁然融通, 亦何俟於佛家之研究乎? 今只以詞章訓詁爲儒敎, 而所謂修養研究, 皆取足於仙佛, 則所謂儒敎者, 直一附庸之國耳. 先聖所云, 盡性至命, 參天地贊化育者, 何所資而爲之功乎?"

같은 편지의 마지막 부분이다.

　… 儒는 仙・佛에 대해 마치 향기와 악취, 얼음과 재와 같아서 서로
들어가지 않아 서로 도모하려고 하지 않습니다. 지금 (불법연구회가-인
용자) 유・불・선을 합하여 하나의 道로 만들고자 하는 것은 비유하자면
금과 철을 혼합해 그릇 하나를 만드는 것과 같습니다. 금은 순수한 금이
될 수 없고, 철은 순수한 철이 될 수 없어서 곧 철저하지 못한 한 덩이
오물이 될 뿐입니다.
　보내주신 편지의 뜻은 '지금 거대한 물결이 한 번 뒤집혀 백 가지 가르
침이 함께 홍기하고 천하가 분분하여 아무것도 정해진 것이 없는데, 지
금의 선・불은 옛날 한갓 虛寂을 숭상하던 부류가 아니고, 세상의 주된
가르침[主敎]은 선・불에서 단점을 제거하고 장점을 취하며 儒敎에 합하
여 하나로 만드는 것이니 실로 하나의 큰 宗敎[大宗敎]가 된다'고 확고히
말씀하시는 것이 아닙니까? 그 뜻은 좋으나 그런 도(道)의 성격은 사실
불가능하지 않나 걱정됩니다.[65] (굵은 글씨-인용자)

　즉 송인기는 원불교가 동양의 3대 종교인 유・불・선을 융합한 종교
라는 점을 강조했다. 반면 송준필은 이런 설명에 불쾌한 반응을 보였
다. 유・불・선은 서로 이질적이어서 조화를 이룰 수 없고, 억지로 모
은다 해도 한낱 오물 덩이에 불과하다고 폄하했다. 발언의 의도는 이
해하지만 실현불가능하다고 논박한 것이다.
　이런 내용은 송인기가 고산동 문중과 원만한 관계가 아니었더라면
문집에 수록되기 어려웠을 것이다. 설사 수록되더라도 이름을 지운 채
'答或人'의 형식을 빌어 이단을 추종하는 무리에 대한 답장 정도로 폄

---

[65] 『恭山先生文集』 권6, 「答宋致遠寅驥」(1918), 32a쪽. "且儒之於仙佛, 如薰猶氷炭之不
相入而不相爲謀, 今欲合儒佛仙爲一道, 則譬如雜金鐵爲一器, 金不得爲純金, 鐵不得
爲純鐵, 而直爲半間不界之一汚物耳. 來喻之意, 固不日, 今大瀾一倒, 百敎俱興, 天下
紛紛然, 莫有定本, 今之仙佛, 非古徒尙虛寂之類也. 世之主敎者, 就仙佛中, 去短取長,
合儒敎而一之, 則實爲一大宗敎乎. 其意則善, 而其爲道則恐不可也."

하했을 것이다. 그만큼 송준필은 송인기의 종교적 질의와 설명에 대해 수용의 가능성을 완전히 배제한 채 냉담한 반응을 보였다.

원불교에 입교한 지 얼마 되지 않은 송인기가 성주의 대표적인 유림인 송준필에게 원불교의 우수성을 피력했다는 점은 의외의 사실로 받아들여진다. 시기가 1920년대 후반이라는 점도 의미심장하다. 송인기의 입장에서는 유교를 기반으로 한 원불교의 수용 가능성을 설명한 것이지만, 송준필의 입장에서는 자신이 추구해온 유교 교학의 권위가 예전 같지 않음을 보여주는 순간이었다. 이런 종교철학적 문답은 1920년대 후반 이후 고산동 야성송씨 문중에 불어닥친 '혼란'을 상징하는 사건이 아니었을까?[66]

5. 맺음말

이 글은 1910년대 말 송인기·송홍욱 부자가 전라도로 이주할 당시 그들의 본거지인 경북 성주 고산동의 야성송씨 문중에서는 어떤 사건이 벌어졌고, '이주'와 '사건' 사이에는 어떤 연관성이 있는지 살펴보았다. 원불교 2대 교주인 송홍욱의 원불교 입교에 1910년대 말 종교적 각성과 더불어 어떤 역사적 요소가 개재되어 있는지 살펴본 것이다.

경북 성주군 초전면 고산동에는 16세기 이래 송희규를 입향조로 하는 야성송씨 충숙공파 문중이 형성되어 있었다. 그런데 고산동 야성송씨는 1919년 유교계의 독립청원운동인 파리장서운동을 주도한 사실이 확인된다. 3월 10일경 종택인 백세각에서 문중 큰어른인 송준필이 문

---

66) 이 글에 관한 아이디어는 원래 10여 년 전 원광대 박맹수 교수께서 제공한 것이었다. 귀중한 아이디어와 자료를 제공해 주신 박맹수 교수께 감사의 말씀을 드린다.

중회의를 열어 독립청원운동을 추진하려는 결심을 밝혔고, 다음날 파리장서운동의 기획자인 김창숙이 백세각을 찾아와 도움을 요청했다. 송준필은 전폭적인 지지와 함께 동지 규합과 자금 모집 등을 주선했다. 송준필의 족숙인 송규선은 김창숙과 함께 거창의 곽종석을 찾아가 도움을 요청하고 각지를 두루 방문하며 서명자를 규합했고, 문중 청년들이 다방면에서 송준필과 송규선의 활동을 지원했다.

파리장서운동 이후 고산동 야성송씨는 총독부의 '박해'에 시달린 것으로 보인다. 이들은 파리장서운동과 더불어 4월 2일 성주읍 만세시위를 주도했기 때문에 상대적으로 무거운 '처벌'을 받았다. 고산동 송씨 문중에서 다수의 '범죄자'가 발생함에 따라 송씨 문중은 경찰의 상시적 탄압과 사찰에서 자유로울 수 없었고 독립운동은 크게 위축되었던 것으로 보인다.

이와 더불어 고산동 야성송씨는 '혼란'에 봉착했다. 문중 구성원들의 우려와 달리 문중 내 주요 지도자들의 위상은 크게 실추되지 않았다. 오히려 1920년대 후반 이후 문중 지도자들의 '변신'이 문중 구성원들을 혼란스럽게 했다. 파리장서운동 이후 실형을 받은 송규선은 1920년대 중반 이후 면협의원과 금융조합 이사를 역임하는 등 식민지 공직자로 '재기'했고, 전시체제기에 송준필은 오히려 거대한 유림단체인 조선유교회의 도학사에 선임되고 도산서원 등 영남지역의 주요 서원 원장을 두루 맡은 사실이 확인된다.

이런 상황 속에서 송인기 · 송홍욱 부자는 물론이고 고산동 문중 청장년들의 원불교 입교가 점증했다. 송인기 · 송홍욱 부자는 사미헌학맥과 한주학맥의 합리적 · 개방적 학풍을 중시하는 가학 속에서 '유교인'으로 훈육되었다. 하지만 송홍욱은 이미 10대 중반부터 유학에 별다른 흥미를 느끼지 못했다. 또한 문중질서는 1919년 4월 이후 그리고 1920년대 후반 이후 두 차례에 걸쳐 동요했다. 1920년대 후반이 되면 송인기가 문중의 큰어른이자 성주의 유력한 유교지도자인 송준필에게 원불교의 우수성을 선전할 정도로, 유교와 혈연적 종적 질서가 예전의 권위를 유지하지 못하는 상황이었다.

송인기의 독립운동 참여에 관한 내용은 교단 내의 증언이 있지만, 이를 뒷받침만 할 당대 사료가 매우 부족하다. 본인 또는 교단 관계자의 증언과 달리 총독부의 '탄압'은 종교활동에 대한 엄격한 통제로 보이며, 독립운동과의 직접적인 관련성은 확인되지 않았다. 이에 대해 추가적인 문헌자료 발굴이 요망된다.

참고문헌

◆ 사료

■ 한국 측

○ 신문, 잡지 등

『공립신보』, 『勸業新聞』, 『대구매일신문』, 『大韓每日申報』, 『東亞日報』, 『每日申報』, 『朝鮮日報』, 『中外日報』, 『嶠南敎育會雜誌』, 『大韓自强會月報』, 『大韓興學報』, 『東光』, 『先鋒』, 『高宗實錄』, 『新天地』

○ 문집

郭奫, 『謙窩先生文集』(韓國歷代文集叢書 2167), 景仁文化社, 1990.
郭鍾錫, 『俛宇集』 4, 亞細亞文化社, 1984.
金克永, 『信古堂遺輯』 5, 1945, 성균관대 존경각 소장.
金福漢, 『志山先生文集』 坤, 1990.
金昌淑, 『心山遺稿』(韓國史料叢書 18), 國史編纂委員會, 1973.
金榥, 『重齋先生文集』 5·8, 保景文化社, 1988.
金榥, 『重齋先生文集(附錄)』 13, 千字族譜社, 1998.
南鵬, 『海州素言』, 규장각한국학연구원 소장.
朴純鎬, 『德巖文集』, 1961, 국립중앙도서관 원문.
朴殷植, 『朴殷植全書』 上, 「韓國獨立運動之血史」, 단국대출판부, 1975.
白巖朴殷植全集編纂委員會, 『白巖朴殷植全集』 VI, 2002.

孫厚翼,『文巖先生文集』, 1970, 홍익대 도서관 소장.

宋寅建,『謙軒文集』, 1985, 국립중앙도서관 원문.

宋杜憲,『三乎齋集』上・下, 鶴鳴齋, 1974.

宋浚弼,『恭山先生文集』下, 恭山先生文集刊行委員會, 1999.

宋鴻訥,『仰山先生文集』, 平和譜文社, 1987.

宋鴻來,『晦川先生文集』, [1953], 국립중앙도서관 원문.

申采浩,『丹齋申采浩全集』別集, 螢雪出版社, 1977.

吳震泳,『石農集』上, 驪江出版社, 1988.

劉秉憲,『晩松遺稿』, 1949.

柳浩根,『四可集』(韓國歷代文集叢書 790), 景仁文化社, 1993.

尹忠夏,『韋觀集』, [1939], 국립중앙도서관 원문.

李承熙,『韓溪遺稿』7(韓國史料叢書 23), 國史編纂委員會, 1980.

李直鉉,『是菴先生文集』5, 국립중앙도서관 원문.

李泰植,『壽山集』

林炳瓚,『遜軒遺稿』(韓國歷代文集叢書 2796), 景仁文化社, 1999.

林翰周,『惺軒先生文集』I(韓國歷代文集叢書 557), 景仁文化社, 1993.

張錫英,『先文別集』義・智, 간행연대 미상, 필사본, 장세민 소장.

張錫英,『晦堂先生文集』2(韓國歷代文集叢書 895), 景仁文化社, 1994.

張鎭永,『東山遺集』(韓國歷代文集叢書 1984), 景仁文化社, 1997.

田愚,『艮齋先生全集』下, 保景文化社, 1984.

田愚,『秋潭別集』, 국립중앙도서관 원문.

鄭宗鎬,『磊軒先生文集』, 1980.

曺兢燮,『深齋先生續集』, 1966.

崔麟,『如菴文集』上, 如菴先生文集編纂委員會, 1971.

崔永祚,『雲齋集』(韓國歷代文集叢書 2883), 景仁文化社, 1999.

河性在,『臨堂集』, 景仁文化社, 1976.

河龍濟,『約軒文集』(韓國歷代文集叢書 2159), 景仁文化社, 1997.

韓龍雲,『韓龍雲全集』, 新丘文化社, 1980(증보).

洪弼周,『紫隱先生遺事』, 探求堂, 1985.

響山古宅,『東方의 햇불 三代 그날 그 세월』, 2007.

○ 일기, 회고록, 전기, 연보

郭淵 編,『俛宇先生年譜』, 俛宇先生年譜發刊所, 1956.

김구 저, 도진순 주해, 『(백범 김구 자서전) 백범일지』, 돌베개, 2002.
金魯東, 『志山先生年譜』, 1952, 국립중앙도서관 원문.
金大洛, 『西征錄』.
김상태 편역, 『윤치호일기(1916~1943)-한 지식인의 내면세계를 통해 본 식민지
　　　　시기-』, 역사비평사, 2001.
金應燮, 『七十七年回顧錄』, 1954, 필사본.
心山記念事業準備委員會 編, 『(心山金昌淑先生鬪爭史) 躄翁一代記』, 太乙出版社,
　　　　1965.
宋仁根, 『潘中實記』, 송재소 소장.
儒林團獨立運動實記編纂委員會, 『(國譯)儒林團獨立運動實記(潘中日記)』, 大譜社,
　　　　2001.
윤치호, 『국역 윤치호 영문 일기』 6, 국사편찬위원회, 2015.
李觀稙 · 李丁奎, 『友堂李會榮略傳』, 乙酉文化社, 1985.
이규창, 『運命의 餘燼』, 寶蓮閣, 1992.
李恩淑, 『民族運動家 아내의 手記』, 正音社, 1975.
鄭喬, 『大韓季年史』 下(韓國史料叢書 5), 國史編纂委員會, 1971.
崔永大, 『石農年譜』, 1971.
韓國學中央研究院, 『예천 맛질 朴氏家 日記』 5, 2007.

○ 자료집
國家報勳處 編, 『3.1運動 獨立宣言書와 檄文』, 2002.
國史編纂委員會, 『韓國獨立運動史資料』 2, 1983.
國史編纂委員會, 『韓民族獨立運動史資料集』 5 · 14 · 17 · 18 · 19 · 42, 1988 · 1991 ·
　　　　1994 · 2000.
國史編纂委員會, 『統監府文書』 6 · 9 · 10, 1999 · 2000.
國會圖書館, 『韓國民族運動史料 三一運動篇』, 1979.
金正明 編, 『朝鮮獨立運動-民族主義運動篇-』 1分冊, 原書房, 1967.
남부희 편역, 『제2차 유림단 사건-독립운동사 자료집-』, 불휘, 1992.
檀國大 附設 退溪學研究所 編, 『陶山書院古文書』I, 1994.
독립운동사편찬위원회, 『독립운동사자료집』 2 · 5 · 14, 1972 · 1973 · 1978.
친일반민족행위진상규명위원회, 『친일반민족행위관계사료집』 13(일제강점기 유
　　　　학계의 친일협력과 친일한시), 2009.

○ 문서

金敦植,「家狀」, 1958, 필사본.
金昌淑,「己未儒林團 事件에 關한 追憶의 感想」, 필사본, 독립기념관 수장
(金昌淑),「巴里長書 名帖」.
宋柱憲,「朝鮮儒林己未獨立運動史」.
人道公議所,「人道公議所趣旨書」, 1920.
朝鮮古史硏究會,「朝鮮古史硏究會趣旨書」, 1919.
太極敎宗,「太極敎宗敎憲」, 1909, 국립중앙도서관 원문.
太極敎宗,「勸告文」, 1909년 음력 4월, 국사편찬위원회 소장.
韓益洙,「一齋河先生父子實記」, 1957, 필사본.
「國民大會趣旨書」, 1919.4, 독립기념관 소장.
「呈巴黎平和會」, 1919.3, 독립기념관 소장(사진).

○ 기타

金魯奎,『北輿要選』, 국립중앙도서관 원문.
宋相燾,『騎驢隨筆』(韓國史料叢書 2), 國史編纂委員會, 1971.
申龍鎭,『韓末忠義錄』, 생산연대 미상, 한국학중앙연구원 장서각 소장.
朝鮮儒敎會,『朝鮮儒敎會刱立宣言書及憲章』, 1933.
黃玹,『梅泉野錄』(韓國史料叢書 1), 國史編纂委員會, 1971.

○ 구술

손응교 구술(2012.4.20, 경북 성주 대가면 칠봉리 김창숙 생가)
이병근 구술(2011.3.2, 서울 영등포구 여의도)
최인찬 구술(1999.10.3, 경남 진주 상봉동동 二以齋)

■ 중국(경서, 사서)

『論語』,『孟子』,『中庸』,『禮記』,『儀禮』,『春秋公羊傳』,『三國志』

■ 일본(총독부)

○ 사료

『新戸新聞』,『朝鮮總督府官報』

慶尙北道警察部,『高等警察要史』, 1934.

近代日本 社會運動史 人物大事典 編纂委員會,『近代日本 社會運動史 人物大事典』
　　　3, 日外アソシエーツ株式會社, 1997.

大邱刑務所,『大邱刑務所例規』, 1932.

藤村德一,『朝鮮公職者名鑑』, 朝鮮圖書刊行會, 1927.

李王職 編,『日誌』, 1919, 한국학중앙연구원 장서각 소장(MF16-111).

宇都宮太郎關係資料研究會,『日本陸軍とアジア政策-陸軍大將 宇都宮太郎 日記』
　　　3, 岩波書店, 2007.

中村資良,『朝鮮銀行會社組合要錄』, 東亞經濟時報社, 1921.

村山智順,『朝鮮の類似宗敎』, 朝鮮總督府, 1935.

『朝鮮全道面職員錄 : 昭和二年』, 文鎭堂, 1927.

○ 형사기록

京城地方法院 檢事局,『思想問題ニ關スル調査書類』3・5, 1927・1928, 국사편찬
　　　위원회 원문.

日本 陸軍省,『朝鮮騷擾事件關係書類』7, 1919~1920.

郭鍾錫 등 16인 판결문(大邱地方法院, 1919.5.20)

金鳳濟 등 2인 판결문(大邱地方法院, 1919.8.2)

金允植 등 5인 판결문(京城地方法院, 1919.7.11)

金昌百 판결문(大邱地方法院, 1929.9.30)

宋永祐 등 29인 예심종결결정서(大邱地方法院, 1927.1.21)

宋永祐 등 12인 판결문(大邱地方法院, 1927.3.29)

禹夏敎 등 2인 판결문(大邱地方法院, 1919.10.3)

尹亮植 판결문(대구복심법원, 1919.9.18)

李基定 등 12인 판결문(大邱覆審法院, 1919.8.21)

李基馨 등 18인 판결문(大邱地方法院, 1919.7.29)

李應洙 등 24인 예심종결결정서(大邱地方法院, 1923.9.30)

李鉉昌 판결문(大邱地方法院, 1921.9.28)

鄭宗鎬 등 2인 판결문(대구지방법원, 1919.10.3)

郭鍾錫 재소자카드(大邱監獄)

◆ 연구논저

■ 공구서, 규지, 족보

강만길·성대경 엮음,『한국사회주의운동인명사전』, 창작과비평사, 1996.
국가기록원 편,『일제시기 건축도면 해제』III(법원·형무소편), 2010.
金炳浩,『儒學淵源錄』, 大韓公報社, 1982.
한국독립운동사연구소,『독립운동가 서한집』, 2006.
민족문제연구소,『일제식민통치기구 및 협력단체편람-국내편-』, 2002.
민족문제연구소,『일제협력단체사전-국내 중앙편-』, 2004
尹榮善,『朝鮮儒教淵源圖』권上, 東文堂, 1941.
居昌郡誌 編纂委員會,『居昌郡誌』, 1979.
金陵誌 編纂會,『金陵誌』, 1963.
李源祖 增補, 星山誌(以文社, 1935
『星山呂氏大同譜』권2, 譜文社, 2006,
『碧珍李氏監務公派世譜』, 보전출판사, 1983.
『冶城宋氏忠肅公派譜』권上, 大譜社, 1995.
『驪興閔氏世譜』5, 回想社, 1992.
『仁同張氏大同譜』3, 回想社, 1998.
『坡平尹氏代言公波譜』, 1993.

■ 단행본

姜東鎭,『日帝의 韓國侵略政策史』, 한길사, 1984.
구완회,『韓末의 堤川義兵-湖左義陣 研究-』, 集文堂, 1997.
권오영,『조선후기의 유림의 사상과 활동』, 돌베개, 2003.
권오영,『근대이행기의 유림』, 돌베개, 2012.
琴章泰·高光植,『儒學近百年』, 博英社, 1986(中版).
琴章泰,『韓國近代의 儒教思想』, 서울대학교 출판부, 1990.
琴章泰,『韓國 近代思想의 挑戰』, 전통문화연구회. 1995.
金度亨,『大韓帝國期의 政治思想研究』, 지식산업사, 1994.
김상기,『호서유림과 민족운동』, 지식산업사, 2016.
김희곤 외,『봉화의 독립운동사』, 봉화군, 2007.
김희곤,『경북유림과 독립운동』, 경인문화사, 2015.
독립운동사편찬위원회,『독립운동사』3·8, 1971·1976.

朴永錫, 『日帝下 獨立運動史研究-滿洲露領地域을 중심으로-』, 一潮閣, 1984.

朴正薰, 『정산종사전』, 원불교출판사, 2002.

박민영, 『한말 중기의병』(한국독립운동의 역사 10), 독립기념관 한국독립운동사연구소, 2009.

박찬승, 『한국근대정치사상사연구-민족주의 우파의 실력양성운동론-』, 역사비평사, 1992.

박 환, 『滿洲韓人民族運動史研究』, 一潮閣, 1997.

송인걸, 『대종경 속의 사람들』, 월간원광사, 1996.

서중석, 『신흥무관학교와 망명자들』, 역사비평사, 2001.

송인걸, 『대종경 속의 사람들』, 월간원광사, 1996.

신주백, 『만주지역 한인의 민족운동사(1920~45)』, 아세아문화사, 1999.

안동대학교 안동문화연구소, 『경북독립운동사』 III(3.1운동), 경상북도, 2013.

오영섭, 『고종황제와 한말의병』, 경인문화사, 2007.

유준기, 『한국근대유교 개혁운동사』, 도서출판 삼문, 1994.

尹普鉉, 『慶北版 獨立運動實錄』, 中外出版社, 1974.

이동언, 『내가 몰랐던 독립운동가 12인』, 선인, 2013.

李範稷, 『韓國中世禮思想研究-五禮를 中心으로-』, 一潮閣, 1991.

李範稷, 『朝鮮時代 禮學研究』, 國學資料院, 2004.

이상익, 『서구의 충격과 근대 한국사상』, 한울아카데미, 1997.

이정은, 『3.1독립운동의 지방시위에 관한 연구』, 국학자료원, 2009.

이현주, 『한국 사회주의의 형성(1919~1923)』, 일조각, 2003.

李炫熙, 『桂園 盧伯麟將軍 研究』, 신지서원, 2000.

이황직, 『군자들의 행진』, 아카넷, 2017.

조규태, 『천도교의 민족운동연구』, 선인, 2006.

趙廣洙, 『儒家의 君主役割論』, 新知書院, 1998.

趙東杰, 『韓國近現代史의 理解와 論理』, 지식산업사, 1998.

韓國儒林團獨立運動 巴里長書碑 建立委員會, 『(韓國儒林 獨立運動) 巴里長書略史』, 1973.

한시준, 『의회정치의 기틀을 마련한 홍진』, 탐구당, 2006.

玄相允, 『朝鮮儒學史』, 玄音社, 1986(재판).

홍영기, 『대한제국기 호남의병 연구』, 일조각, 2004.

■ 논문

姜東郁, 「深齋 曺兢燮의 學問性向과 文論」, 경상대 국어국문학과 박사학위논문, 2002.

강동욱, 「韓末 嶺南學脈과 深齋의 役割」, 『嶺南學』 11, 2007.

강윤정, 「定齋學派의 現實認識과 救國運動」, 단국대 사학과 박사학위논문, 2006.

高珽休, 「'한국인민치태평양회의서'(1921)의 진위 논란과 서명인 분석」, 『한국근현대사연구』 58, 2011.

권영배, 「성주지역의 3.1운동과 파리장서운동」, 『啓明史學』 23, 2012.

권영배, 「경북지역의 파리장서운동」, 안동대학교 안동문화연구소, 『경북독립운동사』 III(3.1운동), 경상북도, 2013.

권영배, 「파리장서운동과 성주유림」, 『大丘史學』 제137집, 2019.

금장태, 「일제강점기 유교의 독립운동」, 국사편찬위원회 편, 『한민족독립운동사』 9(3.1운동 이후의 민족운동 2), 1991.

金度亨, 「日帝侵略初期(1905~1919) 親日勢力의 政治論 研究」, 『啓明史學』 3, 1992.

김문준, 「禮訟研究의 현황과 向後 研究의 방향」, 『儒敎思想研究』 19, 2003.

김봉곤, 「호남지역의 파리장서운동」, 『한국독립운동사연구』 50, 2015.

金祥起, 「金福漢의 洪州義兵과 파리長書運動」, 『大東文化研究』 39, 2001.

김상기, 「林翰周의 思想과 獨立運動」, 『한국독립운동사연구』 47, 2014.

金龍基, 「三一獨立運動과 巴里長書事件에 對하여」, 『文理大學報』, 釜山大 文理大學, 1959.

김한종, 「1920년대 조선교육협회의 교육운동」, 『忠北史學』 8, 1995

金喜坤, 「新韓革命黨의 結成과 活動」, 『한국민족운동사연구』 1, 1986.

김희곤, 「(해제) 옥중실기, 유림단독립운동실기」, 한국현대사연구회 편, 『근현대사강좌』 5, 1994.

金喜坤, 「제2차 유림단의거 연구-心山 金昌淑의 활동을 중심으로-」, 『大東文化研究』 38, 2001.

김희곤, 「해제」, 『대한민국임시정부자료집』 7, 국사편찬위원회, 2005.

김희곤, 「성주지역의 독립운동과 성격」, 『한국독립운동사연구』 46, 한국독립운동사연구소, 2013.

南富熙, 「儒敎界의 巴里長書運動과 3.1運動」, 『한국의 철학』 12, 1984

南富熙, 「제2차 儒林團義擧 研究(1)」, 『慶熙史學』 18, 1993.

盧鏞弼, 「대한제국기 自新會 관련 고문서」, 『한국근현대사연구』 5, 1996.

박민영, 「을사의병」, 국사편찬위원회 편, 『한국사』 43, 1999.

朴龍德, 「鼎山宗師의 家系考」, 『원불교사상과 종교문화』 15, 1992.

배병삼, 「공자 대 재아-인간의 길과 통치자의 길-」, 『韓國政治學會報』 33-2, 1999.

徐東一, 「1919년 巴里長書運動의 전개와 역사적 성격」, 한국학중앙연구원 박사학위논문, 2009.

서동일, 「성주 사도실마을의 창씨 실태와 유림 김창숙의 반대 논리」, 『한국근현대사연구』 70, 2014.

서동일, 「중앙사와 국가주의를 넘어-2010년대 3.1운동 연구경향」, 『한국사학사학보』 38, 2018.

徐鍾泰, 「興宣大院君과 南人-'南村解嫌日記'의 분석을 중심으로-」, 『한국근현대사연구』 16, 2001.

宋基濬, 「韓國의 經營(商)學教育과 高麗大學校-韓末과 日帝前半期의 普成專門學校를 中心으로-」, 『經營論叢』 29, 1986

宋河璟, 「艮齋의 生涯와 思想」, 『艮齋思想研究論叢』 1, 1994.

吳世昌, 「巴里長書와 宋浚弼」, 『한국근현대사연구』 15, 2000.

오영섭, 「대종교 창시 이전 나인영의 민족운동」, 『한국민족운동사연구』 39, 2004.

유영렬, 「애국계몽운동의 전개」, 국사편찬위원회 편, 『한국사』 43, 1999.

尹炳奭, 「三 · 一運動에 대한 日本政府政策」, 『三 · 一運動 50周年 紀念論集』, 東亞日報社, 1969.

윤보현, 『대한독립운동약사』, 대한독립운동약사간행회, 1980.

윤소영, 「한일 언론자료를 통한 고종독살설 검토」, 『한국민족운동사연구』 66, 2011.

윤해동, 「압축된 시간과 '열광' : 3.1운동 연구를 위한 시론」, 『동아시아문화연구』 71, 2017.

이명화, 「朝鮮總督府의 儒敎政策(1910~1920年代)」, 『한국독립운동사연구』 7, 1993.

李昇燁, 「李太王(高宗)毒殺說의 檢討」, 『二十世紀研究』 10, 2009.

李迎春, 「17世紀 禮訟研究의 現況과 反省」, 『한국의 철학』 22, 1994.

이영호, 「心山과 艮齋門人들의 出處是非論爭을 통해 본 일제하 유교지식인의 초상」, 『大東漢文學』 42, 2015.

이정은, 「3.1운동기 12人等의 長書」, 『한국독립운동사연구』 13, 1999.

이정은, 「3.1운동의 배경」, 국사편찬위원회 편, 『한국사』 47, 2001.

이종민, 「식민지하 근대감옥을 통한 통제 메카니즘 연구」, 연세대 사회학과 박사학위논문, 1998.

李泰鎭, 「고종황제의 毒殺과 일본정부 首腦部」, 『歷史學報』 204, 2009.

이희환, 「백범과 검여 집안와의 관계, 그리고 인천의 지사들」, 인천문화재단 편, 『불굴의 예술혼, 검여 유희강』, 2008.

임경석, 「유교지식인의 독립운동-1919년 파리장서의 작성 경위와 문안 변동-」, 『大東文化研究』 37, 2000.

임경석, 「파리장서 서명자 연구」, 『大東文化研究』 38, 2001.

장　신, 「삼일운동과 조선총독부의 司法 대응」, 『역사문제연구』 18, 2007.

池斗煥, 「朝鮮前期 黑笠·白笠 論議-國喪의 3년상제 확립과정을 중심으로-」, 『釜山史學』 16, 1989.

최미정, 「경북 봉화 의성김씨 문중의 유림단 의거 참여」, 『한국독립운동사연구』 49, 2014.

최우석, 「3.1운동기 김윤식,이용직의 독립청원서 연구」, 『사림』 38, 2011.

崔惠珠, 「滄江 金澤榮 研究」, 『韓國史研究』 35, 1981.

洪承賢, 「後漢末 '舊君'개념의 재등장과 魏晉時期 喪服禮-禮學의 효용성을 중심으로-」, 『東洋史學研究』 94, 2006.

許善道, 「3.1運動과 儒敎界」, 『3.1運動50週年紀念論集』, 東亞日報社, 1969.

黃英禮, 「安淳煥의 儒敎 宗敎化 運動과 鹿洞書院」, 영남대 철학과 박사학위논문, 2004.

감사의 글

이 책의 간행을 준비하면서 떠오르는 분들이 있다. 연구는 오롯이 필자의 몫이지만, 그동안 많은 분들의 도움을 받았다. 간행에 즈음하여 감사의 말씀을 드린다. 이 책은 전적으로 이동언 선배님의 고마운 독촉과 자상한 배려 덕분에 빛을 볼 수 있었다. 한결같은 애정에 감사드린다. 재단법인 솔벗은 〈한국학 지원사업〉을 통해 필자가 박사학위논문을 재음미할 수 있는 시간을 주었다. 대를 이어 선행을 펼치고 있는 이온규 이사장님께 감사드린다.

두 분의 지도교수님께 특별히 감사의 말씀을 드린다. 대학원 과정이 연구의 세계로 진입하는 단계이자 성숙한 인간으로 거듭나는 과정임은 상당히 많은 시간이 흐른 뒤 알게 되었다. 느린 성장에 고개 젖지 않고 지도해주신 정구복, 이범직 교수님께 감사드린다. 이주영, 신복룡 교수님은 과거 물론이고 현재까지도 필자가 중요한 기로에 있을 때마다 유익한 조언을 아끼지 않으신다. 그 감사함을 잊을 수 없다.

박사학위논문 심사과정은 무척 지난한 시간이었지만 필자에게는 꼭 필요한 시간이었다. 이 과정을 통해 많은 것을 느끼고 또 배울 수 있었다. '교정지'에 가까운 심사 원고를 돌려주신 권오영 선생님과 협애한 논리의 위험성을 지적해 주신 장석흥 선생님, 논지 보완에 필요한 도구들을 친절히 알려주신 임경석 선생님께 다시 한 번 감사드린다.

필자에게는 두 곳의 모교가 있다. 그만큼 부족한 부분을 메우는 계기가 되었다. 20여 년 전 필자에게 첫 학회 발표 자리를 마련해 주었고 지금도 따끔한 충고와 따뜻한 조언을 아끼지 않는 한상도 선생님께 감사드린다. 아울러 한국학중앙연구원의 박맹수, 이민원, 김승태, 박민영, 정혜경, 박성진 선배님과 건국대의 권기훈, 김광식, 권구훈, 권만용, 권형진, 이도남, 한정수 선배님의 따뜻한 격려에 감사드린다. 이 책의 교정을 도와준 김명화, 이민성 선생도 든든한 후배들이다.

필자의 학문적 관심사를 본격적으로 검증하고 확장하며 공유할 수 있게 된 것은 학회라는 장을 만나면서부터였다. 한국근현대사학회의 한시준, 김용달, 최기영, 한철호, 장세윤, 김도훈, 김도형, 장규식 선생님께 많은 가르침을 받았다. 감사의 말씀을 드린다. 한국민족운동사학회의 박환, 김형목, 황민호, 오영섭 선생님께도 감사드린다. 또한 한국근현대사학회에서 동고동락하는 이계형, 박성순, 강윤정, 박경목, 조건, 황선익 선생님께도 감사드린다.

국가보훈부는 필자가 16년째 재직하고 있는 곳이다. 현재도 하루 중 가장 많은 시간을 보내고 있다. 평소 필자의 고민과 푸념을 묵묵히 들어준 정관회, 김성민, 김명호, 김보동, 이길현, 윤종문 선생님과 많은 선배, 동료 분들께 감사드린다. 일일이 거론하지 못한 것은 지면의 제약 때문이니 너무 섭섭하게 생각하지 않으셨으면 좋겠다.

여전히 막내의 뒷모습을 애처롭게 바라보시는 어머니와 생전에 필자를 자랑스러워하신 아버지께 조용히 이 책을 바친다. 자신보다 필자를 먼저 생각하는 아내 서명진과 재작년에 태어난 소중한 딸 영우에게 한없이 감사하다. 그리고 출판의 기회를 주신 도서출판 선인의 윤관백 사장님과 짧은 시간 악전고투한 편집진께 감사드린다.

찾아보기

저자약력

건국대학교 사학과와 대학원(석사과정), 한국학중앙연구원 한국학대학원 (박사과정)을 졸업하고, 현재 국가보훈처 학예연구사, 건국대학교 사학과 겸임교수로 재직 중이다. 한국근현대사학회 연구이사로 활동하고 있다.

초기에는 파리장서운동을 비롯해 1910~20년대 유교계 독립운동에 관심을 가졌고, 최근에는 근대 유림의 국외 이주와 지적 전환, 식민지기 국내 신지식인층의 유교 비판과 유림의 조직화, 근대 한인의 일상생활과 유교 문화 등에 주목하고 있다.

주요 논문으로는, 「식민지기 유림대회의 출현과 지방의 유교권력」(2019), 「중앙시와 국가주의의 틀을 넘어-2010년대 3.1운동 연구경향-」(2018), 「1910년대 한인의 안동 이주와 접리수 한인촌 설립」(2015), 「성주 사도실 마을의 창씨 실태와 유림 김창숙의 반대 논리」(2014), 「1919년 파리장서운동의 전개와 역사적 성격」(2009, 박사학위논문) 등이 있다.